La sociologie militaire

Explosive Politics

Volume 3

Edited by Emmanuel-Pierre Guittet and Julien Pomarède

PETER LANG
Oxford • Bern • Berlin • Bruxelles • New York • Wien

La sociologie militaire : héritages et nouvelles perspectives

Sous la direction de
Barbara Jankowski
Anne Muxel
Mathias Thura

PETER LANG
Oxford • Bern • Berlin • Bruxelles • New York • Wien

Bibliographic information published by Die Deutsche Nationalbibliothek
Die Deutsche Nationalbibliothek lists this publication in the Deutsche Nationalbibliografie; detailed bibliographic data is available on the Internet at http://dnb.d-nb.de.

A catalogue record for this book is available from the British Library.

Library of Congress Cataloging-in-Publication Data
Names: Jankowski, Barbara, 1953- editor. | Muxel, Anne, editor. | Thura, Mathias, 1986- editor.
Title: La sociologie militaire : héritages et nouvelles perspectives / [sous la direction de] Barbara Jankowski, Anne Muxel, Mathias Thura.
Description: New York : Peter Lang, 2021. | Series: Explosive politics, 2633-8203 ; vol 3 | Includes bibliographical references and index.
Identifiers: LCCN 2020038397 (print) | LCCN 2020038398 (ebook) | ISBN 9781789978728 (paperback) | ISBN 9781789978735 (ebook) | ISBN 9781789978742 (epub) | ISBN 9781789978759 (mobi)
Subjects: LCSH: Sociology, Military--France.
Classification: LCC UA702 .S54 2021 (print) | LCC UA702 (ebook) | DDC 306.2/70944--dc23
LC record available at https://lccn.loc.gov/2020038397
LC ebook record available at https://lccn.loc.gov/2020038398

Cover design by Peter Lang Ltd.

ISBN 978-1-78997-872-8 (print) • ISBN 978-1-78997-873-5 (ePDF)
ISBN 978-1-78997-874-2 (ePub) • ISBN 978-1-78997-875-9 (mobi)

Published by Peter Lang Ltd, International Academic Publishers,
52 St Giles, Oxford, OX1 3LU, United Kingdom
oxford@peterlang.com, www.peterlang.com

This publication has been peer reviewed.

Sommaire

BARBARA JANKOWSKI, ANNE MUXEL, MATHIAS THURA

Introduction générale

En France, les armées comptent 270 000 personnels, représentent le troisième budget de l'État et totalisent près de 5 % de l'ensemble des fonctionnaires (fonction publique d'État, territoriale et hospitalière confondues). Leurs effectifs sont environ deux fois plus élevés que ceux de la police nationale, et les personnels sous statut militaire sont plus nombreux que les médecins en activité.[1] Les armées françaises embauchent plus de 10 000 nouvelles recrues chaque année, et en libèrent autant à la retraite ou sur le marché du travail après quelques années de contrat.

Durant les trois dernières décennies, de nombreuses évolutions ont touché le monde militaire français. Les années 1990 marquent un tournant majeur, d'une part avec la suspension du service militaire obligatoire et la professionnalisation de l'ensemble des effectifs, amorcée en 1996 et accomplie en 2001, d'autre part, avec l'emploi de plus en plus fréquent et continu de l'appareil militaire dans diverses opérations et sous différents types de mandats, marquant un retour du combat dans l'expérience des soldats français (dans les Balkans, au Moyen-Orient, en Afrique subsaharienne et dans la corne, mais aussi en Irak et en Afghanistan, ainsi que sur le sol national). Durant cette période, leur périmètre d'action, leurs relations avec le pouvoir politique et leurs modalités de recrutement ont évolué. Un certain nombre de mutations liées aux effets des recompositions sociodémographiques de la population – son vieillissement et l'allongement des temps de la vie – et des évolutions du système éducatif ont affecté le

1 Selon la direction générale de l'administration de la fonction publique, 5, 480 millions de personnes travaillent dans l'un des trois versants de la fonction publique au 31 décembre 2016. Sur la période 2015–2020, les effectifs de la police nationale se situent aux alentours de 148 000 agents. En 2018, la direction de la recherche, des études, de l'évaluation et de la statistique (DRESS) estime le nombre de médecins en activité en France à 226 000.

renouvellement des différents corps, les carrières ainsi que les conditions de la fidélisation des personnels. Par ailleurs, la féminisation des effectifs a contribué à modifier les représentations des métiers militaires comme les codes en usage dans tout l'éventail des fonctions, administratives, gestionnaires et opérationnelles.

Toutes ces mutations ont des conséquences importantes sur le métier de soldat, les investissements identitaires dont il est l'objet et sur la place de l'appareil militaire parmi les institutions en charge de contrôler et de sécuriser le territoire. Elles ont aussi un impact sur les représentations du métier militaire dans l'opinion publique, où leur image demeure très positive : les armées occidentales suscitent très majoritairement la confiance des citoyens et parmi elles, davantage encore l'armée française. Cependant, ces transformations interviennent dans un contexte de restriction budgétaire et de réforme des administrations qui affecte les conditions d'exercice des missions qui leur sont confiées, leur organisation, les conditions de travail et la gestion des personnels. La baisse des effectifs, l'augmentation du nombre des personnels civils ainsi que l'externalisation de certaines fonctions ont des effets très concrets sur la manière dont les militaires s'estiment considérés par la puissance publique. Les relations civilo-militaires ne sont pas sans connaître quelques coups d'éclat, comme en a témoigné la démission fracassante du général de Villiers en juillet 2017, au prétexte de sa protestation contre les restrictions budgétaires affectant le budget de la défense ayant été actées par le pouvoir politique.

Si la confiance est de mise dans l'opinion publique, les représentations associées aux armées demeurent ambivalentes. D'un côté, elles servent la nation et la patrie, qu'elles incarnent lors de grandes cérémonies, et occupent une place centrale dans l'appareil d'État, en assurant la sécurité. De l'autre, elles sont une administration non seulement garante de l'ordre établi et des valeurs traditionnelles, mais aussi tenues de prendre en compte les évolutions sociales et les transformations de la société. Les militaires sont exposés à la critique et sont parfois au cœur de polémiques relayées dans les médias et d'affaires portées devant les tribunaux : réservoir de violence potentielle, leur usage de la force est scruté lors des opérations[2] comme en

2 On pense ici, entre autres, à l'affaire Firmin Mahé, ou encore aux accusations de viols sur enfants par des militaires en Centrafrique.

casernement[3]. Elles entretiennent leur part d'ombre et de secret dont témoignent les restrictions d'accès aux sources et aux archives (Laurent éd. 2003 ; Challeat et Veyssière 2019), et imposent une discipline et un contrôle de la parole pesant sur ses membres (Bryon-Portet 2011, 2016 ; Schmitt 2015).[4] Cela n'est pas sans conséquences sur le travail des scientifiques qui s'intéressent aux questions militaires.

L'institution militaire est un objet d'étude connoté et connotant. Elle fascine, intrigue, rebute, et les sociologues développent à son endroit un rapport qui peut être équivoque. En France, comparativement à d'autres champs d'études ou à d'autres organisations et administrations, elle demeure relativement peu investie par les sciences sociales.

Une sociologie pour les militaires ?

L'inscription de la sociologie militaire dans le paysage institutionnel et académique français mérite d'être rappelée dans les grandes lignes ici, car l'essor de la discipline, les institutions qui l'ont favorisée et les chercheurs qui l'ont marquée de leurs travaux sont autant de points de repères

3 Dont les dénonciations de violences sexistes et sexuelles dans les enceintes régimentaires, mais aussi les erreurs et négligences durant le service aux conséquences parfois dramatiques, comme durant les portes ouvertes du 3e RPIMa de Carcassonne de 2008, ou bien encore aux initiatives malheureuses relayées dans la presse quotidienne régionale, telle une initiation de jeunes enfants au maniement du FAMAS lors d'un atelier « découverte » organisé en octobre 2015 dans leur école, en Moselle.

4 Le livre de Justine Barband et Leïla Miñano sur les jeunes recrues françaises (2019) apporte un contrepoint intéressant, puisqu'en partie documenté sur la base de vidéos postées par de jeunes militaires sur la plateforme *Youtube*, dans lesquelles ils critiquent très ouvertement leurs conditions de vie et de travail. Il existe donc différents espaces d'expression de la contestation chez les militaires, cette dernière n'étant pas réservée aux officiers en retraite ou écrivant sous pseudonymes (comme le collectif Surcouf).

nécessaires à la compréhension de ce qu'on étudie (et n'étudie pas) aujourd'hui.

Le domaine de la *sociologie militaire* n'a pas de définition unique ni de contours définitivement établis, mais on peut s'accorder sur le fait qu'il couvre historiquement les études sur l'institution militaire[5], son organisation, ses personnels (leurs caractéristiques, leur recrutement, leurs carrières), ainsi que ses relations avec les différentes composantes de l'État (les administrations, la haute fonction publique, le personnel politique) et avec la société dans son ensemble. Le syntagme imite l'appellation anglo-saxonne *military sociology*, et l'on pourrait aisément lui substituer celui de « sociologie de l'institution militaire ».[6] Les travaux qui s'y rattachent ont un héritage intellectuel et une histoire en commun. Ils sont le produit de différentes configurations institutionnelles ayant permis le développement puis l'institutionnalisation des sciences sociales dans le giron des armées, en dialogue ouvert avec les militaires.[7]

5 Sous ce terme, on entend indifféremment l'*Institution*, identifiable matériellement et symboliquement dans le temps et dans l'espace – les troupes, les divers services, les états-majors, ainsi que leurs administrations (dont leur ministère de tutelle) –, mais aussi l'*institution*, en tant que monde social *déjà là*, stable, structuré, qui tend à se reproduire et réguler les interactions entre les individus, constituant un ensemble de croyances, de normes et de pratiques, ou bien encore de l'histoire incorporée, et dont les effets dépassent les limites physiques et symboliques des enceintes militaires.

6 L'emploi d'une forme qualificative n'est pas anodin. Ailleurs, les sociologues ne font pas de « sociologie ouvrière », mais la sociologie des ouvriers, ni une « sociologie familiale », mais une sociologie de la famille, non plus une « sociologie religieuse », mais des religions, et encore moins une « sociologie loisible » mais des loisirs. À l'instar d'autres sous-champs historiquement dominés, comme la sociologie rurale ou la sociologie industrielle, on a ici l'indice d'une faible légitimité académique et d'une faible autonomie de la sociologie dans l'institution militaire, dont il est question dans la suite de cette introduction.

7 Sur l'institutionnalisation et la scientifisation de la sociologie dans les armées depuis les années 1960 jusqu'en 2010, le lecteur trouvera de nombreux développements complémentaires dans le très riche troisième chapitre de la thèse de Coton (2008), et plus modestement dans le premier chapitre de la thèse de Thura (2014). Pour des recensions et analyses systématiques de corpus dans une optique d'histoire des idées, les thèses de Bernard Boëne (1995) et de Laure Bardiès (2008) sont incontournables. Plusieurs articles et chapitres d'ouvrage qui proposent des

Contrairement au monde académique états-unien, très largement mobilisé dans le cadre de l'*in-service research* – favorisant l'émergence et l'essor dès les années 1950 d'une *military sociology* – les sociologues français ont été plus tardivement sollicités par les armées pour faire usage des savoirs sociologiques à des fins d'ingénierie sociale, et ce malgré leurs engagements durant les guerres survenues au dix-neuvième et au vingtième siècles.[8] L'institution militaire a ainsi mis plus de temps à être constituée comme objet d'intérêt sociologique en France. Au début des années 1960, la toute récente *Revue française de sociologie* publiait un numéro entièrement consacré aux armées et notamment à la guerre d'Algérie (Revue française de sociologie 1961), peu de temps après que la *Revue française de science politique* ait, elle aussi, publié un article sur la société militaire (Girardet 1960). Après cet élan prometteur et ce, jusqu'au début des années 1990, le monde académique a entretenu des relations distendues avec les armées en tant qu'objet de recherche. Il faut attendre 2003 pour que la *Revue française de sociologie*, consacre à nouveau un numéro à la profession militaire (Gresle éd. 2003), et 2011 pour un numéro de *L'Année sociologique* sur les évolutions touchant l'institution (Letonturier éd. 2011). Un geste récemment réitéré dans la revue *Agora débats/jeunesses* à propos du rôle intégrateur des armées (Besse et Coton éds. 2019).

Dans les années 1970 et 1980, l'implantation de la sociologie dans les armées se fait dans deux directions différentes mais aux usages proches et complémentaires pour l'institution. Ces deux directions vont configurer durablement les conditions dans lesquelles la sociologie militaire va se constituer en France. La première est strictement dédiée à des fins de gestion des ressources humaines, dans les services du même nom (directions

---

bilans et rétrospectives permettent de recomposer et de suivre l'évolution du paysage de la sociologie militaire, ses références et thématiques de prédilection, ses contributeurs, durant les dernières décennies (Vieillescazes 1976 ; Boëne 1994 ; Martin 1999 ; Porteret 2003 ; Thura 2015).

8 Les intellectuels et universitaires européens ont bien évidemment été mis à contribution dans les armées, au ministère des Armées ou bien dans les états-majors, dans certains cas au sein des troupes et au front (Audoin-Rouzeau 2008 ; Becker 2008 ; Keck 2010 : 24 ; Mariot 2013 ; Buton 2014). Si les armées et la guerre sont un laboratoire pour eux, elles n'en deviennent pas pour autant des objets en propre.

des ressources humaines des différentes composantes des armées). En 1963, est ainsi créé le Centre d'étude de sociologie militaire (CESM) au sein de l'état-major des armées. La sociologie y est conçue comme une auxiliaire pour le commandement. Confié au colonel Robert Vial, en 1974 il devient la Section d'étude psychologique de l'armée de terre, puis le Centre de relations humaines en 1976. Ses déclinaisons ont servi de prototypes aux actuels services d'études au sein des directions des ressources humaines. S'y produit une expertise strictement interne, sur la base de sondages et d'enquêtes qualitatives *ad hoc* standardisées et administrées par des militaires formés aux sciences sociales, dont les résultats ne circulent quasiment pas en dehors de l'institution. Dans la même veine, se mettent en place des services de statistiques (parfois sous la tutelle de l'INSEE), comme l'Observatoire social de la Défense, devenu Sous-direction de la politique générale, des études et de la prospective, dont les missions sont de collecter et de présenter des données agrégées sur les armées (comme l'annuaire statistique et le Bilan social des Armées), et de réaliser des enquêtes sur commandes.

La seconde direction prise poursuit quant à elle à la fois des objectifs scientifiques et des finalités de conseil et d'aide à la décision : inspiré par une sociologie des organisations réformatrice, dans le sillage des travaux de Michel Crozier, le Centre de sociologie de défense nationale (CSDN) voit le jour en 1969. Cet organisme est rattaché en premier lieu à la Fondation nationale des sciences politiques, puis au ministère de la Défense, qui finance ses activités et l'héberge. Son fondateur, Hubert Jean-Pierre Thomas, directeur de recherche au CNRS et fils d'officier, rassemble autour de lui des chercheurs, des étudiants en sociologie dans le cadre de leur service militaire, et des stagiaires militaires formés aux sciences sociales[9], pour conduire des recherches répondant aux besoins de l'institution pour sa gestion du « facteur humain ». Les études de sociologie militaire qui s'y réalisent portent aussi essentiellement sur des questions relatives aux

9 Dont François Cailleteau, chef du contrôle général des armées de 1989 à 1995, qui accompagne et soutien le CSDN, et publie avec Hubert Jean-Pierre Thomas, et André Thiéblemont, officier de la légion, formé à l'anthropologie et à la sociologie, figure de la sociologie militaire française qu'on retrouve parmi les contributeurs aux travaux du C2SD. Il s'intéresse à la culture militaire et à l'expérience sociale des combattants contemporains.

ressources humaines, comme le recrutement, la motivation à l'engagement et les parcours de carrière des militaires du rang, des sous-officiers et des officiers.[10]

Plusieurs centres de recherche sont aussi créés au sein de différentes universités[11] : le Centre d'histoire militaire fondé par André Martel à Montpellier, le Centre d'études et de recherches sur les armées (CERSA) à Toulouse créé par Lucien Mandeville, qui deviendra par la suite Centre Morris Janowitz, ou encore le Centre d'étude politique de la Défense de Paris 1 dirigé par Pierre Dabezies (lui-même officier parachutiste). Deux centres de recherche voient aussi le jour au sein d'écoles d'officiers : le Centre de recherche des écoles de Saint-Cyr Coëtquidan (CREC)[12] et le Centre de recherche de l'École de l'air (CREA) à Salon de Provence.

En 1995, c'est à la faveur d'une initiative institutionnelle – la création du Centre d'Études en Sciences Sociales de la Défense (C2SD) en replacement du CSDN – que la sociologie militaire française va connaitre un essor notable et se développer au-delà du cercle restreint dans lequel elle était confinée jusqu'alors, tout en s'ancrant dans l'institution. Cette montée en puissance a été grandement favorisée par la décision du président Chirac de mettre fin à la conscription en février 1996. Le C2SD se voit alors progressivement doté

10 En 1994, le CSDN publie d'une part une synthèse de son programme et de ses travaux qui permet un recensement de ses activités et productions (Thomas 1994) et d'autre part un ouvrage coordonné par Thomas avec le soutien de l'Association de développement et de diffusion de l'information militaire (ADDIM). Ce livre collectif, dans lequel figurent des textes originaux et des articles déjà publiés dans des revues scientifiques, constitue une sorte de panorama sur les thématiques et les approches favorisées au sein du CSDN (Thomas éd. 1994).

11 Sur les relations entre monde académique et développement de la recherche stratégique en France, voir le récent ouvrage de Matthieu Chillaud qui complète et élargi le spectre analysé ici (2020).

12 Bernard Boëne occupe une place centrale dans le développement du CREC et des travaux de sociologie militaire qui y seront produits. Dans les années 1990, il coordonne plusieurs ouvrages (Boëne éd. 1990 ; Boëne et Martin éds. 1991 ; Boëne 1998). Début des années 2000, il crée une revue spécialisée et dédiée aux armées et à la guerre, *Res Militaris*. Grâce à une équipe d'enseignants-chercheurs détachés de l'université, le CREC demeure un pôle important de production de la sociologie militaire française, autour d'Axel Augé, Laure Bardiès, Saïd Haddad et Claude Weber.

d'un budget suffisamment conséquent pour commander et financer des études sur le marché de l'expertise académique. En l'espace d'une quinzaine d'années, une centaine de publications furent produites par le biais de marchés publics. La sociologie militaire a ainsi bénéficié des interrogations engendrées par l'importante réforme de la professionnalisation des armées incitant les responsables d'alors à chercher des réponses aux défis auxquels ils étaient confrontés, y compris dans les pays ayant abandonné la conscription quelques années auparavant. Cet intérêt explique le volume important d'études comparatives ou à portée internationale qui verront le jour à la fin des années 1990 et dans le courant des années 2000. À partir de 1995, la sociologie militaire devient aussi plus visible, tant au sein du ministère de la Défense que dans le milieu universitaire, tout en conservant sa finalité d'aide à la décision (Vennesson 2000, 2002 ; Jankowski et Vennesson 2005). En 2009, la création de l'Institut d'études stratégiques (IRSEM), fusion du C2SD et de trois autres centres appartenant au ministère de la Défense, change la situation institutionnelle. Depuis, l'accent est mis sur les études stratégiques, virage qui était déjà perceptible quelques années auparavant dans les publications du C2SD. La sociologie militaire n'y est plus qu'une composante, peu visible de l'extérieur. En outre, en lieu et place d'une recherche commanditée, dotée d'un budget permettant de financer entre douze et quinze études empiriques par an – qui mettait le C2SD en relation directe avec le monde de la recherche – la stratégie adoptée par l'IRSEM a été de promouvoir et de favoriser des travaux en interne, conduits par une équipe de chercheurs permanents, situation qui perdure jusqu'à ce jour.

C'est aussi à partir du milieu des années 1990 que la sociologie militaire française devient interdisciplinaire, faisant appel non seulement à la sociologie, mais aussi à l'histoire, la science politique, la psychologie sociale, l'anthropologie ou encore la philosophie (Martin 1999 ; Thiéblemont 1999, 2000). La grande majorité des contractants du C2SD n'était pas constituée seulement de sociologues spécialistes des militaires. Il s'agissait de chercheurs en sciences sociales qui appliquaient leurs approches et leurs concepts au monde militaire. Les sociologues du travail analysaient les bouleversements des pratiques de recrutement ou de reconversion dus à la professionnalisation. Les sociologues de la jeunesse aidaient quant à eux les forces armées à identifier ce qui attirait les jeunes vers une carrière militaire. De leur côté, les sociologues de l'immigration se consacraient temporairement à la question de la représentativité sociale dans les armées, et les analystes des politiques publiques commençaient à s'intéresser aux processus décisionnels concernant l'institution. La sociologie militaire se développe alors autour de quatre domaines principaux[13] : les effets de la professionnalisation sur les métiers et les identités militaires (incluant la féminisation et la « civilianisation » des armées), dont une large part consacrée à une approche comparative européenne, l'adaptation des militaires à l'évolution de leurs missions, étudiée sur la base de travaux empiriques conduits sur les terrains de l'ex-Yougoslavie, les liens entre les forces armées et la société, au cœur des préoccupations des armées dont le souci était de ne pas se couper de la société civile avec la fin de la conscription, enfin l'analyse des politiques de défense et d'armement. Le C2SD lance aussi la revue *Les Champs de mars* en 1996, première revue à caractère scientifique en France dédiée aux armées et à la Défense, qui associe les sciences sociales et les sciences politiques, initialement dédiée à la sociologie militaire, à son histoire et à ses développements, et dont la ligne éditoriale s'est nettement infléchie avec le temps vers les *war studies* françaises.

Dans le courant des années 2000, la sociologie militaire se constitue comme domaine sociologique à part entière, avec la création d'un réseau thématique dédié au sein de l'Association française de sociologie (RT 08 – Sociologie du militaire : sécurité, armées et société) puis d'un groupe au sein de l'Association internationale de sociologues en langue française (GT 05 – Forces armées et société). Un réseau de jeunes chercheurs se structure autour de ces deux instances, dont certains bénéficient des premiers financements de thèses proposés par la Direction générale de l'armement tout en gravitant dans l'orbite du C2SD.[14] En plus d'articles et de quelques ouvrages

13 Pour des raisons d'économie de moyens, nous invitons le lecteur à se reporter au catalogue des études produites par le C2SD, dont certaines sont de nouveau accessibles en ligne. Voir aussi (Jankowski et Vennesson 2005 ; Thura 2015).

14 Entre autres, Sylvie Clément qui étudie la vie en casernement, Sébastien Jakubowski les effets institutionnels et organisationnels de la professionnalisation, Jean-François Léger le vivier de recrutement des armées, Christophe Pajon le recrutement dans la *Bundeswehr*, Vincent Porteret le déclin des armées de masse, Katia Sorin la féminisation des armées, Claude Weber les cultures et identités professionnelles des militaires.

individuels, deux opus collectifs notables en découlent et indiquent les thématiques alors dominantes dans ce champ de recherche (Gresle éd. 2005 ; Porteret éd. 2007).[15] Les jeunes docteurs de la première génération à soutenir leur thèse dans le domaine de la sociologie militaire au début des années 2000 ont cependant été peu nombreux à obtenir un poste à l'université et beaucoup d'entre eux ont dû s'orienter vers d'autres métiers. Ceux qui sont entrés sur le marché universitaire quelques années plus tard ont eu plus de chance et forment aujourd'hui le socle des enseignants-chercheurs en sociologie militaire ayant essaimé aussi bien à l'IRSEM, que dans les universités ou dans les grandes écoles militaires. Les efforts déployés pour financer des recherches empiriques et pour permettre l'accès aux terrains d'enquêtes, octroyer des bourses doctorales, publier et valoriser les travaux, ont largement porté leurs fruits (Jeangène Vilmer 2018 ; Jakubowski et Cardona-Gil éds. 2020 : 12).

Un domaine de la sociologie (très) lié à son objet

Historiquement, la sociologie portant sur l'institution militaire s'apparente à une sociologie « de service » : principalement produite *durant le service* (militaire)[16], *par* et *dans les services* (de l'administration militaire, dans les directions des ressources humaines, les centres de recherche), *pour rendre service* (en réponse aux questions posées par les états-majors et le commandement et apporter une « aide à la décision »), et pour être *mise au service* (pour atteindre les objectifs de l'institution, que ce soit dans le cadre des opérations ou à des fins gestionnaires). Rares sont les

15 Sur ce point, le lecteur trouvera aussi des développements et des références complémentaires dans (Thura 2015).

16 Le service militaire a donné l'occasion à de jeunes hommes déjà initiés à la sociologie de documenter la vie militaire en tant qu'observateurs participants. Voir à ce propos les travaux suivants (Pinto 1975 ; Larmet 1995, 2002 ; Weber 2001 ; Pudal 2011).

enquêtes réalisées sans lien formellement établi avec l'institution.[17] Les profils et les expériences des contributeurs dans ce volume en témoignent, corroborant un constat établi par ailleurs sur l'insertion professionnelle et institutionnelle des sociologues travaillant sur les armées (Caforio et Nuciari 2006 ; Pinch et Ouellet 2008). Pour exister, la sociologie militaire est tributaire de l'institution qu'elle prend pour objet. Et cette dépendance peut interroger à juste titre.

L'établissement de liens formels avec l'institution (par contractualisation ou par l'établissement d'une convention) conditionne grandement les chances d'accès aux données et les possibilités d'enquêtes et d'observations au sein des unités sur l'expérience quotidienne des militaires, les terrains de manœuvres ou les bureaux en état-major et en administration centrale. Mais ces liens obligent les chercheurs en retour et peuvent susciter certains biais. Si cette situation n'a rien de spécifique aux armées – les enquêtes dans les univers relativement fermés et centralisés imposent souvent ce type de transaction –, elle fait désormais l'objet d'une réflexion qui s'est étoffée ces dernières années (Pajon 2005 ; Carreiras et Castro éds. 2013 ; Soeters *et al.* éds. 2014 ; Thura *et al.* éds. 2015 ; Carreiras *et al.* éds. 2016). Par ailleurs, la demande militaire de sciences humaines et sociales favorise l'essor de certains thèmes plutôt que d'autres, met des moyens sur certaines problématiques, encourage certaines approches, ouvre des terrains et en ferme d'autres, selon ce qui relève des priorités du moment pour l'institution (Thura 2015).[18] Les modalités d'émission de cette demande sont

17 Même les travaux construits sur les relations les plus « extérieures » aux armées, comme l'enquête de Christel Coton sur les officiers de l'armée de terre (Coton 2017), ou celle de Jeanne Teboul sur la prime socialisation des nouvelles recrues durant leurs classes (Teboul 2017), reposent à un moment donné sur des accords négociés avec l'institution, et nécessitent différentes ressources qui rendent cette négociation possible : familiales, temporelles, etc.

18 Nous avons montré ailleurs comment les problématiques gestionnaires de recrutement au sein des armées se sont converties en programmes de recherche qui ont orientés les efforts empiriques, les problématiques et les manières de traiter l'engagement des nouvelles recrues (Thura 2019). À l'inverse, revenant sur son parcours d'officier et d'anthropologue des armées, André Thiéblemont identifie des difficultés à faire entendre l'intérêt de certaines thématiques, particulièrement à propos du quotidien des combattants contemporains (1999, 2015).

multiples : des appels à projet, des commandes d'études, des financements de thèses et de contrats postdoctoraux (Jeangène Vilmer 2018), mais aussi des sollicitations directes de la part de services ou d'officiers en charge d'un dossier qu'ils souhaitent enrichir, ou encore par l'imposition d'un plan de charge à destination des chercheurs embauchés par le ministère, ainsi que des propositions personnelles faites par ces derniers (Porteret 2003). C'est ainsi que dans les années 1990 et 2000, la professionnalisation des armées et leur féminisation, la multiplication des interventions « autres que la guerre » (opérations de rétablissement ou de maintien de la paix, aide humanitaire, contrôle des armes) et leurs conséquences sur l'identité, la culture et le métier militaire, ou encore la place prise par l'européanisation des politiques de défense, ont focalisé l'attention des travaux entrepris par la sociologie militaire. Progressivement, à partir de 2010 et au gré de l'apparition de nouveaux enjeux dans les armées, les travaux se sont réorientés vers les relations entre les chefs militaires et les décideurs civils, l'opinion publique et la guerre, la politique d'égalité entre les femmes et les hommes militaires, les différentes formes d'engagement des jeunes, le renouvellement de la conscription, mais aussi la montée du radicalisme et de la violence.

Sur ce point, les armées ne se comportent pas différemment des autres administrations et organisations pouvant mobiliser les sciences humaines et sociales, et cette situation n'est pas sans rappeler celles rencontrées dans de nombreux autres champs de la sociologie, eux aussi dépendants de financements institutionnels ou privés.[19] Pour autant, il semble exister un

19 On pense particulièrement ici aux investissements de différents ministères dans la recherche (Monjardet 1997 ; Bezes *et al.* 2005 ; Masson 2006 ; Tanguy 2011 ; Aust 2014 ; Aust et Crespy éds. 2014), aux bourses de thèse et les financements CIFRE au sein des organismes publics, des entreprises, des associations ou des administrations territoriales (Alam *et al.* 2012), etc. L'évolution actuelle de la politique de financement de la recherche publique française, caractérisée par la baisse des recrutements et des moyens pérennes, et par la progressive généralisation des financements par appels à projet, cet enjeu se fait sentir de façon plus aiguë. Quelques échanges de tirs ont eu lieu à ce propos en 2018 dans les colonnes du *Carnet Zilsel* entre les tenants d'une position critique envers ces « investissements militaires [dans le] champ académique » qui y voient les indices patents d'un dévoiement scientifique (déjà éprouvé dans l'histoire), d'une perte d'autonomie manifeste, ainsi que l'ombre d'une instrumentalisation militaire qui se renforce

espace de négociation entre les attentes institutionnelles (pas toujours clairement formulées) d'une part, et les intérêts scientifiques de celles et ceux susceptibles d'y répondre d'autre part. La composition de notre ouvrage reflète les tensions pouvant exister entre l'actualisation de thèmes classiques portés par l'institution militaire et les problématiques guidées par des intérêts scientifiques suivant les évolutions des questionnements portés par la sociologie générale.

Enfin, ces liens imposent de peser avec soin le risque d'instrumentalisation des savoirs scientifiques.[20] L'enjeu n'est pas nouveau, puisque les armées ont toujours utilisé les savoirs acquis par les sciences à des fins opérationnelles, afin d'assurer un meilleur contrôle des territoires et des populations et pour augmenter l'efficacité de leurs troupes.[21] Une contractualisation et des collaborations plus poussées entre les établissements publics à caractère scientifique et technologique et les armées nécessitent une vigilance particulière quant à l'usage des résultats, mais aussi concernant la propriété finale des données produites et la protection des sources des chercheurs.[22]

Sans minimiser les différents risques consubstantiels à la pratique actuelle de la recherche *dans*, *sur* et *avec* les armées, les thèmes abordés dans cet ouvrage invitent à les relativiser. Ils révèlent une meilleure compréhension des appareils militaires et des rapports sociaux et politiques en leur

---

(Boncourt *et al.* 2018), et les tenants d'une position plus pragmatique qui y voient des moyens à saisir (AEGES 2018).

20 C'est d'ailleurs l'un des aspects qui justifient les polémiques entre chercheurs relevées dans la note précédente.

21 Que ce soit par l'usage de la sociologie, particulièrement dans le cas américain de l'*in-service research*, dont l'enquête fondatrice dirigée par Stouffer (Stouffer 1949 ; Boëne 1994, 2011 ; Ryan 2013 ; Boëne 2015), mais aussi de la géographie (Boulanger 2002), les sciences physiques et les modélisations des théories économiques (Pestre et Dahan éds. 2004), ou encore l'anthropologie (Assayag 2008).

22 La démultiplication des initiatives allant dans ces sens interpelle la communauté scientifique, parce qu'elle peut brouiller l'identification des chercheurs sur leurs terrains, particulièrement lorsque ces derniers se déroulent en zones de conflits. Voir les mises en gardes éclairantes de Gilles Dorronsoro parues le 21 juin 2018 dans le média A.O.C : « Quand le CNRS met en danger les chercheurs ». Ces préoccupations recoupent en parties celles portées par le collectif ayant publié dans le *Carnet Zilsel* (cf. note 19).

sein. Certaines contributions laissent même entrevoir la portée critique potentielle des sciences humaines et sociales au sein des armées et leur contribution à la déconstruction de ce qui pourrait être repéré comme un « sens commun » institutionnel.

De l'héritage au renouvellement des perspectives

Ce livre est porteur d'une triple intention. La première est de combler une lacune, puisqu'aucun ouvrage d'envergure générale et adossé sur des enquêtes empiriques permettant d'embrasser du regard les thématiques clés de la sociologie militaire n'a été produit depuis une dizaine d'années. Certaines publications majeures sur l'institution militaire doivent être relevées, mais elles portaient sur des problématiques spécifiques. Par exemple, Bastien Irondelle sur le processus décisionnel ayant conduit à la suspension du service militaire et la professionnalisation des armées (2011), Jean Joana sur les relations entre armées et politique (2012), Claude Weber sur la socialisation des officiers et la progression de la féminisation des effectifs (2012 ; éd. 2015), Grégory Daho sur la création et l'évolution des doctrines CIMIC (2016), Christelle Coton sur les logiques de distinctions parmi les officiers de l'armée de terre (2017), ou encore Jeanne Teboul sur la prime socialisation des nouvelles recrues (2017)[23]. Par ailleurs, depuis l'ouvrage *Sociologie militaire* (Caplow et Vennesson 2000) qui date de vingt ans, on ne compte aucun manuel de sociologie militaire. Depuis ceux coordonnés par François Gresle (éd. 2005) puis Vincent Porteret (2007), un seul ouvrage collectif est récemment paru, sous la direction de Sébastien Jakubowski et d'Emmanuel Cardona-Gil, fruit d'une série de rencontres entre le RT08 et le RT45 (sociologie des conflits) (éds. 2020). Les deux ouvrages récents de Bernard Boëne relèvent davantage de l'étude

23 Et nous ne recensons pas ici les thèses soutenues durant cette même période, bien plus nombreuses, ni les articles publiés. L'inventaire livresque dressé là est par nature parcellaire vis-à-vis des productrices et producteurs de la sociologie militaire française actuelle.

de la guerre, récemment de nouveau dissocié de la sociologie militaire (Boëne 2014 ; Baechler et Boëne 2018).

La deuxième intention, comme son titre l'indique, consiste à assumer la continuité d'un héritage institutionnel et intellectuel, tant français qu'international et avant tout anglo-saxon, en refusant l'illusion d'un renouvellement factice des thématiques propres à ce domaine de recherche. C'est la raison de l'inventaire (non exhaustif) dressé ici en guise d'introduction, afin de permettre au lecteur de mieux situer l'ouvrage par rapport à l'histoire de la sociologie militaire et aux héritages que les contributions qui suivent peuvent revendiquer. Cet ouvrage fait suite à un colloque international organisé par l'IRSEM à l'École militaire à Paris en décembre 2018 en partenariat avec le Centre de Recherche des Écoles de Saint-Cyr (CREC Saint-Cyr), le Centre de recherche de l'École de l'Air de Salon-de-Provence et l'Association française de Sociologie (AFS-RT08). La majorité de ses auteurs sont français, car il s'agissait surtout de mettre en avant les avancées de la sociologie militaire hexagonale, trop peu connue et prise en compte dans les cercles académiques anglo-saxons. Quatre contributions de chercheurs étrangers reconnus dans les réseaux internationaux de sociologie militaire sont cependant intégrées à l'ouvrage.

Les thématiques abordées dans ce livre sont adossées aux enjeux classiques du champ d'étude de la sociologie militaire : les différentes fonctions sociales des armées, la mesure de l'opinion à leur propos, les femmes en uniformes, les relations entre élites politiques et élites militaires, le recrutement et les carrières des soldats, les transformations organisationnelles et les effets des nouvelles missions dans lesquelles les armées sont engagées. La professionnalisation des armées, achevée depuis dix ans, n'est plus un sujet central de préoccupation, même si les interrogations sur le recrutement, les motivations et les valeurs des jeunes, l'amélioration de la prise en compte de l'équilibre entre vie professionnelle et vie privée sont toujours d'actualité et le resteront probablement.

Enfin, la troisième intention de ce recueil est de contribuer à déplacer certaines lignes du programme de la sociologie militaire par une prise de recul sur son histoire et en soumettant l'institution militaire à des pistes de recherches originales. Pour cela, plusieurs contributions s'appuient sur les récents acquis des sciences sociales et politiques : la sociologie du genre, la sociologie des groupes professionnels, la sociologie du travail, l'analyse sociologique des politiques publiques. Ainsi de nouveaux objets sont-ils pris en compte et étudiés : les rapports sociaux entre hommes et femmes, les concurrences entre segments professionnels, les métiers et trajectoires professionnelles, l'expérience sociale du combat, l'étude empirique de l'élaboration des politiques de sécurité et de défense, les processus de définition et de redéfinition du mandat des armées, leurs relations avec les autres administrations de l'État, etc. De la sorte, il s'agit de montrer que la sociologie militaire n'est pas seulement un domaine particulier et spécialisé, enclavé dans son objet, mais qu'elle souscrit au programme de la sociologie générale, qu'elle n'en est pas coupée et qu'elle a même vocation à y contribuer.

Présentation du contenu de l'ouvrage

Visant un public d'universitaires, de chercheurs et d'étudiants intéressés par l'étude des forces armées et plus largement par les questions de sécurité et de relations internationales, cet ouvrage s'adresse aussi aux professionnels du domaine : officiers, personnels du ministère des Armées, élèves des Écoles de guerre, journalistes spécialisés, ou encore décideurs politiques. Il a été conçu pour être un ouvrage de référence à l'orée de la décennie 2020. Il s'articule en cinq parties, chacune dédiée à une thématique centrale.

La première examine les transformations touchant aux fonctions sociales des armées en tant que vecteur d'intégration sociale, culturelle et professionnelle. Les cinq contributions qui composent cette partie s'attachent à cerner l'investissement de l'institution militaire envers la jeunesse, la place nouvelle qu'y occupent les femmes, ainsi que les représentations du monde militaire et de la défense dans l'opinion.

Anne Muxel (chapitre 1) s'intéresse au positionnement des jeunes générations vis-à-vis du monde militaire et montre qu'en l'espace d'une génération, l'attractivité des armées, tant en lien avec les débouchés professionnels et les perspectives de carrière qu'elles ouvrent, qu'en matière d'engagement au travers des valeurs qu'elles affirment et veulent porter, a connu un regain significatif au sein d'une frange de la jeunesse pour laquelle l'antimilitarisme n'est plus de mise. Les représentations que les jeunes ont de ses actions comme de ses missions se sont par ailleurs déplacées du terrain guerrier et combattant au profit d'une conception protectrice et humanitaire, et l'institution militaire doit faire face à ces nouveaux impératifs, pour assurer la pérennité de son attractivité et combler ses besoins en matière de recrutement. Bénédicte Chéron (chapitre 2) montre ensuite comment la mise en place du Service National Universel (SNU) interroge le « rôle social » des armées. Depuis la suspension du service national décidée en 1997, l'idée que les armées doivent continuer à remplir un rôle intégrateur au sein de la société et particulièrement auprès de la jeunesse, est devenue structurante dans le débat politique. Bénédicte Chéron montre cependant comment le SNU peine à trouver sa place entre le modèle du service militaire et celui du service civil. Ces deux premiers chapitres éclairent donc deux aspects du rôle intégrateur des armées, d'une part les représentations que s'en font celles et ceux arrivant en âge d'être recrutés, d'autre part la manière dont l'institution se projette dans un rôle social à remplir auprès de la jeunesse.

La féminisation des effectifs introduit de nouvelles problématiques dans la perspective d'un renforcement du rôle d'intégration sociale et professionnelle dévolu à l'institution militaire. Par-delà la diversification des recrutements, c'est un changement de regard qui s'impose au prisme de la sociologie du genre. Camille Boutron (chapitre 3) et Claude Weber (chapitre 4) s'attachent à montrer aussi bien les différents facteurs expliquant le mouvement de féminisation et la montée en puissance du genre dans les sociétés contemporaines que les obstacles persistants à l'obtention d'une véritable égalité dans le traitement des femmes et des hommes sous l'uniforme. Par des cheminements et des interrogations distincts, leurs deux contributions éclairent les effets de l'application des politiques d'égalités entre les femmes et les hommes dans la vie des militaires et dans leur quotidien en régiment ou en opération.

Comparant les opinions publiques allemandes et françaises envers l'institution militaire et les politiques de défense menées dans leurs pays respectifs, Markus Streinbrecher et Heiko Bielh (chapitre 5) renouent avec le thème classique des études d'opinion conduites pour les armées, et étudient leur incidence tant sur le moral des militaires que sur les décisions des politiques. Leur analyse révèle que le niveau d'adhésion et de confiance des populations est assez largement favorable aux armées, mais qu'il n'en est pas le même lorsqu'il s'agit d'opérations extérieures dans le cadre de conflits armés. Par ailleurs, ce niveau de confiance connaît des fluctuations significatives ainsi que des différences entre les deux pays, liées à des conceptions différentes du rôle militaire comme du rôle social des armées.

La deuxième partie du livre s'intéresse aux armées en tant que monde professionnel. Les armées occidentales étant désormais revenues au modèle d'armées de métier et pleinement ancrées dans le marché du travail, les soldats s'y engagent pour plusieurs années, et leur expérience de la vie régimentaire, ainsi que leurs attentes et exigences en termes de carrières et de formation en sont largement transformées. Ces changements invitent à déplacer le regard habituellement porté sur l'institution et à trouver les moyens de documenter l'expérience sociale et professionnelle éprouvée par les soldats durant leurs années de contrats. Partant du recrutement, cette partie se déploie le long d'un axe qui, de chapitre en chapitre, nous rapproche progressivement du champ de bataille.

Sur la base d'une enquête par questionnaire conduite au sein des forces armées canadiennes pour la direction des ressources humaines du ministère de la Défense canadien, Nancy Otis, Irina Goldenberg, et Joelle Laplante (chapitre 6) interrogent les attentes des jeunes recrues au cours des premières étapes de leurs cursus. Elles présentent un matériel rare, couplant des données statistiques avec des commentaires déclaratifs des enquêtés, levant une part du voile sur les appréhensions, les doutes, les exigences de celles et ceux qui sont en train de devenir soldats. Elles apportent ainsi un complément inédit et inspirant pour les enquêtes françaises ayant peu renseigné l'expérience et la subjectivité du processus de socialisation des nouvelles recrues.[24]

À partir du cas de l'armée de l'air, Christophe Pajon et Camille Trotoux (chapitre 7) abordent le thème très classique de la profession d'officier,

24 Il faut cependant signaler ici la thèse en cours de Mélanie Guillaume qui, par un tout autre dispositif expérimental, tend à combler cette lacune française tout en déplaçant la façon d'étudier l'engagement militaire (Guillaume 2018).

mais en lui appliquant les outils de la sociologie interactionniste. Le pas de côté qu'ils opèrent rend visible une segmentation professionnelle complexe et bien plus riche que les typologies dressées jusqu'ici (entre le guerrier et le manager). Par ailleurs, ils réinterprètent les logiques d'attribution des « beaux postes » en état-major interarmées comme la résultante d'une lutte de capitaux (culturel et symbolique) dans un espace concurrentiel, dont les officiers de l'air sortent visiblement perdants. Le chapitre suivant suggère un autre changement de paradigme, par l'application des outils de la sociologie du travail au quotidien des soldats en casernement. Mathias Thura (chapitre 8) examine le contenu du travail dans une section d'infanterie, ses modalités d'exécution et les relations qui s'y tissent, pour saisir la socialisation professionnelle, la transmission des savoir-faire et les techniques corporelles et cognitives constitutives du métier de fantassin. Il démonte ainsi les rouages de la fabrique des combattants et les façons concrètes dont s'incorporent et s'incarnent les moyens de la violence physique militaire.

Les deux chapitres suivants s'intéressent aux expériences des combattants professionnels. Christophe Lafaye (chapitre 9) recense les défis méthodologiques que posent la collecte et la patrimonialisation des témoignages des combattants contemporains. Autour de cet enjeu, le travail de l'historien se confronte à celui de l'archiviste pour la construction systématisée des fonds et à celui du sociologue pour ses techniques de collecte. Edouard Jolly quant à lui aborde l'expérience du combat à travers les problématiques de la philosophie de la guerre (chapitre 10). Repartant des enjeux liés à la discrimination de l'adversaire et donnant la parole à des officiers ayant commandé en Afghanistan, il montre comment les règles de droit et les principes éthiques poussent les militaires à produire des situations forçant l'adversaire à se rendre identifiable. Il met ainsi en évidence l'intrication qui existe entre les cadres globaux et génériques de la guerre (les règles du droit international, la philosophie et l'éthique de la guerre juste) et les situations locales et particulières (des choix tactiques opérés sur le terrain).

Les contributions rassemblées dans la troisième partie explorent quant à elles les relations de pouvoir, de concurrence ou de coopération entre les militaires, les décideurs au plus haut niveau de l'État et les représentants des autres segments parties prenantes des politiques de sécurité et de défense.

Les chapitres 11 et 12 traitent des relations civilo-militaires dans leur acception traditionnelle, celle des relations entre le pouvoir exécutif et les hauts gradés militaires, mais avec pour l'un, l'accent mis sur un changement de focale théorique et pour l'autre, un terrain empirique encore peu exploré. Ainsi, Jean Joana (chapitre 11) souligne l'intérêt que présentent les outils théoriques et méthodologiques de l'analyse des politiques publiques pour rendre compte des relations civilo-militaires en démocratie et dresse un état de la littérature scientifique sur trois dynamiques auxquelles, selon lui, sont confrontées ces politiques : leur bureaucratisation, leur banalisation et leur politisation. Barbara Jankowski (chapitre 12) examine quant à elle la place et l'influence des hauts gradés dans les processus décisionnels relatifs aux interventions militaires. Derrière l'énoncé du principe de subordination des militaires au pouvoir civil, elle interroge leur influence réelle et rend compte de l'articulation entre la décision politique et l'action militaire, faite d'interactions et d'allers-retours, loin de ce que laisse entendre le principe linéaire de subordination.

Les deux chapitres suivants s'intéressent aux acteurs ayant intégré plus récemment les politiques de défense et infléchissant les contours et les mises en œuvre de celles-ci. Cyril Magnon-Pujo (chapitre 13) compare le recours aux compagnies militaires privées par les armées françaises, britanniques et américaines. Il revient sur les transformations du monde militaire et la renégociation de ses frontières autour de son « cœur de métier », afin de montrer que le recours à la sous-traitance dans le domaine militaire fait l'objet de débats tranchés. Il contredit la thèse de l'adaptation de l'organisation militaire en fonction des évolutions de son environnement et rappelle qu'en lieu et place d'un marché « global » et relativement uniforme de la sécurité, on observe le poids des pratiques et des institutions militaires nationales. Sami Makki (chapitre 14) aborde les dispositifs de coordination civilo-militaires qui ont été expérimentés au Royaume-Uni à compter du milieu des années 1990. Il analyse comment ces derniers ont fait émerger une stratégie intégrée de prévention, de gestion et de sortie de crises internationales. Les forces armées et les institutions britanniques ont en effet développé des programmes en interaction avec différents ministères et des ONG. L'étude des origines de ces transformations apporte un éclairage nouveau sur cet héritage britannique en matière de relations civilo-militaires, notamment dans le domaine de la coopération interministérielle.

La quatrième partie considère les manières dont les acteurs concernés par les politiques de sécurité et leur mise en œuvre construisent et se saisissent des enjeux du risque terroriste. La construction de ce risque en « menace » et en problème public a pour effet de modifier les équilibres politiques, institutionnels et organisationnels, ayant une incidence sur l'ensemble du monde de la sécurité et de la défense du territoire, depuis les décideurs politiques jusqu'aux simples soldats patrouillant dans les rues.

Prenant appui sur l'approche cognitiviste de l'analyse des politiques publiques, Julien Fragnon et William Leday (chapitre 15) reconstituent la transformation progressive du langage politique et stratégique et la genèse de la « guerre au terrorisme ». Ils montrent comment cette notion entre progressivement dans la doctrine et s'impose comme cadre conceptuel partagé, avant d'être consacrée par la notion de « sécurité nationale ». Cette dernière permet de faire de la sécurité intérieure et de la sécurité extérieure les deux facettes d'une seule et même préoccupation pour les acteurs politiques et militaires. Le chapitre livré par Grégory Daho (chapitre 16) s'intéresse au cadrage antiterroriste des opérations Serval et Sentinelle, sous l'angle de ses effets sur les relations civilo-militaires. Il en retrace d'abord les évolutions et les rééquilibrages successifs au cours des dernières décennies et montre les ambivalences du cadrage antiterroriste aux yeux des militaires : à la fois ressource pour maintenir leur autonomie relative face aux politiques et aux personnels de la haute administration dans le jeu interministériel, mais aussi contrainte découlant d'une démultiplication et d'une dispersion de leurs missions, ainsi que d'une exposition nouvelle dans l'espace public.

Delphine Resteigne (chapitre 17) prolonge le sujet de ces deux chapitres et fournit un contrepoint au cas français, en prenant en considération le point de vue des militaires et de l'opinion publique belges à propos des missions de sécurisation du territoire national et de sa population. Elle montre d'abord comment ces missions s'inscrivent dans la filiation des *constabulary missions*, éprouvées par les armées occidentales modernes dans différentes circonstances, pointe les particularités du contexte actuel ainsi que la perception de ces missions au sein de la population comme des forces armées belges. De son côté, et de façon plus spéculative, Sébastien Jakubowski envisage les effets induits par cette nouvelle donne sur les acteurs de la sécurité-défense (chapitre 18). Il émet l'hypothèse d'une hybridation probable et de l'émergence de mixtes de métiers entre des groupes professionnels et des organisations jusqu'alors considérés comme distincts. Ces évolutions, motivées par la recherche de l'efficacité, se heurteraient selon lui à de puissants freins, bien que des espaces de contacts existent déjà.

La dernière partie de l'ouvrage aborde les relations entre la sociologie militaire et deux dimensions sur lesquelles elle est fréquemment mise au défi : d'une part son utilité pour les praticiens que sont les militaires et, d'autre part, son ancrage institutionnel. Joseph Soeters et Pascal Vennesson y répondent en nous proposant des pistes de réflexion. En effet, le dialogue entre sociologie et stratégie est, en permanence, à construire. Joseph Soeters (chapitre 19) en prenant appui sur un certain nombre d'exemples d'opérations militaires internationales envisage les différents aspects pour lesquels les sociologues, surtout s'ils ont accès au terrain, peuvent apporter des connaissances que les militaires n'ont ni le temps ni les outils conceptuels et méthodologiques d'explorer. Quatre cas de figure appuient sa démonstration : la coopération militaire multinationale, l'hybridité organisationnelle, les alliances internationales et le pragmatisme dans les opérations. Pascal Vennesson (chapitre 20) ouvre un débat qui, souhaitons-le, pourra être approfondi dans les années à venir, sur les rapports entre sociologie et stratégie. Les savoirs sociologiques, affirme-t-il, identifient, analysent et peuvent même agir sur certaines dimensions centrales de la stratégie. Il rappelle que ces savoirs n'ont d'ailleurs jamais été absents de la conception de la stratégie. Mais cette affirmation, constate-t-il, se heurte à des doutes et des remises en cause. D'un côté, ceux des militaires : l'institution militaire finit généralement par reconnaître une certaine pertinence à la sociologie pour l'étude de certains phénomènes, mais en dehors de la stratégie pour laquelle les sciences sociales ne sont d'aucune utilité. De l'autre côté, certains sociologues remettent en cause l'idée même de rationalité en stratégie, le discours stratégique consistant avant tout en une rationalisation discursive des croyances et des intérêts des acteurs qui en sont les porteurs ou l'objet, et servant à justifier ou infirmer la nécessité du recours la guerre. Après avoir explicité ces deux objections, Pascal Vennesson en analyse les limites, convaincu qu'il est toujours plus enrichissant pour les sociologues comme pour les praticiens de la stratégie de discuter de leurs antagonismes plutôt que de camper sur leurs idiosyncrasies respectives.

Références bibliographiques

AEGES. 2018. '« Pour des recherches sur la guerre indépendantes » ? Droit de réponse : la parole à la défense', *Carnet Zilsel*, 7 juillet 2018, <https://zilsel.hypotheses.org/3052>.

Alam, T., Gurruchaga, M., et O'Miel, J. (2012). 'Science de la science de l'État : la perturbation du chercheur embarqué comme impensé épistémologique', *Sociétés contemporaines*, 87(3), 155–73.

Assayag, J. (2008). *L'anthropologie en guerre*. Paris : Éditions de l'EHESS.

Audoin-Rouzeau, S. (2008). *Combattre. Une anthropologie historique de la guerre moderne (XIXe–XXIe siècle)*. Paris : Le Seuil.

Aust, J. (2014). 'Financer la recherche sur projet. Figures historiques d'un dispositif de gouvernement', *Genèses. Sciences sociales et histoire*, 94, 2–6.

Aust J., et Crespy, C. (éds.). (2014). *La recherche en réformes. Politiques de recherche entre État, marché et professions*. Paris : Éditions des archives contemporaines.

Baechler, J., et Boëne, B. (éds.). (2018). *Les Armées*. Paris : Hermann.

Bardiès, L. (2008). *Deux siècles de sociologie militaire en France (1815–1991) : sociologie d'une sociologie*. Thèse de doctorat : Université Toulouse Le Mirail.

Becker, J-J. (2008). 'Albert Thomas, d'un siècle à l'autre. Bilan de l'expérience de guerre', *Les cahiers Irice*, 2(2) : 9-15.

Besse, L., et Coton, C. (éds.) (2019). 'Armée/jeunesse : vocations, engagement et « deuxième chance »', *Agora débats/jeunesses*, n° 82.

Bezes, P., Chevallier, J., Montricher (de), N., Ocqueteau, F., et Chauvière, M. (2005). *L'État à l'épreuve des sciences sociales. La fonction de recherche dans les administrations sous la Vème République*. Paris : La Découverte.

Boëne, B. (2015). 'Quatre exemples de travaux d'ingénierie sociale « militaire » aux États-Unis dans les années 1950–1960'. *Res Militaris*, 5(1), <http://resmilitaris.net/index.php?ID=1019556>, consulté le 29 juillet 2020.

– (2014). *Les sciences sociales, la guerre et l'armée*. Paris : Presses de l'université Paris-Sorbonne.

– (2011). 'Samuel A. Stouffer et alii. Studies in Social Psychology in World War II.', *Res Militaris*, 1(3), <http://resmilitaris.net/index.php?ID=1014404>, consulté le 29 juillet 2020.

– (1998). 'Métier, profession et professionnalisme'. In B. Boëne, et C. Dandeker (éds.), *Les armées en Europe*, pp. 171–95. Paris : La Découverte.

– (1995). *Conditions d'émergence et de développement d'une sociologie spécialisée : Le cas de la sociologie militaire aux États-Unis, 1892–1992*. Thèse de doctorat, Université Paris 5 - René Descartes.

– (1994). 'Quatre décennies de sociologie militaire aux États-Unis'. In H. J-P. Thomas (éd.), *Officiers, sous-officiers : la dialectique des légitimités*, pp. 1–37. Paris : ADDIM.

– (éd.) (1990). *La Spécificité militaire*. Paris : Armand Colin.

Boëne B., et Martin, M-L. (éds.) (1991). *Conscription et armée de métier*. Paris : Fondation pour les études de défense nationale.

Boncourt, T., Branche, R., Coton, C., Debos, M., Delori, M., Makaremi, C., et Wasinski, C. (2018). 'Pour des recherches que la guerre indépendantes', *Carnet Zilsel*, 23 juin 2018 <https://zilsel.hypotheses.org/3052>.

Boulanger, Ph. (2002). *La géographie militaire française : 1871–1939*. Paris : Economica.

Brabant, J., et Miñano, L. (2019). *Mauvaise troupe. La dérive des jeunes recrues de l'Armée française*. Paris : Les Arènes.

Bryon-Portet, C. (2016). 'Deux exemples de mutisme institutionnalisé : le silence et le secret comme pratique et symbole de l'armée et la franc-maçonnerie', *Communication et organisation*, 49, 117–31.

– (2011). 'La culture du secret et ses enjeux dans la « Société de communication »', *Quaderni*, 75, 95-103.

Buton, F. (2014). 'Norbert Elias soldat ou La Grande Guerre du sociologue', *Agone*, 53, 61–86.

Caforio, G., et Nuciari, M. (2006). 'Social Research and the Military: A Cross-National Expert Survey'. In G. Caforio (ed.), *Handbook of the Sociology of the Military*, pp. 27–58. New York : Springer.

Caplow, T., et Vennesson, P. (2000). *Sociologie militaire : armée, guerre et paix*. Paris : Armand Colin.

Carreiras H., et Castro, C. (éds.) (2013). *Qualitative Methods in Military Studies*. Abingdon and New York: Routledge.

Carreiras H, Castro, C., et Frederic, F. (éds.) (2016). *Researching the Military*. Abingdon and New York: Routledge.

Challeat, V., et Veyssière, M. (2019). 'La protection du secret de la défense nationale aux Archives nationales : retour d'expérience sur quatre années de mise en œuvre', *La gazette des archives*, 254, 207–28.

Chillaud, M. (2020). *Les études stratégiques en France sous la Ve République. Approche historiographique et analyse prosopographique*. Paris : L'Harmattan.

Coton, C. (2017). *Officiers. Des classes en lutte sous l'uniforme*. Marseille : Agone.

– (2008). *La culture de la distinction. Unité institutionnelle et lignes de tensions au sein du corps des officiers de l'armée de terre*. Thèse de sociologie, Université Paris 7 - Diderot.

Daho, G. (2016). *La transformation des armées. Enquête sur les relations civilo-militaires en France*. Paris : Éditions de la MSH.

Gresle, F. (éd.) (2005). *Sociologie du milieu militaire : les conséquences de la professionnalisation sur les armées et l'identité militaire*. Paris : L'Harmattan.

– (éd) (2003). 'Profession : militaire', *Revue française de sociologie*, n° 44.

Guillaume, M. (2018). '« S'en remettre » à l'institution militaire. Les conditions sociales de l'engagement dans l'armée', *Émulations*, 25, 97–113.

Irondelle, B. (2011). *La réforme des armées en France. Sociologie de la décision*. Paris : Presses de Sciences Po.

Jakubowski, S., et Cardona-Gil, E. (éds.) (2020). *Les logiques de transformation des armées*. Villeneuve d'Ascq : Éditions du Septentrion.

Jankowski, B., et Vennesson, P. (2005). 'Les sciences sociales au ministère de la Défense : inventer, négocier et promouvoir un rôle'. In P. Bezes, M. Chauvière, J. Chevallier, N. de Montricher et F. Ocqueteau (éds.), *L'État à l'épreuve des sciences sociales. La fonction de recherche dans les administrations sous la Vème République*, pp. 267–94. Paris : La Découverte.

Jeangène Vilmer, J-B. (2018). 'La relève stratégique : une première histoire du soutien aux jeunes chercheurs sur les questions de défense et de sécurité', *Les Champs de Mars*, 30, 9–43.

Joana, J. (2012). *Les armées contemporaines*, Paris : Presses de la Fondation nationale des sciences politiques.

Keck, F. (2010). 'Présentation'. In L. Lévy-Bruhl, *La mentalité primitive*. Paris : Flammarion.

Larmet, G. (2002). 'La camaraderie de régiment. Confiance et sociabilité en chambrée'. In M. Bessin, *Autopsie du service militaire 1965–2001*, pp. 93–101. Paris : Autrement.

– (1995). 'Comment devient-on camarades de régiment ?', *Critiques sociales*, 7, 3–28.

Laurent, S. (éd.) (2003). *Archives secrètes, secrets d'archives*, Paris : Éditions du CNRS.

Letonturier, É. (éd.) (2011). 'Valeurs, métier et action : évolution et permanence de l'institution militaire', *L'Année sociologique*, 61(2).

Mariot, N. (2013). *Tous unis dans la tranchée ? 1914–1918, les intellectuels découvrent le peuple*. Paris : Seuil.

Martin, M-L. (1999). 'Prometteur ou marginal ? Le champ de la sociologie militaire en France', *Les Champs de Mars*, 6, 5–37.

Masson, P. (2006). 'Le financement de la sociologie française : les conventions de recherche de la DGRST dans les années soixante', *Genèses. Sciences sociales et histoire*, 62(1), 110-28.

Monjardet, D. (1997). 'Le chercheur et le policier. L'expérience des recherches commanditées par le ministère de l'Intérieur', *Revue française de science politique*, 47(2), 211–25.

Pajon, C. (2005). 'Le sociologue enrégimenté : méthodes et techniques d'enquête en milieu militaire', In F. Gresle, *Sociologie du milieu militaire : les conséquences de la professionnalisation sur l'armée et l'identité militaire*, pp. 45–55. Paris : L'Harmattan.

Pestre, D., et Dahan, A. (éds.) (2004). *Les sciences pour la guerre : 1940–1960*. Paris : Éditions de l'EHESS.

Pinch, F. et Ouellet, E. (2008). 'Sociology in the Canadian Military Academy Curriculum', *Armed Forces & Society*, 35(1), 71–90.

Pinto, L. (1975). 'L'armée, le contingent et les classes sociales', *Actes de la recherche en sciences sociales*, 1(3), 18–40.

Porteret, V. (éd.) (2007). *La défense. Acteurs, légitimité, missions perspectives sociologiques*. Paris : L'Harmattan.

– (2003). 'À la recherche du nouveau visage des armées et des militaires français : les études sociologiques du Centre d'études en sciences sociales de la défense', *Revue française de sociologie*, 44(4), 799–822.

Pudal, R. (2011). 'Du « Pioupiou » au « Vieux Sarce » ou comment en être : ethnographie d'une socialisation chez les pompiers', *Politix*, 93(1), 167–194.

Revue française de sociologie (1961). *Guerre - Armée – Société*, 2(2).

Ryan, J. W. (2013). *Samuel Stouffer and the GI survey: sociologists and soldiers during the Second World War*. Knoxville: University of Tennessee Press.

Schmitt, O. (2015). 'L'accès aux données confidentielles en milieu militaire : problèmes méthodologiques et éthiques d'un « positionnement intermédiaire »', *Les Champs de Mars*, 27, 50-58.

Soeters, J., Shields, P., et Rietjens, S. (éds.) (2014). *Handbook of Research Methods in Military Studies*. Abingdon and New York: Routledge.

Stouffer, S. (1949). *The American Soldier: Combat and Its Aftermath*. Princeton: Princeton University Press.

Tanguy, L. (2011). *La sociologie du travail en France : enquête sur le travail des sociologues, 1950–1990*. Paris : La Découverte.

Teboul, J. (2017). *Corps combattant. La production du soldat*. Paris : Éditions de la FMSH.

Thiéblemont, A. (2015). 'Lorsque le chercheur est engagé dans l'objet. Retour sur la trajectoire d'un officier ethnologue', *Les Champs de Mars*, 27, 67–81.

– (2000). ‘Contribution à une socio-ethnologie du combat’, *Les Champs de Mars*, 7, 41–52.

– (1999). ‘Les apports de la recherche historique à la compréhension de la société militaire contemporaine’, In L. Henninger (éd.), *Histoire militaire et sciences humaines*, pp. 25–42. Bruxelles/Paris : Éditions Complexe.

Thomas, H. J-P. (1994). *Le centre de sociologie de la défense nationale.* 1969–1994. Paris : CSDN.

– (éd.). (1994). *Officiers, sous-officiers : la dialectique des légitimités.* Paris : ADDIM, CSDN-FNSP.

Thura, M. (2019). ‘Pour une approche biographique de l’engagement dans les armées’, *Les Champs de Mars*, 33, 47–70.

– (2015). ‘Armer le lecteur. Pour une relecture de la sociologie militaire française à l’aune de ses conditions institutionnelles de production’, *Dynamiques internationales*, n° 11, <http://dynamiques-internationales.com/wp-content/uploads/2016/02/Thura-DI-11.pdf>.

– (2014). *« En avant ! » Sociologie de l’action militaire et de l’anticipation du combat. Un régiment d’infanterie en route pour l’Afghanistan.* Thèse de doctorat, EHESS.

Thura, M., Lafaye, C., et Paya Y Pastor, A. (éds.) (2015). ‘La pratique des sciences sociales en terrain militaire : une opération spéciale ?’, *Les Champs de Mars*, 26.

Vennesson, P. (2002). ‘Sciences sociales et défense : de l’« aide à la décision » à la contribution à l’action publique’, *Les Champs de Mars*, 11, 341–48.

– (2000). ‘Sciences sociales : quels apports pour la défense ?’, *Les Champs de Mars*, 7, 7-18.

Vieillescazes, F. (1976). ‘Problématique de la sociologie militaire. Quelques exemples tirés de l’expérience américaine’, *Revue défense nationale*, 361, 21–40.

Weber C. (éd.) (2015). *Femmes militaires.* Rennes : Presses universitaires de Rennes.

– (2012). *À genou les hommes, debout les officiers : la socialisation des Saint-Cyriens.* Rennes : Presses universitaires de Rennes.

– (2001). ‘Ethnographie en milieu militaire’, *Cahier de publications doctorales de l’université de Strasbourg*, 2, 79–91.

PREMIÈRE PARTIE

Fonctions sociales et représentations des armées

ANNE MUXEL

Chapitre 1 Les jeunes Français pour une armée de protection

L'institution militaire ne peut compter sans la jeunesse, son principal vivier de recrutement et le ressort essentiel de sa force d'action. Les armées offrent en retour des dispositifs d'intégration professionnelle ainsi que des outils de socialisation relayant un certain nombre de valeurs pouvant faire sens dans un projet global de renforcement de la cohésion nationale. En France, l'instauration récente du Service national universel (SNU) témoigne de la place accordée au modèle militaire pour la socialisation des jeunes générations, et ce même si le projet a pu connaître certains aménagements significatifs.[1] Les dispositifs mis en œuvre et la répartition des rôles entre l'Éducation nationale et la Défense pour les appliquer ont fait l'objet de débats et de fortes controverses, notamment sur le caractère obligatoire de ce nouveau service, ou encore sur les vertus de l'expérience de mixité sociale de ce type d'enrôlement (Chéron 2018 ; Damon et Jakubowski 2018).[2] Quoi qu'il en soit, le dispositif qui a été retenu et

1 Emmanuel Macron alors candidat à la présidence de la République entendait « renforcer le lien armée-nation, en permettant à l'ensemble de notre jeunesse de faire l'expérience de la vie militaire et d'être des acteurs à part entière de l'esprit de défense » (Discours du 18 mars 2017). Devenu président, la version finale de son projet mettra davantage l'accent sur la citoyenneté que sur l'apprentissage militaire, mais l'esprit reste inchangé dans son principe : « Ce service n'est pas un service militaire, même si j'ai souhaité qu'on puisse prévoir l'ouverture à la chose militaire, c'est pour cela qu'il est national, et il est universel parce que je souhaite qu'il puisse être obligatoire » Discours du 13 février 2018, devant l'Association de la presse présidentielle, à la suite du rapport parlementaire présenté par Marianne Dubois et Émilie Guérel remis le 14 février 2018 suite à la mission d'information qui leur avait été confiée.

2 Sur le rôle social des armées et le nouveau SNU on peut se référer au chapitre de Bénédicte Chéron dans cet ouvrage.

expérimenté par les premières cohortes de jeunes dès juin 2019, révèle que bien des éléments du répertoire militaire sont mobilisés : salut au drapeau et chant de l'hymne national, port d'un uniforme et hébergement dans des internats ou des bâtiments de l'armée encadré par des militaires et des éducateurs, parcours en forêt, franchissement d'obstacles, formation aux premiers secours et aux réactions à avoir en cas d'attentats ou de catastrophes naturelles auxquels s'ajoutent des modules sur les valeurs de la République ou encore la protection de l'environnement.

Parallèlement, la montée en puissance du Service civique et l'augmentation des moyens qui lui sont alloués confirment le rôle prescripteur de l'État en matière de sensibilisation des jeunes générations aux valeurs centrées sur la citoyenneté, l'engagement, l'altruisme et la solidarité nationale.[3] Les deux dispositifs, SNU et Service civique, ont en commun de valoriser les vertus républicaines, la cohésion nationale, mais aussi la possibilité d'une construction personnelle et d'une insertion sociale et professionnelle. Dans un temps où les conditions d'intégration sur le marché du travail ne sont pas favorables aux jeunes, ils sont aussi, l'un comme l'autre, instrumentalisés comme des outils de temporisation des difficultés rencontrées par les jeunes dans la France d'aujourd'hui pour accéder à une condition adulte autonome. Dans un contexte de pénurie d'emplois et de dysfonctionnements dans les parcours de formation et de qualification des jeunes peu diplômés, les armées offrent des perspectives professionnelles à court ou à moyen terme. Un jeune sur cinq (20 pour cent) dans la tranche d'âge des 15–24 ans est au chômage, soit une proportion nettement plus importante que dans l'ensemble de la population (8,1 pour cent).[4] De fortes disparités sont constatées. À la sortie de leur formation initiale, 47 pour cent des jeunes sans diplôme ou disposant seulement du Brevet des collèges sont au chômage, contre 22 pour cent de ceux qui ont un Baccalauréat, un CAP ou

3 En France, la loi du 10 mars 2010 transforme à la fois la Journée d'Appel de Préparation à la Défense (JAPD) en Journée Défense et Citoyenneté (JDC) et crée le Service Civique qui est « un engagement volontaire d'une durée continue de six à douze mois donnant lieu à une indemnisation prise en charge par l'État, ouvert aux personnes âgées de 16 à 25 ans, en faveur de missions d'intérêt général reconnues prioritaires pour la Nation ».

4 Données 4ème trimestre 2019, INSEE.

un BEP, et seulement 9 pour cent de ceux qui ont un niveau d'étude égal ou supérieur à Bac+2.[5] Pour les sociologues Laurent Besse et Christel Coton, la jeunesse, comme les armées peuvent bénéficier d'un intérêt réciproque :

> L'expérience ne s'inscrit plus dans la rhétorique du "soldat citoyen" et du devoir militaire ; elle emprunte des registres distincts, plus volontiers en prise avec des questions d'insertion professionnelle (pour les jeunes) et d'efficacité professionnelle (pour les armées) (Besse et Coton 2019 : 44).

Les armées sont un débouché pouvant attirer les jeunes rencontrant des difficultés d'insertion sur le marché de l'emploi. Elles recrutent des militaires âgés en moyenne de 21 ans lors de la signature de leur premier contrat, dont la durée moyenne est de 4 ans et 6 mois pour une rémunération mensuelle de 1315,38 euros nets par mois, incluant le logement et le repas en régiment. 42 pour cent des militaires du rang dans l'armée de terre ont moins de 25 ans.[6] Mais si les armées offrent de réelles perspectives d'insertion et de qualification, elles rencontrent aussi des écueils manifestes, au vu d'une augmentation sensible des ruptures de contrats dans la période récente. Un gros quart des jeunes recrues dans l'armée de terre résilie leur contrat pendant la période probatoire. La fidélisation des engagements est plus fragile qu'auparavant et les réticences vis-à-vis des normes militaires supposant un modèle d'obéissance par soumission aux contraintes spécifiques de ce champ d'activité s'affirment dans les rangs des nouvelles recrues (Jakubowski 2007 ; Teboul 2017). Mais, quoi qu'il en soit, l'attractivité d'un bassin de recrutement professionnel reste de mise, notamment pour les jeunes les plus démunis scolairement (Zaffran 2015), mais aussi pour les jeunes d'origine immigrée (Settoul 2015). Chaque année, ce sont 90 000 jeunes qui se présentent aux tests de recrutement, et tout particulièrement les jeunes peu ou pas diplômés, qui voient dans la possibilité d'intégrer les armées un débouché professionnel. Un gros quart sera recruté (23 000 en 2017).[7]

5 Données Enquête Emploi 2019, INSEE.

6 Un contrat au sein des armées peut être signé à partir de l'âge de 17 ans. Données communiquées par le 11ème Rapport HCECM, ministère des Armées, novembre 2017.

7 Ministère des Armées 2018, *Bilan social 2017*.

Les armées ont donc un rôle socialisateur et intégrateur qui justifie l'intérêt d'une approche sociologique permettant d'en comprendre les rouages et les dysfonctionnements, tant au niveau institutionnel qu'au niveau des trajectoires des individus. L'univers militaire fait partie du champ des possibles explorés par la jeunesse. Il suscite intérêt mais aussi rejet, attirance mais aussi méfiance, disponibilité mais aussi exigence. Le cadre de socialisation spécifique de l'institution militaire doit être interprété au vu des transformations et des nouvelles structures d'opportunités redéfinissant son périmètre d'action comme ses capacités d'attraction (Jakubowski et Cardona Gil 2020). Plus largement, il doit prendre en compte les mutations en cours des valeurs d'engagement dans la société (Muxel 2020).

Un changement de paradigme : fin de la conscription obligatoire et nouvelles structures d'opportunités

Alors qu'une profonde crise de défiance institutionnelle entame la démocratie représentative et, au-delà des seuls élus et responsables politiques particulièrement touchés, nombre d'instances et organisations telles que l'appareil judiciaire, les médias, les partis et les syndicats, les institutions républicaines, le système éducatif, les banques, et dans une mesure moindre la police, les armées échappent à cette crise généralisée de crédibilité. Invités à se prononcer sur la confiance qu'ils accordent aux différentes institutions de leur pays, les trois quarts des Français (76 pour cent) affirment avoir confiance dans l'armée ; la police, la justice ou encore les médias recueillent des niveaux de confiance plus faibles, respectivement 66 pour cent, 46 pour cent et 28 pour cent.[8] Ce sont les partis politiques qui enregistrent le niveau le plus faible : seuls 13 pour cent des Français leur font confiance. Mais les institutions politiques, comme les rouages de la représentation démocratique, font aussi l'objet d'une méfiance généralisée. L'Assemblée nationale comme le Sénat ne suscitent la confiance que

8 Vague 11 du Baromètre de confiance la politique du CEVIPOF, février 2020.

d'un petit tiers des Français (respectivement 31 pour cent et 33 pour cent). L'institution présidentielle quant à elle n'obtient que 30 pour cent.[9] La France n'est pas le seul pays concerné, et la défiance est désormais l'un des ressorts les plus actifs de l'instauration d'une « citoyenneté critique », selon l'expression de la politiste Pippa Norris (1999, 2011), redéfinissant en profondeur le cadre d'expression de la démocratie et les horizons d'attentes des citoyens. Et tout se passe comme si l'expérience démocratique au fur et à mesure de son existence butait sur la méfiance d'une part de plus en plus grande de citoyens pourtant plus éduqués et plus informés. Cette évolution peut apparaître comme une sorte de « paradoxe démocratique » (Grunberg et Muxel 2002).

Dans le contexte d'une profonde remise en cause des institutions démocratiques, l'institution militaire résiste de façon assez remarquable à cette mutation profonde du lien citoyen. Dans la plupart des démocraties occidentales, les niveaux de confiance dont elle fait l'objet sont élevés et dépassent de très loin les autres institutions (Jankowski 2017). C'est le cas en France où les armées suscitent une confiance parmi les plus élevées des pays de l'Union Européenne.[10] Les jeunes Français, alors même qu'ils sont porteurs d'une culture de protestation qui s'est assez largement diffusée et qu'ils mettent en cause de plus en plus les corps intermédiaires comme les médiations institutionnelles, témoignent d'une attitude similaire (Muxel 2018).[11] 80 pour cent des moins de 35 ans disent avoir confiance dans les armées ; c'est un peu moins que les plus de 65 ans (87 pour cent), mais c'est un niveau très élevé. À titre de comparaison, les jeunes Suédois, les jeunes Suisses ou encore les jeunes Allemands, pays dans lesquels le niveau de confiance démocratique est pourtant plus élevé, expriment une confiance plus modérée, respectivement 54 pour cent, 57 pour cent et 58 pour cent[12]. Cette accréditation des vertus positives de l'institution militaire va jusqu'à reconnaître à celle-ci une certaine légitimité politique. Une proportion

9 Idem.

10 Enquête comparative internationale de la Fondapol, 2016.

11 Voir (Muxel, 2018) sur la généralisation d'un nouveau modèle de citoyenneté et sur la diffusion d'une culture protestataire dans les jeunes générations.

12 Se reporter à mon article et à l'analyse des résultats de l'enquête internationale menée par la Fondapol sur les valeurs et les fondements de la démocratie (Muxel 2019).

significative de jeunes Européens, comme de jeunes Français, envisage sans réticence la possibilité de recourir à l'armée comme mode d'exercice du pouvoir. Les jeunes sont ainsi plus nombreux que leurs ainés à considérer que les menaces contre la démocratie justifient une ingérence militaire (53 pour cent des moins de 35 ans contre 39 pour cent des 60 ans et plus), et ils sont aussi plus nombreux à envisager la possibilité d'un pouvoir militaire pour gouverner le pays (31 pour cent contre 11 pour cent).[13]

Parmi les facteurs explicatifs permettant de comprendre l'importance de cette confiance, la fin de la conscription obligatoire joue un rôle certain. La perception par les jeunes de l'institution militaire est passée d'une dominante de rejet à une dominante d'approbation voire d'attraction. La fin du service militaire décidée par Jacques Chirac en février 1996 explique pour une large part cette nouvelle donne. Le service militaire a pu constituer un « rite laïque » ayant une portée existentielle et symbolique dans les trajectoires de vie des individus, mais il est apparu comme de plus en plus inadapté aux aspirations des jeunes et décalé par rapport à certaines évolutions sociétales propres au temps des *Babyboomers* (Bessin 2002). À partir des années 1960, nombre de dysfonctionnements patents sont observés et des situations d'inégalités sociales face à l'obligation de faire un service militaire ne cessent de se creuser. Le nombre des conscrits jugés inaptes augmente et le nombre de réformés pour motifs psychiatriques passe entre 1972 et 1976 de 20 pour cent à 50 pour cent (Jakubowski 2018 : 1299 ; Pinto 1975). Le 2 avril 1973, 500 000 jeunes descendent dans la rue pour protester contre la loi de réforme sur le service militaire promue par Michel Debré alors ministre de la Défense nationale, qui stipule notamment la suppression des sursis pour raison d'études au-delà de 21 ans. S'ajoute à cela une diversification des formes du service, notamment la coopération, ainsi que la reconnaissance de l'objection de conscience. En 1969 la France compte 340 objecteurs de conscience, en 1996, ils sont 14 610 ; 15.000 appelés sont recherchés pour insoumission en 1991 et leur nombre monte à 25 000 en 1994. Les reports de service quant à eux ne cessent d'augmenter : 1,2 million d'appelés concerné en 1995 (Jakubowski 2018). Des distorsions de plus en plus manifestes apparaissent entre les aspirations des jeunes et la façon dont

13 Idem.

les discours politiques et militaires officiels les prennent en considération (Bessin 2002). S'ajoutait à cela un antimilitarisme de principe qui dominait chez les jeunes dans les années 1960 et post Mai 1968. L'institution militaire cristallisait nombre de valeurs contraires au tropisme des références mobilisées par la plupart des étudiants de l'époque : pacifisme, anticolonialisme, rejet de l'autorité et mise en cause de la discipline, dénonciation du patriarcat et des pouvoirs hiérarchiques. Les jeunes générations mobilisaient des références en rupture avec les valeurs traditionnelles, parmi lesquelles les valeurs militaires représentaient un modèle archétypal et rejeté.

Avec la fin du service militaire obligatoire, le poids des contraintes pesant sur la jeunesse est levé, et avec lui, c'est une autre image des armées qui prend le pas. Tout d'abord, n'étant plus directement concernés, les jeunes reconnaissent plus facilement les fonctions d'intégration sociale dont pouvait se prévaloir l'institution militaire. La professionnalisation atténue les réticences envers les armées et les attitudes antimilitaristes régressent dans de nombreuses régions du monde, notamment aux États-Unis. La figure du « soldat citoyen » a été remplacée par la figure du « soldat professionnel », se déployant dans le cadre d'une armée de métiers. Ce changement radical modifie les images de l'opinion juvénile envers l'institution militaire marquée jusqu'alors par l'expérience traumatique vécue par de nombreux jeunes entraînés malgré eux dans la guerre au Vietnam. Le sociologue américain Charles Moskos (2000) soutient qu'à l'ère des armées postmodernes, l'absence de menace de guerre et la fin de la conscription favorisent la montée en puissance d'un public indifférent à l'égard des armées, et de fait moins hostile. En France, l'enrôlement des jeunes appelés dans la guerre d'Algérie a aussi été un traumatisme ayant laissé des traces dans la mémoire collective (Branche 2001). La fin de la conscription, trente ans plus tard, au mitan des années 1990, clôt définitivement la menace d'un enrôlement forcé.

Dans la période récente, confrontés aux nouveaux risques que représente le terrorisme sur le sol national comme dans le monde, et aussi porteurs d'exigences nouvelles en matière de droits de l'homme et d'aide humanitaire, les jeunes peuvent voir dans les armées un vecteur de sécurité comme de valeurs à défendre. L'institution militaire n'est plus une figure repoussoir, mais, au contraire, investie de sens et de reconnaissance. Le modèle du soldat engagé peut faire recette, mais c'est celui d'un soldat s'engageant dans les nouveaux conflits incluant la lutte contre le terrorisme et un modèle civilisationnel à défendre (en termes de valeurs ou de protection des équilibres écologiques). La diversification des missions incombant aux armées renforce, de fait, la perception de leur rôle protecteur et favorise leur bonne image ainsi que la confiance qu'elles peuvent inspirer dans un monde perçu comme de plus en plus complexe et menaçant. 70 pour cent des jeunes Français considèrent que l'armée française est adaptée aux menaces auxquelles le pays est confronté. Et ce sont les problématiques liées à l'environnement qui les préoccupent au premier chef, suivies par l'accès à l'emploi et le terrorisme. Parmi les associations spontanées à l'armée et au monde militaire, ce sont les missions de protection et de défense qui arrivent en premier (35 pour cent des réponses), loin devant la guerre et le combat (13 pour cent).[14] Dans le contexte actuel, les inquiétudes personnelles et collectives exprimées par les jeunes générations s'articulent aux redéfinitions en cours du périmètre opérationnel des armées. Cette convergence contribue de fait à la bonne image du rôle et de l'action des militaires dans les sociétés contemporaines perçues comme menacées par de nouveaux ennemis visibles et invisibles, humains et non humains, naturels et technologiques. Nombre de fictions alimentent sur ces sujets l'imaginaire des jeunes, nombre de thèses complotistes et catastrophistes entretiennent leurs peurs. Dans cet univers menaçant, les armées apparaissent comme un ultime recours, fiable et rassurant, face aux périls envisagés.

Des valeurs d'engagement réactivées : nouvelles menaces et élargissement du périmètre d'action des armées

Les attitudes favorables envers les armées sont associées à un changement dans le répertoire de valeurs mobilisé par les jeunes générations. Les valeurs d'engagement participent d'une quête de sens dans un temps où

14 Les jeunes et la Défense, Vague 4, DICOD/CSA, novembre 2018.

les références et les allégeances apparaissent brouillées.[15] Le nombre de jeunes qui s'engagent dans des activités bénévoles est plutôt en augmentation et l'on ne constate, contrairement à ce que l'on peut lire ou entendre depuis des années, y compris au sein des armées, nul repli individualiste dans les dispositions de la jeunesse actuelle, mais bien davantage de nouvelles formes d'articulation entre les intérêts privés et les intérêts collectifs (Muxel 2018). Un jeune sur cinq est engagé dans des associations de type altruiste ou militant. Et comparée à la jeunesse d'autres pays, la jeunesse française est plutôt plus fréquemment engagée dans ce type d'actions que la moyenne.[16] Selon le Baromètre de la Jeunesse DJEPVA, plus du tiers des jeunes Français (35 pour cent) ont une activité bénévole régulière.[17]

Un certain patriotisme peut faire écho à une prise de conscience de la nécessité de renforcer la cohésion nationale face à des dangers d'un type nouveau. Sans doute plus affectif et émotionnel, nécessairement plus composite et bricolé, il mobilise des valeurs de défense au niveau collectif tout autant que des valeurs d'engagement au niveau individuel. Par exemple le drapeau fait retour. Il est l'un des premiers symboles d'identification à la nation qui est intégré dans le processus de socialisation politique et fixe de façon précoce une appartenance culturelle et sociale de nature affective. Cette charge affective d'une reconnaissance commune a été un vecteur remobilisé dans la période récente en réaction aux actes terroristes perpétrés contre l'idée même de République « laïque » et « indivisible ». Le drapeau a été brandi comme une matrice d'identification et de communion émotionnelle, dans les rues et les Marches organisées en mémoire des victimes des attentats de Charlie Hebdo et de l'Hyper Cacher des 7 et 8 janvier 2015, mais aussi sur les réseaux sociaux. Plus d'un jeune sur deux a ainsi exprimé sa compassion et sa solidarité en publiant son profil Facebook revêtu du drapeau français.[18] Cette symbolique entretient de fait une proximité avec le rôle et la place du drapeau au sein du cadre de référence des valeurs militaires.

15 On peut se reporter au dossier spécial consacré aux valeurs d'engagement publié dans le numéro 33 des Champs de Mars, 2020.

16 Eurofound/European Quality of Life Survey, 2012.

17 Baromètre de la DJEPVA sur la jeunesse, CREDOC, 2016.

18 Baromètre de la jeunesse, Vague 3, CEVIPOF/ministère de la Défense, juin 2016.

Par ailleurs, une demande d'autorité verticale et d'ordre public gagne du terrain (Bréchon 2019). Nombre de chercheurs en sciences sociales observent un mouvement de déconsolidation démocratique dans le renouvellement générationnel. Ainsi, la démocratie n'est plus le seul régime de référence pour un nombre croissant de jeunes (Mounk 2018). Invités à se prononcer sur le fait que d'autres systèmes politiques peuvent être aussi bons que la démocratie, les jeunes de moins de 35 ans sont toujours plus nombreux que leurs aînés à acquiescer à cette éventualité : 40 pour cent en Europe (+15 points par rapport aux 60 ans et plus).[19] Cela est visible dans l'attrait des jeunes générations pour les *leaderships* autoritaires. En moyenne, plus d'un jeune sur trois (36 pour cent) en Europe souscrit à l'idée *qu'avoir à sa tête un homme fort qui n'a pas à se préoccuper du Parlement et des élections serait une bonne chose pour le pays*, soit 6 points de plus que les plus de 60 ans. Une proportion significative de la jeunesse (16 pour cent en moyenne des Européens de moins de 35 ans, et entre 10 et 35 pour cent selon les pays) envisagerait de façon favorable que *l'armée gouverne son pays*. Leurs aînés âgés de 60 ans et plus ne sont que 7 pour cent à partager le même avis.[20]

Cette demande d'ordre reste cantonnée à l'espace public, car dans l'espace de la vie privée, la permissivité et la demande de liberté sont toujours de mise. Il s'agit là d'un paradoxe caractéristique de la socialisation des jeunes générations dans les sociétés occidentales contemporaines. La force de la confiance accordée à l'institution militaire s'inscrit dans cette reconfiguration des normes sociales s'exprimant de façon différenciée dans l'espace de la vie publique et collective et dans l'espace personnel et privé. Le premier est associé en priorité aux valeurs d'ordre et d'autorité tandis que le second se réfère d'abord aux valeurs de liberté individuelle.[21] Les armées, dans cette partition, en tant qu'institution régalienne voient donc leur légitimité confirmée, y compris dans les jeunes générations.

Selon l'une des dernières enquêtes menées par la Délégation à l'information et à la communication de la Défense (DICoD), 84 pour cent

19 Enquête Fondapol, op.cit.

20 Idem.

21 Cette dualité a été bien repérée par Olivier Galland et Bernard Roudet (2005, 2014) dans leurs travaux sur l'évolution des valeurs des jeunes.

des jeunes Français de moins de 30 ans ont une bonne image des armées.[22] Celles-ci sont considérées comme professionnelles (83 pour cent), réactives (80 pour cent), efficaces (76 pour cent) ou encore rassurantes (76 pour cent). S'ajoute à cette image favorable, le fait qu'elles sont jugées respectueuses des valeurs démocratiques (76 pour cent), ce qui dans le contexte de défiance institutionnelle ambiant est bien la confirmation d'un surcroît de légitimité.[23] L'utilité de l'armée n'est pas remise en question par les jeunes. Ils sont même plus nombreux aujourd'hui à considérer positivement l'importance d'une force militaire dotée en moyens conséquents pour le pays. Déjà en 1998, 78 pour cent des jeunes affirmaient qu'avoir une armée en France était une chose utile, 22 pour cent seulement une chose inutile (Galland et Pfirsch 1998). La part des détracteurs et réticents s'est réduite à une peau de chagrin : seuls 4 pour cent des jeunes interrogés en 2011 pensent qu'il faut la supprimer et la proportion est équivalente aujourd'hui (3 pour cent).[24] En 1998, 34 pour cent des jeunes considéraient que la situation dans le monde permettait à la France de réduire ses dépenses militaires ; en 2011, cette proportion a diminué de moitié (17 pour cent) et ils sont plus nombreux qu'auparavant à souhaiter un renforcement des dépenses militaires. La perception que les jeunes ont de l'utilité de l'armée est donc bien ancrée.

Bien que majoritairement favorables et positives, les attitudes et les opinions envers l'institution militaire connaissent certaines inflexions et certains écarts en fonction de critères sociaux, culturels, mais aussi politiques et idéologiques. Le premier d'entre eux est bien sûr le genre. Malgré la féminisation croissante des armées, filles et garçons n'investissent pas de la même manière l'institution militaire, ni symboliquement ni en tant que champ d'expérience possible. Les représentations que les jeunes ont de l'armée ne sont pas non plus déconnectées des conditions d'expérimentation de la jeunesse, assez étroitement régies en France, plus que dans d'autres pays européens, par l'orientation de leur trajectoire scolaire et par le type de diplôme préparé (Van de Velde 2008). Les clivages politiques et idéologiques restent toujours discriminants, une proximité à l'institution

22 Les jeunes et la Défense, Vague 4, DICOD/CSA, décembre 2018.

23 Idem.

24 Baromètre de la Jeunesse, 2016, op.cit.

militaire étant traditionnellement plus ancrée à droite.[25] Enfin, l'obédience catholique s'avère être aussi un facteur décisif et prescripteur d'attitudes comme de comportements toujours plus favorables envers les armées (Hatto et Muxel et Tomescu-Hatto 2011).

Les représentations que les jeunes ont de l'Armée se trouvent à la croisée de plusieurs dimensions : une dimension psychologique de recherche de soi propre au monde des adolescents, l'idée d'une seconde chance après des échecs à l'école et sur le marché du travail, mais aussi la recherche d'opportunités dans un secteur moderne en pleine ascension (Léger 2004 ; Bréchon 2011). C'est dans le contexte de recherche d'opportunités matérielles et personnelles que le secteur de la défense peut tabler sur un recrutement régulier des jeunes générations. Depuis une dizaine d'années les études menées sur les dispositions des jeunes à l'égard des armées révèlent leur disponibilité pour s'engager, et tout particulièrement dans les segments peu ou pas diplômés de la jeunesse (Hatto, Muxel et Tomescu Hatto 2011 ; Jankowski 2012). Selon les dernières données recueillies, près de quatre jeunes sur dix (39 pour cent), âgés de 15 à 29 ans, envisagent de travailler un jour dans les armées, parmi lesquels 12 pour cent certainement et 27 pour cent probablement. Les jeunes hommes se montrent plus disponibles que les jeunes femmes (18 pour cent des hommes disent l'envisager certainement contre 6 pour cent seulement des femmes).[26] Aux disparités selon le niveau d'instruction, les jeunes peu ou pas diplômés étant toujours plus enclins à s'engager que les jeunes poursuivant un parcours d'études long, s'ajoutent des clivages sociaux liés au niveau d'instruction au sein même des jeunes recrues :

> Si l'univers militaire cultive "la fraternité d'armes" et la "cohésion", ces valeurs et les dispositifs qui entendent les incarner et les transmettre dans l'institution se déploient dans des rapports de classe encore aujourd'hui nourris par des écarts socialement et culturellement forgés en dehors des frontières de l'institution (Coton 2019 : 56).

25 Luc Rouban, « Le vote des fonctionnaires », dans *Revue Politique et Parlementaire*, N° 1083–1084, janvier 2018 ; Jérôme Fourquet et Sylvain Manternach, « Pour qui votent les casernes ? », Note de la *Fondation Jean-Jaurés*, 17/07/2019

26 Les jeunes et la défense, Vague 4, DICOD/CSA, novembre 2018

Lorsque l'on tente de hiérarchiser les facteurs les plus prédictifs d'un engagement dans les armées, c'est l'effet du genre qui apparaît le plus discriminant. Même si l'on observe une féminisation assez nette des engagements, le monde militaire reste toujours plus attractif pour les hommes que pour les femmes. Vient ensuite le poids du niveau d'instruction et de la filière d'étude qui a pour effet de différencier socialement le recrutement des jeunes recrues, les segments moins diplômés de la jeunesse étant surreprésentés au sein des armées. Enfin, l'orientation idéologique et les attitudes à l'égard de l'autorité, fortement corrélées entre elles, bien que dans une moindre mesure que les deux précédentes, sont aussi significatives. Les jeunes de gauche ont moins de probabilités d'envisager d'exercer un jour un métier militaire que les jeunes de droite. Restent les effets propres de la socialisation familiale, et notamment de la transmission d'expérience au sein du cercle des proches, qui existent, mais qui apparaissent plus ténus (Hatto, Muxel et Tomescu-Hatto 2011).

Une typologie a permis de mettre en évidence deux profils de jeunes bien différenciés quant à leurs dispositions à s'engager dans l'armée. Le premier, constitué en majorité de garçons (63 pour cent contre 37 pour cent de filles), présente un ensemble de dispositions favorables envers l'institution militaire plus élevé que la moyenne, et rassemble les jeunes qui se montrent « tentés et disponibles pour l'engagement ». Une partie importante suit une filière technique et professionnelle (43 pour cent contre 30 pour cent de l'ensemble de l'échantillon). Les raisons mises en avant pour expliquer leur disponibilité pour s'engager laissent une large part aux arguments utilitaristes : 22 pour cent évoquent la possibilité de « bien gagner leur vie » (8 pour cent seulement de l'ensemble de l'échantillon) et 18 pour cent voient dans cette perspective de carrière une façon d'éviter de se retrouver au chômage (7 pour cent de l'ensemble de l'échantillon). Le second rassemble les jeunes qui ont déjà plus ou moins concrétisé le projet d'un engagement dans l'armée. Ces jeunes « prêts à s'engager » sont majoritairement des garçons (70 pour cent contre 30 pour cent de filles) et font preuve d'une adhésion forte à l'institution militaire. Ils ont généralement bénéficié d'une socialisation militaire relativement soutenue et sont nombreux à être issus de familles dont le père exerce une profession indépendante (25 pour cent contre 11 pour cent dans le premier groupe, 11 pour cent dans l'ensemble de l'échantillon). Politiquement ils se situent très majoritairement à droite : 79 pour cent (contre seulement 4 pour cent à gauche, et 17 pour cent ni à gauche ni à droite). Cette obédience idéologique va de pair avec une confiance institutionnelle et politique plus forte que la moyenne, une reconnaissance de l'autorité plus établie, ainsi qu'un attachement à l'identité nationale plus marquée. C'est aussi dans ce groupe que l'on constate l'idéal d'engagement le plus en lien avec l'institution militaire. Plus d'un jeune sur deux (54 pour cent) déclare que « c'est une façon de faire quelque chose pour son pays » (16 pour cent de l'ensemble de l'échantillon et 30 pour cent des jeunes du premier groupe) (Hatto, Muxel et Tomescu-Hatto 2011).

De toutes les armées, c'est l'armée de terre qui est de loin privilégiée et qui du reste comptabilise le plus grand nombre de recrutements annuels, et c'est la perspective d'un engagement sur le terrain des opérations qui attire en priorité, avant les emplois administratifs au sein des armées. Près des deux tiers des jeunes Français (62 pour cent) disent être prêts à risquer leur vie pour la défense de leur pays en cas de conflit armé (71 pour cent des hommes de l'ensemble de l'échantillon, et 87 pour cent de ceux qui envisagent de travailler au sein des armées).[27] La motivation première de ceux qui pourraient s'engager dans les armées est l'envie de faire quelque chose pour leur pays (37 pour cent), la seconde étant le goût du travail en équipe (30 pour cent). La reconnaissance du débouché professionnel de ce type d'engagement est moins mise en avant, 24 pour cent évoquant la possibilité d'avoir un emploi stable et 16 pour cent d'échapper au risque de chômage.[28] Si le rôle d'intégration sociale et professionnalisant des armées doit être considéré, l'importance du répertoire de valeurs associées est bien le signe d'une quête de sens supplémentaire et de responsabilité, visible dans nombre de segments de la jeunesse française (Jankowski 2018). Néanmoins la conciliation entre vie privée et vie militaire est un point d'achoppement de la fidélisation des recrutements dans les armées, notamment dans les jeunes générations. Et le recours à d'autres possibilités d'engagement est fréquent. Un Service civique ou une mission dans le cadre de la Réserve opérationnelle font partie de l'horizon des possibles d'un nombre grandissant

27 Les jeunes et la Défense, Vague 4, DICOD/CSA, novembre 2018.

28 Baromètre de la Jeunesse, Vague 3, ministère de la Défense/CEVIPOF, 2016.

de jeunes (Ploux-Chillés et Camus 2017). Plus d'un jeune sur deux (53 pour cent) serait tenté par un engagement dans la réserve opérationnelle et, en plus grand nombre, les jeunes hommes (61 pour cent).[29]

L'instauration d'un service militaire est aussi envisagée par beaucoup comme quelque chose de plutôt positif et les premiers résultats de la phase de préfiguration du SNU révèlent une forte adhésion des jeunes, certes tous volontaires, à l'expérience à laquelle ils ont participé (Francou et James 2019). Parmi les objectifs jugés les plus positivement, ce sont dans l'ordre l'amélioration de la mixité sociale, l'expérience d'un engagement et l'apprentissage des gestes et réactions en cas de crises et de catastrophes qui sont évoqués.

Dans cette économie de valeurs et de dispositions assez favorables quant au rôle des armées dans la société, certaines questions éthiques redéfinissent néanmoins les périmètres de l'engagement militaire, et en creux l'image des armées. Les valeurs montantes d'individualisation ne correspondent pas à une perte de sens moral, mais à une conception nouvelle de la morale au sein de laquelle les façons d'agir relèvent moins de principes intangibles que d'adaptation aux circonstances. Elles résultent de nouvelles formes d'articulation entre l'individu et le collectif, entre des ressorts personnels et des préoccupations liées à l'intérêt général. Les idéaux persistent, mais ils doivent composer avec l'affirmation d'un pragmatisme opérationnel et de causes concrètes à défendre. Si la morale est plus relativiste, l'exigence de résultats s'impose quant à elle de façon impérative. Les ressorts comme les temporalités de l'engagement ont profondément changé, et cela est visible dans plusieurs registres de la participation civique (Ion 1997). Le rapport au vote des jeunes générations est plus intermittent et l'on peut observer un affaiblissement de la norme civique du devoir de voter qui redéfinit le cadre d'expression de la citoyenneté. (Muxel 2018 ; Tiberj 2017). Mais dans cette reconfiguration générale du civisme, les signes de repli individualiste sont moins présents que les indices d'engagement collectif et d'altruisme moral.

Les attentes que les jeunes ont vis-à-vis des armées relèvent de plusieurs registres : d'une part, leur fonction militaire et combattante et, d'autre part, leur fonction sociale protectrice et humanitaire. Et si le sacrifice consenti au péril de sa vie reste une valeur avancée par une majorité de jeunes, et ce d'autant

29 Les jeunes et la Défense, Vague 4, DICOD/CSA, novembre 2018.

plus qu'ils sont prêts à s'engager, pour ceux qui refusent l'engagement militaire, ce sont les risques et le danger (81 pour cent), ou encore la peur d'avoir à tuer quelqu'un (77 pour cent) qui sont mises en avant.[30] Les raisons utilitaristes et les considérations personnelles n'ont pas disparu. Mais c'est à partir d'un répertoire faisant appel à des références plurielles que les champs d'actions et d'interventions des armées sont désormais appréciés et interprétés.

En même temps qu'il crée une dynamique d'appel, ce nouveau répertoire des valeurs d'engagement est susceptible de remises en cause et de défections rapides, notamment dans les jeunes générations. Les modalités de l'encadrement militaire, s'arrangeant mal du relativisme moral dominant, peuvent susciter des réticences (Guillaume 2019). Par ailleurs, une plus grande individualisation des valeurs, associée à une quête de sens toujours à construire et à adapter selon les missions, met à mal la fidélisation des jeunes recrues. La forte hausse des recrutements à partir de 2015, suite à la série d'attentats ayant endeuillé la France cette même année, s'est accompagnée d'une augmentation des démissions ou des non-renouvellements de contrat atteignant près de 28,7 pour cent en 2016 (Guillaume 2019).

Certes les valeurs qui sont les plus associées à l'armée française sont le courage, l'engagement et la discipline.[31] Et les militaires, après les pompiers, incarnent les professionnels qui sont le plus en prise avec le modèle de l'engagement. Mais leur image est désormais associée à des fonctions de sécurisation et de protection d'un nouveau type. La figure du combattant reste toujours dans les imaginaires. Elle est largement relayée par les films, les séries et les jeux vidéo qui sont, pour les jeunes, les vecteurs les plus familiers des représentations qu'ils ont du fait militaire. Néanmoins, c'est l'image du soldat protecteur et gardien de la sécurité de chacun qui s'impose dans leur réalité quotidienne. Les patrouilles Vigipirate et Sentinelle inscrivent dans les espaces quotidiens et familiers la reconnaissance des militaires et rappellent leur utilité sociale. Deux images se superposent, celle du guerrier et celle du protecteur et défenseur des droits de l'homme contre le terrorisme, instituant de fait une nouvelle panoplie au soldat des temps modernes lancé dans les nouvelles guerres contre des ennemis visibles et invisibles.

30 Les jeunes et la défense, DICOD/CSA, 2018.

31 Les jeunes et la Défense, Vague 4, DICOD/CSA, novembre 2018.

Conclusion

La mobilisation des armées dans la crise sanitaire contre la Covid19 marque un point d'orgue dans cette reconfiguration des images et des attentes vis-à-vis des armées. Le recours à l'armée dans le déplacement des malades de la Covid 19 des hôpitaux les plus encombrés vers des lieux moins soumis à la tension relative à l'occupation des lits de réanimation, l'intervention de la marine nationale dans la France ultra-marine, la construction d'un hôpital militaire de campagne pour soulager les établissements de santé les plus débordés par l'afflux de malades, sont autant de signes de la montée en puissance de l'armée comme institution de protection. En Espagne dans un contexte encore plus compliqué qu'en France, l'armée est peu à peu devenue l'acteur essentiel de la lutte contre la propagation du Coronavirus. Tous ces développements contribuent à renforcer la position de l'armée comme institution de protection de dernier recours, et donc sa légitimité, à l'heure où les jeunes comme les moins jeunes sont en recherche de protections institutionnelles, économiques, sociales et culturelles face à un environnement de plus en plus incertain, mobile et « liquide » comme le dirait le sociologue Zygmunt Baumann (2006). Il est vrai que cette reconnaissance vis-à-vis de l'institution militaire va plus à sa dimension protectrice qu'à sa dimension combattante sauf lorsque cette dernière est le recours de dernière instance pour protéger les valeurs et le mode de vie auxquels les jeunes des démocraties contemporaines sont attachés. Toute société liquide a besoin, pour ne pas se liquéfier totalement, de la résistance de grandes institutions verticales pourvoyeuses de sens et de moyens de défense de celui-ci lorsqu'il est menacé. Mais surtout, le recours à la mobilisation des militaires dans des opérations humanitaires ou de protection de l'environnement depuis plusieurs années a profondément modifié la perception de leur rôle et de leurs actions dans l'espace social, à la fois en matière de visibilité et sur le plan symbolique. Tel est le socle de la confiance que les jeunes accordent à l'armée.

Références bibliographiques

Bauman, Z. (2006). *La vie liquide*. Le Rouergue/Chambon.

Besse, L, et Coton, C. (2019). 'L'armée au miroir de la jeunesse', *Agora/Débats Jeunesse*, 82 (2), 42–54.

Bessin, M. (dir) (2002). *Autopsie du service militaire (1965–2001)*. Paris : Autrement.

Branche, R. (2001). *La torture et l'Armée pendant la guerre d'Algérie*, 1954–1962. Paris : Gallimard.

Bréchon, P. (2011). 'Valeurs des jeunes et valeurs des militaires', *Site Internet de l'IRSEM*, <https://halshs.archives-ouvertes.fr/halsh-00824496/file/Valeurs_des_jeunes_et_valeurs_des_militaires.pdf>

– (2019). 'Les valeurs des Français en tendances. Plus de liberté pour soi, plus d'exigences dans la sphère collective'. *Futuribles*, 431 (4), 55–71.

Chéron, B. (2018). *Le soldat méconnu. Les Français et leurs armées : état des lieux*, Paris : Armand Colin.

Damon, J., and Jakubowski, S. (2018). *Cahiers Français*, N° 395.

Francou, Q., et James, S. (2019). (2019). 'Évaluation de la préfiguration du Service national universel', *INJEP, Analyses et Synthèses*, N° 27.

Galland, O., et Pfirsch, J. V. (1998). 'Les jeunes, l'armée et la nation', *Les Études du C2SD*.

Galland, O., et Roudet, B. (2005). *Les jeunes Européens et les valeurs*. Paris : La Découverte.

– (2014). *Une jeunesse différente ? Les valeurs des jeunes Français depuis trente ans*, Paris : La Documentation française.

Grunberg, G., et Muxel, A. (2002). 'La dynamique des générations' In G. Grunberg, and N. Mayer, and P. Sniderman, (eds), *La démocratie à l'épreuve, Une nouvelle approche de l'opinion des Français*, pp. 135–70, Paris : Presses de Sciences Po.

Guillaume, M. (2019). 'Un mot d'ordre : 'fidéliser'. Former et retenir les jeunes sous l'uniforme militaire', *Agora Débats/Jeunesses*, N° 82, 89–110.

Hatto, R., Muxel, A., and Tomescu Hatto, O. (2011), *Enquête sur les jeunes et les armées. Images, intérêt, attentes*, Étude de l'IRSEM, N° 10.

Ion, J. (1997). *La fin des militants ?* Paris : Les Éditions de l'Atelier.

Jakubowski, S. (2007). *La professionnalisation des armées françaises : conséquence sur l'autorité*. Paris : L'Harmattan.

– (2018). 'Service militaire'. In B. Durieux, J. B. Jeangène-Vilmer and F. Ramel, *Dictionnaire de la guerre et de la paix*, Paris : PUF.

Jakubowski, S. et Cardona Gil, E,. (2020). *Les logiques de transformation des armées.* Villeneuve d'Ascq : Presses Universitaires du Septentrion.
Jankowski, B. (2012). 'Les jeunes et l'armée', *Inflexions*, 20 (2), 111–15
– (2017). 'L'opinion des Français sur leurs armées'. In E. Letonturier (ed), *Guerre, armée et communication*, pp. 81–98. Paris : Hermès, CNRS éditions.
– (2018). 'Le rôle des armées dans la fonction 'intégration de l'État'', *Étude de l'IRSEM*, N° 63.
Léger, J.F. (2004). *Les jeunes et l'armée.* Paris : l'Harmattan.
Mounk, Y. (2018). *Le peuple contre la démocratie.* Paris : Éditions de l'Observatoire.
Moskos, C. (2000). 'Towards a postmodern military: The United States as a paradigm'. In C. Moskos, J., A. William and D. Segal (eds), *The Postmodern Military. Armed Forces after the Cold War*, pp. 14–31, New York: Oxford University Press.
Muxel, A. (2018). *Politiquement jeune.* Éditions de l'Aube/Fondation Jean Jaurès.
– (2019). 'Renouvellement générationnel : déconsolidation ou recomposition démocratique ?'. In D. Reynié (ed), *Démocraties sous tension*, Volume 1. Les enjeux, pp. 43–48. Paris : Fondapol.
– (2020). 'L'engagement, s'engager. Nouvelles problématiques', *Champs de Mars*, N° 33, 11–16.
Norris, P. (1999). *Critical Citizen, Global Support for Democratic Governance.* New York: Oxford University Press.
– (2011). *Democratic Deficit, Critical Citizen Revisited.* Cambridge: Cambridge University Press.
Pinto, L. (1975). 'L'armée, le contingent et les classes sociales', *Actes de la recherche en sciences sociales*, N° 3, 18–40.
Ploux-Chillés, A. et Camus, M. (2017). 'Le service civique au défi de son expansion', *INJEP, Analyses et Synthèses.*
Settoul, E. (2015). 'Classes populaires et engagement militaire : des affinités électives aux stratégies d'insertion professionnelle', *Lien social et politique*, 74, 95–112.
Teboul, J. (2017). *Corps combattant. La production du soldat.* Paris : Éditions de la Maison des Sciences de l'Homme.
Tiberj, V. (2017). *Les citoyens qui viennent. Comment le renouvellement générationnel transforme la politique en France.* Paris : PUF.
Van de Velde, C. (2008). *Devenir adulte. Sociologie comparée de la jeunesse en Europe.* Paris : PUF.
Zaffran, J. (2015). 'Raccrocher et s'accrocher à un internat d'inspiration militaire. Le cas des décrocheurs scolaires qui s'engagent à l'EPIDE', *Revue Française de Sociologie*, Vol. 56, 331–356

BÉNÉDICTE CHÉRON

Chapitre 2 Rôle social des armées et nouveau SNU : l'étirement d'une notion jusqu'à sa dilution

En 1891, Hubert Lyautey, publie dans la *Revue des deux mondes* un article intitulé « Le rôle social de l'officier », y appelant à une pratique du commandement qui se soucie des personnes et de leur éducation. Tout au long du vingtième siècle, cet écrit a été structurant pour des générations d'officiers qui ont continué de voir dans le service militaire le lieu principal d'exercice de leur rôle social devenu progressivement un rôle attribué à l'institution elle-même. Former des combattants, encadrer la jeunesse et la domestiquer, renforcer la cohésion de la nation sont autant de fonctions qui prennent place derrière l'expression de « rôle social » sans qu'il soit toujours possible de les distinguer les unes des autres. Si, jusqu'en 1962, le lien entre ces différentes fonctions est garanti par une finalité combattante tellement évidente que son explicitation n'est pas nécessaire, la période qui s'ouvre après la guerre d'Algérie entraîne la disjonction entre la finalité combattante et les autres fonctions du service militaire. Il est envisagé dans un premier temps qu'une armée de masse puisse être nécessaire pour faire face au lointain ennemi de l'Est, mais dans la pratique, les appelés ne participent que très marginalement aux opérations de combat ponctuant la vie des armées à partir de 1969 (première opération extérieure au Tchad). Pour beaucoup d'officiers qui encadrent les unités d'appelés, cette finalité demeure une évidence, mais elle devient un horizon théorique. Les fonctions d'encadrement se réarticulent *de facto* à d'autres finalités revendiquées : préparer la vie adulte des jeunes hommes par l'aguerrissement physique, l'acquisition des savoirs techniques et l'apprentissage de la vie collective (Bessin 2002 ; Chéron 2019a).

Avec la professionnalisation, décidée en 1997 et achevée en 2001, s'installe un implicite : les armées devraient jouer un rôle social auprès du monde civil, et en particulier de la jeunesse, sans que ce rôle ait de relation directe avec la guerre. On constate pourtant dans l'opinion publique une certaine porosité entre ces deux champs d'action, comme un lien établi par le sens commun entre les compétences martiales requises pour le combat et les compétences sociales censées être transmises par l'institution : sens de la responsabilité, rigueur, obéissance et ponctualité. Deux « rôles sociaux » s'articulant l'un à l'autre coexistent dès lors. Le premier est celui de *l'officier* éducateur des troupes, dans une filiation revendiquée par les chefs militaires avec les écrits de Lyautey. Il se déploie auprès des engagés et est connu des Français par la médiatisation d'un monde clos, réservé aux initiés. Ce rôle est théorisé comme une garantie de la fabrication de soldats efficaces au combat, obéissants et combattifs tout en étant civilisés. C'est l'éducation du soldat, professionnel ou non. Le second est celui *des armées* en général, et traverse abondamment le débat public et politique : il recouvre principalement des fonctions de restauration de la cohésion nationale, d'éducation de la jeunesse aux valeurs républicaines, voire de réinsertion d'une certaine frange de cette dernière, par la transmission d'une discipline, d'une constance et d'une fiabilité la rendant apte à prendre place dans le monde des adultes responsables.

Les lignes qui suivent visent à analyser comment cette distinction s'est peu à peu installée dans l'espace public français au point de constituer la matrice des débats sur la restauration d'une forme de service national obligatoire. Le Service national universel (SNU) promis par Emmanuel Macron avant son élection comme président de la République, et dont la préfiguration se déploie depuis juin 2019, apparaît comme la reconnaissance de l'existence de deux rôles sociaux distincts. Dans un contexte analysé par le politique comme celui d'une crise de cohésion nationale, le second lui semblerait alors capable d'apporter des réponses probantes.

Du rôle social de l'officier au rôle social des armées

Évoquer ces rôles sociaux revient à se pencher sur la manière dont l'institution militaire remplit ses fonctions d'éducation et d'incorporation (au sens fort de ce terme qui renvoie au corps) des soldats. Fonctions qui, historiquement, s'étendent de l'encadrement de la jeunesse par la conscription sous ses formes diverses, jusqu'à la réinsertion d'une frange spécifique de cette même jeunesse. Les militaires qui écrivent sur le sujet oscillent eux-mêmes entre ces différents pôles et invoquent des arguments soit directement liés à la vocation propre des armées (le combat), soit renvoyant à une responsabilité propre au statut social d'officier (la place de l'officier au service de ses concitoyens, lui donnant une expertise particulière et des devoirs supplémentaires). Ces écrits sont particulièrement abondants à la fin du dix-neuvième siècle et au début du vingtième siècle et constituent une sorte d'exégèse de l'article de Lyautey. Une période de résurgence de publications militaires sur ce thème survient dans les années 1930. En 1934, deux officiers, Frédéric de la Chapelle et Xavier de Virieu créent des cercles sociaux d'officiers ainsi décrits par Pécout :

> Lieux de réflexion, on y médite sur l'œuvre du maréchal Lyautey ainsi que sur les nouvelles méthodes d'éducation, dont le scoutisme dont font partie certains. L'audience de ces cercles sur le monde militaire est telle qu'ils regrouperont jusqu'à mille officiers en 1939. (Pécout 2009 : 56)

Certains de ceux qui se retrouvent dans ces cercles œuvreront ensuite au sein des Chantiers de jeunesse entre 1940 et 1944 aux côtés de Joseph de La Porte du Theil.

La production militaire sur le sujet redevient abondante avec la professionnalisation qui contraint les armées à dénouer l'entremêlement de leurs différentes fonctions sociales, déjà largement remis en cause par les évolutions du service militaire des années 1960 aux années 1980. Ces décennies ont en effet été celles d'une lente dissociation, dont rend compte Marc Bessin (2002), entre les codes de la vie militaire imposés aux appelés et la finalité combattante qui devient pour l'immense majorité d'entre eux largement théorique. Dès les lendemains de la guerre d'Algérie, la revue *Terre Air Mer Magazine*, présentait le service militaire comme un rite initiatique fait de brassage social et d'aguerrissement physique désormais dénué de toute dimension tragique (Chéron 2019b). Malgré cette disjonction latente, l'incorporation sous l'uniforme de chaque génération de jeunes hommes continuait de permettre aux officiers de penser leur rôle social comme structurant de la cohésion nationale. Après la suspension du service national, alors que l'héritage de Lyautey est toujours très valorisé à l'intérieur des armées, certains s'essaient à des tentatives de théorisation autour d'une fonction sociale renouvelée.

Ces écrits militaires postérieurs à la professionnalisation appartiennent pour l'essentiel à deux catégories. La première regroupe des mémoires d'officiers supérieurs écrits dans le cadre de leur scolarité à l'École de Guerre[1] ou de diplômes universitaires acquis en parallèle de cette formation, ainsi que des articles et tribunes publiés dans des revues militaires. Dans l'immense majorité des cas, ces écrits évoquent le « rôle social de l'officier » dans des armées devenues professionnelles et s'interrogent sur « la composante externe du rôle social. »[2] Si ces officiers n'ont guère d'hésitation sur la perpétuation d'un rôle social de l'officier s'exerçant à destination des soldats, ils s'avèrent plus tâtonnants et prudents quant à ce que pourrait être leur rôle « externe », c'est-à-dire auprès de la jeunesse et de la société. La seconde catégorie d'écrits qui nous intéressent ici regroupe des articles publiés dans des médias extérieurs aux armées. C'est alors l'expression « rôle social des armées » qui est largement utilisée. Ces écrits sont le plus souvent le fait d'officiers de l'armée de terre, la plus impliquée numériquement dans

1 L'École de Guerre s'est appelée Collège interarmées de défense entre 1993 et 2011.

2 Selon les termes employés par le commandant Olivier Prouvost dans son texte « Validité ou déshérence du rôle social de l'officier ? » publié dans *La Tribune du CID* (2004). Cette « composante externe du rôle social » renvoie directement au « rôle social des armées » tel qu'évoqué plus haut. La *Revue Défense nationale* publie également des articles d'officiers sur le même sujet, comme celui du capitaine de vaisseau Olivier Pons, intitulé « Vers un nouveau rôle social des armées » (2008). La plupart de ces écrits sont le signe d'un tâtonnement : les officiers savent et écrivent que les armées professionnalisées ne peuvent assumer massivement un rôle social large au-delà de leur périmètre d'action opérationnelle ; ils cherchent cependant des voies pour faire bénéficier une jeunesse qu'ils estiment en difficulté de leur savoir-faire.

des dispositifs de type socio-éducatif depuis la professionnalisation. Ces mêmes termes sont repris dans certains documents et supports produits par l'institution et destinés à la communication vers l'extérieur.

Dans le champ de la recherche, deux types de travaux tentent d'éclaircir la situation. Un premier ensemble émane de chercheurs travaillant au sein du ministère de la Défense (devenu ministère des Armées en 2017). Ils partent du présupposé de l'existence d'un rôle social externe aux armées en analysant les formes que prend cette fonction depuis la professionnalisation et examinent plus largement la question du « lien armée-nation » (Eulriet 2012 ; Jankowski 2018). Hors périmètre du ministère des Armées mais dans le cadre d'un contrat avec le Secrétariat général pour l'administration, une équipe de recherche a publié un rapport d'évaluation du Service militaire volontaire (SMV). Si ces chercheurs ne s'intéressent pas à proprement parler au « lien armée nation », ils examinent les effets du passage par le SMV sur le rapport à l'emploi, et mesurent ainsi pour l'institution si la mise en œuvre du rôle social externe produit ou non les effets attendus (Anne et alii. 2017).

Un autre ensemble de travaux examine le fonctionnement de l'institution militaire en se positionnant complètement à l'extérieur du périmètre de la défense. Ils s'intéressent davantage à l'expérience des soldats eux-mêmes et mettent en perspective l'image fabriquée par l'institution et sa médiatisation avec les réalités que recouvre l'expérience militaire. S'ils ne prennent pas le « rôle social » des officiers ou des armées comme objet, ils abordent cependant la question par le biais des effets socialisateurs induits par les expériences régimentaires. On peut songer ici, en particulier, aux travaux de Coton (2017), Teboul (2017) ou Thura (2014). Dans les débats politiques sur le rôle social externe des armées, cette seconde catégorie de travaux entre peu en ligne de compte : la mise en regard de l'image des armées comme institution méritocratique et capable de brassage social avec l'analyse précise de leurs fonctionnements intéresse peu. Comme dans de nombreux pays européens et occidentaux, la sociologie précise des armées pèse peu sur leur réputation (Boëne 2018). Deux facteurs principaux expliquent cette relative indifférence des opinions publiques pour ces sujets. Le premier est structurel : ceux qui portent l'uniforme sont volontaires, et les écarts entre les expériences vécues et la communication de l'institution importent moins dans le débat public que lorsque chaque classe d'âge masculine revêtait l'uniforme. Le second tient au contexte d'une société qui se perçoit comme traversant une crise aigüe de cohésion dans laquelle l'institution militaire apparaît comme un repère particulièrement stable. C'est précisément dans ce contexte que se déploient à partir du milieu des années 2000 les débats politiques récurrents sur l'hypothèse d'un rétablissement d'une forme de service obligatoire.

La genèse du SNU : rencontre entre une demande politique forte et des armées qui s'interrogent sur leur place dans la société française.

Après 2001 et le départ des derniers appelés, la Journée d'appel à la défense (devenue Journée défense et citoyenneté en 2011) apparaît comme une solution de consensus par défaut pour prolonger le rôle social des armées dans la société (Irondelle 2011). Elle ne vient cependant pas combler le vide laissé par le service militaire, devenu service national en 1965. C'est dans ce vide que se construit courant des années 2000 une demande politique stimulée par l'inquiétude croissante pour l'intégration des jeunes Français issus de l'immigration et une volonté tâtonnante de certains officiers généraux de positionner l'armée comme un acteur de la cohésion nationale au-delà de leur périmètre strict (Chéron 2018).

À partir de 2005, alors même que surgissent les émeutes urbaines suite au décès de deux jeunes garçons à Clichy-sous-Bois le 27 octobre, plusieurs dispositifs vont voir le jour et prendre appui sur l'affirmation d'une implication ancienne du ministère de la Défense dans l'insertion des jeunes. En fait, hors du service militaire tel qu'il a existé jusqu'à 2001, n'est sollicité à l'appui de cette assertion que le SMA, créé en 1961. Dispositif dépendant du ministère des outre-mer, encadré par des militaires et destiné à des volontaires, il se compose d'un premier mois d'instruction militaire puis d'une période de plusieurs mois de formation professionnelle. Le SMA n'a fait que croître, passant de 400 jeunes accueillis à sa création à 5500 en 2014, puis à 6000 en 2017. Ses responsables revendiquent un taux d'insertion professionnelle de 77 pour cent. Le dispositif est alors régulièrement évoqué dans le débat public comme constituant la preuve que les armées savent encadrer de jeunes Français à des fins d'insertion et sans finalités militaires. C'est le cas en 2005, lorsqu'est créé le dispositif « Défense 2e chance » destiné à accueillir, sous statut civil, de jeunes Français volontaires de 18 à 25 ans sortis du système scolaire sans qualification (Jankowski 2018 : 77).

Dans le même temps, certains officiers généraux d'active ou en deuxième section s'impliquent individuellement dans des réflexions et initiatives pour l'intégration de la jeunesse. En 2005 et 2006, le général Emmanuel de Richoufftz lance et anime l'opération « 105 permis pour 2005 » destinée à permettre de passer le permis de conduire moyennant une participation à une sorte de préparation militaire. Dans un autre registre, l'amiral Alain Béreau, membre du Conseil d'analyse de la société auprès du Premier ministre présidé par Luc Ferry, rend quant à lui un rapport en 2006 intitulé « Faut-il rendre un service civil obligatoire ? » Ce rapport prend acte d'une centralité renouvelée de la question d'un service obligatoire après les émeutes de 2005. Son auteur voit dans ce projet « une grande ambition » pour la société française. Il souligne cependant qu'il s'agit d'« un projet complexe et délicat à réaliser [qui] ne peut passer que par l'adhésion de tous, jeunes et adultes. » (Béreau et Ferry 2006 : 178).

Enfin, le ministère de la Défense est partie prenante du plan « Égalité des chances » de 2007 qui constitue une des réponses gouvernementales apportées aux émeutes. Les armées participent ainsi à huit des dispositifs contenus dans le plan tandis que le dispositif « Défense 2e chance » perd progressivement toute militarité pour évoluer vers la mise en place des Établissements publics d'insertion de la Défense (EPIDE) en 2007 avec un encadrement constitué d'anciens militaires. Ils sont renommés Établissements pour l'insertion dans l'emploi (conservant le même acronyme EPIDE) en 2015 lorsque le ministère de la Défense se retire de la tutelle. Malgré cette sortie progressive du giron militaire, l'expérience a marqué un précédent qui vient s'ajouter au SMA. Après une période de stabilisation relative du débat, qui s'explique notamment par la création du service civique volontaire en 2010, les attaques terroristes de 2015 réactivent la réflexion sur des formes possibles de service encadré par les armées. Un nouveau pas est franchi en

2016 avec la création du Service militaire volontaire (SMV). Il s'agit d'une version métropolitaine du SMA moins marquée militairement : le premier mois de formation militaire n'y existe pas et la formation professionnelle y est dispensée par des enseignants civils.

Ces divers dispositifs, très médiatisés dès le début des années 2000 (Chéron 2012), font aussi l'objet de l'attention régulière des parlementaires.[3] Leur image positive leur permet d'occuper une place centrale dans le débat politique et électoral, comme en témoignent les propositions des candidats à l'élection présidentielle de 2017. Deux d'entre elles sont emblématiques. La première émane de Nicolas Sarkozy. Interviewé dans *Le Figaro* le 8 mai 2016, il propose de créer une version obligatoire du SMA en métropole pour tous les décrocheurs scolaires âgés de 18 ans et sans activité. Finalement éliminé de la course à la présidentielle, il ne peut défendre plus avant son idée. Emmanuel Macron, lui aussi candidat, va alors plus loin dans l'idée de solliciter les armées à des fins d'intégration sociale. Le 18 mars 2017, lors de la présentation de son programme de défense, il annonce la mise en place d'un « service national de durée courte, obligatoire et universel » qualifié quelques lignes plus loin de « service militaire universel. » Il est précisé quelques jours plus tard qu'il n'est pas question d'initier tous les jeunes Français, garçons et filles, au maniement des armes pour la défense de la nation, mais de leur faire vivre une expérience commune avec un encadrement militaire. Cette idée, qui s'inspire très directement à ce qui a été identifié plus haut comme la composante externe du rôle social des armées détachée de toute finalité militaire, structure dès lors une proposition politique majeure destinée à concerner chaque classe d'âge dans son entier (800 000 individus).

Ces tâtonnements ne sont pas sans conséquence sur l'inscription du rôle social dans les textes présidant aux destinées de l'activité des armées. Jankowski note ainsi que « *le code de la défense, qui réunit l'ensemble des dispositions législatives et réglementaires qui régissent la défense nationale ne fait référence ni à la cohésion nationale ni au processus d'intégration au sens où nous l'entendons* » (Jankowski 2018 : 61). En revanche, les termes « cohésion nationale » sont utilisés dans le *Livre blanc de la défense et de*

3 En témoignent de nombreux rapports sur le sujet, cités par Jankowski (2018).

la sécurité nationale de 2013 puis dans la *Revue stratégie de défense et de sécurité nationale* de 2017 (Jankowski 2018 : 62). Depuis 2017, la mention du futur SNU dans les textes des états-majors est elle aussi variable. Dans son document, *L'alliance du sens et de la force. Exercice du métier des armes dans l'armée de terre*, mis à jour à l'été 2018, l'EMAT, pourtant le plus impliqué dans les dispositifs d'intégration, ne mentionne à aucun moment une composante externe du rôle social des armées. La cohésion nationale n'est évoquée que comme le corollaire nécessaire de l'action militaire dans son sens le plus strict de l'engagement au combat. Il faut attendre la vision stratégique du nouveau chef d'état-major de l'armée de terre (le général Thierry Burkhard) publiée en avril 2020 pour voir le SNU mentionné explicitement, assorti d'une précaution insistante sur la nécessité de ne pas « fragiliser la capacité opérationnelle. » En revanche, dans sa *Vision stratégique* de 2018 puis dans son *Plan stratégique des armées* de 2019, le chef d'état-major des armées, le général François Lecointre, évoque directement le SNU dès les premières pages de ces deux documents.

Le nouveau SNU : du rôle social des armées au service civil obligatoire militarisé ?

La mise en œuvre du nouveau SNU mérite alors une analyse qui aide à discerner ce qui, dans ses modalités, le lie à cette composante externe du rôle social des armées au-delà de sa seule généalogie.

Emmanuel Macron, après son élection, sollicite à son tour un officier général pour réfléchir au futur dispositif en la personne du général Daniel Ménaouine[4]. Cependant, la mise en œuvre du SNU est placée entre les mains du secrétaire d'État auprès du ministre de l'Éducation nationale et de la Jeunesse, Gabriel Attal. Il ne revient donc pas au ministre des Armées. Le projet est d'ailleurs souvent présenté par la négative : il ne s'agit pas

4 Officier de l'armée de terre, il est aujourd'hui le chef de la Direction du service national et de la jeunesse au sein du ministère des Armées.

d'un service militaire. Son inscription dans le périmètre du ministre de l'Éducation nationale et de la Jeunesse confirme cette logique. Les objectifs assignés au SNU sont les suivants : « Renforcer la cohésion nationale par l'expérience de la mixité sociale et territoriale et par la dynamisation et la valorisation des territoires, développer une culture de l'engagement, accompagner l'insertion sociale et professionnelle » (Éléments de cadrage de la mission de préfiguration du SNU).

En juin 2019 a eu lieu la première phase de préfiguration avec 1978 jeunes garçons et filles. Le SNU s'articule autour de deux phases de quinze jours obligatoires. La première, qualifiée de « phase de cohésion » se déroule en internat, par brigades de 200 jeunes âgés de 15 ou 16 ans, elles-mêmes divisées en « compagnies » puis en « maisonnées » incluant un tuteur et dix jeunes. La seconde consiste en la réalisation d'une mission d'intérêt général à proximité du domicile des volontaires, dans les mois qui suivent le séjour de cohésion. Ceux qui le souhaitent peuvent ensuite s'engager dans une mission de volontariat plus longue (du type de celles qu'offre déjà le service civique). L'encadrement est assuré par des volontaires dédommagés, principalement issus du monde militaire (anciens militaires, dont certains gendarmes) ainsi que du monde associatif et de l'Éducation populaire. Les cadres (directeurs de centre, adjoints et cadres de compagnies) sont formés par les armées durant les semaines qui précèdent la phase de préfiguration. Lors de cette dernière, et afin de remplir l'objectif de brassage et de mixité sociale, les jeunes volontaires ont été sélectionnés dans diverses catégories sociales, afin de diversifier autant que possible le panel. Cependant, 31 pourcent des participants déclaraient que l'un de leurs parents travaillait dans le milieu militaire (contre 1,3 pourcent de la population en emploi). Au moment du séjour, le contact direct des jeunes avec la vie militaire au sens strict du terme se limite à deux aspects. D'une part la coloration du quotidien par l'expérience d'ex-militaire de certains cadres, et d'autre part la réalisation d'un module d'activités de « défense, de sécurité et de résilience nationale ». Si le SNU était généralisé, ce module prendrait la suite du contact établi entre les armées et les jeunes Français lors de la Journée Défense et Citoyenneté. Son inscription dans un nouveau dispositif offre des opportunités de renouvellement de ses contenus qui demeure à ce stade difficilement évaluable en raison de la variété de ses mises en œuvre.

Bien que particulièrement restreinte au regard des annonces initiales faites par Emmanuel Macron, la place du militaire dans le dispositif demeure pourtant un objet central du débat public sur le SNU. Le rapport d'évaluation de la phase de préfiguration note l'importance des « rites militaires, port de l'uniforme et cérémonies [qui] ont été empruntés à la culture militaire ». Le lever des couleurs s'est ainsi déroulé chaque matin « sous la responsabilité d'un militaire[5] sur l'ensemble des sites du SNU, et de manière rigoureuse : disposition en rang [...], posture respectée par chacun des jeunes. » (Kerivel et James 2019 : 26–28). Les auteurs du rapport soulignent également que « L'émergence d'une "culture SNU" a pu être observée, même si les encadrants ont eu le sentiment d'une "mise en avant" de l'aspect militaire sur les autres cultures professionnelles (éducation nationale et éducation populaire) » (Kerivel et James 2019 : 11). Trois explications à cette perception d'une dominante militaire sont avancées : le rappel du « service militaire » que provoquent les mots « service national », la formation des encadrants en milieu militaire et enfin la forte médiatisation (y compris par la communication politique) des codes empruntés à la vie militaire.

Ces trois explications renvoient à la centralité du fait militaire dans les représentations collectives de la cohésion nationale. Les souvenirs du service militaire encore prégnants, et largement entretenus par un certain nombre de représentations médiatiques, pèsent.[6] Plus globalement, ces codes de la vie militaire ont une forte signification pour les Français et relèvent d'une signalétique visuelle inscrite dans une histoire longue véhiculée en particulier par la culture scolaire, par exemple au travers des guerres du vingtième siècle qui marquent fortement la mémoire des Français, et notamment des jeunes (Wuillot 2016). Ces codes renvoient également à la fonction symbolique des armées dans la société française du vingt-et-unième siècle au sein de laquelle, comme dans d'autres sociétés occidentales, un processus long d'individualisation des valeurs est à l'œuvre (Bréchon, Gonthier et

5 Il ne s'agit en fait pas de militaires d'active mais bien d'un cadre du SNU ancien militaire.

6 On peut songer par exemple à la médiatisation très forte de l'émission de télé-réalité *Garde-A-Vous* sur la chaîne M6 en février et mars 2016, visant à faire revivre le service militaire des années 1970 à une vingtaine de jeunes garçons.

Astor 2019). Les armées sont un signe visible de l'existence de la nation et de la puissance de l'État. Une quatrième explication peut cependant être avancée. Les auteurs soulignent en effet eux-mêmes que les codes empruntés à la vie militaire ont été utilisés pour « créer quelque chose qui fasse sens, une incarnation du quotidien » et « faire cohésion. » (Kerivel et James 2019 : 26). Alors même que le dispositif a pour objectif de renforcer la cohésion nationale, ce sont ces codes de la vie militaire qui apparaissent donc comme le moyen le plus évident d'atteindre cet objectif alors que les initiateurs du projet sont eux aussi partie prenante d'une société faite des héritages évoqués plus haut.

Pourtant, l'efficacité de ces emprunts à la vie militaire dans un dispositif non militaire est mise en doute en raison de la dissociation entre ces codes et ce qui les légitime au sein des armées : la finalité combattante. Quel que soit le diagnostic critique qui peut être fait des règles militaires de domestication des recrues, elles conservent une forte légitimité au sein des armées professionnelles, notamment parce qu'elles sont aux yeux des chefs militaires la garantie de l'efficacité au combat. C'est ainsi que s'explique la forte spécificité militaire définie par Bardiès :

> Le fondement de la spécificité militaire, l'explication ultime des particularités des armées par rapport à d'autres organisations humaines, ne réside pas dans l'injonction faite à leurs membres de mourir, mais dans le fait de devoir, si l'ordre en est donné, combattre collectivement et violemment au nom de la communauté souveraine (Bardiès 2011).

L'histoire de la dilution du service militaire dans le service national, au fil des années 1970 et 1980, a montré que les rites de la vie militaire, détachés de la finalité combattante qui a légitimé leur émergence dans le temps long, peuvent apparaître progressivement comme des codes dénués de sens (Bessin 2002). Surgit alors un doute sur la capacité de ce *décorum* militaire à produire un consensus social suffisant autour du futur SNU pour que son obligation soit acceptée. Par le passé, le consentement de la société au service militaire tenait à la nécessité de former une armée de masse pour défendre un territoire. L'affaiblissement de ce consensus pendant la guerre d'Algérie puis dans les années 1960 (Chéron 2019a), y compris dans de larges parties du spectre politique qui n'étaient pas hostiles à l'armée, explique en partie que l'obligation de l'appel ait été progressivement de moins en moins bien supportée. À partir des années 1970, alors que la plupart des pays européens suspendaient leurs services militaires, l'hypothèse de la mise en place de services civils obligatoires a partout traversé le débat public. Selon Boëne, l'échec de ces différentes tentatives s'explique à la fois par des motifs d'ordre matériel et budgétaire, mais aussi par la difficulté à faire admettre socialement la légitimité d'une telle obligation (2003). Au fil des ans, l'hypothèse de l'obligation du service civique ou d'autres formes de service civil fut systématiquement repoussée (Becquet 2011). Avec le SNU, la question reste pleinement posée aujourd'hui.

Conclusion

La crise sanitaire provoquée par le coronavirus a eu des conséquences sur le calendrier de montée en puissance du SNU. En juin 2020, devait avoir lieu une nouvelle phase de quinze jours, dite « de cohésion » avec 30 000 volontaires. Mi-mars, à la veille du confinement, ces volontaires étaient moins de 10 000 à s'être inscrits. Le 5 avril, le secrétaire d'État Gabriel Attal annonçait une inversion des deux phases obligatoires : la mission d'intérêt général de deux semaines devrait avoir lieu durant l'été et celle de « cohésion » plus tard dans l'année À ce stade, il est difficile de prévoir ce qu'il adviendra du SNU.

Quel que soit l'avenir de ce projet, son état d'avancement aura de toute façon inscrit encore davantage dans l'espace public français l'idée que les armées peuvent et doivent exercer un rôle social qui ne soit pas directement articulé à leur fonction combattante. Si le SNU est généralisé, la place assignée aux codes militaires pour y créer de la cohésion peut avoir des conséquences notables sur la perception de la place des armées au sein de la société alors même que le dispositif réinvestit une forme civile leur rôle social. La phase de préfiguration du SNU en juin 2019 a provoqué sur les réseaux sociaux des résurgences de manifestations d'antimilitarisme. Seule une observation menée sur le temps long permettra de dire si celles-ci bénéficient d'un ancrage réel dans la société française. Mais ces signes d'hostilité révèlent que l'acceptation d'un dispositif civil obligatoire et empruntant les codes de la vie militaire continue de demeurer une gageure pour ce nouveau SNU. Quoi qu'il en soit, l'extension de la notion de rôle social des armées jusqu'à sa dilution dans une société démilitarisée, au sens où ceux qui ont une expérience militaire sont désormais une minorité, continuera d'alimenter le débat politique.

Références bibliographiques

Anne, D., Chareyron, S., et L'Horty, Y. (2017). *Évaluer une action intensive pour l'insertion des jeunes : le cas du service militaire volontaire*, Rapport de recherche 2017–05, Marne la Vallée : CNRS - TEPP (Travail, emploi et politiques publiques).

Bardiès, L. (2011). 'Du concept de la spécificité militaire', *L'Année sociologique* 61 (2), 273–95.

Becquet, V. (2011). 'De la réforme du service national au service civique', *Cahiers de l'action*, 34 (4), 13–23.

Berreau, A., Ferry, L. (2006). 'Un service civil obligatoire ? Possibilités et questions', *Le Débat*, 141 (4), 161–78.

Bessin, M. (2002). *Autopsie du service militaire, 1965–2001*, Paris : Editions Autrement.

Boëne, B. (2003). 'La professionnalisation des armées : contexte et raisons, impact fonctionnel et sociopolitique', *Revue française de sociologie*, 44 (4), 647–93.

Boëne, B. (2018). 'Les sociétés occidentales contemporaines face à la guerre et aux armées'. In Baechler, J., et Boëne, B. (2018). *Les Armées*, pp. 161–187, Paris : Hermann.

Bréchon, P., Gonthier, G., Astor, S. (eds) (2019). *La France des valeurs, quarante d'ans d'évolution*, Presses universitaires de Grenoble.

Chéron, B. (2012). *L'image des militaires à la télévision*, 2001–2011, 21, Paris : Etudes de l'IRSEM.

Chéron, B. (2018). *Le débat sur le service national universel : entre volontarisme politique et représentations collectives brouillées*, 53, Paris : Note de l'IRSEM.

Chéron, B. (2019 a) 'Du service militaire au service national : séduire la jeunesse', pp. 30–33. In Baron, C. et Moriceau-Chastagner, L., *Raymond Depardon, photographe militaire*, Paris : Gallimard.

Chéron, B. (2019 b). 'L'armée change de visage : image et communication des armées après la guerre d'Algérie', pp. 22–25. In Baron, C. et Moriceau-Chastagner, L., *Raymond Depardon, photographe militaire*, Paris : Gallimard.

Coton, C. (2017). *Officiers, des classes en lutte sous l'uniforme*, Paris : Agone.

Eulriet, I. (ed.) (2012). *Le rôle social des armées, perspectives comparatives et actualité*, Paris : Études de l'IRSEM.

Irondelle, B. (2011). *La réforme des armées en France. Sociologie de la décision*, Paris : Presses de Sciences Po.

Jankowski, B. (2018), *Le rôle des armées dans la fonction « intégration » de l'État*, 63, Paris : Études de l'IRSEM.

Kerivel, A, James, S., (2019) *Évaluation de la phase de préfiguration du Service national universel, premiers enseignements de séjours de cohésion de juin 2019*, Paris : INJEP notes et rapports.

Pécout, C. (2009). 'Les chantiers de la jeunesse (1940–1944) : une expérimentation pédagogique sous le gouvernement de Vichy', *Guerres mondiales et conflits contemporains*, 234 (2), 53–62.

Pons, O. (2008), 'Vers un nouveau rôle social des armées', *Revue Défense nationale*, 712, 169–79.

Prouvost, O. (2004), 'Validité ou déshérence du rôle social de l'officier ? ', *La Tribune du CID*, 34, 126–30.

Teboul, J. (2017). *Corps combattant. La production du soldat*, Paris : Éditions de la Maison des Sciences de l'Homme.

Thura, M. (2014). ' « Dépêchez-vous d'attendre !' » Travail militaire et socialisation au combat au sein d'une troupe de l'infanterie', *Terrain*, 63, 54–72.

Wuillot, E. (2016) 'La guerre : opérateur de l'histoire de France' in Lantheaume, F., Létourneau, J., *Le récit du commun, l'histoire nationale racontée par les élèves*, Presses universitaires de Lyon.

CAMILLE BOUTRON

Chapitre 3 Femmes, genre(s), armées. Émergence de nouvelles problématiques.

Si les femmes sont présentes sur l'ensemble des champs de bataille de l'histoire, leur intégration dans les armées reste un phénomène relativement récent. La Seconde Guerre mondiale avait créé un précédent, alors que la plupart des pays engagés dans le conflit avaient, d'une façon ou d'un autre, intégré des femmes au sein de leurs armées (Fieseler et al. 2014 : 120). Il faut cependant attendre les grandes vagues de professionnalisation des armées telles que l'on peut les observer dans la plupart des pays industrialisés à la fin des années 1990 pour que s'opère une réelle politique d'ouverture des carrières militaires aux femmes. À l'heure actuelle, pas moins de seize pays autorisent les femmes à servir en position de combat (Addario 2019). Les armées occidentales ne sont d'ailleurs pas les seules à être amenées à penser les conditions de leur féminisation. Les armées japonaises, qui ne comptent actuellement qu'environ 6 pour cent de femmes espèrent accroître ce chiffre à 9 pour cent d'ici 2030 (Jokuza 2019). En Inde, une récente sentence de la Cour Suprême autorise les femmes à accéder au rang d'officiers et à occuper des fonctions de commandement dans l'armée de terre, une décision néanmoins énergiquement contestée par le ministère de la Défense indien (Mathur 2020). En Amérique latine, les organisations internationales ont joué un rôle important dans la féminisation au travers de la promotion de la résolution 1325 du Conseil de Sécurité des Nations Unies qui prévoit une meilleure prise en compte du rôle des femmes et des questions de genre dans le maintien de la paix et la sécurité internationale (Frederic et Calandrón 2015).

Les armées subissent aujourd'hui des transformations profondes dont la féminisation n'est qu'un des multiples aspects. Le phénomène n'en représente pas moins un défi majeur, tant il remet en question l'essence même de la culture de l'organisation militaire, de son rôle et de ses fonctions. Les débats et discussions suscités par la féminisation des armées, ainsi que les nombreuses résistances auxquelles doivent faire face les femmes militaires dans l'entreprise de leur carrière, ont mis en évidence la centralité du référent à la masculinité dans le champ militaire. La perspective de genre, qui s'attache à comprendre les dynamiques sociales instituées à partir d'identités sexuelles « naturalisées », représente ainsi une grille de lecture pertinente dès lors qu'il s'agit de saisir les enjeux liés à la transformation et à la diversification des armées et, plus largement aux évolutions des doctrines de défense et sécurité.

Ce chapitre interroge les apports des études de genre à la sociologie militaire. Plus que de traiter d'un cas en particulier, son objectif est d'ouvrir des perspectives quant à la pertinence des problématiques liées au genre appliquées au domaine militaire. Dans un premier temps, nous montrons ainsi en quoi l'intégration des femmes dans les armées répond à une série d'évolutions sociales et politiques, qui au-delà du monde militaire, ont eu une incidence sur l'ensemble des sociétés contemporaines. Dans une deuxième partie, nous proposons une série de notions et de concepts produits par les études de genre susceptible d'apporter un nouvel éclairage aux grandes problématiques soulevées par la sociologie militaire. Notre propos concerne plus particulièrement les armées de pays industrialisés ayant emprunté de façon plus ou moins marquée le chemin de la féminisation.

L'intégration des femmes dans les armées : le reflet de profondes mutations sociales et stratégiques.

La féminisation des armées contemporaines a été encouragée par plusieurs facteurs. Trois d'entre eux retiendront particulièrement notre attention ici : l'évolution du marché du travail depuis la seconde moitié du

20e siècle, la prise en compte croissante du rôle des femmes dans la prévention et résolution des conflits, et l'émergence de nouvelles formes de conflictualités.

Féminisation des armées et évolutions du marché du travail.

La part des femmes dans la population active n'a cessé d'augmenter depuis les années 1960. Dans le même temps, on assiste à une réelle diversification des carrières féminines, ce qui a eu pour conséquence la conquête de professions ou secteurs d'activité auparavant exclusivement masculins, notamment dans les professions supérieures (Schweitzer 2009 : 185). Le phénomène, qui se présente comme une tendance globale plus ou moins accentuée selon les pays, a entraîné une restructuration profonde du marché du travail et de ses différentes formes de régulations sociales. En France, la question du travail des femmes s'est imposée au cœur des prémices du féminisme institutionnel qui se développe à partir des années 1980, avec la création du ministère des Droits de la femme (Lurol 1999 : 188). L'accès à l'emploi pour les femmes est considéré comme un droit fondamental, ce qui a entraîné de facto une remise en question des logiques discriminatoires caractérisant nombre de secteurs professionnels (Thébaud 2013 : 27).

Les armées occidentales ne sont pas restées imperméables à ces bouleversements. En France, alors que les femmes ont commencé à intégrer les armées à partir de la Seconde Guerre mondiale, c'est au compte-goutte, et selon des quotas limitant leur accès à certains corps qu'elles entrent dans des carrières militaires. Plusieurs étapes sont néanmoins franchies avec, par exemple, l'ouverture des écoles de formation d'officiers aux femmes, en 1976 pour l'École de l'air, et en 1982 pour l'école spéciale militaire de Saint-Cyr Coëtquidan, tandis que des premières expérimentations d'embarquement de femmes volontaires sont menées par la Marine nationale au début des années 1980. Il faut cependant attendre l'abandon du service national et la professionnalisation des armées à la fin des années 1990 pour que soit mise en place une véritable politique de féminisation des armées.

Le début des années 2000 est ainsi marqué par une franche augmentation de l'effectif féminin au sein des armées françaises, qui représentent aujourd'hui environ 15 pour cent de la totalité du personnel en uniforme[1]. Le recrutement des femmes offre le double avantage d'augmenter les ressources potentielles de recrutement (Prévôt, 2010 :83), tout en transmettant une image de modernisation face aux évolutions de la société (Boëne 2011 : 370). En contrepartie, les institutions militaires ont dû s'engager à promouvoir l'égalité hommes-femmes et à lutter contre toute forme de discrimination sexiste. Plusieurs initiatives, comme le « plan mixité » présenté par la ministre des Armées en mars 2019, ont été menées afin de valoriser les carrières militaires féminines et défaire les nombreux mécanismes de résistance auxquels les femmes militaires doivent encore faire face tout au long de leur vie professionnelle.[2]

L'intégration des femmes dans les institutions militaires ne se présente pas seulement comme un objet de politique publique, mais aussi comme un enjeu sécuritaire. Alors que les mouvements féministes ont joué un rôle central dans la prise en compte des femmes par les organisations internationales, dont celles de défense et sécurité, la question des femmes en situation de conflit armé, leur participation à la prévention et résolution des conflits, s'est progressivement convertie en thématiques légitimes des grands débats sur la sécurité internationale.

Les armées face aux politiques internationales du genre.

Le 31 octobre 2000, le Conseil de Sécurité des Nations Unies adopte la résolution 1325 communément intitulée « Femmes, paix et sécurité » (FPS). Cette résolution se présente comme l'aboutissement de plusieurs décennies de mobilisations des mouvements féministes afin que les femmes soient mieux prises en compte au sein des instances internationales, notamment celles en charge du maintien de la paix

1 Selon le dernier bilan social des armées sur l'année 2018.
2 Voir infra le chapitre de Claude Weber dans cet ouvrage

(Tryggestad 2018 : 241). Les années 1990 ont été marquées par une véritable montée en puissance des femmes dans la sphère internationale, incarnée notamment par la 4e Conférence mondiale des femmes de Pékin en 1995. Cette période a marqué l'avènement du *gender mainstreaming*, entendu comme la prise en compte systématique des impacts potentiellement différenciés selon le genre de toute forme d'action, programme ou intervention entrepris dans le champ de la coopération internationale. Devenu politique officielle des Nations Unies depuis 1997 (Cohn 2008 : 5), le *gender mainstreaming*, ou « approche intégrée » de la dimension de genre, a pour objectif de renforcer l'égalité entre les femmes et les hommes dans tous les domaines, dont celui de la sécurité internationale. Une telle approche signifie un changement de paradigmes dans les conceptions sur les questions relatives à l'égalité hommes-femmes. On constate en effet que l'on est passé d'un mode d'action essentiellement centré sur les « femmes » en tant que catégorie de population à une prise en compte de la dimension relationnelle des inégalités, pensées en termes de « genre ».

C'est dans ce contexte que se constitue, à partir de la résolution 1325 et de plusieurs autres adoptées les années suivantes[3], l'agenda international « Femmes, paix et sécurité » (FPS). Alors qu'il contribue à la prise en compte croissante du genre dans la prévention et la résolution des conflits, l'agenda FPS s'est peu à peu imposé comme un véritable enjeu de sécurité internationale. À l'heure actuelle, soixante-dix-neuf pays ont élaboré et présenté leurs plans nationaux d'action pour la mise en œuvre de la résolution 1325[4], tandis que la plupart des organisations régionales ont intégré l'agenda FPS comme ligne d'action stratégique. Dans certaines organisations intergouvernementales de défense et sécurité, l'agenda FPS a donné lieu à la création de nouvelles instances. L'OTAN illustre bien ces évolutions, avec la mise en place à partir de 2009 d'un comité sur la dimension

3 À ce jour les résolutions du conseil de sécurité des Nations Unies (UNSCR) conformant l'agenda FPS sont : UNSCR 1820 (2008), UNSCR 1888 (2009), UNSCR 1889 (2009), UNSCR 1960 (2010), UNSCR 2106 (2013), UNSCR 2122 (2013) et UNSCR 2142 (2015).

4 Pour une mise à jour régulière : <https://www.peacewomen.org/member-states>

de genre, ainsi que l'ouverture d'un bureau du conseiller pour les questions de genre de l'État-major militaire international (EMI) (Isaksson 2019 : 231). Si un Comité du personnel féminin des forces de l'OTAN existe depuis 1976, on observe un élargissement de perspective qui, par-delà la place et le rôle des femmes dans les forces armées, cherche à intégrer la dimension spécifique du genre pour l'ensemble des opérations menées dans le cadre du traité.

L'agenda FPS se présente par ailleurs comme un espace stratégique pour la diplomatie internationale, au travers notamment d'initiatives bi ou multilatérales de formation et de sensibilisation du personnel militaire. En témoignent des initiatives comme le stage de formation sur « le genre en opération » organisé conjointement par les ministères de la Défense et des Affaires étrangères hollandais et espagnols en 2011, ou encore l'initiative du groupe Elsie pour la participation des femmes aux opérations de paix formé par le Canada et regroupant une dizaine de pays dont la France. Alors que la volonté de féminiser le personnel en uniforme déployé dans le cadre du maintien de la paix ne cesse d'être réaffirmée par le Secrétaire général des Nations Unies, la féminisation est devenue un enjeu stratégique majeur d'influence militaire dans la sphère internationale. L'importance croissante donnée à l'agenda FPS par les organisations internationales de défense et sécurité ont en outre poussé les armées à mieux prendre en compte la perspective de genre dans la planification et la conduite d'opérations, mais aussi à entreprendre un certain nombre d'actions au niveau de la formation du personnel militaire, du déploiement d'effectifs ou encore de la création de postes spécifiques comme celui de « conseiller genre » (*Gender advisor*) ou de « Conseiller environnement humain en opération » (CONEHO) dans le cas français.

Ces mutations ne sont pas seulement dues à la pression exercée par les mouvements féministes pour une plus grande participation des femmes aux politiques de défense et sécurité. Elles répondent aussi à l'émergence de nouvelles formes de conflictualités ayant amené les organisations militaires à considérer la présence des femmes dans leurs rangs comme un facteur stratégique.

Nouvelles conflictualités et réorganisation du champ militaire.

La fin de la Guerre froide a fait place à de nouvelles formes de conflictualités qui voient se brouiller les frontières entre combattants et civils, entre temps de guerre et temps de paix, entre violence politique et crime organisé. On constate une tendance générale vers une privatisation de ces conflits qui s'émancipent des règles martiales pour contribuer à une véritable économie politique de la violence armée. Autrefois structurés autour d'un programme idéologique ou d'une cause commune, les groupes armés se transforment en organisations volatiles, leurs combattants se dispersant dans la population et se confondant souvent avec les civils. Sans tomber dans la généralisation – chaque conflit reste avant tout déterminé par un contexte sociohistorique qui lui est propre – on peut néanmoins observer une transformation profonde de la guerre. Celle-ci prend de plus en plus le visage de conflits multiformes dont les logiques ne sont plus linéaires (Kaldor 2005 : 496).

Dans un tel contexte, l'image traditionnelle du combattant est à revisiter. Cela a été bien compris par les groupes armés mobilisés dans le cadre de luttes révolutionnaires ayant attribué aux femmes des fonctions combattantes. En raison de la place qu'elles occupent traditionnellement au sein de la sphère domestique, les femmes se présentent comme des actrices clés dans la collecte d'informations, dans le soutien logistique et la constitution de réseaux familiaux et affectifs essentiels à la reproduction sociale de la sphère combattante. Les forces armées considèrent ainsi les femmes comme des opérateurs stratégiques. Cela a notamment été le cas en Afghanistan où des femmes afghanes ont pu jouer le rôle d'intermédiaires entre l'armée américaine et des chefs tribaux hostiles à la coalition (Opperman 2019 : 127).

Les opérations de maintien de la paix qui se sont multipliées depuis la fin des années 1990 ont par ailleurs contribué à diversifier et réorienter les missions assignées aux personnels en uniforme déployés sur le terrain. Ces opérations sont ainsi passées de « simples » missions d'observation à des entreprises complexes, de plus en plus tournées vers la prévention ou vers la contention de conflits intraétatiques. Les institutions militaires ont vu leurs missions évoluer et elles doivent aujourd'hui se montrer capables de prendre en compte les particularités des populations locales pour mener à bien leurs missions (Lindermann 2007 : 16). La prise en compte croissante d'une perspective de genre dans l'analyse des conflits a ainsi permis de mieux comprendre d'une part le fonctionnement social des sociétés hôtes et d'autre part le rôle que pouvaient y jouer les femmes, en tant qu'adversaires ou en tant qu'alliées des forces en conflit. Le genre est alors envisagé comme un facteur multiplicateur de l'efficacité opérationnelle.

L'entrée massive des femmes sur le marché du travail depuis la fin des années 1960 d'une part, associée à une prise en compte croissante de l'égalité hommes-femmes comme enjeu de sécurité international et, d'autre part, à la transformation des conflits et des modalités d'intervention des forces armées sur le terrain, ne sont pas les seuls facteurs permettant de saisir l'importance croissante donnée aux questions de genre dans les armées. Ils permettent néanmoins d'identifier les différents cadres contextuels et discursifs dans lesquels émergent les débats portant sur la question. La question du genre est ainsi devenue une grille de lecture pertinente pour soulever de nouvelles problématiques de recherche sur le monde militaire.

Les apports des études de genre à la sociologie militaire.

L'intégration des femmes dans les armées coïncide avec une multiplication des travaux portant sur les femmes et le genre au sein des institutions militaires contemporaines. Ces études ont rendu possible l'émergence de nouvelles thématiques et inspiré la construction de notions pertinentes pour la sociologie militaire. Trois d'entre elles seront brièvement examinées ici : le concept de masculinité hégémonique tout d'abord, l'émergence du corps et de la sexualité comme cadres d'analyse ensuite, et enfin l'adoption d'une perspective intersectionnelle qui, au-delà du genre, prend en compte d'autres éléments influant sur les rapports sociaux, comme la classe ou l'identité ethnique.

Remise en question de la masculinité hégémonique

Le concept de masculinité hégémonique a été élaboré par Connell (1987) à la fin des années 1980. Pensée comme étant l'expression de l'idéal masculin, la masculinité hégémonique se présente comme un instrument de reproduction et de normalisation de la domination masculine et des rapports sociaux asymétriques qui en découlent. Si peu d'hommes correspondent en réalité à ce modèle, la masculinité hégémonique agit néanmoins comme point de repère dans leur positionnement vis-à-vis des autres hommes, tout en permettant la légitimation de la subordination des femmes (Connell et Messerschmidt 2015 : 155). La masculinité hégémonique s'affirme ainsi comme une « masculinité de référence », qui ne saurait être abordée sans prendre en compte le contexte dans lequel elle se construit. Elle a en effet permis de mettre en lumière diverses formes de masculinités, entendues comme des « configurations de pratiques singulières, forgées dans des relations sociales complexes, concrètes et situées » (Béthoux et Vincensini, 2015 : 148).

Les différentes formes de construction de la masculinité au sein des armées, ainsi que leurs relations avec le fait guerrier ont fait l'objet d'une attention croissante ces dernières années. L'importance donnée au combat dans la construction de l'identité masculine apparaît comme un dispositif discursif de légitimation de la domination masculine, et plusieurs auteurs parlent de « masculinité hégémonique militarisée » afin de décrire l'idéal guerrier à partir duquel les soldats doivent négocier leur masculinité (Hurley 2018 : 2). Or, à l'instar de la masculinité hégémonique, la masculinité hégémonique militarisée repose en outre sur des configurations historiques spécifiques.

Dans la France de la Troisième République par exemple, les armées ont acquis une fonction sacrale leur ayant permis d'occuper un espace central dans la construction symbolique de la nation française (Boulègue 2003 : 704). Elles étaient alors perçues comme des institutions « régénératrices et virilisantes », au sein desquelles la présence des femmes ne constituait « pas seulement une présence encombrante ou un danger moral, mais une transgression et une intrusion dans une sphère perçue comme intrinsèquement virile » (Mihaely 2005 : 13). L'exclusion des femmes, plus que de représenter une conséquence des différents dispositifs de fonctionnement des forces armées, apparaît en ce sens comme une condition centrale de leur existence. Les armées sont dès lors pensées comme un lieu d'apprentissage par excellence de la domination masculine, les femmes y jouant un rôle d'image-repoussoir (Devreux 1997 : 51). Érigées en « écoles de la masculinité » (Frevert 2000 : 62), les institutions militaires européennes ont longtemps eu pour vocation d'accompagner le passage à l'âge adulte des jeunes hommes, en transmettant des valeurs agissant au-delà de leurs limites institutionnelles. Il ne s'agit pas seulement de former le bon soldat, mais plus largement le bon citoyen, en convoquant des valeurs telles que l'héroïsme, la mort ou encore le sacrifice pour une noble cause, autant d'attributs de la virilité moderne (Mosse 1999 : 56). La relation entre armée, citoyenneté et virilité est d'autant plus opératoire qu'elle s'effectue à une époque où les femmes se trouvent à la fois écartées du service militaire et du droit de vote.

À la fin du 20e siècle cependant, l'abandon du service militaire et la nécessité d'accroître les ressources potentielles de recrutement ont poussé les armées à reconsidérer positivement l'inclusion des femmes. La féminisation des institutions militaires a signifié leur nécessaire adaptation à de nouveaux profils de recrues, alors que le fait guerrier lui-même subit une profonde mutation en raison des nouvelles missions octroyées aux armées dans le cadre du maintien de la paix. À mesure que se complexifient les opérations conduites par les forces armées, de nouvelles compétences sont requises, qui ne sont plus nécessairement directement liées au combat. Ces transformations ont permis une remise en question de la masculinité hégémonique militarisée (Carreiras 2010 : 471), et l'émergence d'une « masculinité militaire alternative » ne rejetant plus systématiquement des valeurs traditionnellement considérées comme étant féminines (Duncanson 2009 : 76). Certains auteurs évoquent un « démantèlement » de la masculinité hégémonique militarisée. Celui-ci intervient grâce aux contradictions inhérentes aux nouvelles missions de stabilisation et de maintien de la paix assignées aux forces armées allant de pair avec la construction de nouvelles identités militaires forgées autour de valeurs telles que l'empathie, le respect ou l'égalité (Duncanson 2015 : 2).

Plus qu'une remise en question fondamentale de la masculinité hégémonique militarisée, il s'agit d'une redéfinition des vertus militaires à même d'inclure les nouveaux paradigmes du fait guerrier sans renoncer à une virilité exacerbée. C'est par exemple à l'aune de qualités masculines que les femmes militaires vont être jugées « aptes » à servir, en particulier lorsqu'elles participent à des opérations extérieures (Prévot, 2010 :86). D'un autre côté, la spécificité fonctionnelle des institutions militaires, caractérisée par la perspective de l'exercice d'une violence collective, éventuellement létale, au nom des intérêts de la collectivité (Bardiès 2011 : 280), se présente comme un frein à une véritable déconstruction de l'hégémonie masculine militarisée. L'abandon de l'idéal guerrier entre en contradiction avec l'idée de puissance militaire et la violence sous-jacente qui caractérise sa mise en pratique.

Si la masculinité hégémonique militarisée apparaît comme un concept opératoire pour une analyse genrée du fait militaire, il reste parfois difficile d'en saisir la substantialité. Parce qu'elle est comprise comme une configuration de pratiques, la notion ne peut prendre sens sans prendre en compte sa dimension concrète. Une approche centrée sur le corps du soldat, sa construction, ses représentations, mais aussi ses relations avec d'autres corps, représente à cet effet un cadre d'analyse privilégié.

Le corps et la sexualité comme cadres d'analyse

Le corps se présente comme une expression substantielle de la masculinité hégémonique militarisée, en même temps qu'un outil de reproduction sociale au sein du champ militaire. La singularité du métier militaire engage non seulement un consentement au sacrifice de soi, mais aussi au sacrifice d'autrui. La perspective de perdre ou d'ôter la vie implique une préparation spécifique des futurs soldats. Au niveau individuel, il s'agit de construire et former des corps qui viendront à leur tour constituer une communauté soudée et homogène au travers du corps d'armée. Élément central de la préparation au combat, la fabrique du soldat s'appuie sur des dispositifs complexes de production des corps constituant « l'enjeu central de la formation militaire destinée à transmettre aux jeunes recrues des techniques et usages spécifiques et plus largement une nouvelle culture somatique, un « patrimoine » corporel dans lequel la discipline occupe une place tout à fait essentielle » (Teboul 2017 : 245). Or, le corps du soldat est un corps sexué qui à la fois incorpore et transmet l'idéal viril associé à la fonction guerrière.[5]

Il subit néanmoins une série d'injonctions pouvant éventuellement apparaître contradictoires. Jeanne Teboul a souligné l'ambivalence caractérisant la fabrique sexuée du corps combattant en montrant comment pouvaient cohabiter deux types de masculinités, l'une tournée vers la virilité guerrière, l'autre fondée sur la maîtrise de soi (Teboul 2015 : 113). L'aptitude au combat n'est en effet pas la seule qualité attendue des militaires. Ces derniers doivent faire preuve à la fois de leur capacité de retenue et de la discipline nécessaires pour la légitimation de l'usage de la violence par les forces armées. Teboul constate dès lors une certaine différenciation selon le rang dans l'usage de ces masculinités multiples. Les officiers et hauts gradés affichent plus volontiers une maîtrise de soi distanciée de la virilité guerrière, ce qui leur permet de réaffirmer « la singularité et l'excellence de leurs corps » (Teboul 2015 : 111). Cette *distinction* guerrière leur permet de se distancier des formes les plus populaires d'expression de la masculinité (Coton 2009 : 2012, 2017 : 128).

Cette différenciation ne concerne pas seulement les officiers les plus gradés des soldats du rang, mais aussi les officiers masculins de leurs homologues féminins. Elle se manifeste concrètement par une gestion spécifique de la mise en relation des corps dans le champ militaire. On constate à cet effet un véritable isolement des recrues féminines, soit parce qu'elles sont volontairement intégrées dans des groupes où elles seront les seules femmes, soit au contraire parce que leur sont assignés des quartiers qui les maintiennent physiquement à l'écart de leurs collègues masculins. C'est ce qu'a pu observer Christel Coton lors de l'enquête ethnographique qu'elle a menée au début des années 2000 en école d'état-major : alors que les femmes étaient réparties entre les différents groupes composant la promotion, ayant dès lors peu de contact les unes avec les autres pendant les

5 Sur ce point, on peut se référer au chapitre de Mathias Thura dans cet ouvrage, voir infra.

exercices, elles bénéficiaient en revanche de chambres individuelles éloignées des quartiers masculins (Coton, 2017 : 92). Les femmes militaires sont ainsi avant tout perçues comme des femmes, c'est-à-dire des individus dont les corps seraient incompatibles avec la fonction combattante.

Si le corps féminin (ou féminisé) est considéré comme inapte pour la fabrique du soldat, il représente aussi un danger en suscitant une éventuelle tentation sexuelle. La mise à l'écart des femmes se trouve ainsi justifiée par le besoin de préserver la moralité des troupes, mais aussi d'empêcher d'éventuelles agressions sexuelles envers les recrues féminines, et ce dans un contexte de dénonciation croissante des violences et harcèlement sexistes et sexuels dans les armées (Miñano et Pascual 2014). La séparation des espaces de vie, envisagée comme un moyen de se prémunir de ces violences, révèle plusieurs caractéristiques attendues de la sexualité militaire : d'une part qu'elle serait exclusivement hétérosexuelle, d'autre part qu'elle se présenterait en quelque sorte comme le corollaire de la fabrique du corps combattant, et par conséquent difficilement domesticable. L'hétérosexualité a fait l'objet depuis plusieurs années de la critique féministe, et plus particulièrement lesbienne, qui en a démontré le fonctionnement en tant qu'institution politique (Rich 1981 :17). Ces travaux ont permis d'effectuer une dénaturalisation de l'hétérosexualité et du sexe en insistant sur la dimension sociale de la sexualité (Falquet 2009). Cette approche propose des outils théoriques pertinents pour appréhender la façon dont la sexualité militaire participe de la reproduction des rapports de pouvoir au sein des armées. Le régime hétérosexuel justifie en effet la mise à l'écart des femmes en même temps qu'il normalise un discours sexiste. Dans le cas de l'armée britannique, Anthony King a ainsi constaté que la place des femmes était avant tout déterminée par leur sexualité, qu'elles consentent à avoir des relations sexuelles avec leurs homologues masculins ou qu'elles s'y refusent catégoriquement : « La binarité pute/connasse (slut/bitch) s'est à ce point institutionnalisée au sein des forces britanniques que les femmes se trouvent souvent dans l'impossibilité de contester ce processus de classification qui les définit, quoi qu'elles fassent[6] » (King 2019 : 143).

6 Traduction de l'autrice.

On observe par ailleurs un développement des travaux sur les places des personnes gays, lesbiennes, bi ou trans dans les institutions militaires contemporaines. Ces analyses ont souligné la tension existante entre une volonté affichée de certains pays de promouvoir une plus grande diversité sexuelle au sein de leurs armées et la permanence d'une culture militaire ouvertement homophobe (Alford et Lee 2016 ; Zaretti 2018). Plus largement, elles ont permis de s'interroger sur le rôle des armées en tant que garantes de la norme sexuelle dominante, mais aussi sur ses différentes expressions de contestation (Bulmer 2013 : 149). Ces travaux rompent avec l'idée de catégories fixes hommes-femmes mutuellement excluantes et soulignent la fonction performative des identités de genre au sein des institutions militaires.

Le genre ne consiste pas seulement à prendre en compte la différence des corps, les sexualités et les identités qui en découlent. Il désigne avant tout un rapport social légitimant et reproduisant des rapports de pouvoir au sein de structures sociales complexes. S'y ajoutent d'autres critères de différenciation sociale, tels que l'appartenance de classe ou les caractéristiques ethniques, qui doivent être pris en compte pour saisir les différents enjeux liés à la structuration des rapports de pouvoir au sein des institutions militaires.

Sociologie militaire et perspective intersectionnelle

La perspective intersectionnelle – ou intersectionnalité – émerge à la fin des années 1980 aux États-Unis dans le sillage des travaux produits par la juriste Kimberlé Crenshaw (2015). Crenshaw a en effet montré que les grilles de lectures classiques permettant d'appréhender les discriminations tendaient à « traiter la race et le genre comme des catégories mutuellement exclusives », reproduisant de fait l'invisibilité de certains groupes sociaux, et plus particulièrement celui composé par les femmes noires (1989 : 139). Mais au-delà de permettre l'examen de l'effet cumulé de différents critères de différenciation et de marginalisation, l'intersectionnalité s'est constituée en véritable paradigme normatif et empirique en mettant en avant le caractère imbriqué des logiques de différenciation et de hiérarchisation sociales (Hancock 2007 : 252). Dans le cas de la sociologie militaire, plusieurs travaux mobilisent la perspective intersectionnelle afin de mieux saisir les enjeux de l'intégration des femmes dans les armées (Lomsky Ferrer et Sasson Levy, 2015 : 179), tout en s'interrogeant sur son usage dans le cadre des *Critical Military Studies*[7] (Henry 2017 : 186). L'intersectionnalité permet tout à la fois de décrire et analyser les rapports de pouvoirs en donnant de l'importance à des nuances habituellement invisibles ou non prises en considération. Dans le cas des armées, il s'agit de prêter attention à la façon dont les dynamiques croisées du genre, de la classe et de l'ethnicité agissent sur les carrières des militaires.

Alors que les institutions militaires sont souvent présentées en France comme des vecteurs d'intégration sociale, en permettant notamment à des jeunes issus de classes populaires d'acquérir une certaine stabilité professionnelle (Settoul 2015 : 109), elles n'en sont pas pour autant exemptes des tensions caractérisant les rapports de classe dans le monde civil. La composition du corps d'officiers de l'armée de terre présente un exemple des logiques de reproduction sociale qui sont à l'œuvre au sein des institutions militaires. Son élite institutionnelle est constituée par les officiers ayant été formés à l'École spéciale militaire de Saint-Cyr Coëtquidan au détriment des officiers « issus du rang » ou recrutés sur titre. Ainsi que l'a démontré Christel Coton, les origines familiales, la scolarité, et les différentes formes de sociabilités entretenues dans le cadre privé affectent considérablement les trajectoires professionnelles militaires. Si l'aptitude à combattre reste un critère central de la progression de carrière d'un officier, ce « capital combattant » se trouve étroitement lié au capital social dont ils disposent préalablement à leur entrée dans l'armée (2012 : 23).

La question de la diversité ethnique est plus difficile à saisir. Si la sociologie militaire anglo-saxonne - et plus particulièrement américaine (Rohall et al. 2017), interroge ouvertement la place des minorités ethniques, afro-américaines notamment, au sein des armées, la démarche reste sensible

7 Le champ constitué par les Critical Military Studies est formé par une communauté de chercheurs, mais aussi praticiens, dont les travaux et approchent questionnent le pouvoir militaire. Bien que l'on puisse les traduire en tant qu'« Études critiques de la militarité », on a préféré ici garder l'anglais afin de rester spécifique quant aux types de recherches et de publications citées dans ce chapitre.

dans le cas de pays comme la France où la matrice républicaine rend toute forme de différenciation ethnique socialement illégitime (Settoul 2015 : 34). La question ethnique se voit ainsi absorbée par des problématiques plus spécifiques liées à l'appartenance religieuse ou la filiation migratoire (Bertossi 2017 : 81), où la perspective de genre reste (quasi) inexistante. Les jeunes Françaises issues de l'immigration qui s'engagent dans les armées font cependant face à des problématiques spécifiques en raison de leur genre et de leur origine sociale (Settoul 2017 : 205). La perspective intersectionnelle permet d'associer dans un même questionnement ces différentes problématiques.

Conclusion

Les études de genre telles qu'elles se sont constituées ces trente dernières années ont permis l'élaboration d'outils conceptuels et de perspectives théoriques utiles à la sociologie militaire. Au-delà de la question posée par l'intégration des femmes dans les armées et des carrières militaires féminines, elles mettent en lumière un certain nombre de questionnements – relatif à la masculinité, au corps et aux intersectionnalités – qui participent d'un renouvellement des problématiques de recherche associées au champ militaire.

Sociologie militaire et études de genre ne font cependant pas forcément bon ménage. Pour une grande partie des féministes, penser la question du genre dans les armées et les organisations de défense et de sécurité revient à légitimer des institutions et des valeurs pensées comme étant des moteurs du système patriarcal, tandis que la verticalité des rapports de pouvoirs au sein des armées, ajoutée au poids de traditions difficiles à remettre en cause, rendent difficile l'entreprise d'une démarche empirique de recherche féministe. Nul doute cependant qu'un compromis peut être trouvé entre ces deux univers, par le biais notamment d'une plus grande interaction entre praticiens et chercheurs. Alors que la féminisation des armées remet en question le prestige octroyé au travers de l'apologie d'une virilité exacerbée, les femmes militaires se sont converties (malgré elles le plus souvent) en puissants symboles de remise en question de l'hégémonie masculine prévalant encore dans les sphères d'exercice du pouvoir. Elles constituent de fait une catégorie d'acteurs inédite dont une connaissance plus approfondie représenterait sans nul doute un apport aux études de genre.

L'intégration des femmes dans les armées participe d'un processus global. L'influence exercée par les Nations Unies notamment, prônant une plus grande participation des femmes aux opérations de maintien de la paix, reste décisive en ce qui concerne la décision de déployer des femmes en opération. De même, la montée en puissance des mouvements féministes, revendiquant une plus grande prise en compte des femmes et du genre par les organisations internationales de défense et sécurité, rend aujourd'hui difficilement contournable le débat sur la place des femmes dans les armées. Si les facteurs ayant motivé l'intégration des femmes dans les forces armées varient selon les différents contextes sociopolitiques dans lesquels elle est mise en œuvre, et si chaque pays présente ses propres spécificités, la féminisation des institutions militaires apparaît désormais comme un processus global irréversible.

Références bibliographiques

Addario L. (2019) « On todays'battlefields, more women than ever are in the fight », *National Geographic*, 15/10/2019, <https://www.nationalgeographic.com/culture/2019/10/women-are-in-the-fight-on-todays-battlefields-feature/>, dernier accés le 20/03/2020.

Alford B. & Lee S. J. (2016). « Toward Complete Inclusion: Lesbian, Gay, Bisexual, and Transgender Military Service Members After Repeal of Don't Ask, Don't Tell », *Social Work*, 61(3), 257–265.

Bardiès L. (2011). « Du concept de spécificité militaire », L'Année sociologique, 61(2), 273–295.

Bertossi C. (2017). « Raisonnements publics et appartenance à une institution : les musulmans dans les armées françaises », *Migrations et sociétés*, 69(3), 81–102.

Béthoux E. & Vincensini C. (2015), « Masculinité hégémonique : les vies d'un concept », *Terrain et travaux*, 27(2),147–150.

Boëne B. (2011). « La représentativité des armées et ses enjeux, *L'Année sociologique*, 61(2), 351–381.

Boulègue J. (2003). « L'officier dans la société française : l'héritage de la Troisième République », *Revue française de sociologie*, 44(4), 695–711.

Bulmer S. (2013). « Patriarchal Confusion? », *International Feminist Journal of Politics*, 15(2), 137–156.

Carreiras H. (2010). « Gendered Cultures in Peacekeeping Operations », *International Peacekeeping* 17(4), 471–485.

Cohn C. (2008). « Governing Globalization: Feminist Engagements with International Trade Policy », In Rai S. M. & Waylen G. (ed.), *Global Governance and Feminist* Perspectives, Londres: Palgrave Macmillan, 185–206.

Connel R. (1987), *Gender and Power*, Sydney: Allen and Unwin.

Connel R. W. & Messerschmodt J. W. (2015). « Hegemonic Masculinity: Rethinking the Concept », *Gender and Society*, 19(6), 829–859.

Coton C., (2009), « La virilité guerrière en question. Les officiers face à un paradoxe de l'excellence », *Sextant*, N°27, 195–207.

Coton C. (2012)."Briller sous l'épaulette. Capital culturel et capital combattant dans le corps des officiers de l'armée de terre", *Actes de la recherche en sciences sociales*, 191–192(1), 14–27.

Coton C. (2017). *Officiers : des classes en lutte sous l'uniforme*, Paris : Agone.

Crenshaw (1989). « Demarginalizing the Intersection of Race and Sex: A black Feminist Critique of Antidiscrimination Doctrine, Feminist Theory and Anti-racist Politics », *University of Chicago Legal Forum*, 19(1), 139–167.

Crenshaw K. (2015). *On Intersectionality. Essential Writing*, New York: The New Press.

Devreux A.M. (1997). « Des appelés, des armes et des femmes : l'apprentissage de la domination masculine à l'armée », *Nouvelles Questions Féministes*, 18(3–4), 49–78.

Duncanson C. (2009). « Forces For Good? Narratives of Military Masculinity in Peacekeeping Operations », *International Feminist Journal of Politics*, 11(1), 63–80.

Duncanson C. (2015). « Hegemonic Masculinity and the Possibility of Change in Gender relations », *Men and masculinities*, 18(2), 231–248.

Falquet J. (2009). « Rompre le tabou de l'hétérosexualité, en finir avec la différence des sexes : les apports du lesbianisme comme mouvement social et théorie politique », *Genre, sexualité et société*, (1), <http://journals.openedition.org/gss/705>, dernier accès le 21/03/2020.

Fieseler B., Hampf M., Schwarzkopf J. (2014). « Engendering Combat: Military Women's Status in Britain, the United States and the Soviet Union During the Second World War », *Women's Studies International Forum*, 47, 115–126.

Frederic S. & Calandrón S. (2015). « Gender Policies and Armed Forces in Latin America's Southern Cone », *Res Military. European Journal of Military Studies*, n° 1, <http://resmilitaris.net/index.php?ID=1021750>, dernier accès le 20/03/2020.

Frevert U., (2000), « L'armée, école de la masculinité », *Travail, Genre et Société*, 3(1), 45–66.

Hancock A. M. 2007), « Intersectionality As a Normative and Empirical Paradigm », *Politics & Gender*, 3(2), 248–254.

Henry M. (2017). "Problematizing Military Masculinity, Intersectionality and Male Vulnerability in Feminist Critical Military Studies", *Critical Military Studies*, 3(2), 182–199.

Hurkley M. (2018). « The « Genderman »: (Re)negotiating Militarized Masculinities When Doing Gender at NATO », *Critical Military Studies*, 4(1), 72–91.

Isaksson C. (2019), « Integrating Gender Perspectives at Nato : Two Steps Forward, One Step Back » in Egnell R. & Alam M. *Women and gender perspectives in the military*, Washington : Georgetown University Press, 225–252.

Jokuza E. (2019) « Answering the Call: The Women on the Frontlines of Japan's Defense, *CNN*», 04/02/2019, <https://edition.cnn.com/2019/01/23/asia/japan-self-defense-force-recruitment-intl/index.html>, dernier accès le 19/03/2020.

Kaldor M. (2005), « Old Wars, Cold Wars, New Wars and the War on Terror », *International Politics*, 42(4), 491–498.

King A. (2019), « Women, Gender, and Close Combat Roles in the UK: « Sluts », « Bitches », and « Honorary Blokes »», in Egnell R. & Alam M. *Women and gender perspectives in the military*, Washington: Georgetown University Press, 141–152.

Lindermann T. (2007), « Des guerriers pour faire la paix. L'armée américaine en Irak », *Cultures et Conflits*, (67), 13–24.

Lomsky-Feder E., Sasson-Levy O., (2015), « Serving the Army as Secretaries : Intersectionality Multi-Level Contract and Subjective Experience of Citizenship », *The British Journal of Sociology*, 66(1), 173–192.

Lurol M. (1999) « Quand les institutions se chargent de la question du travail des femmes 1970–1995 », *Travail, genre et sociétés*, (1)1, 179–1999.

Mathur A. (2020) « Supreme Court Clears Permanent Commission, Command Roles For Women Officers in Indian Army », India Today, 17/02/2020, <https://www.indiatoday.in/india/story/supreme-court-clears-permanent-commission-for-women-officers-in-army-1647196-2020-02-17>, consulté le 19/03/2020.

Mihaely G. (2005), « L'effacement de la cantinière ou la virilisation de l'armée française au XIXe siècle », *Revue d'histoire du XIXe siècle*, (30), <https://journals.openedition.org/rh19/1008#quotation> dernier accès le 22/03/2020.

Miñano L. & Pascual J. (2014), *La guerre invisible. Révélations sur les violences sexuelles dans l'armée française*, Paris : Les arènes.

Mosse G. (1999), *L'image de l'homme. L'invention de la virilité moderne*, Paris : Pocket Agora.

Operman B. (2019), « Women and Gender in the US Military: A Slow Process of Integration », in Egnell R. & Alam M. *Women and gender perspectives in the military*, Washington: Georgetown University Press, 113–140.

Prévot E. (2010) « Féminisation de l'armée de terre et virilité du métier des armé », *Cahiers du genre*, (1), 81–101.

Rich A ; (1981), « La contrainte à l'hétérosexualité et l'existence lesbienne », *Nouvelles Questions Féministes*, (1), 15–43.

Rohall D. E., Morten E. & Matthews M.D. (2017), "The Intersection of Race, Class, Gender, and Sexuality in the Military", in Rohall D. E., Morten E. & Matthews M.D eds., *Inclusion in the American military. A force for diversity*, Londres : Lexington Books.

Schweitzer S. (2009) « Du vent dans le ciel de plomb ? L'accès des femmes aux professions supérieures, XIXe–XXe siècles », *Sociologie du travail*, 51(2), 183–198.

Settoul E. (2015), « Classes populaires et engagement militaire : des affinités électives aux stratégies d'insertion professionnelle », *Lien social et politique*, (74), 95–112.

Settoul E. (2017) « Entre domination structurelle et capital symbolique positif : l'expérience des femmes militaires issues de l'immigration », in M. Eberhar, J. Laufer, D. Meurs, F. Pigeyre et P. Simon eds., p. 187–206, Paris : IXe Editions.

Teboul J. (2015), « Combattre et parader », *Terrains et travaux*, (2), 99–115.

Teboul J. (2017), *Corps combattant. La production du soldat*. Paris : Maison des Sciences de l'Homme.

Thébaud F. (2013) « Le féminisme et la question du travail, hier et aujourd'hui », in Maruani M. (ed), *Travail et genre dans le monde*, 24–323.

Tryggestad T. (2018) « Negociations at the UN: The Case of UN Security Council Resolution 1325 on Women, Peace and Security », in Aggestam K. & Towns A. E. eds., *Gendering diplomacy and international negotiation*, Londres : Plagrave Macillan, 239–258.

Zaretti A (2018), « Lesbian, Gay, Bisexual, Transgender (LGBT) personnel: A military challenge », in Caforio G. & Nuciarti M. eds., *Handbook on the sociology of the military*, New York: Springer, 391–404.

CLAUDE WEBER

Chapitre 4 Égalité femmes-hommes sous l'uniforme : une équation impossible à résoudre ?

Dans de très nombreux pays, les femmes ont conquis leur place au sein des forces armées. La France dispose d'une des armées les plus féminisées, se situant au quatrième rang mondial, au même titre que l'Australie et derrière, Israël, la Hongrie et les États-Unis. Les 32 000 personnels féminins constituent 16 pour cent des effectifs militaires en France.[1] Les raisons de cette situation sont multiples, associées à des tournants historiques – à l'exemple d'une demande forte de personnels soignants lors des conflits mondiaux - à des mutations et des pressions sociétales, ou encore à des réformes institutionnelles et politiques.

Si les femmes ont en effet toujours participé diversement aux guerres et conflits (résistantes, espionnes, guerrières), elles n'obtiennent un statut et le droit de servir dans les armées françaises – en tant qu'infirmières – que lors de la première Guerre mondiale (Porte 2015). À la veille du second conflit mondial, leurs possibilités s'étendent au domaine du soutien tout en limitant leur implication à certaines fonctions et avec un statut contractuel qui les renvoie à la sphère domestique dès la fin des hostilités. L'évolution des mœurs voit progressivement s'accroître les droits des femmes (droits civiques, familiaux, économiques, politiques et sociaux) à partir de 1945 et imprégner progressivement l'institution militaire. Les fondements d'une égalité de droit et les bases juridiques de la féminisation des armées relatifs à

1 Les 24 000 civiles de la défense ne font pas l'objet de la présente contribution.

la loi du 13 juillet 1972[2] augmentent encore le champ des possibles en termes de fonctions. Enfin, la professionnalisation des armées françaises en 1996 donnera une impulsion décisive à une arrivée plus massive des femmes (50 pour cent de plus qu'en 1995). Le passage à la professionnalisation et au recrutement sur la base du volontariat a induit le recrutement de personnels vers lesquels les armées se tournaient peu auparavant. Il en résulte la disparition des derniers quotas et une ouverture totale des postes et fonctions.[3]

Quelles que soient les forces motrices associées à leur arrivée et à leur place au sein de l'organisation militaire (guerres, pressions sociales, évolutions politiques et juridiques, besoins propres aux armées), les femmes sont toujours loin d'être présentes à la même hauteur dans toutes les armées, puis au sein de chacune d'elles, dans les différents armes, services et fonctions.[4] Cette problématique de l'égalité de représentation ou de distribution des personnels – on parlerait ici d'égalité des chances - n'est pas propre au milieu militaire. Des travaux menés sur les politiques publiques montrent que, malgré de réelles volontés égalitaires, malgré des discours explicites et des mesures déployées dans ce domaine, l'existence de divers dispositifs permet aux hommes de maintenir leur domination (Achin et Bereni 2013). Une domination historique, un savoir-faire longuement accumulé, une solidarité masculine particulièrement efficace ou encore une mainmise sur les processus de sélection des personnels, expliquent certaines de ces persistances favorables aux hommes (Philippe 2013, Thébaud et Richard 1995, Louveau 2015, Bender 2004).

En questionnant les débats passés sur la parité en France, Lépinard montre la manière dont les échanges publics, politiques et parlementaires ont fini par neutraliser les vraies demandes de changement pour ne se

2 Pour un panorama historique plus complet voir Sorin (2003) et concernant le poids des normes juridiques en vigueur au sein de l'espace européen comme accélérateur du recrutement des femmes dans les armées, voir Weber (2015 : 41–53) : la contribution de Eulriet sur ' *Le recrutement des femmes dans les forces armées des États-membres de l'Union Européenne : entre contrainte et imitation* '.

3 Le dernier verrou, celui de l'accès aux sous-marins, a sauté en 2014.

4 De la même manière, les cas récurrents de sexisme et des affaires de harcèlements et de violences et leur gestion par l'institution révèlent une place toujours ambivalente de la femme en uniforme (Pascual et Minano 2014).

focaliser que sur le principe et le discours égalitaires (Lépinard 2007). En se réduisant à une seule incitation à mettre en œuvre une égalité des chances, les réflexions n'ont pas véritablement porté sur les prises en compte des statuts et rôles différenciés (en termes de gestion des personnels par exemple), conduisant selon l'auteure à une non-égalité de représentation politique entre hommes et femmes. Dans son ouvrage, Sénac démontre comment la conquête de l'égalité reste corrélée à des conditions de performances justement liées à la reconnaissance de différences (Sénac 2015). Les femmes réussissent leur inclusion à partir du moment où elles arrivent à rentabiliser leurs différences. L'égalité semble alors conditionnée à une contrepartie, une plus-value attendue, et non pas à une unique question de principe et de droit. Il ne suffit donc pas que les femmes soient tout aussi compétentes et performantes que les hommes, il faut aussi qu'elles démontrent qu'elles apportent quelque chose de plus pour justifier leur recrutement et légitimer leur présence dans les organisations et institutions très masculinisées.

Tous ces travaux offrent des grilles de lecture applicables aux forces armées. En effet, qu'il s'agisse des logiques socialisatrices militaires – au sein desquelles le combat occupe une place centrale –, de la rhétorique de bonne volonté institutionnelle qui ne se traduit pas toujours en actes dans les faits[5], ou encore des exigences de performance élevées empêchant d'atteindre l'égalité sous l'uniforme, ces différentes problématiques éclairent la nature des freins à l'égalité entre les hommes et les femmes au sein des armées.

Ce chapitre interroge la singularité et les éventuels décalages observables dans l'univers militaire français au regard d'autres champs sociaux. Pour ce faire, l'égalité est entendue ici au sens d'une égalité de traitement et non d'une parité. Il ne s'agit en effet nullement de plaider pour des effectifs militaires composés de moitié d'hommes et de moitié de femmes. Nous proposons de pointer et d'analyser, à partir des enjeux d'intégration dans les forces armées ou du déroulement des carrières, les résistances et raisons susceptibles d'expliquer la persistance d'une inégalité de chances entre les femmes et les hommes en uniformes.

5 Weber, C. (2018). « La question du maintien des classe prépas se pose », *Libération*, 23 février, p. 5 (<https://www.liberation.fr/france/2018/03/22/claude-weber-la-question-du-maintien-des-classes-prepa-militaires-se-pose_1638208>)

Des constats éloquents et les raisons avancées

En France, les 16 pour cent des femmes militaires représentent 60 pour cent[6] des effectifs du service de santé, 30 pour cent des personnels du commissariat des armées, 22 pour cent de l'armée de l'air, 14 pour cent de la Marine nationale et seulement 10 pour cent des effectifs de l'armée de terre. Elles se comptent en plus grand nombre au sein de composantes jugées plus techniciennes comme la Marine et l'armée de l'air[7] ; leur présence dans les effectifs s'affaiblit au fur et à mesure que l'on se rapproche du théâtre d'opérations et du combat au sens classique du terme. Il ne s'agit nullement d'affirmer que l'opérationnel ne concerne que la seule composante terrestre, car, à titre d'exemple, les personnels du service de santé présents sur les théâtres d'opérations encourent des risques similaires à ceux des combattants. Mais l'affectation originelle des femmes ne concerne que peu les fonctions directement combattantes ou opérationnelles.

Au sein des diverses composantes, les logiques sont similaires avec une sur-représentation des personnels féminins dans certains domaines. Dans l'armée de terre, les femmes intègrent à 40 pour cent les armes de soutien et d'appui et seulement à 23 pour cent les armes de mêlées.[8] À partir de données internes à la direction des ressources humaines du ministère, Thura constate aussi qu'au sein de la composante terrestre, « une femme sur deux œuvre dans l'un des secteurs suivants : administratif, communication, santé, social, ressources humaines ou finance » (Thura 2017 : 23). Toutes

6 Sauf précision, tous les chiffres à venir proviennent du bilan social des armées 2018 : Ministère des Armées, 2019, <https://www.defense.gouv.fr/sga/le-sga-en-action/ressources-humaines/bilan-social/bilan-social-2018>, consulté le 5 juin 2019.

7 La diversité des fonctions et spécialités hautement techniques et technologiques exercées dans des environnements généralement plus éloignés des combats expliquent cette désignation d'armées plus techniciennes.

8 Dans l'organisation de l'armée de terre, on distingue les armes de mêlées (infanterie, arme blindée cavalerie), les armes d'appui (artillerie, génie et aviation légère) et les armes de soutien (train, transmissions, matériel).

armées confondues, elles ne forment que 3 à 5 pour cent des effectifs dans les métiers de fusiliers commandos, mécaniciens ou combat d'infanterie (moins d'une femme sur dix est affectée dans une spécialité combat). Ces dernières années, 8 pour cent seulement de militaires françaises ont été déployées au cours d'opérations extérieures, soit deux fois moins que la part totale qu'elles représentent dans les effectifs. La sous-représentation des femmes dans certaines spécialités et en opération est incontestable. Par ailleurs, les données présentées ici doivent être interprétées avec précaution. En effet, le décompte des femmes dans les effectifs varie fortement selon les sources (tableaux de bord de la féminisation de la direction des Ressources humaines du ministère ou bilans sociaux publiés annuellement). Présenter une distribution par armes n'est pas la même chose qu'une distribution par spécialités. Dans une recherche conduite dans un régiment d'infanterie (Thura 2014), Thura relève que derrière les 3,4 pour cent de femmes recensées dans les effectifs du régiment, une femme seulement est affectée en section de combat, les autres exerçant dans d'autres domaines tels que les transmissions, le secrétariat, la comptabilité, etc. Recenser des femmes dans le génie ou des armes de mêlée ne signifie donc pas qu'elles exercent des métiers du génie ou de la mêlée ; et lors de déploiements, elles peuvent être uniquement cantonnées à des postes à l'arrière. Appartenir à un régiment de telle arme ne signifie pas pour autant détenir ou exercer une activité dans une des spécialités opérationnelles. À ces réalités inhérentes aux différentes fonctions, s'ajoute une forte disparité de la présence féminine aux différents niveaux hiérarchiques. En 2016, l'ensemble des effectifs ne comptait que trente femmes officiers généraux (soit 7 pour cent).[9] La division sexuée des tâches militaires (affectations par armes, par spécialités, par grades, etc.) reste donc une réalité indiscutable.

De tels constats s'expliquent, en premier lieu, par des décisions prises par les intéressées. Pour des raisons liées aux contraintes opérationnelles et professionnelles, l'orientation des femmes vers certains métiers plus techniques ou administratifs s'explique notamment par une volonté de concilier leur vie de famille et leur vie professionnelle. Les arbitrages en

9 Cinq de plus ont été nommées en 2017. L'objectif est d'atteindre 10 pour cent d'ici à 2022 et la Loi de programmation militaire 2019–2025 a fixé l'objectif de doubler ce taux d'ici 6 ans.

faveur d'une vie familiale, se faisant le plus souvent au détriment de la carrière professionnelle, engendrent des retards de promotion et des départs anticipés. La durée moyenne de service pour les femmes est de 11,6 ans alors qu'elle se situe à 12,2 ans pour les hommes. Les femmes quittent les armées plus tôt que les hommes en raison également de la contractualisation. Si pour l'ensemble des effectifs et catégories, toutes armées confondues, 35,1 pour cent des femmes sont « de carrière » (contre 33,8 pour cent des hommes), pour la seule catégorie « officiers dans l'armée de terre » par exemple, la répartition est toute autre : 52,2 pour cent de femmes sont sous contrat contre seulement 22 pour cent des hommes. Recrutées davantage sous contrats avec des limites d'années de service, ces femmes officiers ont par conséquent bien plus de difficultés à atteindre les plus hautes responsabilités (parcours plafonné en raison d'un régime de contrat et non de carrière). Indice de ces carrières plus courtes et des grades atteints en lien, l'âge moyen des femmes officiers, toutes armées confondues, est de 35,3 ans contre 40,1 ans pour les hommes.

Par ailleurs, les expériences opérationnelles étant fortement structurantes des trajectoires professionnelles (reconnaissance, promotion, affectation), l'éloignement de ce type d'activités a inévitablement une incidence sur le déroulement de leurs carrières. Observons également que dans un couple de militaires, c'est généralement la femme qui reste la moins gradée, et qui, de fait, subit davantage les contraintes professionnelles (mutations, déploiements opérationnels …) de son conjoint. Les règles de mutation en vigueur au sein de l'armée de terre produisent des carrières plus chaotiques pour les femmes. En effet la gestion des carrières au sein d'un couple militaire se fait actuellement en faveur du plus gradé ; l'autre subissant dès lors tout au long de sa carrière les mutations de son/sa conjointe. Ceci sans que le couple puisse éventuellement avoir le choix de privilégier la carrière de l'un plutôt que de l'autre. Cette règle de fonctionnement, certes indifférente au sexe, n'en produit pas moins d'inévitables obstacles (changement de spécialité, affectation moins valorisante …) pour les femmes qui sont, majoritairement, moins gradées que leurs conjoints masculins.

S'agissant des plafonds de verre, la justification longtemps avancée au sein de l'institution était la nécessaire et incompressible durée pour permettre aux femmes d'accéder aux plus hauts échelons. L'école de formation initiale des officiers de l'armée de terre de Saint-Cyr a été ouverte aux femmes en 1983, mais il aura pourtant fallu attendre l'année 2017 pour qu'advienne la promotion au généralat de la première femme au sein de l'armée de terre. Le Bilan social des Armées (2018) souligne que la durée moyenne entre deux promotions pour la catégorie des officiers de l'armée de terre est de 8,4 ans pour les femmes et de 7,3 ans pour les hommes.[10] Les données disponibles ne permettent pas de déterminer si les femmes subissent aussi des effets de plancher collant[11], c'est-à-dire des débuts de carrière ralentis, voire bloqués à des postes ne permettant pas de gravir les échelons. Dans le cas des officiers saint-cyriens et saint-cyriennes, la progression dans les grades est au contraire mécanique et identique jusqu'au grade de capitaine, les différences dans l'avancée de la carrière se produisant par la suite.

Au-delà des choix (assumés, subis ou intériorisés) des intéressées, d'autres raisons et effets socialisateurs peuvent être invoqués pour illustrer la mise à l'écart[12] des femmes des fonctions "plus" militaires et combattantes, donc valorisantes pour leur progression de carrière. Divers travaux menés au sein d'autres milieux professionnels (Pruvost 2006, Laufer et Silvera 2006) apportent des éclairages quant aux difficultés d'accès à certains métiers et spécialités en raison de stéréotypes persistants, mais aussi de la place de la masculinité et de la virilité associées à certaines activités. De tels biais peuvent intervenir dès le recrutement et l'orientation des candidates, ou par la suite au travers des suggestions des instructeurs[13] ou des cadres lors

10 Les éventuelles interruptions pour cause de grossesse restent tout aussi pénalisantes lorsque l'on connait la corrélation âge/grade pour faire partie des hauts potentiels ; en termes de réaffectation dans des services plus administratifs et de participations moindres à des opérations extérieures.

11 Selon l'étude de Pauw, Baert et Descharcht (2016), une femme a 33 pour cent de chances de moins qu'un homme d'être conviée à un entretien d'embauche pour un poste entraînant une promotion fonctionnelle (emplois complexes, parfois techniques et avec de nombreux liens avec d'autres acteurs pour lesquels des caractéristiques masculines dominantes œuvrent davantage) ; leurs chances étant quasi égales pour les postes impliquant une promotion managériale (promotion d'autorité, les femmes étant perçues comme des managers et leaders efficaces).

12 Françoise Gaudin, l'ancienne haute fonctionnaire à l'égalité femmes-hommes au sein du ministère de la Défense, parlait d'éviction douce.

13 C'est un aspect que l'on avait pu relever dans le cadre de notre étude sur la socialisation des Saint-Cyriens (Weber 2012).

des choix de parcours (il y a également et logiquement des orientations souhaitées par les candidates car en phase avec les diplômes qu'elles détiennent déjà). Une certaine marginalisation des femmes expliquerait la persistance de « *bastions d'hommes* » (Thura 2017 : 21). Selon Thura, la féminisation ne se fait que par les marges, et les règles de gestions des personnels militaires, qui se veulent neutres, produisent des effets défavorables aux femmes dans leur application (même laisser le choix par exemple aux couples de favoriser l'un ou l'autre dans le cadre des mutations se fait généralement en défaveur des femmes (Maresca et Van de Walle 2002).

La raison d'être des armées au cœur de l'équation de l'égalité

L'opérationnel - et notamment le combat – est considéré comme le cœur du métier militaire, sa raison d'être et sa spécificité (Bardiès 2011, Weber 2009). Il structure les représentations, les mentalités, les identités, les cultures et sous-cultures militaires et professionnelles, ainsi que les logiques et les pratiques institutionnelles (affectation, reconnaissance, déroulement de carrière, promotion, etc.). Quels que soient les pays, les hommes militaires qui permettent aux femmes d'aller au combat sont encore une minorité.[14] La prise de risque liée au combat justifie-t-elle les constats d'une inégalité persistante entre les femmes et les hommes évoqués précédemment ? Ou bien l'institution militaire ne fait-elle que reproduire la domination masculine qui s'exerce dans beaucoup d'autres domaines et secteurs de la société ? (Héritier 2012).

Historiquement, l'activité militaire a toujours été une affaire d'hommes (Porte 2015). Comme dans beaucoup d'autres milieux sociaux (Ramseyer et Guétat-Bernard 2014, Davisse et Louveau 2005), les raisons avancées en premier lieu sont d'abord biologiques. Mais ce type d'argument mérite

14 A l'instar des armées américaines, les armées britanniques n'autorisent que depuis quelques mois seulement un accès total à toutes les fonctions combattantes aux femmes.

d'être relativisé puisque de nombreux travaux en biologie et en psychologie en ont réfuté le caractère fondamental. Aucune étude ne soutient plus que le chromosome y favoriserait l'agressivité et que le x l'inhiberait. Les travaux affirmant un lien entre violence exercée et taux de testostérone ont largement été invalidés (Hamon, Bourgeoin et Martin 2008). De plus, les travaux de sociologie et d'histoire s'étant intéressés à la violence des femmes ont montré que ces dernières sont parfaitement capables de cruauté, de combativité, et d'agressivité (Cardi et Pruvost 2012). La virilité masculine ne protège pas plus les hommes que les femmes face à des situations difficiles, voire extrêmes, puisque ces dernières ne souffrent pas plus de troubles post-traumatiques que les hommes (Boisclair-Demarble 2016).

Toutefois, avec une masse musculaire jusqu'à 40 pour cent moins élevée, une taille inférieure de quinze centimètres ainsi qu'un poids réduit de dix-huit kilos en moyenne (Myers 2012), les performances physiques des femmes ne peuvent rivaliser - tendanciellement et en moyenne - avec celles de leurs homologues masculins. Il en résulte par exemple que le port de charges lourdes handicape davantage les femmes militaires et leur cause de plus nombreuses blessures.[15] Cette différence de force physique a toujours constitué un argument central pour écarter les femmes de l'art de la guerre. Preuve en est la litanie des termes (qui renvoie à la féminité et à l'homosexualité) que l'on peut entendre dans les rangs pour stigmatiser ceux qui ne se conforment pas aux normes de virilité attendues (Paveau 1996, Thiéblemont 1999, Weber 2012).

Pendant longtemps et cela perdure encore, rien n'était vraiment fait pour faciliter l'intégration des femmes en matière opérationnelle. Ni les équipements, ni les vêtements, ni les procédures n'ont été (re)pensés et adaptés ce qui, de fait, complique la tâche de la nouvelle arrivante et altère, potentiellement, ses capacités. Rien ne permet non plus de penser qu'il existe des aptitudes cognitives foncièrement différentes entre les sexes (Goldstein 2001). Départager ce qui relève des arguments physiologiques et des stéréotypes permettrait de développer des moyens matériels ou procéduraux

15 Pour autant, certaines remplissent parfaitement les attentes : selon une étude de l'US Army datant de 1982, plus de 10 pour cent des femmes militaires ont une plus grande capacité de soulèvement que les 10 pour cent les plus mal classés des hommes.

utiles pour renforcer la possibilité de l'égalité (Koulman et Malgoyre 2017, Aufauvre-Poupon et Trousselard 2017) et des améliorations pour toutes et tous. Si physiquement des écarts existent, ces derniers ne peuvent pas être présentés comme des obstacles insurmontables à la présence des femmes sur les théâtres d'opérations. De nombreux retours d'expériences traduisent en effet des performances au combat similaires entre les hommes et les femmes. Plus récemment, les armées américaines constatent que la complémentarité des personnels et les apports de nouvelles technologies apportent des réponses efficaces pour limiter l'impact des différences biologiques. Certains travaux montrent aussi que les femmes ont une résistance supérieure à la fatigue et à la disette, ou encore, comme l'établit une étude de l'US Army de 1991, que leur plus petite taille leur permet de supporter mieux la force centrifuge créée par les avions de combat modernes (Goldstein 2001). Au regard des rôles au combat et dans la guerre, de nombreuses femmes remplissent donc les conditions requises en termes d'attentes et de capacités physiques.[16] Le fait qu'à performances comparables, elles n'accèdent toujours pas massivement à l'opérationnel[17] et qu'elles ne déroulent pas des carrières comparables à celles de leurs camarades masculins, dépend donc d'un autre registre d'arguments et d'autres facteurs, relevant de la construction culturelle des rôles genrés au combat.

Pendant longtemps a été véhiculée l'idée – qui aurait été établie par les armées israéliennes, mais depuis infirmée – que les soldats hommes étaient incapables de conserver les réflexes comportementaux tactiques et de sécurité face à une camarade femme blessée ou gisante à leur côté.[18] Un tel argument a pu être d'autant plus convainquant qu'il ne remettait pas en cause les capacités guerrières des femmes et pointait surtout l'incapacité

16 Des Saint-Cyriennes décrochent par exemple régulièrement l'insigne du jaguar lors des stages d'aguerrissement en Guyane où les barèmes sont parfaitement identiques à ceux des garçons.

17 Nous entendons ici les femmes qui remplissent les conditions et qui souhaiteraient intégrer les fonctions plus opérationnelles et combattantes car le fait qu'il y ait moins de femmes dans ces unités résultent aussi, on l'a vu, d'un choix de leur part de ne pas s'y engager.

18 Si de tels réflexes étaient avérés, il y aurait certainement moins de femmes battues et lors des tueries sur les campus américains, les étudiants viendraient peut-être bien plus en aide aux étudiantes, ce qui n'a jamais été observé.

des hommes à s'adapter à ce type de situation. Dans le même ordre d'idée, la possibilité qu'une femme militaire tombe aux mains de l'ennemi était présentée comme plus insupportable qu'une capture masculine[19] : on trouve nombre de représentations et préjugés genrés associés à la femme considérée comme plus faible et qu'il faudrait nécessairement protéger puis secourir. S'ajoute à cela l'enjeu hautement symbolique du viol des femmes (Branche et Virgili 2011), alors même que les hommes peuvent tout autant être victimes de cette arme de guerre. La crainte de voir les opinions publiques incapables d'accepter la mort de femmes militaires constitue un argument supplémentaire pouvant servir à justifier la frilosité des institutions militaires et politiques à s'engager dans cette voie. Là aussi les retours d'expériences des conflits en Irak et en Afghanistan ont montré non seulement que les femmes étaient tout aussi performantes au combat[20], mais surtout, que leur mort n'a pas suscité d'émois particuliers dans l'opinion publique américaine. Cet aspect a indiscutablement pesé dans la décision du secrétaire d'État à la défense américain – Leon Panetta – lorsqu'il a décidé d'ouvrir tous les postes de combat aux femmes au sein des armées en janvier 2013.[21]

La cohésion est un enjeu fondamental au combat. On sait que de ces liens forts et singuliers construits entre combattants dépendent leurs performances individuelles et collectives et, par conséquent, leur efficacité à remplir les missions. Traditionnellement construite sur l'identité du groupe (ressemblances, partage de signes communs) la présence de femmes dans les rangs est alors fréquemment considérée comme un élément « extérieur » susceptible de perturber cette cohésion androcentrée indispensable. De récents travaux montrent que les femmes sont traitées comme des « égales » et des « équivalents », dès lors qu'à travers leurs spécialités militaires, elles démontrent leur compétence, leur expertise et leur professionnalisme (King

19 L'affaire Jessica Lynch nous semble symptomatique de ces problématiques : <https://www.liberation.fr/planete/2003/11/12/jessica-lynch-icone-americaine-malgre-elle_451485>, consulté le 15 février 2020.

20 Beaucoup d'unités non combattantes comprenant nombre de femmes – les « cibles dites molles » comme les convois logistiques - ont été engagé dans des combats.

21 <http://www.slate.fr/story/50257/femmes-soldat-armee-position-guerre>, consulté le 15 novembre 2019.

2016). Une cohésion fondée sur la complémentarité professionnelle et sur un objectif (Mac Kenzie 2015) et non plus sur la similitude et la ressemblance semble fonctionner de manière tout à fait effective.

Cet enjeu collectif illustre parfaitement l'ampleur des transformations potentielles à mener tant on touche aux fondements identitaires et culturels, profondément ancrés, qui construisent et entretiennent la cohésion sociale au sein des armées. Celle-ci est fondée sur des traditions, des rituels, un langage et des symboles militaires. À l'instar des arguments biologiques, dont on a vu que certains pouvaient très bien constituer des atouts pour les femmes, les retours d'expérience montrent les plus-values évidentes de ces dernières sur leurs camarades masculins. Ainsi en va-t-il de l'ambiance générale au sein d'unités, des avantages inhérents au relationnel avec les populations locales dans certains contextes opérationnels (l'exemple récurrent étant la fouille d'autres femmes), ou encore de l'émulation produite par la présence de femmes soucieuses d'être acceptées et redoublant d'efforts pour ce faire, et générant ainsi des effets similaires chez les hommes qui veillent à ne pas être relégués.

Le cœur du métier militaire – l'activité combattante – est donc bien au fondement de la persistance des arguments biologiques et culturels qui continuent à produire des perceptions, des jugements et des comportements inappropriés à l'égard des femmes en uniforme.

Persistances et évolutions dans les comportements à l'égard des femmes militaires

Les stéréotypes finissent toujours par légitimer les inégalités pratiquées à l'égard de celles et ceux à qui ils sont appliqués. Ne pas accorder de légitimité à l'autre c'est le percevoir comme un intrus qui n'a pas sa place ou pas la même place que les autres et à qui on peut infliger une différence de traitement, une disqualification, une discrimination, voire des mauvais traitements. Les attitudes à l'égard des femmes en uniforme sont diverses. Misogynie, sexisme, machisme en sont des traductions et peuvent présenter des formes polymorphes, allant de l'anodin (les « petites blagues ») aux actes les plus graves (violences caractérisées). Toute perception non égalitaire de l'autre produit des attitudes et des comportements en lien avec la légitimation de l'inégalité. Percevoir un corps comme plus faible peut conduire à adopter des comportements protecteurs inappropriés à son égard (bienveillance inhabituelle, passe-droits)[22], mais aussi dans certains cas à l'affaiblir davantage encore (Bourdieu 2002). Percevoir un corps désirable ou désiré peut entraîner des conduites déviantes.[23] La suspicion est souvent présente : elle s'exprime à l'égard des femmes promues, ou en considérant toujours la femme avant de voir la militaire, ou encore en désignant l'une d'elles comme représentante de toutes les autres, alimentant et renforçant ainsi nombre de préjugés et d'inégalités.[24]

Comme toute minorité (en termes d'effectifs) et potentiellement jugée moins légitime et stigmatisée, les femmes militaires s'imposent souvent des stratégies leur permettant de favoriser leur intégration (Héas, Kergoat, Weber et Haddad 2007 ; Teboul 2017 ; Guillaume 2018) : faire doublement ses preuves, gommer sa féminité et/ou se « masculiniser », planifier une grossesse pour qu'elle n'intervienne pas à un moment clé de la carrière ou dans le planning professionnel de l'unité, éviter de se comporter comme leurs homologues masculins – certaines sociabilités étant jugées inadaptées aux personnels féminins (consommation d'alcool lors de soirées, le fait de marquer des distances avec certains espaces de vie …) –, ne pas se faire remarquer, ne pas jouer une solidarité trop marquée entre femmes, etc. Ces comportements et stratégies montrent que l'égalité n'est toujours pas actée et que les avancées constatées dépendent des contextes (temps ordinaire ou temps opérationnel) et des unités (armes et services concernés).

22 « Un gradé va plus facilement dire aux garçons : "prends le balai, va balayer" qu'à une femme » (Both et Chelly 2015 : 119).

23 « Au Tchad [dans le cadre de l'opération extérieure EUFOR Tchad-RCA] les filles ne vont pas à la piscine, parce qu'elles y sont vues comme des morceaux de viande … Les mecs regardent, mettent des notes et on le sait, ça se dit … » (Chevalier 2015 : 255).

24 Une femme très performante, a contrario, ne voit presque jamais son exemple généralisé par les hommes mais généralement comme l'exception qui confirme la règle.

D'indéniables évolutions ont sensiblement amélioré les possibilités offertes et les conditions d'exercice des métiers militaires aux femmes. Elles s'inscrivent dans la continuité de l'élargissement des rôles ouverts aux femmes durant les décennies qui suivent la Seconde Guerre mondiale et coïncident avec les processus d'égalité entre les femmes et les hommes au sein de la société française en général. Puis, au milieu du vingtième siècle, la reconnaissance des droits des femmes (droits civiques, familiaux, économiques, politiques, sociaux) conforte et renforce la situation. Enfin, au cours du dernier quart de siècle, la codification de ces mêmes droits des femmes avec les grandes lois sur l'égalité sous tous ses aspects (professionnel, politique, social, évolution du statut patrimonial) impacte également les armées et les conditions de leur féminisation (exemple des années 70 et 80 avec une hausse substantielle des femmes militaires : de 10 000 en 1972 à 18 000 en 1987).[25] Cette féminisation se traduit également par un élargissement des secteurs d'activité qui leur sont accessibles : ce sera l'époque des femmes pionnières pilotes d'hélicoptères, etc. (Bertrand-Gannerie 2011, Merchet 2007). Après la professionnalisation des armées impulsée et intervenue durant la seconde moitié des années 1990 et dont, majoritairement, les militaires ne voulaient pas (Irondelle 2011), un plan d'action visant à combattre les inégalités hommes-femmes est lancé en 2012 et apporte des modifications significatives au sein des armées.[26] La parution du livre « La guerre invisible » (Pascual et Minano 2014) en février 2014 conduit à la remise d'un rapport d'enquête le 15 avril 2014 au ministre de la Défense, qui débouche sur plusieurs annonces.[27] Et c'est encore l'enquête publiée

25 Assemblée Nationale, Rapport d'information, 2018, < http://www.assemblee-nationale.fr/15/rap-info/i1337.asp#P223_27902>, consulté le 10 juin 2019.

26 Haut fonctionnaire à l'égalité nommé en novembre 2012 et en charge de l'égalité des droits - Arrêté du 9 septembre 2013 : création de l'Observatoire de la parité qui propose des actions afin de corriger les déséquilibres entre les parcours professionnels des femmes et des hommes ; présentation annuelle du ministère d'un plan d'action en faveur de l'égalité homme/femme avec la création de nouveaux outils comme le Rapport de situation comparée relatif à l'égalité professionnelle homme/femme de la défense qui permet une analyse sexuée de la situation de l'ensemble du personnel, etc.

27 Plan de 2014 de lutte contre les harcèlements, discriminations et violences sexuelles (HDV-S) : création de la cellule Thémis « qui permet à chaque personnel, civil ou

par le journal Libération dénonçant certaines pratiques de harcèlement au sein du lycée militaire de Saint-Cyr[28] en mars 2018 qui oblige la ministre à prendre des sanctions et à demander un rapport parlementaire ainsi qu'un nouveau plan d'égalité qui fut présenté en mars 2019.[29]

L'origine essentiellement externe de ces évolutions (décisions politiques, évolutions sociétales, enquêtes médiatiques) est révélatrice de l'ampleur des résistances persistantes au sein des armées. Bien que la grande majorité des

---

militaire, homme ou femme, du ministère de la Défense, victime ou témoin de harcèlement, de discriminations ou de violences sexuels au sein du ministère de le signaler. La cellule accompagne la victime et veille à la défense de ses droits, participe ou conduit l'enquête nécessaire, accompagne et conseille le commandement dans les mesures conservatoires et les sanctions à prendre. Elle assure une information de la victime sur les suites de sa démarche et met aussi à disposition un service d'écoute gratuit composé de psychologues aux victimes » ; inscription du harcèlement dans le code de la défense ; ouverture des postes de sous-mariniers aux femmes ; arrivée de la première femme commandant un bataillon de St-Cyriens ; mise en place de référents mixité dans chaque unité ; élaboration d'un guide de la parentalité publié en 2017 et qui rassemble les informations relatives à la parentalité et sert à la conciliation entre les vies professionnelle et privée avec le lancement du Plan famille en novembre 2017 afin de mieux prendre en compte les absences, de mieux vivre la mobilité, de faciliter l'accès des familles à l'accompagnement social du ministère, d'améliorer les conditions de logement familial, notamment pour les familles monoparentales.

28 'Harcèlement au lycée militaire de Saint-Cyr', *Libération*, mars 2019, <https://www.liberation.fr/Saint-Cyr,100944>, consulté le 27 mars 2019.

29 Nouveau plan d'égalité présenté en mars 2019 avec 22 mesures phares pour améliorer la mixité. Ce plan fixe notamment une augmentation de 10 pour cent du nombre de femmes dans l'armée dans les prochaines années et il ambitionne de recruter davantage, de fidéliser et de valoriser davantage les femmes militaires. Parmi ces mesures, citons rapidement : revoir les limites d'âge et assouplir les conditions d'accès aux examens et concours, notamment à l'École de Guerre (l'objectif étant que 10 pour cent de femmes fassent partie des lauréats du concours d'entrée d'ici 2025) ; autoriser les temps partiels lors du congé parental, afin que les femmes restent dans l'armée quand elles ont un enfant (enjeu de la conciliation vie professionnelle et vie privée) ; valoriser les femmes en développant la mixité de l'encadrement au sein des écoles de formation initiale (mise en valeur des 'héroïnes militaires' auxquelles les militaires pourront s'identifier, via les parrainages de promotion, etc. ; rationnaliser les épreuves d'évaluation de la condition physique au recrutement et en cours de carrière (question des barèmes).

personnels soit convaincue de la nécessité de recruter des femmes au sein de l'ensemble des unités militaires, il reste des cadres militaires qui persistent à affirmer que les femmes, au sein des armées, « ce n'est plus un sujet ». Il reste encore du chemin à parcourir pour que la mixité, et par-dessus tout l'égalité dans la mixité, soit pleinement mise en pratique.

Conclusion : une équation impossible à résoudre ?

Le sort des femmes militaires en France n'a plus rien à voir avec ce qu'ont connu les pionnières il y a quelques décennies. Aujourd'hui il n'y a plus de quotas et beaucoup d'armées ouvrent la totalité des fonctions à leurs personnels féminins. Cependant, une égalité complète entre hommes et femmes reste à conquérir et à appliquer dans les faits. L'équation n'est certainement pas impossible à résoudre, mais, à l'instar des évolutions déjà actées et qui ont été progressivement mises en place avec plus ou moins de résistances, cette égalité de chances et de traitement sous l'uniforme prendra encore du temps à advenir car elle repose sur des fondements identitaires qui évoluent dans la durée et au fil des générations qui se succèdent.

Il ne suffit pas d'autoriser les femmes à s'engager pour que les choses se fassent spontanément. Il ne suffit pas d'asséner la neutralité dans les discours pour gommer les inégalités et les stéréotypes (« Je ne veux pas savoir s'il y a des femmes dans la division, pour moi, il n'y a que des soldats »[30]). La reconnaissance de la mixité doit s'accompagner d'une intériorisation de la certitude qu'elle participe à l'augmentation des performances de l'organisation. Afin de ne plus être considérées « comme des « complémentaires », mais comme des « pair-e-s » inclues » (Sénac 2012 : 198), apportant potentiellement une plus-value en raison justement de leurs différences, les femmes ne doivent pas être ignorées. En dépassant les simples habillages de politiques égalitaires, diverses politiques et mesures évoquées illustrent

30 Entretien avec G. Asse dans 'Hommes et Femmes frères d'armes l'épreuve de la mixité', Inflexions n° 17, 2011, p. 59.

la prise en compte de ces dimensions et les progrès réalisés (relever et sanctionner comme il se doit les comportements condamnables à l'égard des femmes, augmenter le nombre de femmes à certains postes d'encadrants, aménager le temps de travail permettant aux personnels (notamment féminins) d'harmoniser au mieux leurs vies professionnelle et privée[31], ne pas pénaliser les femmes ayant dû interrompre momentanément leur carrière pour cause de grossesse, etc.). À l'instar de ce qui peut toujours s'observer dans les autres champs de la société, la lutte contre la force des préjugés reste fondamentale. Il s'agit de poursuivre l'éducation et de faire prendre conscience que la mixité n'affecte pas l'efficacité de l'organisation, mais qu'elle y contribue.

Un tel objectif sera d'autant plus vite atteint qu'il se construira en interne par des volontés incessantes (on pense tout particulièrement au rôle primordial du commandement dans cette dynamique) et ne dépendra plus exclusivement des pressions externes qui ont trop longtemps constitué les seuls moteurs du changement.

Références bibliographiques

Achin, C., et Bereni, L. (dir.) (2013). *Dictionnaire genre & science politique. Concepts, objets, problèmes*. Paris : Les Presses de Sciences Po, coll. « Références ».

Aufauvre-Poupon, C. et Trousselard, M. (2017), 'Neurosciences et différences homme-femme : application aux environnements opérationnels', *La Revue de la Défense Nationale*, Actes du colloque « Femmes militaires, et maintenant ? », 41–50.

31 Dans le cadre de l'Observatoire de la parité, une consultation en ligne concernant la perception de l'égalité femmes/hommes avait été conduite auprès du personnel du ministère en février 2018. Elle indiquait que 72 pour cent des répondants perçoivent une certaine équité et que 83 pour cent estimaient que la direction du ministère est engagée pour cette égalité mais que 66 pour cent des répondants considéraient que l'action prioritaire du ministère doit être la réduction des comportements sexistes puis l'amélioration de l'équilibre entre vie professionnelle et personnelle (50 pour cent).

Bardiès, L. (2011). 'Du concept de spécificité militaire', *L'Année sociologique*, 61(2), 273–295.

Bender, A.F., (2004). 'Égalité professionnelle ou gestion de la diversité. Quels enjeux pour l'égalité des chances ?', *Revue française de gestion*, 151, 205–217.

Bertrand-Gannerie, C. (2011). *Pas de jupes à bord ! Officier féminin de la Marine 1973–2000*. Rennes : Éditions Ouest-France.

Boisclair-Demarble, J. (2016). *Différences de genre dans la dissociation et la détresse péri-traumatique, et associations avec les troubles de stress aigu et de stress post-traumatique chez les victimes d'actes criminels graves*. Thèse de psychologie – Faculté des arts et sciences – Université de Montréal.

Both, A. et Chelly, L. (2015). 'Un gendarme féminin : un gendarme comme les autres ?'. In C. Weber (dir.), *Les femmes militaires*. pp. 113–123. Rennes : Presses universitaires de Rennes.

Bourdieu, P. (2002). *La domination masculine*. Paris : Éditions du Seuil.

Branche, R. et Virgili, F. (dir.) (2011). *Viols en temps de guerre*. Paris : Payot.

Cardi, C. et Pruvost, G.(dir.) (2012). *Penser la violence des femmes*. Paris : La découverte.

Chevalier, G (2015). 'Complexité et humanité de la politique en faveur de l'égalité entre les femmes et les hommes au ministère de la Défense'. In C. Weber (dir.), *Les femmes militaires*. pp. 243–258. Rennes : Presses universitaires de Rennes.

Davisse, A. et Louveau, C. (2005). 'Pratiques sportives : inégalités et différences'. In M. Maruani (dir.), *Femmes, genre et sociétés. L'état des savoirs*. pp. 139–147. Paris : La Découverte, « TAP/Hors-Série ».

De Pauw, A.S., Baert, S. et Deschacht, N. (2016). 'Do Employer Preferences Contribute to Sticky Floors?', *Industrial and Labor Relations Review*, 69 (3), 714–36

Goldstein J.S. (2001), *War and Gender. How Gender Shapes the War System and Vice Versa*, Cambridge, Cambridge University Press.

Guillaume, M. (2018). 'Un traitement d'exception ? Récit d'une jeune femme engagée en formation initiale'. Communication dans le cadre du colloque international, « La sociologie militaire : un état des lieux » – Irsem – Ecole Militaire – Paris – 12 et 13 décembre 2018.

Hamon, M., Bourgeoin, S. et Martin, P. (2008). 'Neurobiologie de l'impulsivité, de l'agressivité et de la violence. Dossier thématique', *La lettre du psychiatre*, IV, 3–4. <http://www.edimark.fr/Front/frontpost/getfiles/14495.pdf> (Consulté le 15 mai 2020).

Héas, S., Kergoat, R., Weber, C. et Haddad, S., (2007). 'Dualité identitaire des femmes élèves officiers des écoles militaires de St-Cyr Coëtquidan : féminité ou masculinité recherchée ? ', *Socio-Logos*, 2, (<http://socio-logos.revues.org>).

Héritier, F. (2012). *Masculin/féminin, I La pensée de la différence*, Paris : Odile Jacob.

Irondelle, B. (2011). *La réforme des armées en France*. Paris : Les presses de Sciences-Po.

King, A. (2016). 'The female soldier', *European Journal of International Relations*, Ed. Sage, 22 (1), 122–143.

Koulman, N. et Malgoyre, A. (2017). 'Les différences physiologiques Homme-Femme : quel impact sur l'aptitude physique au combat ?', *La Revue de la Défense Nationale*, Actes du colloque « Femmes militaires, et maintenant ? », 37–40.

Laufer, J. et Silvera, R. (2006). 'L'égalité des femmes et des hommes en entreprise. De nouvelles avancées dans la négociation ?', *Revue de l'OFCE*, n° 97, 245–271.

Léger, J-F. (dir.) (2000). *Les femmes militaires. Aspects sociologiques*. Paris : Observatoire Social de la Défense.

Lépinard, E. (2007). *L'égalité introuvable. La parité, les féministes et la République*. Paris : Presses de Sciences Po.

Louveau, C. (2015). 'Dans le sport, des principes aux faits ... ', *Travail, genre et sociétés*, 34, 181–186.

Mac Kenzie, M. (2015). *Beyond the Band of Brothers – The US Military and the myth women can't fight*. Cambridge University Press.

Maresca, B. et Van de Walle, I. (2002). *Conjoints de militaires entre l'adaptation aux contraintes de l'Armée et l'aspiration à la réalisation personnelle*. Crédoc (<https://www.credoc.fr/download/pdf/Sou/Sou2002-2015.pdf>). (Consulté le 15 mai 2020).

Merchet, J.D. (2007). *Caroline Aigle – Vol brisé*. Paris : Ed. Jacob Duvernet.

Myers, D.(2012). *Exploring social psychology*, Michigan: Mc Graw Hill.

Pascual, J. et Minano, L. (2014). La guerre invisible. Révélations sur les violences sexuelles dans l'armée française. Paris : Les Arènes&Causette.

Paveau, M.A. (1996). 'Le langage des militaires. Éléments pour une ethnolinguistique de l'armée de terre française', *L'Information Grammaticale*, 69, 53–55.

Philippe, S. (2013). *Le "plafond de verre" : les freins à la mobilité ascendante des femmes dans les entreprises*. Mémoire de master Management stratégique des organisations. Université de Reims-Champagne Ardenne.

Porte, R. (2015). 'Les femmes dans les armées. Survol historique '. In C. Weber (dir.), *Les Femmes militaires*, pp. 31–39. Presses Universitaires de Rennes, coll. Essais.

Prévot-Forni, E. (2001). *L'identité militaire à l'épreuve des opérations extérieures à finalité pacificatrice : l'exemple d'un régiment d'infanterie*. Centre d'études en sciences sociales de la défense.

Pruvost, G. (2006). ' Force, violence et virilité : les conditions de l'intégration des femmes policiers', *Les Cahiers de la Sécurité intérieure*, 60, 69–92.

Ramseyer, M. et Guétat-Bernard, H. (2014). 'Égalité de genre en agriculture et logiques familiales'. *Pour*, 222, 101–106.

Sénac, R. (2012). *L'invention de la diversité*. Paris : PUF.

Sénac, R. (2015). *L'égalité sous conditions. Genre, parité, diversité*. Paris : Les Presses de Sciences Po, coll. « Académique ».

Sorin, K. (2003). *Femmes en armes, une place introuvable ? Le cas de la féminisation des armées françaises*. Paris : L'Harmattan, Coll. Logiques sociales.

Teboul, J. (2017). *Corps combattant – La production du soldat*. Paris : Éditions de la Maison des Sciences de l'Homme, collection Ethnologie de la France.

Thébaud, F. et Richard, E. (1995). 'Les femmes et la politique', *Clio. Femmes, Genre, Histoire. 1, 1–6.*

Thiéblemont, A. (1999). *Cultures et logiques militaires. Paris :* Presses Universitaires de France.

Thura, M. (2014). '«En avant ! » Sociologie de l'action militaire et de l'anticipation du combat : un régiment d'infanterie en route pour l'Afghanistan'». Thèse de sociologie (ss la dir. de Eric Brian) - Paris, EHESS.

Thura, M. (2017). 'La persistance d'une féminisation par les marges : le cas de l'armée de terre française', *Cahier de la Revue de la Défense Nationale – Actes du colloque « Femmes militaires : Et maintenant ?...* », 21–28.

Weber, C. (2009). 'Le militaire et sa société', *Inflexions – Civils et Militaires : pouvoir dire*, La Documentation française, 11, 53–61.

Weber, C. (2012). *A genou les hommes. Debout les officiers. La socialisation des Saint-Cyriens*. Presses universitaires de Rennes, coll. « Essais ».

Weber, C. (dir.) (2015). *Les Femmes militaires*, Presses Universitaires de Rennes, coll. Essais.

MARKUS STEINBRECHER, HEIKO BIEHL

Chapitre 5 The Non-Existent Civil-Military Gap? Public Opinion and the Armed Forces in Germany

What people think about security policy, defence issues, and military affairs is an important factor for political decision makers, military leaders, and the armed forces in Western democracies: Politicians have public opinion in mind when deciding to send their military on missions abroad. Soldiers gain part of their professional motivation from support by civil society. Therefore, public opinion polls on attitudes towards security and defence policy are a well-established instrument for political background information, public debates in media, society, and politics as well as academic research. This article provides an overview on the methodological and conceptual challenges in this research field.[1] To be more precise, we will look at the situation and the peculiarities of military-related public opinion polls with a specific focus on Germany. In addition, we will present and discuss selected empirical results from the early 2000s until the present day, mainly by comparing Germany and France.

The article is structured as follows: The next section presents the two main lines of research, the discussion about public opinion on security and defence policy in military sociology, on the one hand, and in political science on the other. The subsequent section describes various types of military-related population surveys and discusses motives for carrying out surveys related to the armed forces before addressing some selected

1 The content and arguments of the article overlap significantly with other publications by the same authors (Steinbrecher 2020; Steinbrecher & Biehl 2020).

issues which are relevant for survey research in general and military-related surveys in particular. Another section discusses selected results of opinion polls, including attitudes towards the armed forces and security issues in Germany. We also include some data on France to provide better links to the rest of the book. The final section summarizes the key aspects and highlights the gaps and potential perspectives of future research in this field.

Public Opinion Research on Security and Defence Policy – Traditions, Results, Approaches

Research on public opinion on security and defence policy can be linked both to (military) sociology as well as to political science – with slightly different interests and goals between the two disciplines. In military sociology, the findings of population surveys are of particular relevance as an indicator of civil-military relations. The attitudes of the public indicate the social integration of the armed forces. Political science pursues a somewhat different question. Here, public opinion is of particular interest due to its link to decisions in security policy. Survey results serve as an indicator for the societal legitimacy of political decisions, e.g. whether citizens approve of or reject a military mission and how political actors deal with it. Citizens' attitudes and opinions are an essential benchmark for security policy decisions and define the scope of security and defence policy, even if different security measures such as military operations or armament procurement have been enforced against resistance and rejection in the population (Kümmel & Biehl 2015: 25f.).

Security and Defence Policy Attitudes in Military Sociology: Social Integration and Military Motivation

The question of the involvement of armed forces in society is a core theme for military sociology. The classics of Samuel Huntington and Morris

Janowitz, presented in the 1950s and 1960s, shape the debate on the relations between armed forces and civil society up to this day. Huntington (1957) argues in his work 'The Soldier and the State' for the segregation of the armed forces and society, so that the civilian and military sphere are strictly separated. According to Huntington, this is necessary to preserve the effectiveness of the armed forces and to guarantee their functionality. In addition to commitment to a professional vision and a military ethos, Huntington therefore advises avoiding societal influences on the armed forces. Janowitz (1960) represents a different and partly opposite position in his work 'The Professional Soldier', which is a reaction to Huntington. He emphatically supports the integration of the armed forces into society. Against Huntington, he argues that the idea of the segregation of the military and civilian spheres is simply unrealistic, since there are always lively relationships with society, e.g. through the exchange of personnel with new soldiers joining and long-term soldiers leaving the army. For Janowitz, the attempt to isolate the military sphere is dysfunctional, since the armed forces, like any other organization, depend on social legitimacy and support.

We have shortly summarized the contributions of Huntington and Janowitz, as they have paradigmatic significance for military sociology. A pioneer study by Peter Feaver and Richard Kohn (2001) has identified a 'civil-military gap' for the United States. According to them, relations between the military and civilian worlds are dwindling, the importance of the military is falling and social support for the armed forces is in decline. Despite the subsequent events of 11 September 2001, as well as the Afghanistan and Iraq wars, the diagnosis of Feaver and Kohn received great academic and public attention and sparked a series of follow-up studies for other nations, as well as for selected sections of the population (Caforio 2007; Collmer & Kümmel 2007). The diagnosis of a civil-military gap got approval in almost all armed forces in the Western world, regardless of the extent of the specific societal popularity (Bacevich 2013; Durandin 2013).

The emergence of a civil-military gap is problematic for the armed forces, as soldiers derive a significant portion of their motivation and legitimacy from support by their compatriots. Studies on soldiers in wars and missions have shown the connection between perceived social support and soldiers' motivation (Biehl 2012; Moskos 1970). This means that soldiers identify more closely with their mission and tasks assigned to them if they know that their commitment receives social approval. For the armed forces in general, the importance of public opinion goes beyond the professional motivation of soldiers. Studies have shown that the reputation of the armed forces influences, in addition to other factors, the interest in the military as an employer (Höfig 2017; Manigart 2005; Moskos 1977). Accordingly, it is easier for armed forces to find qualified recruits if they enjoy the trust and support of the population than if they encounter indifference or open rejection. These explanations show that public opinion is an essential link between the armed forces and society. The attitudes of citizens are, thus, both an indicator and a determinant of civil-military relations. In contrast, political science's view on these attitudes focuses more on their relevance for political decision-making and decision makers.

Political Science Research on Security and Defence Policy Attitudes: Social Legitimacy and Political Culture

Public opinion provides information about the social legitimacy of political decisions. A certain degree of support for political actions is a prerequisite for legitimacy and acceptance of policies by citizens in democratic states, as stated by participatory (Bachrach & Botwinick 1992) and elite-oriented democracy theorists (Schumpeter 2008). Public opinion polls can be a key tool to find out whether the population supports or rejects certain measures or not.

In order to analyse the influence of public opinion on security policy, political science research must, first, clarify whether sufficient information and knowledge exist on the matter: Are people able to provide reliable and valid statements about their attitudes? For a long time, political science used the assumptions of the so-called Almond-Lippmann consensus (Almond 1950; Lippmann 1922) to describe citizens' attitudes on foreign and security policy as well as military issues. This catchword indicates that many citizens are not interested in politics in general and in security policy and the military in particular as well, and that they have little knowledge of these issues. Meanwhile, the Almond-Lippmann consensus in this strict interpretation is outdated and has been displaced by so-called revisionist approaches with different theoretical and substantive emphases. A branch of the literature was able to show that public opinion at the aggregate level reacts rationally and comprehensibly to political events and decisions (Isernia et al. 2002; Page & Shapiro 1992; Shapiro & Page 1988). In addition, there is extensive evidence demonstrating that citizens carry out cost-benefit evaluations when assessing security policy issues. (Carrubba & Singh 2004; Gelpi et al. 2005, 2009; Schoen 2008). Another line of revisionist research shows that citizens derive their specific attitudes on security policy issues from basic attitudes to general aspects of international politics (Hurwitz & Peffley 1987). These so-called postures include the dichotomies of internationalism – isolationism, militarism – non-militarism, unilateralism – multilateralism, and, in European countries, anti-Atlanticism – Atlanticism (see Mader 2015 for a more detailed account).

The interactions between public opinion and political decisions already point to the concept of strategic culture. Strategic culture encompasses the widely shared societal values, norms and beliefs that influence security preferences and decisions of a state (Giegerich 2006; Johnston 1998; Snyder 1977). States do not only pursue interests in their security policy, but also ideas. In other words, strategic culture sets the framework within which specific security policy decisions are taken. Political decisions in democracies arise through the interaction of elites and citizens. Opinions and attitudes of the citizens constitute an essential benchmark for decisions on security policy and define the choices in this field. At least in the long run, it is difficult to act against the explicit will of the electorate – especially since security policy decisions deal with the final questions of war and peace.

Especially for the US, there is some research that shows the influence of public opinion on political decisions and vice versa (Burstein 2003; Wlezien & Soroka 2016). The meta-analysis by Burstein (2003: 36) demonstrates that citizens' positions have an influence on politics and political decisions in 75 per cent of the cases examined. The strength of this effect is influenced by salience, which is the relevance and public presence of a topic: The more important a topic, the more likely it is that political decision-makers take into account or even follows citizens' attitudes when drafting a policy (Wlezien & Soroka 2016).

From an international comparative perspective, Viehrig (2010) has pointed out with regard to the current military deployments of Western countries that public opinion in the home country determines not so much 'whether' to participate in international missions, but rather 'how' to participate. This refers to the scope, equipment, and focus of the military contribution. As a result, states that face reservations of their citizens do not avoid military deployments but provide smaller contingents that will be deployed to areas that are more peaceful and are less often involved in hostilities. For example, in the early 2000s the German parliament sent soldiers to northern Afghanistan because this region was quieter and more peaceful than the south back then. However, the later development with Taliban attacks on German soldiers in and around Kunduz showed that this expectation was wrong.

Military-related Public Opinion Surveys: Types, Motives, and Problems

Types of Military-related Surveys

We differentiate between several types of military-related opinion surveys. The military or the Ministry of Defence (MoD) itself may commission a study. Examples for Germany are the series of studies on the 'Wehrpolitische/Sicherheitspolitische Lage' (Military/Security Conditions) between 1981 and 2006, the annual surveys of the Social Science Institute of the Bundeswehr (SOWI) and the Bundeswehr Center for Military History and Social Sciences (ZMSBw) since 1996 and the surveys conducted by the Bundeswehr Center for Public Relations (ZInfoABw) or, previously, the Bundeswehr Academy for Information and Communication (AIK) since 1990 (Hoffmann 1993). However, other institutions such as think tanks, political foundations, the media, research institutions or individual scientists are also interested in the attitudes of citizens towards the military or foreign and security policy issues. Examples for such studies or survey programs with an international comparative approach are the Transatlantic Trends studies by the German Marshall Fund of the United States (and partly the Chicago Council on Foreign Relations) between 2002 and 2015 (The German Marshall Fund of the United States 2018; Inter-University Consortium for Political and Social Research 2018), the Eurobarometer surveys for the European Commission (European Commission 2018a), or the regular polls conducted by the Pew Foundation (Pew Research Center 2017). In addition, there are numerous individual studies. To mention just some of them: the study on strategic cultures in selected European countries (Biehl et al. 2011) or studies on foreign and security policy attitudes in individual countries (Berndtsson et al 2015; Gribble et al. 2015; Holst 1993; Tiargan-Orr & Eran-Jona 2016).

Motivation for and Problems of Military-related Opinion Polls

As already indicated, public opinion polls deliver information, but may also help to legitimize political demands and decisions. Ultimately, survey-based research should contribute to the solution of practical problems (Wiesendahl 2016: 85). Beyond the general need of state bureaucracies for information, one of the central motives of the armed forces or the MoD for carrying out public opinion polls is the evaluation of civil-military relations. As stated earlier, the armed forces are dependent on societal support. Accordingly, in its research regulations, the German MoD strives for 'obtaining and providing scientifically based findings on the relevance and functional change of armed forces, their acceptance and attractiveness within the Bundeswehr and in the population, the state of the armed forces and socio-cultural developments in society' (Bundesministerium der Verteidigung 2015: 30). Attitude research and opinion polls are to be carried out by 'dealing with key questions of military sociology on civil-military relations' (Bundesministerium der Verteidigung 2014: Number 205). Thus, the justification for ministerial survey research in Germany is, on the one hand, sufficiently precise, but, on the other hand, leaves enough room for a wide range of specific research topics. Of course, similar definitions in the form of research programs or agendas are also available in other countries, e.g. in the United Kingdom (Ministry of Defence 2017a, b) or Australia (Australian Government 2018a, b).

Two groups of problems are linked to military-related opinion surveys. On the one hand, we find different methodological problems, which are summarized by the construct of the Total Survey Error (Weisberg 2005). The Total Survey Error approach divides errors in surveys into the two general categories of representation errors and measurement errors. The first category combines errors that arise during the sampling and the selection of the target persons, e.g. some groups are overrepresented in the sample while others are underrepresented. It is easy to detect this error with regard to sociodemographic characteristics like sex, age, education, etc. However, it is harder to find out if groups with certain attitudes (for or against the military) are misrepresented in the sample. The second error occurs, e.g. due to the lack of validity and reliability of the measurement instruments as well as processing errors and problems of understanding on the part of the respondents. This includes non-functional questions and items, deliberately false statements by respondents and incorrect data handling by the interviewers or the statisticians. On the other hand, there are problems that arise from the conflicting goals between the scientific claims of the researchers and the interests of the principal of a study. While social science research is primarily designed to use theories and test hypotheses, e.g. why people support or reject military missions – this is the result of unchangeable convictions and values or the outcome of media consumption and political communication. The (political) client is more interested in the rapid provision of information for political practice, which captures the empirical reality descriptively without much theoretical background (Streeck 2009: 8). To provide just one example: Do the voters support military missions? And how can we influence their attitudes on military missions?

Topics and Selected Results of Military-related Public Opinion Surveys

Public opinion surveys cover a wide range of topics. The spectrum varies between attitudes on basic issues of security policy such as the legitimacy of military force (militarism vs. non-militarism), cooperation with other countries in international politics (unilateralism vs. multilateralism) or evaluations of the security situation, attitudes towards the armed forces, compulsory military service or the level of defence spending up to specific questions, like the evaluation of a military mission. In view of the large variety of topics, we consider the citizens' attitudes to security policy, military tasks and missions and their attitude to the armed forces as an organization or institution. Comparisons between Germany and France and detailed analyses of Germany complement each other, depending on data availability.

Foreign and Security Policy Postures

The postures introduced above cover core aspects of international politics and are central parts of individual attitudes and belief systems on foreign and security policy (Mader 2015). From an aggregate or country perspective, the postures are used to operationalize the concept of strategic cultures (Biehl et al. 2011, 2013).

Figure 5.1 displays average levels of support on two indicators (in per cent) in France and Germany. One of the questions covers the militarism-non-militarism posture and asks whether war is, under some conditions, necessary to obtain justice. The second indicator is related to the unilateralism-multilateralism posture. The item asks whether NATO is still essential to the respective country's security or not. Unfortunately, comparative data on the postures is only available for the period between 2003/2004 and 2013.

However, the results in Figure 5.1 clearly show that opposition to military violence as an instrument of foreign policy and international politics

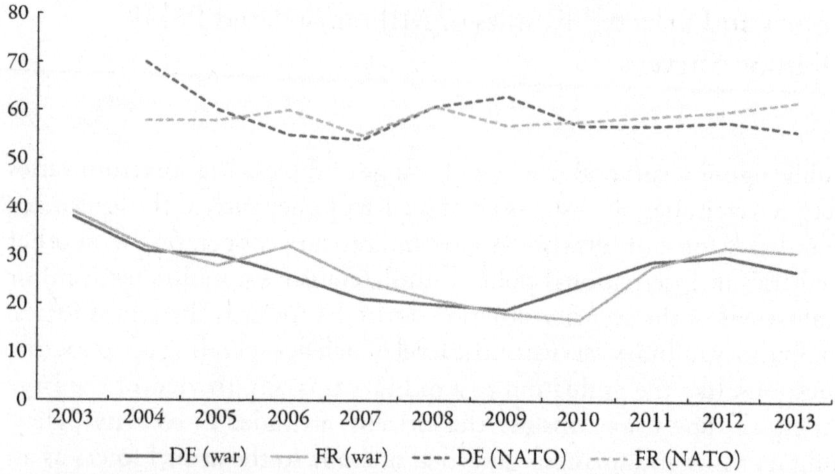

Figure 5.1 Support for postures in France and Germany 2003–2013 Source: The German Marshall Fund of the United States, *Transatlantic Trends* 2003–2013.

Notes: DE: Germany, FR: France; war: support (in per cent) for 'Under some conditions, war is necessary to obtain justice.'; NATO: support (in per cent) for 'Some people say that NATO is still essential to our country's security. Others say it is no longer essential. Which of these views is closer to your own. NATO is still essential.'

dominates German strategic culture (Junk & Daase 2013). Support levels are usually around or below 30 percentage points on this question. 2003 is the only exception with a support rate of 38 per cent. However, there seems to be a rise in support for the necessity of war after 2009.

We also see a clear multilateral orientation in Germany, in this case towards NATO (Junk & Daase 2013). Except for 2004, between 55 and 63 per cent of the German population think that NATO is essential for the country's security.

French public opinion is very similar to public opinion in Germany on both postures. With the exception of 2003, between 17 and 32 per cent of the French public think that war is necessary to obtain justice. After the lowest level of support in 2010, there seems to be a subsequent rise in support. Support for NATO is also at a similar level in France when compared with Germany. This finding is rather surprising considering the long absence of French troops from NATO military structures.

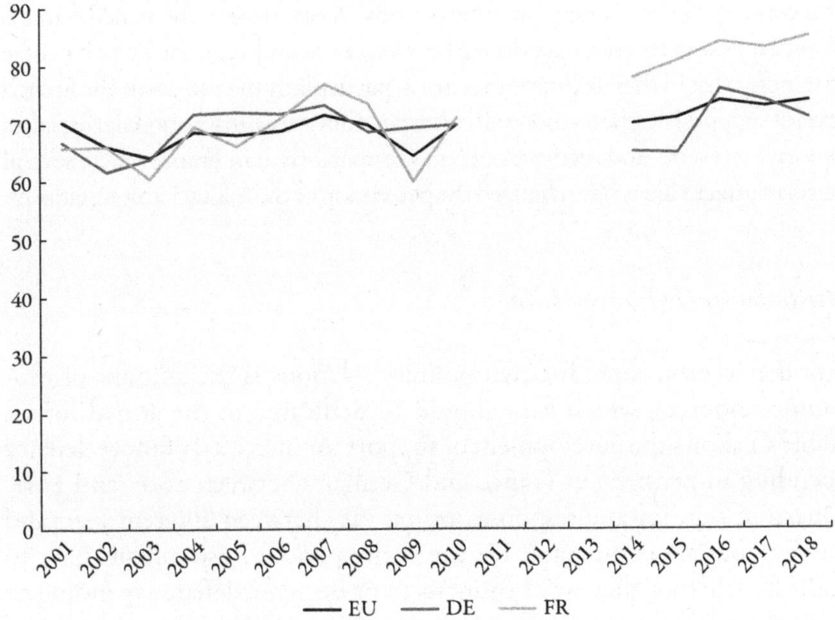

Figure 5.2 Trust in the Armed Forces in the EU, France, and Germany 2001–2018. Source : European Commission, *Standard Eurobarometer* 2001–2010 and 2014–2018 (n° 56.2, 57.1, 60.1, 62.0, 64.2, 66.1, 68.1, 69.2, 72.4, 74.2, 82.3, 83.3, 86.2, 88.3, 89.1) ; 2011–2013 : no data available.

Notes: EU: EU average, DE: Germany, FR: France; percentage of respondents who tend to trust the armed forces.

Attitudes Towards the Armed Forces

Attitudes towards the armed forces like institutional trust are a core element of citizens' perspective on civil-military relations. Figure 5.2 displays results on institutional trust in the armed forces from the Eurobarometer surveys in France and Germany between 2001 and 2018. In addition, we display the mean value of institutional trust among all EU countries together as a general benchmark. The Eurobarometer surveys just offer two response options: Respondents can either say that they tend to trust the armed forces or that they tend not to trust. The mean level of trust between 2001 and 2018 is 69 per cent in Germany, 73 per cent in France, and 70 per cent in all countries of the EU. Trust is rather stable in the EU and Germany. The fluctuation is strongest in France. The development in this country can be divided into time periods. While trust in the armed forces is lower and varies to a stronger degree between 2001 and 2011, the French people put more trust in their military after 2014, particularly in 2018 when the French level of support is highest among all countries. Obviously, institutional trust is less sensitive to events and media reports in Germany than in France where several terrorist attacks likely have changed the perception of the military among citizens.

Attitudes on Defence Spending

Another central topic for civil-military relations is the amount of economic resources, which is or should be dedicated to the armed forces. Table 5.1 shows the development of support for increased or more defence spending in per cent in France and Germany between 2002 and 2016. Question wording and response options vary between different years and surveys, but are comparable for the entire period: Respondents have to indicate whether they want to increase or decrease defence spending or keep the expenditures for this policy at the same level. For the sake of clarity, Tables 5.1 does only display the relative frequencies for the group of those people who prefer to increase spending on defence matters.

Table 5.1: Support for increase of/higher defence spending in France and Germany in per cent 2002–2016

	Germany	**France**
2002	15	31
2003	15	22
2004	21	20
2005–2007	*nd*	*nd*
2008	17	20
2009–2010	*nd*	*nd*
2011	14	11
2012	6	8
2013	5	11
2014–2015	*nd*	*nd*
2016	34	32

Source: The German Marshall Fund of the United States, *Transatlantic Trends* 2002–2004, 2008, 2011–2013; Pew Research Center, *Pew Global Attitudes Survey* 2016. No data available for 2005–2007, 2009–2010, 2014–2015.

The support for a rise in defence expenditures in Germany varies between 15 and 20 percentage points between 2002 and 2011. It drops below the 10 per cent mark in 2012 and 2013 and rises to its highest value (34 per cent) in 2016. Compared to France, support for more defence spending is lower in Germany. France shows a higher level of support in 2002 compared to Germany. However, support drops very much subsequently and usually is at a similar level as in Germany after 2004. Like in Germany, support for higher defence spending in France reaches its highest level in 2016 (32 per cent).

Accordingly, the attitude towards defence spending is rather volatile over time in both countries and seems to be influenced by changes in the security context. Main drivers of increased support for higher defence expenditures in recent years could be the civil war in Ukraine, Russia's annexation of the Crimean peninsula, and the rise and fall of ISIS and its consequences, to name just a few. The likely reaction of public opinion in different countries to these events and developments is clear evidence for the validity of the concept of the 'rational public' described in the precedent section.

Attitudes Towards Missions and Deployments

While France has a long tradition of foreign deployments, sending troops in regions out of the NATO – and EU area was something new for Germans after their unification in 1990. However, even Germany can look back at a history of almost 30 years of international deployments nowadays. The perceptions of these missions by the citizens at home are not only relevant as a yardstick for political decision makers as well as an indicator and determinant for civil-military relations, but soldiers on deployment are expecting a high level of support for their military missions (Biehl 2012; Würich & Scheffer 2014).

As it is rather difficult to find comparative survey data on the same military missions, we are only able to have a look at almost historic data for the ISAF-mission in Afghanistan for which Germany and France contributed

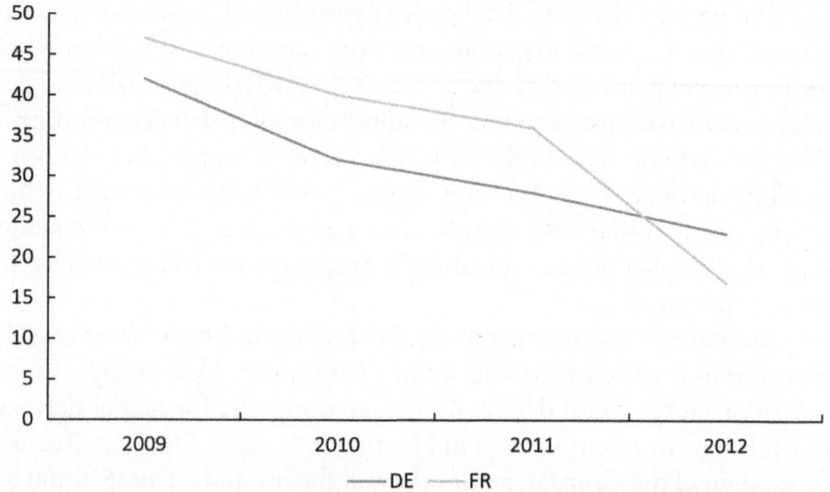

Figure 5.3 Support for increasing and keeping the number of troops in Afghanistan at the same level combined in France and Germany 2009–2012.
Source : The German Marshall Fund of the United States, *Transatlantic Trends* 2009–2012.
Notes: DE: Germany, FR: France; support for increasing the number of national troops in Afghanistan and keeping the number of national troops in Afghanistan at the same level combined in per cent.

troops. The results displayed in Figure 5.3 provide information on the level of combined support for increasing and keeping the number of troops of the respective country in Afghanistan at the same level. This question was asked between 2009 and 2012. Figure 5.3 shows that support for increasing and keeping the number of German troops in Afghanistan at the same level changed from 42 per cent in Germany in 2009 to about 20 per cent in 2012. The decline of support in France over the respective period is also visible, but very severe from 2011 to 2012 when support dropped by more than 20 percentage points. The similar development in both countries reflects the lack of success of ISAF and shows a rather rational reaction by public opinion.

Conclusion

This contribution has aimed to present the situation, the peculiarities and problems as well as selected results of public opinion surveys on defence and security issues. The presented theories, findings and arguments show that this is an area which is well developed both theoretically and methodologically, and which is well connected to discourses in political science and sociology. In addition, it is subject to fewer restrictions from the armed forces or the MoD than the research directed directly at the armed forces and the soldiers, which is in the focus of most other contributions of this volume. Furthermore, the comprehensive availability of quantitative empirical data from various sources offers great potential for further empirical analysis in this area. Research gaps are particularly evident with regard to the relevance of surveys for political decision-making, so that it is often unclear to what extent the attitudes of the population or the respondents in general influence political action.

The results from population surveys exemplified here show that, on the one hand, interruptions in survey continuity lead to knowledge gaps which cannot be closed retrospectively. On the other hand, a partial standardization of the survey instruments over time is necessary to ensure the comparability of the results. Comparability also poses a problem in the analysis of different studies, as different studies usually use different question wording and response scales, some of which lead to divergent or even contradictory results. Here, it would make sense to reach an agreement between different research institutions to the effect that normed scales are used; however, this appears to be rather unrealistic, especially for reasons of continuity of items over time and the diverging interests of the different clients.

In military sociology surveys on public opinion are an established indicator of the state of civil-military relations. The findings on public opinion are partly opposed to some of the public's, the armed forces' and some of the literature's ideas and expectations. First, there are differences in the attitudes of Western societies. However, German public opinion is by no means an outlier. Rather, the attitude of the German public corresponds to a continental European standard from which an Anglo-Saxon position can be distinguished (Biehl et al. 2011). This also becomes evident when comparing French and German public opinion in the previous section: similarities and parallel developments in both countries are the dominant pattern regarding core postures, perceptions of the armed forces, and attitudes towards military spending and military deployments. Second, contrary to the civil-military gap thesis, public support for the armed forces is consistently high. Third, the population's position towards the armed forces is less a question of whether one needs military forces, but for which goals they are used and deployed. Especially military interventions always give rise to political and social strife and protest. On the one hand, these findings underscore the need for a stronger and more systematic examination of the influence of public opinion on security policy decisions. On the other hand, there is a lack of studies that compare (political) attitudes of citizens and soldiers. However, it is especially important for the armed forces in Western democracies to know how representative their soldiers are for society as a whole. For them, both the citizens' and the soldiers' voices are relevant.

References

Almond, G. A. (1950). *The American People and Foreign Policy.* New York: Harcourt, Brace.

Australian Government (2018a). *National Security Science and Technology. Policy and priorities.* Canberra.

Australian Government (2018b). *Defence Science and Technology Capability Portfolio.* Canberra.

Bacevich, A. (2013). *Breach of Trust. How Americans Failed Their Soldiers and Their Country*. New York: Metropolitan Books.

Bachrach, P., and Botwinick, A. (1992). *Power and Empowerment. A Radical Theory of Participatory Democracy*. Philadelphia: Temple University Press.

Berndtsson, J., Dandeker, C., and Yden, K. (2015). 'Swedish and British Public Opinion of the Armed Forces after a Decade of War', *Armed Forces & Society*, 41 (2), 307–28.

Biehl, H. (2012). 'Einsatzmotivation und Kampfmoral'. In: N. Leonhard, and Werkner, I.-J. (eds.), *Militärsoziologie – eine Einführung, 2nd updated and supplemented edition*. pp. 447–74. Wiesbaden: Springer VS.

Biehl, H., Fiebig, R., Giegerich, B., Jacobs, J., and Jonas, A. (2011). *Strategische Kulturen in Europa. Die Bürger Europas und ihre Streitkräfte*. Strausberg: Sozialwissenschaftliches Institut der Bundeswehr.

Biehl, H., Giegerich, B., and Jonas, A. (eds.) (2013). *Strategic Cultures in Europe. Security and Defence Policies Across the Continent*. Wiesbaden: Springer VS.

Biehl, H., and Steinbrecher, M. (2020). 'The other civil-military gap. Researching public opinion on security and defence policy'. In D. Deschaux-Dutard (ed.), Research Methods in Defence Studies. A Multidisciplinary Overview. London: Routledge.

Bundesministerium der Verteidigung (2014). *Zentrale Dienstvorschrift A-2713/2. Wissenschaftliche Arbeit des Zentrums für Militärgeschichte und Sozialwissenschaften der Bundeswehr*. Berlin.

Bundesministerium der Verteidigung (2015). *Ressortforschungsplan des Bundesministeriums der Verteidigung für 2016ff.* Berlin.

Burstein, P. (2003). 'The Impact of Public Opinion on Public Policy: A Review and an Agenda', *Political Research Quarterly*, 56 (1), 29–40.

Caforio, G. (ed.) (2007). *Cultural Differences between the Military and Parent Society in Democratic Countries*. Amsterdam et al.: Elsevier.

Carrubba, C. J., and Singh, A. (2004). 'A Decision Theoretic Model of Public Opinion: Guns, Butter, and European Common Defence', *American Journal of Political Science*, 48 (2), 218–31.

Collmer, S., and Kümmel, G. (2007). 'The Civil-Military Gap Among German Future Elites'. In G. Caforio (ed.), *Cultural Differences between the Military and Parent Society in Democratic Countries*. pp. 255–59. Amsterdam et al.: Elsevier.

Durandin, C. (2013). *Le déclin de l'armée française*. Paris : François Bourin Éditeur.

Feaver, P. D., and Kohn, R. H. (eds.) (2001). *Soldiers and Civilians. The Civil-Military Gap and American National Security*. Cambridge – London: MIT Press.

Gelpi, C., Feaver, P. D., and Reifler, J. (2005). 'Success Matters. Casualty Sensitivity and the War in Iraq', *International Security*, 30 (3), 7–46.

Gelpi, C., Feaver, P. D., and Reifler, J. (2009). *Paying the Human Costs of War. American Public Opinion and Casualties in Military Conflicts.* Princeton et al.: Princeton University Press.

Giegerich, B. (2006). *European Security and Strategic Culture. National Responses to the EU's Security and Defence Policy.* Baden-Baden: Nomos.

Gribble, A., Wessely, R., Dandeker, S. C., Fear, C., and Townsend, N. (2015). 'Are the Armed Forces Understood and Supported by the Public? A View from the United Kingdom', *Armed Forces and Society*, 41 (4), 688–713.

Höfig, C. (2017). 'Man Shall Not Live by Bread Alone': Occupational Needs of Military Personnel and their Significance for the Attractiveness of the German Armed Forces as an Employer', Res Militaris (online social science journal) Issue n° 4, 'Recruitment and Retention, Part 1".

Hoffmann, H. V. (1993). *Demoskopisches Meinungsbild in Deutschland zur Sicherheits- und Verteidigungspolitik 1992.* Waldbröl: AIK.

Holst, C. (1993): *Sicherheitsorientierung und status quo – Einstellungen zur Bundeswehr in der Bevölkerung in Ost- und Westdeutschland 1992 bis 1993.* DFG-project 'Struktur und Determinanten außen- und sicherheitspolitischer Einstellungen in der Bundesrepublik Deutschland', Research report No. 6. Bamberg: Universität Bamberg.

Huntington, S. P. (1957). *The Soldier and the State: The Theory and Politics of Civil-Military Relations.* Cambridge, Mass.: Belknap Press.

Hurwitz, J., and Peffley, M. (1987). 'How Are Foreign Policy Attitudes Structured? A Hierarchical Model', *American Political Science Review*, 81 (4), 1099–1120.

Inter-University Consortium for Political and Social Research (2018). Transatlantic Trends Survey Series. <https://www.icpsr.umich.edu/icpsrweb/ICPSR/series/235>, accessed 30 July 2018.

Isernia, P., Juhász, Z., and Rattinger, H. (2002). 'Foreign Policy and the Rational Public in Comparative Perspective', *The Journal of Conflict Resolution*, 46 (2), 201–24.

Janowitz, M. (1960). *The Professional Soldier. A Social and Political Portrait.* New York: The Free Press.

Johnston, A. I. (1998). *Cultural Realism: Strategic Culture and Grand Strategy in Chinese History.* Princeton: Princeton University Press.

Junk, J., Daase, C. (2013). 'Germany'. In H. Biehl, Giegerich, B., and Jonas, A. (eds.), *Strategic Cultures in Europe. Security and Defence Policies Across the Continent.* pp. 139–52. Wiesbaden: Springer VS.

Kümmel, G., and Biehl, H. (2015). 'Gradmesser der zivil-militärischen Beziehungen. Der Beitrag von Umfragen und Einstellungsforschung zur Militärsoziologie'.

In H. Biehl, and Schoen, H. (eds.), *Sicherheitspolitik und Streitkräfte im Urteil der Bürger. Theorien, Methoden, Befunde*. pp. 13–38. Wiesbaden: Springer VS.

Lippmann, W. (1922). *Public Opinion*. New York: Macmillan.

Mader, M. (2015). 'Grundhaltungen zur Außen- und Sicherheitspolitik in Deutschland'. In H. Biehl, and Schoen, H. (eds.), *Sicherheitspolitik und Streitkräfte im Urteil der Bürger. Theorien, Methoden, Befunde*. pp. 69–96. Wiesbaden: Springer VS.

Manigart, P. (2005). 'Risks and Recruitment in Postmodern Armed Forces: The Case of Belgium'. *Armed Forces & Society*, 31 (4), 559–82.

Ministry of Defence (2017a). *Science and Technology Strategy 2017*. London.

Ministry of Defence (2017b). *MOD Area of Research Interest*. London.

Moskos, C. (1970). *The American Enlisted Man*. New York: Russell Sage Foundation.

Moskos, C. (1977). 'From Institution to Occupation: Trends in Military Organization', *Armed Forces & Society*, 4 (1), 41–50.

Page, B. I., and Shapiro, R. Y. (1992). *The Rational Public: Fifty Years of Trends in Americans' Policy Preferences*. Chicago: University of Chicago Press.

Pew Research Center (2016). Global Attitudes & Trends Survey, Spring 2016. <https://www.pewresearch.org/global/datasets/>, accessed 28 May 2020.

Pew Research Center (2017). *NATO's Image Improves on Both Sides of the Atlantic. European faith in American military support largely unchanged*. Washington, D. C.

Schoen, H. (2008). 'Identity, Instrumental Self-Interest and Institutional Evaluations. Explaining Public Opinion on Common European Policies in Foreign Affairs and Defence', *European Union Politics*, 9 (1), 5–29.

Schumpeter, J. A. (2008 [1942]). *Capitalism, Socialism, and Democracy*. New York: Harper Perennial.

Shapiro, R. Y., and Page, B. I. (1988). 'Foreign Policy and the Rational Public', *Journal of Conflict Resolution*, 32 (2), 211–47.

Snyder, J. L. (1977). *The Soviet Strategic Culture. Implications for limited nuclear operations*. Santa Monica: Rand Corporation.

Steinbrecher, M. (2020). 'Im Urteil der Bürger: militärbezogene Bevölkerungsbefragungen'. In M. Elbe, Biehl, H., and Steinbrecher, M. (eds.), *Empirische Sozialforschung in den Streitkräften. Positionen, Erfahrungen, Kontroversen*. pp. 300–25. Berlin: Berliner Wissenschafts-Verlag.

Streeck, W. (2009). *Man weiß es nicht genau: Vom Nutzen der Sozialwissenschaften für die Politik*. Köln: Max-Planck-Institut für Gesellschaftsforschung.

Tiargan-Orr, R., and Eran-Jona, M. (2016). 'The Israeli Public's Perception of the IDF: Stability and Change', *Armed Forces & Society*, 42 (2), 324–43.

Viehrig, H. (2010). *Militärische Auslandseinsätze. Die Entscheidungen europäischer Staaten zwischen 2000 und 2006.* Wiesbaden: VS Verlag für Sozialwissenschaften.

Weisberg, H. F. (2005). *The Total Survey Error Approach: A Guide to the New Science of Survey Research.* Chicago: University of Chicago Press.

Wiesendahl, E. (2016). 'Vom Nutzen und Nachteil sozialwissenschaftlicher Forschung für die Bundeswehr'. In A. Dörfler-Dierken, and Kümmel, G. (eds.), *Am Puls der Bundeswehr. Militärsoziologie in Deutschland zwischen Wissenschaft, Politik, Bundeswehr und Gesellschaft.* pp. 85–103. Wiesbaden: Springer VS.

Wlezien, C., and Soroka, S. N. (2016). 'Public Opinion and Public Policy', *Oxford Research Encyclopedia of Politics.* DOI: 10.1093/acrefore/97801902-28637.013.74.

Würich, S., and Scheffer, U. (2014). *Operation Heimkehr. Bundeswehrsoldaten über ihr Leben nach dem Auslandseinsatz.* Berlin: Christoph Links.

PARTIE 2

Les militaires et leurs métiers

NANCY OTIS, IRINA GOLDENBERG, JOELLE LAPLANTE

Chapitre 6 Basic training Satisfaction and Early Retention in the Canadian Armed Forces

'People First, Mission Always'. The Canadian Armed Forces' vision statement illustrates how military personnel are at the core of its operations. The CAF is a large organization composed of 68,000 full-time Regular Force members and 27,000 part-time Reserve Force members. To maintain its full strength and capability, the CAF needs to enroll approximately 4,000 to 5,000 members per year into over 100 military occupations. Failure to retain valued personnel during the first year of service results in replacement costs, and loss of attraction, recruitment, training and education investments. Unfortunately, as in many militaries (Hedlund and Szvircsev Tresch 2017), the first year of service in the CAF has historically been associated with high rates of attrition (Ueno, Diener, Goldenberg, and Laplante 2018). Approximately one in seven new CAF recruits leave during their first year of service (Goldenberg 2019). Half of the members who leave during the first year do so during the three months following entry (Fang and Latchman 2008).

Given that the first step in a CAF military career is to complete between ten to twelve weeks[1] of basic training, this means that a substantial proportion of recruits leave during or shortly after basic training. Basic training is where the socialization of new recruits into the military ethos and way of life occurs, and where core skills and knowledge necessary across all military occupations and services are learned. Basic training is also very challenging, which may partly explain why some recruits decide to voluntarily release during this period. Indeed, recruits are kept on a strict daily schedule, have few individual freedoms, and are put through mental and

1 Project Horizon participants completed basic training at a time when it was 12–14 weeks, before it was streamlined into its current version.

physical strain to instill in them the many qualities and values necessary to succeed in the military profession (e.g., teamwork, good working habits, courage, self-discipline, and physical and mental endurance).

The importance of conducting research to better understand retention in the military has long been recognized but it has become increasingly critical for Western militaries due to the decline in the working-age population and the increased competition for young and skilled workers (Martin and Brisebois 2014; United Nations 2019). Generational differences in work expectations and the characteristics of the newer generations may also pose challenges to military recruitment and retention in the near future. For instance, compared to previous generations, post-millennials (generation Z) have been more extensively exposed to global culture through internet and social media, and may have internalized greater pluralism of cultures, belief systems and normative behaviours (Goldenberg 2016; Okros 2019). Thus, they may prefer an employer with a loose organizational culture that values free thinking. Described by some as "tight", the military's culture characterised by unique norms, traditions and class structure may contrast with the needs of the post-millennials (Goldenberg 2016; Okros 2019).

To avoid skill shortages and attrition of valued personnel, there was a pressing need for a CAF longitudinal study that would track recruits from recruitment through their early years of service. *Project Horizon*, which assesses new CAF members at key stages in the first six years of their military careers, was designed to fill this gap and to inform strategies for managing retention and fostering a healthy and productive work environment. This chapter presents key results from data collected during *Project Horizon's* Phase 2 survey, administered to participants at the end of basic training.

Theoretical foundation

Meta-analyses of antecedents of voluntary employee turnover have highlighted the need to employ a multifactorial approach to retention research (Griffeth, Hom, and Gaertner 2000; Rubenstein, Eberly, Lee, and Mitchell 2017). Leave decisions are not influenced by a single factor but by a host of factors. In addition, the factors that influence employees to stay are not necessarily the same as those that influence them to leave. As explained in Herzberg's two-factor theory (Herzberg, Mausner, and Snyderman 1959), the factors that influence employees to stay (*motivator factors*), are independent of the factors that influence employees to leave (*hygiene factors*). Motivator factors are the intrinsic work conditions (e.g., possibility for growth, responsibility, a sense of achievement and recognition) that lead to job satisfaction. Hygiene factors are extrinsic work conditions (e.g., good supervision quality, benefits, compensation and relationships with co-workers) that can prevent job dissatisfaction. If hygiene factors are not met, employees can feel demotivated. However, even if effectively managed, hygiene factors have little impact on motivating employees. Only the promotion of motivator factors can effectively incentivize employees to work harder and be truly satisfied.

To better understand the multiple linkages between the various factors, several models of military turnover have been developed and validated (e.g., Johnson 2008; Sümer and van den Ven 2007). These models typically incorporate demographic, individual and organizational factors. Among the most widely studied individual factors is organizational commitment. Meyer and Allen's (1997) three-dimensional model of commitment is one of the most validated and commonly applied models of organizational commitment. This model identifies three components: affective, normative, and continuance commitment. Affective commitment is defined as an emotional bond or emotional ties to the organization. Normative commitment refers to the perceived obligation to remain in the organization, based on a sense of duty and loyalty. Finally, there is continuance commitment, which refers to being committed to the organization because of a lack of alternatives in the labour market or because one has invested too much in the job or has too much to lose if they were to leave (e.g., seniority or pension). A wealth of research, including research in the military context, shows that employees who are high on affective and normative commitment are more likely to remain in the organization, whereas continuance commitment has been found to be unrelated or to have small negative correlations with retention (e.g., Gade, Tiggle, and Schumm 2003; Meyer, Stanley, and Parfyonova 2012).

In addition to favouring a multifactorial approach, the methods used in *Project Horizon* complemented previously used approaches to studying early military attrition in an effort to offer a more complete understanding of this significant issue. In particular, *Project Horizon* aimed to validate the findings of a qualitative study conducted within the CAF which provided rich preliminary information but which had limited generalizability due to the small and less representative sample (Michaud 2010). *Project Horizon* also aimed to complement the findings of more purely quantitative operational research which relied on information residing in organizational databases (Fang and Latchman 2008). Although this research helped to suggest possible factors related to attrition by examining the type and timing of early attrition, as well as its demographic correlates, validating these premises by directly querying personnel was required to confirm these propositions. As such, *Project Horizon* aimed to further study and empirically validate this previous research which suggested that key factors such as perceived fit with CAF values, satisfaction with basic training and satisfaction with the impact of basic training on both personal and family relationships are key factors affecting commitment and retention intentions of new military members.

Project Horizon

The objective of *Project Horizon* is to examine key drivers of early commitment and retention using a panel design (repeated measurement of the same group of individuals over time; Laplante, Otis, and Goldenberg 2016). The target population was all recruits[2] starting the basic military

2 The term "recruits" is used throughout this chapter to refer to the participants as a group, including Non-Commissioned Members/Privates (Non-Commissioned Members are the skilled workforce of the CAF performing technical, administrative and operational roles in support of daily business or complex military operations) and Officers/Officer Cadets (the principle role of officers in the CAF is to lead personnel and manage resources under their command) unless otherwise specified.

training course from 2014 to 2016 (from 2014 to 2017 for officer cadets). Participants were invited to complete surveys at key stages in their early careers and were asked permission to link their data to personnel records containing information from the selection process and release process and other CAF data sources. These target career stages include recruitment (Phase 0), the start and end of basic training (Phase 1 and Phase 2), three months after completion of basic training at which time most recruits are in occupational training (Phase 3), at one year of service (Phase 4), and at six years of service (Phase 5). The surveys are composed of mostly closed-ended scales, supplemented by several open-ended questions to provide participants with the opportunity to elaborate on some questions and to provide comments in their own words. The development of the surveys was based on a review of literature of longitudinal military research, military retention models, previous studies of retention in the CAF and new employee research. Different types of measures were included in the surveys, including, repeated measures (e.g., morale which is expected to fluctuate over time), baseline measures (e.g., recruits' characteristics such as prior familiarity with military), and phase-specific measures (e.g., basic training satisfaction measured in Phase 2). *Project Horizon* was designed to provide a comprehensive and reliable set of data that may be used to explore multiple questions to gain a deeper understanding of early attrition. The *Project Horizon* data collection timeline is presented in Figure 6.1.

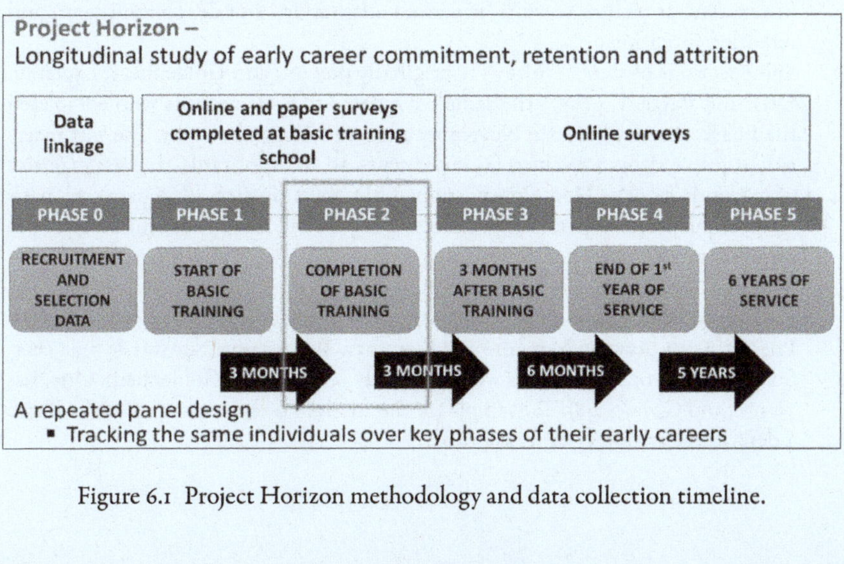

Figure 6.1 Project Horizon methodology and data collection timeline.

While the longitudinal data enables an increased ability to establish temporal order and to make inferences about the causality of relationships between factors related to early attrition, the cross-sectional data serves to provide a comprehensive assessment of the issues relevant at each of the key stages in CAF members' early careers. As such, for the purpose of this chapter, select descriptive results from the Phase 2 survey,[3] which is completed by recruits during the last week of basic training, are presented.[4] These descriptive results are supplemented and augmented by qualitative analyses of data collected during Phase 1[5] and Phase 2.[6]

Career intentions

Upon completion of basic training, recruits have gained a first sense of what military life is like and thus this stage is a key time point for assessing their organizational commitment and career intentions. The results

3 The Phase 2 survey measured a broad array of factors, including factors associated with recruits' orientation towards work, psychological states, expectations, perceived social support, and perceived fit with the CAF; it also sought to assess satisfaction with various aspects of basic training such as the curriculum and the instructors, as well as recruits' perceived adaptation, morale, commitment, and retention intentions.

4 Some sections of these results were originally presented in Goldenberg, Laplante, Otis, and Bartlett (2017). The sample consisted of 2,933 recruits who completed the Phase 2 survey between November 2014 and November 2015. The vast majority of respondents were men (85.0 per cent). In terms of rank, the vast majority of respondents were Non-Commissioned Members/privates (87.6 per cent), with only a small proportion of officer cadets (12.4 per cent) included in the sample. The response rate was 88.8 per cent.

5 Some sections of these results were originally presented in Otis, Goldenberg, Laplante, and Pearce (2018). The sample consisted of 2,101 recruits who completed the Phase 1 survey between May 2016 and June 2017. The response rate was 88.3 per cent.

6 Some sections of these results were originally presented in Goldenberg, Otis, Laplante, and Gora (2018). The sample for this analysis was the same as for the Phase 2 descriptive analyses (see footnote 4).

demonstrated that the vast majority of recruits reported having strong affective commitment to the CAF, for example, indicating that they would be happy to spend the rest of their career in the CAF (94.0 per cent)[7] and that the CAF has a great deal of personal meaning for them (91.3 per cent).

Just about all recruits indicated an intention to stay after they complete occupational training (95.4 per cent), and 85.7 per cent indicated that they do not intend to leave the CAF as soon as another job becomes available. Approximately three quarters also indicated that they intend to stay after completing their obligatory service (76.8 per cent) and their current terms of service (74.3 per cent).

Of note, 16.3 per cent indicated an intention to stay in the CAF but to transfer to a different occupation.[8] This finding suggests that some recruits may have accepted an offer to join the CAF in an occupation that was not their first choice, with the intention of transferring to their preferred occupation once in the CAF. It is also possible that their initial experiences in the CAF made them realize that the occupation they were enrolled in was not suited to them. This occupational mismatch may, at least in part, be attributable to recruits having inaccurate or incomplete information related to CAF occupations, or not being placed in their preferred military occupation upon joining the CAF.

In short, recruits reported predominantly long-term career intentions at the end of basic training though some room remains for enhancing these further.

7 These respondents included those who responded *somewhat agree* to *strongly agree*.
8 Officer cadets were less likely to indicate that they intend to transfer to a different occupation (10.4 per cent) than Non-Commissioned Officers (17.1 per cent). Intentions to transfer to a different occupation did not differ by gender.

Person-organization fit

Person-organization fit (PO-fit) refers to the congruence between the individual's values and skills, and the values and requirements of an organization (Cable and Judge 1996). According to the Realistic Job Preview literature, the more complete and accurate the recruitment information is in terms of providing a balanced picture of the organization, the more applicants are in a position to effectively gauge their PO-fit (Saks and Ashforth 1997). When information is accurate and complete, employees are expected to perceive high fit with their environment, experience more positive affect, perceive the organization as honest and ultimately be less likely to leave the organization (Earnest, Allen, and Landis, 2011; Phillips, 1998).

Project Horizon recruits were asked about their perceptions of the accuracy of recruitment information with respect to basic training (see Table 6.1). They indicated that while friends and family members usually provided realistic information or *previews* of basic training, other unofficial sources (e.g., social networking sites, message boards), as well as official CAF sources of information (e.g., CAF recruiters, CAF website, CAF videos, CAF brochures), were less likely to be perceived as providing accurate information, with significant room for improvement in this regard.

Table 6.1: Perceived accuracy of official and unofficial information sources with respect to basic training.

Official Information Sources	**% Realistic**
CAF website	55.3
Brochures	42.7
Videos	58.1
Interactions with CAF recruiters	50.4
Unofficial Information Sources	**% Realistic**
Unofficial information sources (e.g., message boards, social networking sites, YouTube)	56.9
Friends/family members (Current or Former CAF members)	71.6

Note: 1 = *completely unrealistic*, 2 = *unrealistic*, 3 = *neutral*, 4 = *realistic*, 5 = completely realistic. Percent realistic include those who responded *realistic* and *completely realistic*.

It is encouraging that, despite perceived shortcomings in the information that is provided prior to joining, members evinced good PO-fit. Indeed, recruits almost unanimously indicated that their values fit with those of the CAF along all of the component aspects assessed (e.g., life values, personal values, culture, match between skills and abilities, and work preferences, with 94.3 per cent to 98.2 per cent indicating fit with these respective elements). PO-fit was also positively correlated with affective commitment ($r = .50$) and a conservative measure of retention intentions (i.e., intention to stay until compulsory retirement age; $r = .29$). Identity conflict was also negatively correlated with affective commitment (r = -.47) and retention intentions (r = -.30).

Similarly, recruits generally reported that service in the CAF was not in conflict with their personal identity. Conflict with [the] all of the areas assessed (e.g., congruence between one's personality and being in the CAF; being similar at work as in other contexts) was evinced by less than one-fifth of recruits (see Table 6.2). The most commonly reported area of conflict was between being a member of the CAF and some "other" aspects of themselves, although even this was only reported by less than half of recruits (40.2 per cent).

Table 6.2: Perceived identity conflict.

Identity Conflict	**% Agree**
I feel that being a member of the CAF conflicts with some other aspects of myself (e.g., being a friend, participating in sports)	40.2
It makes me uneasy to think about how different I am at work vs. outside of work	17.0
I cannot yet reconcile the fact that I'm a member of the CAF with other important parts of my personality	18.2
I don't feel that being a member of the CAF brings anything more to who I already am; in fact it probably makes things more complicated	12.5
Being a member of the CAF clashes with who I consider myself to really be	9.2
Note: 1 = *strongly disagree*, 2 = *disagree*, 3 = *somewhat disagree*, 4 = *somewhat agree*, 5 = *agree*, 6 = *strongly agree*. Percent *agree* include those who responded *somewhat agree, agree,* and *strongly agree*.	

Useful information to have prior to starting basic training

Given the importance of providing accurate and complete information regarding basic training and CAF employment, an open-ended question asked recruits about potential gaps in knowledge or information that would be useful to improve so as to better equip new members for basic training. Qualitative analysis revealed information gaps in two general areas (Goldenberg, Otis, Laplante, and Gora 2018). First, recruits discussed practical aspects of basic training about which they wished they had had fuller prior information, namely which items to bring to basic training or aspects that they could learn about or practice so as to better prepare themselves for the training. In particular, recruits indicated that they would have liked to have more specific and detailed lists of items to bring with them, as well as items that would not be required. They also indicated wishing they had had a better appreciation of the physical requirements (e.g., the swim test), which they could have trained for prior to their arrival, as well as information about housekeeping skills that could be practiced in advance. The following comments illustrate the type of practical information recruits wished they had known:

> 'Wish I had known how to shine boots.'
>
> 'Wish I had been accurately informed of amount ($) required for various required purchases and at what point in the course the purchase was required.'
>
> 'Tips and tricks for cleaning.'
>
> 'To have cough medicine on hand when starting and bring your own cold medicine.'

In addition to these practical aspects, recruits also indicated wishing they had had better information about aspects that, taken together, would have provided more fulsome and realistic expectations of training and of the military lifestyle. In particular, recruits discussed wishing they had had more information with respect to scheduling while on basic training (including the daily routines both inside and outside a classroom, as well as time available to sleep and eat), and longer-term scheduling beyond basic training so as to better prepare themselves and their families for the next phases. As one recruit explained:

> 'Know exactly the courses that I have to do before being fully trained in my job, i.e., the time it will take as well as the duration of each course and when they start/end. We always know everything at the last minute and this limits us greatly in our personal life.'

They also discussed wishing they had had more information about what basic training is like in general, as well as the curriculum, so as to help them anticipate what to expect mentally, academically, and practically. As one recruit reflected:

> 'I wish I had more details about how the course would be run. A better understanding of the week by week schedule. The lack of sleep would have been nice to know just so one can be prepared.'

Further, they indicated desiring greater information about the occupations available in the CAF, as well as how to go about switching occupations. Some recruits (representing 9 per cent of all responses to this question) indicated that they were well-prepared and that there was nothing they wished they had known prior to basic training.

Expectations and experience of basic military training

The extent to which expectations about basic training are met or fall short of expectations plays a key role in how recruits will adjust to the military. In a situation where there is a big gap between expected and actual experiences, recruits may experience a "reality shock," feel disappointed, or even feel misled by the organization if they feel, for instance, that the organization failed to provide them with complete and accurate information prior to basic training. In contrast, the presentation of honest and complete information (both positive and negative) about basic training minimizes unrealistic expectations and places recruits in a better position to handle the difficulties that may arise during basic training (Wanous, 1989). In terms of the difficulty of basic training compared to preconceptions, most recruits (83.4 per cent) indicated that it was as easy as they expected it to be or easier. In terms of how rewarding and fulfilling basic training was as compared to their preconceptions, most recruits (88.6 per cent) indicated that it was at least as rewarding/fulfilling as they expected it to be or more rewarding/fulfilling.

Recruits were also asked about their satisfaction with the basic training experience while in garrison and in the field (see Table 6.3). Participants reported satisfaction with many aspects of basic training in garrison and in the field (particularly the level of discipline, living accommodations and the rigidity of the schedule). In contrast, many participants were dissatisfied with the amount of time reserved for eating, the quality of food and the accessibility of food.

Table 6.3: Satisfaction with basic training experience while in garrison and in the field.

	% Satisfied in garrison	**% Satisfied in the field**
The communal environment (e.g., lack of privacy, sharing of space and amenities)	71.8	70.4
The discipline aspects	86.3	86.6
The rigidity of schedule	79.2	82.6
The amount of free time	66.7	63.7
The quality of food	53.3	52.0
The quantity of food	63.8	60.7
The accessibility of food	50.1	57.1
The amount of time reserved for eating	32.8	52.1
The living accommodations	79.5	70.6

Note: 1 = *completely dissatisfied*, 2 = *dissatisfied*, 3 = *somewhat dissatisfied*, 4 = *somewhat satisfied*, 5 = *satisfied*, 6 = *completely satisfied*. Percent satisfied included those who responded *somewhat satisfied* to *completely satisfied*.

Table 6.4: Satisfaction with training while in garrison and in the field.

	% Satisfied in garrison	**% Satisfied in the field**
The quality of training	87.8	89.6
The location of training	82.6	88.4
The level of mental difficulty of training	75.6	82.1
The level of physical difficulty of training	64.7	77.9
Note: 1 = *completely dissatisfied*, 2 = *dissatisfied*, 3 = *somewhat dissatisfied*, 4 = *somewhat satisfied*, 5 = *satisfied*, 6 = *completely satisfied*. Percent *satisfied* included those who responded *somewhat satisfied* to *completely satisfied*.		

With regard to satisfaction with training in garrison and in the field, recruits were most satisfied with the quality of training and the location of training, and moderately less satisfied with the levels of mental and physical difficulty of training (see Table 6.4). Satisfaction with basic training in garrison and in the field were moderately associated with commitment (r = .28 and .27, respectively) and retention intentions (r = .11 and .10, respectively).

Impact of basic training on family

CAF retention research clearly indicates that the effects of military service on families is one of the main issues influencing the retention and attrition of CAF members. The demands associated with military employment, including work-life balance, postings and geographic instability, the effects of separation due to training and deployment, such as those on military spouses' employment, have notable effects on CAF members' decisions to stay or leave the organization (Goldenberg 2019; Skomorovsky 2014).

Indeed, less than half of recruits were satisfied with the quantity of time away from loved ones while in garrison (44.4 per cent) and in the field (48.3 per cent). Similarly, approximately half of recruits were satisfied with the quantity of contact with loved ones while in the field (46.4 per cent), while almost two-thirds (61.7 per cent) were satisfied with this aspect while in garrison. There were also some concerns about the effects of training on personal relationships and time spent away from family, with only 52.7 per cent and 66.2 per cent reporting satisfaction with these aspects, respectively. The perceived effects of basic training on both personal and family relationships were moderately related to commitment ($r = .28$ and .27, respectively) and retention intentions ($r = .18$ and .17, respectively).

While this chapter has mainly presented results from Phase 2 of *Project Horizon* thus far, results from Phase 1, which took place two weeks into basic training, are particularly relevant for illustrating that family concerns are common for recruits at the very start of their CAF career and do not necessarily only emerge upon serving for a period of time. The Phase 1 survey included an open-ended question asking recruits to describe what aspects of military service concerned them the most about their upcoming work/career in the CAF (Otis, Goldenberg, Laplante, and Pearce 2018).[9] Results indicated that concerns about the impact of one's CAF career on family plans (getting married, having children), on family members and on family life were the most frequently cited concerns regarding recruits' upcoming career in the CAF. Many of these recruits had concerns about being away from family and significant others for long periods of time for training or deployment, as well as the time spent away from home more generally. Some participants indicated that geographic instability and the inability to settle down in one place could interfere with family plans, such as getting married, and that they were worried about potential negative impacts on their children and their spouse. The following comments illustrate recruits' family concerns:

9 Of the 2,101 respondents, 81.5 per cent were men and 73.0 per cent were aged 25 or younger. Most respondents were single (83.3 per cent) while 15.8 per cent were married/common law/partner and 0.9 per cent were divorced/separated. A small minority (9.0 per cent) had children.

> 'My biggest concern is the difficulties military service can put on your relationship with your significant other.'

> 'The aspect that concerns me most is being away from my family for such a long time, while the CAF is becoming an extended family it worries me to know that I will miss a lot of my family's birthdays as well as miss my siblings growing up.'

> 'I am concerned about the lifestyle of being away from home and how that would affect my ability to have a family one day.'

> 'I am concerned that starting a family will be difficult in the first few years of my career.'

The second most frequently cited theme pertained to aspects of postings.[10] Recruits who mentioned this theme were most concerned about the location and frequency of postings, having to live far from their circle of family and friends, and the availability of support services related to relocations. The following comments illustrate recruits' concerns about postings:

> 'I am concerned about being posted to isolated bases/being away from loved ones.'

> 'Most concerning are unknown timings and posting to different parts of the country and the effect of these on myself and my spouse.'

> 'I am concerned about the locations and frequency of my postings initially as I hope to remain close to family and friends when possible.'

Conclusion

This chapter highlighted the role of perceived fit, positive impressions of basic training, and family support in maximizing commitment to the military and retention intentions. The results are in line with Michaud's landmark study (2010) on early attrition which found that separation

10 Women were slightly more likely than men to indicate concerns with postings.

from family, an overall lack of fit with the military environment and wrong choice of occupation were among the most frequently mentioned reasons for leaving during basic training. Further, a recent study has shown that military members' perceived fit with their occupation predicted affective commitment (Bremner and Goldenberg 2015).

Taken together, these results suggest that a highly effective approach to reduce early attrition is to provide accurate and fulsome information to prospects at all stages of recruitment and during basic training where socialization of new recruits occurs. First, the beliefs and organizational knowledge that potential recruits receive during recruitment influence their decisions to enroll (Saks and Ashforth 1997). Prospects self-select into the military when they perceive a match between their personal values and organizational attributes. Therefore, to the extent that the prospect receives accurate and detailed information about different job and organizational attributes, they will be able to make an accurate assessment of their perceived fit with the organization. Thus, the practice of providing realistic job information may increase the quality of applicants by attracting the right applicants; those who fit well with the military employment and military lifestyle. This self-selection process can act as a complement to organizational efforts to select recruits who are more likely to successfully adapt to basic training, perform successfully on the job and fit into the military culture.

Second, the provision of accurate information also has implications for recruits' basic training experience and early work experiences. For instance, recruits who are provided with realistic information, about both the advantages and challenges of joining the CAF in general, as well as regarding working in their assigned occupation, can anticipate and develop effective coping mechanisms, which will likely influence positively their early basic training experiences (Wanous 1989). Similarly, providing concrete information about the military lifestyle, expected career trajectories, and personnel support programs available to recruits and their family members would likely address some recruits' concerns about the impact of military service on family/personal life and enable them to be better prepared for the challenges of working in the military.

In sum, minimizing early attrition for the armed forces involves careful selection, recruitment and socialization processes. The presentation of accurate and detailed information during recruitment and socialization appears to be key in enabling recruits to assess their perceived fit with the organization and develop appropriate expectations, which are expected to enhance job satisfaction, organizational commitment, and retention intentions.

References

Bremner, N. L., and Goldenberg, I. (2015). 'Leadership, Perceived Organizational Support and Organizational Commitment in the Canadian Armed Forces: The Mediating Role of Person-Organization Fit', *Turkish Journal of Sociology*, 145–168.

Cable, D. M., and Judge, T. A. (1996). 'Person-Organization Fit, Job-choice Decisions, and Organizational Entry,' *Organizational Decisions and Human Decision Processes*, 67 (3), 294–311.

Earnest, D., Allen, D., and Landis, R. (2011). 'Mechanisms linking realistic job previews with turn-over: A meta-analytic path analysis', *Personnel Psychology*, 64 (4), 865–897.

Fang, M., and Latchman, S. A. (2008). 'Cohort Analysis of New Recruit Attrition,' (Briefing Note for Chief Military Personnel). Defense Research and Development Canada, Ottawa, ON.

Gade, P. A., Tiggle, R. B., and Schumm, W. R. (2003). 'The Measurement and Consequences of Military Organizational Commitment in Soldiers and Spouses', *Military Psychology*, 15 (3), 191–207.

Goldenberg, I. (2016). 'Research Highlights from Harnessing 21st Century Competencies Project: Key Resources functions' (Director General Military Personnel Research and Analysis Scientific Brief DRDC-RDDC 2016-B003). Ottawa, ON: Defence Research and Development Canada.

Goldenberg, I. (2019). 'Canadian Armed Forces Retention: Research Highlights and Considerations for the CAF Retention Strategy for Military Personnel Command' (Director General Military Personnel Research and Analysis Reference Document DRDC-RDDC 2019-D001). Ottawa, ON: Defence Research and Development Canada.

Goldenberg, I., Laplante, J., Otis, N., and Bartlett, A. (2017). 'Project Horizon: Phase 2 Descriptive Results' (Director General Military Personnel Research and Analysis Scientific Report DRDC-RDDC 2017-R131). Ottawa, ON: Defence Research and Development Canada.

Goldenberg, I., Otis, N., Laplante, J., and Gora, A. (2018). 'Project Horizon: Qualitative Findings from Phase 2' (Director General Military Personnel Research and Analysis Scientific report DRDC-RDDC 2018-L021). Ottawa, ON: Defence Research and Development Canada.

Griffeth, P. W., Hom, P. W., and Gaertner, S. (2000). 'A Meta-Analysis of Antecedents and Correlates of Employee Turnover: Update, Moderator Tests, and Research Implications for the Next Millennium', *Journal of Management*, 26 (3), 463–488. <https://doi.org/10.1016/S0149-2063(00)00043-X>

Hedlund, E., and Szvircsev Tresch, T. (2017). *Motivation to be a Soldier: A Comparison of Eight Nations*. Swedish Defence University.

Herzberg, F., Mausner, B., and Snyderman, B. B. (1959). *The Motivation to Work*. New York: John Wiley & Sons, 2nd ed.

Johnson, K. (2008). 'Retention Behavior in the ADF: The Longitudinal ADF Study Evaluation Retention and ADF Model of Military Turnover' (Directorate of strategic Personnel Policy Research Report 11/2008). Australian Government, Department of Defence.

Laplante, J., Otis, N., and Goldenberg, I. (2016). 'Project Horizon: Early Career Longitudinal Retention Study: Study Design' (Director General Military Personnel Research and Analysis Scientific Report DRDC-RDDC 2016-R010). Ottawa, ON: Defence Research and Development Canada, 2016.

Martin, H., and Brisebois, R. (2014). 'HR Trends and Metrics, Third Edition: The Canadian Context for Strategic Workforce Planning', *Conference Board of Canada report*. Ottawa: On.

Meyer, J. P. and Allen, N. J. (1997). *Commitment in the Workplace: Theory, Research and Application*. Sage Publications Inc. Thousand Oaks.

Meyer, J. P., Stanley, L. J., and Parfyonova, N. M. (2012). 'Employee Commitment in Context: The Nature and Implications of Commitment Profiles', *Journal of Vocational Behavior*, 80 (1), 1–16.

Michaud, K. (2010). 'Voluntary Attrition during Basic Military Qualification (BMQ) and Basic Military Officer Qualification (BMOQ): Focus Group Findings' (Director General Military Personnel and Analysis Technical Memorandum 2010–019). Defence Research and Development Canada: Ottawa, ON.

Okros, A. (2019). Harnessing the Potential of Digital Post-Millennials in the Future Workplace. Switzerland: Springer International Publishing.

Otis, N., Goldenberg, I., Laplante, J., and Pearce, S. (2018). 'Recruits' and Officer Cadets' Views about their Upcoming Career in the Canadian Armed Forces: Qualitative Findings from Phase 1 of Project Horizon' (Director General Military Personnel Research and Analysis Scientific Letter DRDC-RDDC 2018-L228). Ottawa, ON: Defence Research and Development Canada.

Phillips, J. M. (1998). 'Effects of Realistic Job Previews on Multiple Organizational Outcomes: A Meta-Analysis', *Academic Management Journal*, 41 (6), 673–90.

Rubenstein, A. L., Eberly, M. B., Lee, T. W., and Mitchell, T. V. (2017). 'Surveying the Forest: A Meta-Analysis, Moderator Investigation, and Future-Oriented Discussion of the Antecedents of Voluntary Employee Turnover', *Personnel Psychology*, 71 (1), 23–65.

Saks, A. M., and Ashforth, B. (1997). 'Organizational Socialization: Making Sense of the Past and Present as a Prologue for the Future', *Journal of Vocational Behavior*, 51 (2), 234–79.

Skomorovsky, A. (2014). 'Deployment Stress and Well-Being Among Military Spouses: The Role of Social Support', *Military Psychology*, 26 (1), 44–54.

Sümer, H., and van den Ven, C. (2007). *A Proposed Model of Military Turnover*, NATO Research and Technology Organization.

Ueno, R., Diener, R., Goldenberg, I., and Laplante, J. (2018). 'Annual Report on Regular Force Attrition 2015/2016' (Director General Military Personnel Research and Analysis Reference Document DRDC-RDDC 2018-D086). Ottawa, ON: Defence Research and Development Canada.

United Nations. (2019). *World Population Prospects 2019: Highlights*. Department of Economic and Social Affairs, Population Division

Wanous, J. P. (1989). 'Installing a Realistic Job Preview: Ten Tough Choices', *Personnel Psychology*, 42 (1), 117–34.

CHRISTOPHE PAJON[1], CAMILLE TROTOUX[1]

Chapitre 7 Officiers dans l'armée de l'air : segmentation d'une profession et espace interarmées

Souvent appliqué aux professions médicales et juridiques, le cadre d'analyse interactionniste l'a été beaucoup moins en ce qui concerne les militaires. L'étude de la profession d'officier fut, en effet, longtemps dominée par des approches inspirées du structuro-fonctionnalisme parsonien et marquées par l'héritage de deux grandes figures fondatrices de la sociologie militaire, Janowitz et Moskos, dont les travaux caractérisent la profession militaire comme étant la somme d'une expertise technique qui leur est propre, d'une formation académique spécifique et de valeurs professionnelles partagées (Janowitz, 1960 ; Evetts 2003 ; Moskos 2010).

Développée à partir des années 1950, l'approche interactionniste marque plusieurs ruptures à l'égard du courant fonctionnaliste dominant et fondateur de la sociologie des professions. Loin de la conception homogénéisante et pacifiée des corps intermédiaires, Hughes (1996 : 175–85) et, à sa suite, Bucher et Strauss (1961), mirent en évidence que les professions établies peuvent être traversées par des clivages, et qu'elles peuvent être décomposées en multiples « segments ». Bien que les différents segments d'une profession soient interdépendants et fassent parfois système (Hénaut 2011 : 72), et bien qu'ils puissent coopérer étroitement au sein d'une même organisation ou du même « monde social » (Strauss 1978 ; Cefaï 2015), leurs relations peuvent être compétitives[2] puisque la position relative d'un

1 Le contenu de ce chapitre n'engage que les auteurs et ne représente en rien l'opinion du ministère des Armées ou de l'armée de l'air.

2 Dans leur typologie, Wollmer et Mills (1966) proposent trois autres types de relations : coopératives non compétitives, d'évitement, conflictuelles.

groupe[3], son statut, son prestige, voire son autorité, dépendent de ceux des autres segments avec lesquels il est en concurrence. Cette perspective appliquée au monde militaire permet de relativiser le caractère monolithique des armées. Elle invite à tenir compte des dynamiques professionnelles qui les traversent, et des phénomènes de concurrence entre ses différentes composantes (armée de terre, Marine, armée de l'air). Comme nous le verrons, elle offre des clés pour comprendre les logiques qui contribuent à façonner les trajectoires professionnelles des officiers.

Ce chapitre entend interroger sous deux angles différents les dynamiques professionnelles au sein des armées, à partir du cas des officiers aviateurs.[4] Dans un premier temps, nous examinerons les différents aspects de la segmentation professionnelle des officiers aviateurs et ses dynamiques, ainsi que les facteurs explicatifs de la domination du segment des pilotes incarnant l'élite et la figure du *leadership* légitime au sein de la composante aérienne. Nous nous intéresserons ensuite à la phase la plus avancée de la carrière de certains de ces officiers et à leur accès aux postes en état-major interarmées. Leur passage dans ce nouvel espace professionnel, que nous proposons d'appréhender cette fois comme un espace social (Bourdieu 1984 ; Lenoir 2004), les place en compétition, pour l'accès aux « beaux postes », avec des officiers appartenant à des segments issus d'autres composantes et avec lesquels ils n'étaient, jusqu'ici, pas en concurrence. Dans cette lutte pour l'accès aux sommets de la hiérarchie militaire et aux positions les plus prestigieuses au sein de l'institution, les officiers de l'air semblent rencontrer un succès modeste. Ce déplacement permet d'interroger ce qui constitue la domination d'un segment spécifique (les officiers de l'air, et plus précisément « de la chasse », parmi les officiers aviateurs) au sein d'un monde social donné (l'armée de l'air) et d'appréhender comment les ressources qui leur permettent d'y assurer leur domination s'érodent et se décapitalisent lors du passage dans une nouvelle arène professionnelle (l'interarmées).

3 Dans ce chapitre les auteurs utilisent les terminologies « segments » et « groupes professionnels » sans distinction.

4 Le terme d'« aviateurs » est usuellement employé pour désigner l'ensemble des personnels militaires appartenant à l'armée de l'air française.

Les aviateurs : les pilotes et les autres

Dans l'imaginaire collectif et la culture populaire, appartenir à l'armée de l'air c'est avant tout être pilote d'aéronef. Le pilote de chasse en incarne la figure de proue et l'excellence du métier. De façon générale, la profession d'aviateur est associée au métier de pilote, soit une fonction spécifique au sein de l'armée de l'air. Hughes écrit que « tout métier comprend un certain nombre d'activités différentes » et que « souvent l'une d'elles donne son nom au métier » (1996 : 175). C'est donc cette activité – piloter des avions – qui devient l'élément central de la définition de la profession. Or, cette représentation de sens commun masque une réalité plus complexe et nuancée, puisqu'autour des aéronefs, se déploie un univers professionnel composé de différentes spécialités qui coopèrent à une même mission : faire voler les avions (Nijean 2011).

Il convient donc, avant d'évoquer une échelle de prestige qui conditionnerait la domination d'un segment sur les autres, de s'assurer de la segmentation de la profession des officiers aviateurs. Une fois ces deux hypothèses attestées, il s'agira de mettre en lumière la boucle de causalité qui existerait entre elles et l'accès aux positions dominantes.

Corps et spécialités : lignes de partage et clivages parmi les officiers aviateurs

Le corps des officiers aviateurs est subdivisé en différents ensembles. Dès le concours d'entrée à l'École de l'air[5] les candidats sont face à trois options : entrer dans le corps des officiers de l'air (les « pilotes »), celui des officiers des systèmes d'armes (les « mécaniciens ») ou celui des officiers des bases (aussi appelés « basiers »).[6] L'entrée dans l'un de ces trois corps ouvre vers différentes « spécialités » professionnelles.

5 Ce chapitre se focalise sur la situation des officiers « directs », c'est-à-dire recrutés par le biais d'un concours externe et qui suivent un cursus complet au sein de l'École de l'air. Ils ont vocation à « faire carrière », c'est-à-dire une trajectoire professionnelle complète au sein de l'institution. Ils sont aussi appelés à occuper les plus hautes fonctions au sein de l'armée de l'air. Les officiers « semi-directs » sont quant à eux recrutés parmi les sous-officiers. Leurs carrières atteignent bien plus rarement les sommets de la hiérarchie. Il existe aussi des officiers recrutés sur titres et des officiers sous contrat, eux aussi limités dans leurs carrières.

6 Leur choix est libre et n'est conditionné qu'à la réussite au concours. Seuls une contre-indication médicale ou un échec en cours de formation peuvent provoquer un changement de corps ou de spécialité.

Tableau 7.1: Corps d'appartenance des officiers et spécialités au sein de l'armée de l'air

<table>
<tr><th colspan="2">Corps</th><th>Spécialités</th><th></th></tr>
<tr><td rowspan="5">Officiers de l'air</td><td rowspan="4">Pilotes</td><td>Chasse</td><td rowspan="5">Personnels navigants « PN »</td></tr>
<tr><td>Transport</td></tr>
<tr><td>Hélicoptère</td></tr>
<tr><td>Drones</td></tr>
<tr><td>Navigateurs officiers systèmes d'armes</td><td>Chasse
Transport</td></tr>
<tr><td rowspan="4">Officiers des systèmes d'armes</td><td rowspan="4">Mécaniciens « Mécanos »</td><td>Escadron de soutien technique aéronautique (ESTA)</td><td rowspan="11">Personnels non navigants « PNN »</td></tr>
<tr><td>Bureau interface des soutiens et maîtrise de l'activité (BISMA)</td></tr>
<tr><td>Systèmes d'information et communication (SIC)</td></tr>
<tr><td>Etc.</td></tr>
<tr><td rowspan="7">Officiers des bases</td><td rowspan="7">« Basiers »</td><td>Contrôleurs aériens</td></tr>
<tr><td>Fusiliers-commandos</td></tr>
<tr><td>Pompiers</td></tr>
<tr><td>Ressources humaines</td></tr>
<tr><td>Renseignement</td></tr>
<tr><td>Communicants</td></tr>
<tr><td>Etc.</td></tr>
</table>

Ainsi, bon nombre d'élèves entrent à l'École de l'air non pas par attrait pour le commandement ni pour devenir chef militaire, mais pour celui du pilotage (Pajon 2009). Ces spécialités structurent le monde professionnel des officiers aviateurs et instaurent des lignes de partage entre différents sous-groupes. Elles orientent vers différents métiers, s'apprennent au cours de cursus différenciés, déterminent les affectations et les opportunités de promotions, et en conséquence ouvrent sur des perspectives de carrières bien distinctes.

Corps (officiers de l'air, officiers des systèmes d'armes, officiers des bases) et spécialités (cf. tableau 7.1) ne constituent pas à proprement parler des segments[7], mais les principes de division dont ils sont porteurs structurent des ensembles professionnels relativement distincts, entretenant plus ou moins de proximité entre eux, matériellement et symboliquement. Ces divisions organisent et modèlent différentes identités professionnelles parmi les officiers aviateurs. Les officiers de l'air forment la famille des « personnels navigants » ou « PN » en langage indigène. Ils constituent une sorte d'élite et incarnent la figure idéale de l'aviateur, pilote de chasse en tête. Ils concentrent le prestige. Les autres sont les « personnels non navigants », ou « PNN », restant au sol. On notera que cette définition négative est en elle-même révélatrice d'une première hiérarchisation, qui place les PN au-dessus des PNN, à la fois littéralement – en haut dans les airs et en bas sur terre – et symboliquement dans les représentations qui y sont associées. L'appartenance à ces différents corps ou aux différentes spécialités est objectivée par l'uniforme, que ce soit par le biais de plaquettes patronymiques de couleurs différentes (rouge pour les officiers de l'air, violet pour les officiers des systèmes d'armes et bleu pour les officiers des bases) ou d'insignes distincts : les personnels navigants arborent les deux ailes, les mécaniciens une roue et les basiers un « U » écrasé. La place de chacun dans la division du travail et dans les hiérarchies symboliques est presque toujours visible et lisible.

7 Bucher et Strauss mettent en garde quant à l'écueil qui consisterait à faire correspondre « spécialités » et « segments » (1961 : 326). En effet, la reconnaissance d'un segment au sein d'une profession implique l'observation d'identités organisées. Or toutes les spécialités – ou lignes de clivage – ne voient pas se développer en leur sein des identités organisées. Par contre, plusieurs segments peuvent coexister au sein d'une même spécialité, ou à l'inverse, plusieurs spécialités (ou groupes de spécialités) peuvent constituer un seul et unique segment.

Ainsi, parmi les officiers aviateurs, de multiples lignes de clivages entre différents groupes et sous-groupes s'imposent, dont certaines sont instituées et servent de support à des identités et à des formes de confraternités marquant l'existence d'une segmentation professionnelle.

L'affirmation d'une identité organisée et la manifestation de lignes de tensions

Parmi les subdivisions professionnelles évoquées ci-dessus, certains groupes manifestent et revendiquent des identités spécifiques. De groupes en soi, objectivés par la division des spécialités et les catégories des ressources humaines, certains se manifestent en tant que groupe pour soi, auxquels s'identifient les individus qui y appartiennent. Ils forment ce que Bucher et Strauss appellent des « confraternités » ou bien encore, des identités organisées et revendiquées.

Ces confraternités peuvent se manifester de diverses façons et signent l'existence de segments au sein d'un univers professionnel donné. Elles peuvent procéder à partir d'un rituel institué. Par exemple, les officiers mécaniciens sont, à l'issue de leur formation et lors de leur première affectation, immergés dans un bac d'huile. C'est ce qui en fait des « mécanos ». Le rituel transforme l'individu en un membre à part entière du groupe, et les caractéristiques associées au groupe rejaillissent alors sur l'individu : l'humour « gras » des mécanos est largement connu et raillé. Le partage de tâches réservées et l'exposition à des expériences partagées contribuent à constituer ces confraternités. Ces groupes peuvent aussi s'identifier à un saint-patron. Saint-Éloi pour les mécanos, célébré lors de fêtes qui occasionnent des libations et tout un cérémoniel par lesquels le groupe réaffirme son existence. La « Saint-Éloi » donne lieu chaque année et sur chaque base aérienne à un carnaval ritualisé et animé par les « mécanos ». Les hiérarchies y sont renversées, les grades échangés, et les pilotes brocardés.[8] Ces confraternités – ou leurs équivalents – ne sont donc pas secrètes, bien au contraire. Elles sont revendiquées et rendues visibles par des signes distinctifs. Ici, l'existence

8 Concernant les rituels au sein des armées, se reporter aux travaux de Thiéblemont (1999).

d'insignes spécifiques signale qui « en est » et qui « n'en est pas » : le fait de porter « les ailes » pour les PN, le port de l'insigne commando, ou bien la roue des mécaniciens.[9] La création d'une marque de ce type ne va pas sans susciter de réactions, parce qu'elle entérine la reconnaissance d'un groupe, donc d'un segment potentiellement concurrentiel.

Le cas de la pucelle des mécanos, créée à l'été 2018, est révélateur des dynamiques professionnelles qui parcourent le corps des officiers aviateurs, et plus particulièrement de la concurrence et des rapports de force pouvant exister entre différents segments. Sur le site officiel du ministère des Armées, on peut lire à cette occasion que « cette nouveauté symbolise la transmission des valeurs entre les différentes générations et marque l'admission des plus jeunes dans la communauté des mécaniciens de l'escadron de soutien technique aéronautique ».[10] Le ministère admet bien ici l'existence d'une communauté propre aux mécaniciens, et l'officialise pleinement par une marque de reconnaissance.[11] Interrogé sur le sujet durant un entretien, un officier de l'air manifeste sa perplexité sur le sujet : « Là les mécanos viennent de faire une pucelle mécano. On est en train de travailler sur l'identité de l'aviateur et en inter-armée de l'air ... On a créé la pucelle des contrôleurs, la pucelle des mécanos parce que nous [les pilotes] on a le brevet ... Ce n'est pas une pucelle. C'est pour ça que c'est une erreur. Je ne comprends pas que l'on ait autorisé ça. [...] Mais faut pas qu'on le fasse, parce qu'on s'éloigne, on perd ce qui doit faire l'aviateur ».[12] Son propos est révélateur à bien des égards.

9 Parmi les signes distinctifs portés sur les uniformes il faut distinguer : les brevets qui attestent d'une certification et manifestent la détention de compétences professionnelles rares (les ailes du pilotes sont le signifiant du brevet de pilote, l'insigne et le port du béret chez les commandos sont obtenus une fois les deux premiers stages validés) et les pucelles qui sont un symbole d'appartenance (à une unité, à un escadron) attribué d'office, qui ne correspondent pas à une instruction spécifique.

10 Remise d'insignes aux mécaniciens « Val-de-Loire » de l'ESTA. France, ministère des Armées. 2019 [20/03/2019] <https://www.defense.gouv.fr/air/actus-air/remise-d-insignes-aux-mecaniciens-val-de-loire-de-l-esta>

11 Seule deux autres pucelles de la sorte (propres à une communauté et non symbolique de l'appartenance à une unité fonctionnelle) existent : celle des contrôleurs aériens et celle des arpettes (aviateurs engagés dès le lycée).

12 Entretien réalisé le 14/03/2018 avec un général de brigade aérienne issu du corps des officiers de l'air.

En rappelant la distinction entre un « brevet » et une « pucelle » il souligne la hiérarchisation entre pilotes et mécaniciens. Il s'oppose en creux à la démultiplication de ces signes distinctifs, même sur le mode mineur de la pucelle, ces derniers devant – sans le dire ici – demeurer l'apanage de l'élite (celles et ceux qui détiennent des brevets exigeants et difficiles à obtenir). Il suggère enfin que cette démultiplication met symboliquement en péril l'unicité du groupe des aviateurs, refusant aux mécaniciens la possibilité de porter un signe de confraternité.

La création de cet objet s'inscrit dans le prolongement d'une importante transformation de la division du travail militaire aéronautique. Ce contexte éclaire sous un autre jour la réaction de l'officier de l'air évoquée précédemment. Effectivement, avant la création des escadrons de soutien technique aéronautique (ESTA) intervenue en 2008, les mécanos relevaient du commandant de l'escadron auquel ils étaient affectés. Ils étaient donc placés sous les ordres directs d'officiers de l'air qui disposaient ainsi de leurs propres mécaniciens. Avec la création des ESTA, motivée par des objectifs avant tout gestionnaires, les mécanos des escadrons relèvent désormais du commandement spécifique d'un officier mécanicien du même grade que l'officier de l'air commandant de l'escadron. Cette transformation organisationnelle, en accordant plus d'autonomie aux officiers des systèmes d'arme, a réduit l'autorité du segment que représentent les officiers de l'air. Une réforme organisationnelle révèle ainsi certains aspects de la dynamique concurrentielle entre segments de la profession d'officier. Dix ans plus tard, la pucelle peut dès lors être perçue non seulement comme la réaffirmation de la segmentation de la profession d'aviateur, mais aussi comme la manifestation d'une identité organisée et la remise en cause d'un ordre antérieur.

Les sources du prestige professionnel chez les officiers aviateurs

À l'instar de ce que Coton (2017) a pu mettre en évidence à propos des hiérarchies symboliques existantes entre officiers issus des différentes armes de l'armée de terre (infanterie, cavalerie, artillerie, train, etc.), il existe une hiérarchisation entre les différents segments constitutifs du groupe des officiers aviateurs. Cette hiérarchisation prend des formes symboliques et matérielles, et s'exprime sous la forme d'une lutte de prestige.

Le prestige des officiers de l'air est établi en fonction de la proximité avec les aéronefs. L'engagement dans le combat aérien et la possibilité de réaliser des prouesses en vol, l'intimité avec l'avion et la détention du monopole sur un domaine d'expertise qui leur est propre, font du groupe des pilotes la figure emblématique de l'armée de l'air, dominant symboliquement l'ensemble de leurs pairs. Ils partagent cependant le prestige du combat avec un autre segment, longtemps peu valorisé pour des raisons historiques : les commandos-parachutistes de l'air (CPA), qui constituent un segment au sein du corps des officiers des bases. Eux aussi détenteurs d'un « brevet », ces « autres » combattants, bien qu'éloignés des aéronefs, tirent leur prestige de leur place sur le champ de bataille. Le partage de l'expérience du combat, bien que prenant une forme différente de celle des pilotes, rapproche ces deux segments, au point que les intéressés reconnaissent leur proximité, comme nous l'explique un officier de l'air durant un entretien : « on le voit : on [les pilotes] est plus proches des commandos ».[13] En 2004, le général Richard Wolsztynski, alors chef d'état-major de l'armée de l'air affirmait : « mes CPA valent autant qu'un escadron de chasse » (Tanguy 2009). Cette équivalence réunit symboliquement les membres de ces deux segments (associant le prestige des pilotes à celui des commandos) tout en rappelant la domination du segment des officiers de l'air qui reste le mètre étalon du prestige des aviateurs. Domination que l'on retrouve dans les propos suivants où l'escadron apparaît comme la référence type de l'excellence : « on les forme pour être pilotes dans un escadron, mécano dans un escadron, contrôleur dans un escadron ».[14]

Bien qu'ils ne soient pas PN et qu'ils admettent que leurs fonctions soient moins « nobles » que celle des pilotes, plus salissantes aussi (en raison de leur fréquentation des ateliers), les officiers mécaniciens revendiquent leur concours indispensable à la réalisation des missions. Ces ingénieurs cultivent eux aussi leur proximité immédiate avec les aéronefs et l'entretien dont ils ont la charge pour garantir la sécurité des pilotes leur confère une certaine importance professionnelle. Certes toujours dans l'ombre des pilotes, ils endossent avec fierté le « sale boulot » (ou le boulot potentiellement salissant) qui leur incombe (Le Floch 2008).

13 Entretien réalisé le 14/03/2018 avec un général de brigade aérienne issu du corps des officiers de l'air.

14 Idem.

Une compétition segmentaire inégale pour l'accès aux positions dominantes

Ainsi, l'un des derniers enjeux permettant d'éclairer les dynamiques des relations professionnelles dans une perspective interactionniste est celui qui concerne les carrières des officiers selon leur appartenance à tel ou tel segment. Hughes définit la carrière comme étant le « parcours ou [la] progression d'une personne au cours de la vie (ou d'une partie donnée de celle-ci) » et, dans une acception plus restreinte, d'un parcours au sein d'« une profession offrant des possibilités de promotion » (Hughes 1996 : 175). La hiérarchisation des différents segments qui composent le corps des officiers de l'armée de l'air semble conditionner leurs chances d'accès aux grades et aux responsabilités les plus élevés. De manière réciproque, l'importance relative d'un segment se reflète dans l'évolution du nombre de ses membres atteignant des grades et des responsabilités élevées, auparavant monopolisés par un autre segment.

Les officiers de l'air issus du cursus direct voient leur première partie de carrière entièrement dédiée au métier de pilote, la seconde moitié est majoritairement, voire exclusivement, tournée vers des postes à responsabilités en état-major ou à la tête de services. Le passage par le parcours de pilote assure le plus de chances de faire une « belle carrière », c'est-à-dire d'obtenir les postes à haute responsabilité et une évolution plus rapide dans la hiérarchie des grades,[15] même pour l'accès à des postes ne nécessitant pas de compétences liées au pilotage.[16]

15 Lors d'un entretien, un officier de l'air soulignait : « Pourquoi on s'en sort, nous, plus facilement les pilotes ? Parce qu'on est dans l'opérationnel. Donc l'opérationnel nous permet d'aller un peu plus loin dans la … je dirais dans la hiérarchie ». Entretien réalisé le 14/03/2018 avec un général de brigade aérienne issu du corps des officiers de l'air.

16 Ainsi ce sont les responsabilités associées aux fonctions précédemment occupées et non les spécialités auxquelles appartiennent les prétendants qui importent lors de l'attribution de certains de ces postes. Par exemple il est extrêmement courant de voir nommé au poste de commandant du SIRPAA (organe principal de communication de l'armée de l'air) un colonel pilote de chasse (et non pas un officier ayant suivi un cursus de communicant).

Dans la carrière des officiers, qu'ils soient aviateurs, marins ou « terriens », l'obtention du brevet de l'École de guerre s'avère déterminante.[17] Alors que la part des officiers de l'air dans les effectifs globaux des officiers aviateurs est stable et à peu près équivalente à celle des officiers mécaniciens et des bases[18], la proportion qu'ils représentent parmi les officiers brevetés et les officiers généraux est nettement plus importante, comme si le filtre de l'École de guerre favorisait les officiers de l'air au détriment de ceux relevant d'autres spécialités (cf. tableau 7.2).

Tableau 7.2: Effectifs et répartition des différents corps parmi les officiers généraux et brevetés de l'armée de l'air

Officiers généraux				**Officiers brevetés**			
	de l'air	**mécani-ciens**	**des bases**		**de l'air**	**mécani-ciens**	**des bases**
2012	78,1%	12,3%	9,6%	2012	67,2%	17,8%	15,1%
2015	79,7%	10,9%	9,4%	2015	67,8%	17,5%	14,7%
2018	72%	18,1%	9,7%	2018	63,4%	19,5%	17,1%

17 L'École de guerre accueille au sein de ses promotions les membres des trois armées qui ont été identifiés comme de hauts potentiels. Ainsi, une fois « brevetés », la plupart d'entre eux pourront prétendre aux grades d'officiers généraux.

18 Composition de l'ensemble du corps des officiers de l'armée de l'air selon leur corps d'appartenance en 2012 : 36,6 pour cent (air), 28,4 pour cent (mécaniciens), 35 pour cent (bases) ; en 2015 : 36,5 pour cent (air), 28,7 pour cent (mécaniciens), 34,7 pour cent (bases) ; en 2018 : 36,9 pour cent (air), 28,2 pour cent (mécaniciens), 34,9 pour cent (bases).

Ainsi, les officiers de l'air représentaient 78,1 pour cent des généraux de l'armée de l'air en 2012, contre 12,3 pour cent issus du corps des officiers des systèmes d'arme et 9,6 pour cent d'officiers des bases. Si les chiffres de 2015 confirment ce tableau, ceux de 2018 révèlent une évolution sensible au profit des officiers mécaniciens. Il serait toutefois hasardeux d'y voir une tendance vers un rééquilibrage des relations entre les segments résultant soit des transformations organisationnelles soit d'une politique volontariste de la Direction des ressources humaines. En revanche, ces chiffres confirment la domination du segment des officiers de l'air dans la captation des postes et des promotions les plus favorables.

Il semble qu'il existe un « plafond de verre » (Cappelin 2010 ; Billing et Alvesson, 1994) pour les basiers et les mécanos, c'est-à-dire des barrières non officielles qui réduisent réellement leurs chances d'accès aux plus hautes fonctions. Un même type d'asymétrie s'observe à des échelles plus fines au sein du segment des officiers personnel navigant. Si tous les chefs d'état-major de l'armée de l'air (CEMAA) depuis 1958[19] furent des pilotes, un seul sur les vingt-deux CEMAA est passé par la filière « avions de transport » avant de devenir pilote de bombardier. Tous les autres sont issus du cursus « chasse ».[20]

Ces différences de chances de promotion entre les officiers selon leur appartenance à l'un ou à l'autre des groupes professionnels reflètent

19 Date à laquelle la fonction de commandant des forces aériennes prend le titre de chef d'état-major de l'armée de l'air (CEMAA). Des dynamiques similaires ont été observées au sein de la sélection des élites de l'armée de terre (Cailleteau 1994 ; Hamelin 2003 ; Weber 2012 ; Coton 2017).

20 Les privilèges issus de cette domination ne résident pas seulement dans des chances de progression professionnelle supérieure. Adossés aux mêmes principes, les pilotes bénéficient d'une prime appelée « solde à l'air » (que touchent également les commandos-parachutistes sauf quelques exceptions). Elle représente une demie solde en plus chaque mois, tout au long de leur carrière (même dans la seconde partie avec le commandement et l'éloignement de l'escadron : état-major, commandements de bases, etc.). Ils ont également des avantages en termes de retraite avec des calculs d'équivalence des heures de vols, le « congé du PN » qui leur permet de partir plus tôt en retraite en continuant de toucher leur salaire, etc. Leur domination s'exprime donc aussi via des formes matérielles et pécuniaires.

la hiérarchisation des différents segments. Comme tout ordre de domination, son existence et sa stabilité reposent sur la croyance des membres du groupe social/professionnel en sa légitimité. Dans le cas des officiers aviateurs, cette dernière est construite sur la valorisation de l'exercice des activités induisant la présence sur le champ de bataille et/ou la proximité avec les aéronefs. L'autorité statutaire obtenue par la captation de la majorité des postes du haut commandement, ne vient alors que confirmer l'autorité professionnelle engendrée par ce prestige. L'accession presque exclusive des seuls membres du corps des officiers de l'air aux « beaux postes » (Piotet, Loriol et Delfolie 2013) ne semble susciter qu'une forme de fatalisme parmi les membres des autres segments, voire leur adhésion à cet ordre des choses. Toutefois, cette légitimité des officiers du segment dominant du corps des officiers de l'air semble s'éroder dans le cadre des postes les plus élevés de la hiérarchie militaire interarmées.

Un aviateur à la tête des armées ?

Le ministère des Armées compte nombre de structures interarmées permanentes ou provisoires. Si elles peuvent être peuplées de personnels militaires de différents grades, un certain nombre de postes en leur sein est réservé à des officiers supérieurs ou à des officiers généraux. Certaines fonctions ne peuvent être occupées que par des représentants de l'une ou de l'autre des composantes (armée de terre, Marine et armée de l'air). En revanche d'autres postes ne requièrent pas d'être spécialiste de l'une ou l'autre. La nomination relève alors d'un choix opéré parmi l'ensemble des officiers proposés par les directions des ressources humaines des différentes armées. Certains de ces postes - les directions de structures, ou encore les postes qui conduisent à côtoyer les hautes autorités politiques - représentent une nouvelle étape dans la carrière des officiers qui y sont mutés. Ces derniers appartiennent le plus souvent au segment dominant du corps des officiers de chacune des composantes et font partie du réservoir de hauts potentiels en leur sein.[21] Ces officiers n'abandonneront toutefois pas leur corps d'origine et il est difficile de considérer ceux occupant ces postes comme constituant un nouveau segment spécifique d'officiers interarmées.

Pour autant, l'accession à ces « beaux » postes semble bien être un espace de compétition au sein de la haute hiérarchie militaire interarmées, relevant de la dynamique interne des relations professionnelles au sein du groupe constitué de l'ensemble des officiers des forces armées françaises. La sphère où prennent place ces relations professionnelles peut être considérée comme un espace social, soit « un espace construit comme une structure de positions définies par la place qu'elles occupent dans la distribution d'une espèce particulière de capital » (Lenoir 2004 : 395). Dans cette perspective bourdieusienne, chaque composante et, plus précisément, son corps d'officiers, constitue un champ social au sein duquel chaque agent a accumulé des ressources prenant la forme d'un capital. Deux types de capitaux entrent en jeu et se combinent ici : le capital symbolique « communément appelé prestige, réputation, renommée, etc. » (Bourdieu 1984 : 3) et le capital culturel (Bourdieu 1979 : 3) dont nous retiendrons surtout l'état incorporé, « sous la forme de dispositions durables de l'organisme », et dans une moindre mesure l'état institutionnalisé, entendu comme une « forme d'objectivation » dont l'illustration est le titre scolaire ou la certification professionnelle. La position – les postes occupés – des officiers de l'armée de l'air refléterait donc non seulement l'importance relative de leurs ressources (culturelles et symboliques), mais également l'efficacité de ces dernières une fois transférées dans l'espace social interarmées, cette efficacité pouvant être mesurée à l'aune d'un savoir-être et d'un savoir-faire « officier » dominants.

Mais où est donc passée l'armée de l'air ?

La presse spécialisée sur les questions militaires se fait régulièrement écho du « *mercato* » des nouveaux généraux (Merchet 2017) et de leur

21 Et dans le cas des officiers aviateurs, ceux issus du segment des officiers de l'air.

nomination aux postes les plus en vue, dont celui de chef d'état-major des armées. S'y décèlerait l'accroissement ou la perte d'influence de l'une ou de l'autre des composantes des forces armées. La nomination d'un représentant à un grand commandement interarmées ou à certains postes d'influence plus discrets (chef d'état-major particulier, aide de camp) peut s'interpréter comme l'expression de l'importance relative des capitaux culturels et symboliques de son élite comparativement aux concurrents appartenant à une autre composante. Sept de ces postes, les plus observés, permettent d'identifier la composante des forces armées qui obtient les faveurs du politique : chef d'état-major des Armées (CEMA), chef de l'état-major particulier du président de la République (CEMP), commandement de la direction du renseignement militaire (DRM), commandement de la direction du renseignement et de la sécurité de la Défense (DRSD, ex-DPSD), directeur des opérations de la direction générale de la sécurité extérieure (DGSE), chef du cabinet militaire du premier ministre, chef du cabinet militaire du ministre de la Défense (puis des Armées). La nomination à l'un de ces postes est, aux yeux des observateurs, le signe d'un message de confiance adressé par le politique à telle ou telle composante (Lindemann 2008).

Le 3 mars 2019, Vincent Lanata, chef d'état-major de l'armée de l'air de 1991 à 1994, s'interrogeait dans les colonnes de *L'Express* : « Mais où est donc passée l'armée de l'air ? ». Constatant la faiblesse de la présence des aviateurs aux postes d'influence, il soulignait « l'impérieux besoin de conserver un bon équilibre entre les armées dans leur répartition ». Cette opinion est répandue depuis une dizaine d'années au sein de l'armée de l'air. La presse spécialisée la conforte et la relaie (Merchet 2010, 2016).

L'analyse des nominations aux sept postes retenus pour notre étude depuis 1991 (ou depuis la date de la création des structures considérées) et ce jusqu'au premier semestre 2018, révèle que sur soixante nominations, trente-huit ont concerné des officiers généraux issus de l'armée de terre, onze issus de la Marine nationale et onze issus de l'armée de l'air (soit respectivement 64 pour cent, 18 pour cent et 18 pour cent). Ce bilan largement en faveur de l'armée de terre est à l'image de la démographie des forces armées françaises.[22] Mais si l'on s'intéresse au réservoir de recrutement pour ces postes, soit le groupe des officiers généraux de première section, une légère sous-représentation des généraux de l'armée de l'air est constatée.[23] Outre l'absence de nomination depuis 1995 d'un aviateur au poste de chef d'état-major des armées, aucun officier général aviateur n'a été nommé chef de l'état-major particulier du président de la République (cinq issus de l'armée de terre, deux de la Marine nationale). À deux exceptions près sur la période considérée, aucun n'a été nommé à la tête d'une structure de renseignement (une fois à la tête de la DRM, une fois pour la DRSD, et seuls des généraux de l'armée de terre ont assuré les fonctions de directeur des opérations à la DGSE). Parmi les postes considérés ici, ceux confiés à des aviateurs sont majoritairement ceux de chefs de cabinet soit auprès du premier ministre (quatre fois sur onze nominations), soit auprès du ministre de la Défense (trois fois sur dix nominations).

Les postes les plus prestigieux, supposés les plus « influents » ou les plus « opérationnels », semblent échapper aux généraux aviateurs (comme dans une moindre mesure aux amiraux, dont deux d'entre eux furent tout de même nommés CEMP sur la période analysée).

22 Les effectifs des forces armées françaises ont largement évolué depuis 1991. Toutefois, leur format, héritage d'une posture stratégique ancienne, est resté relativement stable. Selon le ministère des Armées en 2018 (Les chiffres clés de la Défense 2018), les seuls effectifs militaires des trois armées considérées se répartissaient comme suit : 60 pour cent, armée de terre, 18,6 pour cent, Marine nationale et 21,4 pour cent, armée de l'air.

23 En 2007, sur les 348 officiers généraux des trois armées, 58 pour cent étaient issus des rangs de l'armée de terre, 18,7 pour cent de la Marine nationale, 23,3 pour cent de l'armée de l'air ; en 2011, sur 299 officiers généraux, 58 pour cent de l'armée de terre, 17,4 pour cent de la Marine nationale, 24,6 pour cent de l'armée de l'air. En 2015, sur 293 officiers généraux, 57,7 pour cent de l'armée de terre, 20,1 pour cent de la Marine nationale, 22,2 pour cent de l'armée de l'air (Lagneau 2012 ; Lettre d'information du G2S, n° 88, 2016).

L'élite de l'armée de l'air en interarmées : des capitaux insuffisants ?

Les capitaux symboliques et culturels des officiers aviateurs acquis durant leur carrière au sein de leur composante semblent insuffisants pour leur permettre de s'imposer et d'accéder aux positions les plus élevées dans l'espace interarmées. Dans un article déjà cité, Christel Coton, appliquant le concept bourdieusien de capital spécifique à un champ, développe l'idée d'un « capital combattant [...] qui régit les stratégies de placement engagées par les officiers, sa possession assurant une assise tout à la fois hiérarchique et symbolique dans le corps » (Coton 2012 : 23). Attrayante, la proposition pourrait conduire à postuler que le capital combattant des aviateurs serait moins efficace que celui, par exemple, des officiers de l'armée de terre. Toutefois, l'hypothèse d'un capital combattant s'avère fragilisée et questionnable en raison de la nature imprécise et fluctuante du terme combattant. En effet, construit à partir du cas de l'armée de terre, il renvoie à une réalité du champ de bataille culturellement construite et semble reproduire sans distanciation les critères de distinction promus par les acteurs du champ (mêlées, appui, soutien). Dès lors, le capital symbolique parait plus adéquat pour appréhender le prestige et la domination suscités par la proximité avec le champ de bataille et la prise de risque. Cela étant, l'emploi d'un système d'arme particulier (les aéronefs), éloignant de fait les aviateurs du champ de bataille, peut légitimer la faiblesse du nombre d'aviateurs aux plus hautes responsabilités. Bien que relevant de principes comparables (prestige et noblesse de l'activité combattante), les capitaux culturels et symboliques construits par les officiers généraux de l'armée de l'air apparaissent alors moins efficaces dans le champ interarmées et face à des officiers issus des armes de mêlées de l'armée de terre. La proximité avec l'aéronef apparait même contreproductive alors qu'elle est déterminante dans le champ de l'armée de l'air.

Cette interprétation est congruente avec l'analyse qualitative de plusieurs dizaines de commentaires (anonymes) postés à la suite de différents articles en ligne et témoignant de ce mécanisme de hiérarchisation symbolique.[24] Ces discours révèlent par ailleurs le profil archétypal du chef militaire et de ses compétences référées pour l'essentiel aux officiers de l'armée de terre, et, en particulier, ceux issus des rangs des armes de mêlées (infanterie, arme blindée cavalerie). Cette représentation est par ailleurs celle que l'on peut retrouver développée dans toute une littérature militaire classique (depuis le fameux *Rôle social de l'officier* du Maréchal Lyautey, au plus contemporain *Fil de l'épée* du Général de Gaulle), souvent sous la plume d'officiers de l'armée de terre, confirmant l'efficacité et la domination d'un capital combattant constitué dans le champ de l'armée de terre ou de la Marine, et ce au détriment de celui constitué dans l'armée de l'air. Le savoir-être et le savoir-faire, le capital culturel de l'aviateur, semblent peu efficaces dans un espace dans lequel règne cette représentation. Le pilote n'apparaît pas comme un possible *leader* tant il reste associé à l'exercice individuel du pilotage ou du commandement de pairs dans un escadron. Il apparaît éloigné de l'image du chef ayant connu le commandement d'une section, ou celui d'une compagnie, gérant ses quelques 150 soldats et les matériels en dotation. Le savoir-faire distinctif que nécessite la maîtrise d'un avion de chasse représente un capital relativement inopérant dans l'espace interarmées.

Cet éloignement supposé des aviateurs d'un modèle de commandement dominant marqué par l'influence de l'armée de terre conduit certains d'entre eux à vouloir imposer et légitimer un capital spécifiquement aérien. C'est ce qu'illustrent les propos du Général Vincent Lanata lorsqu'il met en avant le manque d'équité à l'égard de l'armée de l'air dans l'attribution des postes à responsabilités. Selon lui, parce que les aviateurs ne peuvent faire entendre la « voix de la troisième dimension », leur absence aux plus

24 Les journalistes spécialisés dans les questions de défense sont peu nombreux. La plupart d'entre eux tiennent depuis plusieurs années un blog. C'est le cas de Jean-Dominique Merchet. Deux de ses articles laissaient la possibilité aux lecteurs de rédiger des commentaires. Ces derniers ont été sauvegardés à la date mentionnée de la consultation de l'article, soit un total de 57. Certains ne comportent qu'un mot, d'autres proposent des discours très argumentés. Leur analyse a été réalisée selon une méthode qualitative. Aucune demande n'a été faite auprès du gestionnaire du site afin de connaitre le nombre de commentaires éventuellement supprimés, ce qui peut évidemment induire une surreprésentation de certaines opinions.

hauts postes d'influence est préjudiciable. Le recours à cette spécialisation « troisième dimension », forme de « technicité », fut évoqué lors d'entretiens conduits avec des officiers supérieurs et généraux de l'armée de l'air ayant travaillé dans un cadre interarmées.[25] Selon eux, il expliquerait en partie pourquoi les officiers aviateurs « marqués par une « mentalité cockpit » seraient moins souvent choisis que les officiers de l'armée de terre ou de la Marine nationale pour les « beaux postes » ».

Enfin, même si la forme institutionnalisée du capital culturel détenu par les officiers dits « directs » appartenant aux différentes composantes est tout à fait comparable, il semble que la formation majoritaire en sciences de l'ingénieur des aviateurs les prépare moins bien à ce que sera leur deuxième partie de carrière, mettant à l'épreuve davantage leurs capacités rédactionnelles et oratoires. Ce rapport parfois difficile à l'écrit des officiers aviateurs, mis en évidence dans le cadre d'une étude sur la pensée stratégique aérienne (Pajon 2016), peut expliquer la plus faible efficacité de leur capital culturel dans un espace où les compétences littéraires permettent de s'imposer (Zajec 2017). Enfermés dans une sorte de double « technicité » symbiotique, celle de l'expertise de la troisième dimension et celle des sciences de l'ingénieur, les officiers de l'armée de l'air peinent à convertir leurs capitaux symboliques et culturels et ne disposent finalement pas des ressources nécessaires pour briguer légitimement les plus hauts postes de la haute hiérarchie militaire. Face à cette faiblesse, outre la diversification du recrutement et des formations (le développement de la filière Science Politique), on assiste depuis une dizaine d'année à l'École de l'air au renforcement de la formation des aspirants à la culture générale, rappelant que l'officier se doit d'être un « généraliste ».

25 Par ailleurs, la limite d'âge dans le grade de général fut longtemps plus basse pour les officiers de l'air que pour les officiers des autres forces armées, expliquant pour certains le fait que les généraux aviateurs n'aient pas le temps d'atteindre les postes d'influence.

Conclusion

Notre étude a mis en évidence non seulement l'existence de segments qui composent la profession d'officier de l'armée de l'air, mais également la nature parfois compétitive des relations qui les lient. Elle atteste plus centralement de la pertinence de la grille d'analyse interactionniste pour l'analyse de la profession militaire. Principalement abordée sous l'angle fonctionnaliste, elle apparaît traversée par des tendances et des processus à l'œuvre au sein de l'institution militaire (l'impact des avancées technologiques, la banalisation/civilisation du métier des armes, la professionnalisation, la féminisation). L'approfondissement de l'approche interactionniste devrait permettre non seulement de réaliser une cartographie plus précise des segments au sein de l'armée de l'air, mais encore d'étendre son application à d'autres composantes ou à d'autres clivages que les spécialités (les groupes de grades par exemple). À la lumière de cette segmentation, il serait alors possible de réinterroger les tendances lourdes évoquées plus haut, en considérant notamment les effets distincts selon les segments, leur identité et leur prestige, des processus de professionnalisation, mais aussi de féminisation.

Références bibliographiques

Billing Y., and Alvsesson M. (1994). Gender, Managers and Organizations. Berlin : N. Y. de Gruyter.

Boëne B. (2010). 'Morris Janowitz, The Professional Soldier: A Social and Political Portrait', Res Militaris, 1.

Bourdieu, P. (1979). 'Les trois états du capital culturel', *Actes de la recherche en sciences sociales*, 30, 3–6.

– (1984). 'Espace social et genèse de « classes »', *Actes de la recherche en Sciences sociales*, 52–53, 3–14.

Bucher, R., et Strauss, A. (1961). 'Professions in Process', *American Journal of Sociology*, 66 (4), 325–34.

Cailleteau F. (1994). 'La sélection des élites dans le corps des officiers de l'armée de terre en France'. In H.J.-P. Thomas (éd.). *Officiers, sous-officiers. La dialectique des légitimités*, pp. 149–63. Paris : Addim.

Cappelin, P. (2010). 'Plafond, parois de verre ou ciel de plomb ?', *Cahiers du Genre*, 8, 31–57.

Cefaï, D. (2015). 'Mondes sociaux. Enquêtes sur un héritage de l'écologie humaine à Chicago', *SociologieS*, <https://journals.openedition.org/sociologies/4921>, consulté le 20 avril 2019.

Coton C. (2017). *Officiers. Des classes en lutte sous l'uniforme*. Marseille : Agone.

– (2012). 'Briller sous l'épaulette. Capital culturel et capital combattant dans le corps des officiers de l'armée de terre', *Actes de la recherche en sciences sociales*, 1, 14–27.

Evetts, J. (2003). 'Explaining the construction of professionalism in the military: history, concepts and theories', *Revue française de sociologie*, 44 (4), 759–76.

Hamelin F. (2003). 'Le combattant et le technocrate. La formation des officiers à l'aune du modèle des élites civiles', *Revue française de science politique*, 53, 435–63.

Hughes, E. C. (1996). *Le regard sociologique. Essais choisis*. Paris : Éditions de l'École des hautes études en sciences sociales.

Hénaut, L. (2011). 'Capacités d'observation et dynamique des groupes professionnels. La conservation des œuvres de musées', *Revue française de sociologie*, 52 (1), 71–101.

Janowitz, M. (1960), *The Professional Soldier: a social and political portrait*. Glencoe : Free Press.

Lagneau, L. (2012). 'Ô combien de généraux, combien de colonels, qui sont partis joyeux pour des courses lointaines …', <http://lignesdedefense.blogs.ouest-france.fr/archive/2012/02/17/o-combien-de-generaux-combien-de-colonels-qui-sont-partis-jo.html>, consulté le 19 septembre 2018.

Le Floch, M.-C. (2008). 'Une relecture du sale boulot. Entre une division morale et une division sociale du travail éducatif', *Pensée plurielle*, 2 (18), 31–48.

Lenoir, R. (2004). 'Espace social et classes sociales chez Pierre Bourdieu', *Revue Sociétés et représentations*, 1 (17), 385–96.

– (2016), 'Capital social et habitus mondain. Formes et états du capital social dans l'œuvre de Pierre Bourdieu', *Sociologie*, 3 (7), 281–300.

Lindemann, T. (2008). 'Faucons et colombes. Le choix stratégique des forces armées entre intérêt corporatiste et identités militaires', *Revue internationale de politique comparée*, 15, 55–76.

Merchet, J.-D. (2010). 'Un nouveau poste important échappera-t-il à l'armée de l'air ?', <http://secretdefense.blogs.liberation.fr/>, consulté le 15 mai 2018.

– (2016). 'Haute hiérarchie militaire : mais où sont les aviateurs ?', <http://www.lopinion.fr/blog/secret-defense/>, consulté le 15 septembre 2018.

– (2017). 'Mercato des généraux : les aviateurs n'ont pas la cote ...', <https://www.lopinion.fr/blog/secret-defense/>, consulté le 15 septembre 2018.

Moskos C., (2010). 'All-Volunteer Military: Calling, Profession or Occupation?', *Parameters*, 40 (4), 23–31.

– (1987). 'La banalisation de l'institution militaire. L'armée américaine : du modèle institutionnel au modèle industriel', *Futuribles*, 111, 27–38.

Nijean, J.-L. (2011). 'L'armée de l'air en campagne', *Air Actualités*, 645, octobre, 26–29.

Pajon, C. (2009). 'La construction d'une vocation d'officier de l'air. Représentations sociales et sélection des élèves de l'École de l'air', *Annales des Sciences Sociales de Toulouse*, LI, 19–34.

– (2016), 'Officiers de l'armée de l'air et pensée stratégique : de la formation à la construction du « goût »', *Penser les ailes françaises*, 34, 151–65.

Piotet, F., Loriol, M., and Delfolie, D. (2013). *Splendeurs et misères du travail des diplomates*. Paris : Hermann.

Saint-Quentin, G. (de), Depardon, B., Pidoux, A., Hahndel K., Abad, C., Campredon, V., Damlaimcourt, F., Rondel, J. (2008). 'Quel rôle, demain, pour la haute hiérarchie militaire dans la nation ?', *Cahiers du CEREM*, 8, 7–16.

Strauss, A. (1978). 'A social world perspective', *Studies in Symbolic Interaction*, 1, 119–28.

Tanguy, J.-M. (2009). 'Les forces spéciales françaises en Afghanistan – pour quoi faire ?' *Magazine RAIDS*, novembre, n° 282.

Thiéblement A. (1999). *Cultures et logiques militaires*. Paris : Presses Universitaires de France.

Weber C. (2012). *À genou les hommes, debout les officiers*. Rennes : Presses Universitaires de Rennes.

Wollmer H., et Mills D. (1966). *Professionalization*. Englewood Cliffs (NJ): Prentice-Hall.

Zajec, O. (2017). 'La formation des élites militaires. Un enjeu stratégique', *Stratégique*, 3 (116).

MATHIAS THURA

Chapitre 8 Les soldats à l'ouvrage. Conditions et contenu du travail en régiments d'infanterie

En France, la sociologie s'est assez peu intéressée aux contenus des métiers militaires. Comparativement à d'autres secteurs d'activités comme la médecine, l'enseignement, l'industrie ou les emplois de service, et hormis quelques travaux commandités par le Centre de sciences sociales de la Défense (Dufoulon et al. 1995, 1997 ; Dufoulon 1998 ; Efros et Fouilleul 1999 ; Thiéblemont 2001 ; Thiéblemont et al. 2004), on sait peu de choses du labeur quotidien des soldats en casernement ni de la transmission des savoir-faire constitutifs de leurs métiers.[1] Les connaissances produites sur les armées au cours des dernières décennies se sont principalement déclinées autour des problématiques de gestion des ressources humaines et du « facteur humain » : recrutement et fidélisation des effectifs, changement organisationnel, mais aussi transformation de l'identité et de la culture militaire suite à la suspension du service militaire et aux processus de professionnalisation et de féminisation (Coton 2008 ; Thura 2015 et 2020a). Le *travail* concret des soldats y demeure un véritable angle mort.[2]

1 Quelques travaux récents contribuent à combler cette lacune (Pudal 2011, 2016 ; Teboul 2017). À propos de la socialisation et des carrières des officiers de l'armée de terre, voir aussi (Weber 2012 ; Coton 2017).

2 La thématique est absente des principaux ouvrages de synthèses, livres collectifs et numéros thématiques de revues dédiés à la sociologie des armées et des militaires

Pourtant, prendre au sérieux les conséquences de la professionnalisation et le retour aux armées de métier conduit à considérer les militaires comme des *travailleurs*. Membres de la fonction publique d'État, titulaires ou sous contrats, rémunérés durant plusieurs années de leur vie contre la force de travail qu'ils mettent à disposition de leur employeur, entretenant un lien de subordination avec ce dernier[3], formés tout au long de leur carrière et pouvant même envisager une trajectoire professionnelle complète dans l'institution, la situation des soldats s'apparente bien à une situation d'emploi. Certes, ils présentent des caractéristiques qui les distinguent des autres salariés : leur statut est spécifique[4], ils sont frappés par des restrictions juridiques particulières[5] et sont de ce fait soumis à un droit relativement distinct du droit du travail classique[6], ils sont souvent hébergés

(Caplow et Vennesson 2000 ; Gresle 2005 ; Porteret 2007 ; Letonturier 2011 ; Joana 2012 ; Boëne 2014 ; Jakubowski et Cardona-Gil éds. 2020).

3 Lien clairement formulé, bien que sous le vocable militaire de l'obéissance aux ordres et à l'autorité hiérarchique, dans le décret n° 2005–796 relatif à la discipline générale militaire.

4 Défini par la loi n° 2005–270 du 24 mars 2005 portant statut général des militaires. La spécificité juridique de l'état de militaire s'articule chez certains auteurs à une conception essentialiste des armées qu'ils adossent à une « spécificité militaire » dérivant des fonctions guerrières de l'institution (Dabezies 1972). Cette spécificité est parfois invoquée à des fins corporatistes et dans la lutte pour l'autonomie relative des élites militaires face aux décideurs politiques (Hamelin 2000). La notion a aussi un usage dans le champ scientifique, où elle est discutée, mais aussi utilisée pour fonder et justifier l'existence d'un domaine d'étude propre, la « sociologie militaire » (Boëne 1990 ; Bardiès 2011 ; Boëne 2014 ; Weber 2015a).

5 Ils n'ont pas le droit d'adhérer à des organisations politiques, ils n'ont pas le droit de grève ni le droit de se syndiquer, bien qu'ils aient depuis peu le droit de créer des associations à caractère professionnel. Ils ont cependant leurs propres instances de représentation : les « présidents de catégories » en régiment, qui sont un équivalent des délégués du personnel et jouent un rôle de médiateurs en cas de conflits entre soldats ou avec la hiérarchie, ainsi que le Conseil supérieur de la fonction militaire (CSFM), qui veille à l'amélioration de la condition militaire.

6 En plus des restrictions évoquées à la note précédente, les militaires sont payés à la solde, sans considération pour le nombre d'heures effectivement travaillées, que ce soit sur une base hebdomadaire, mensuelle ou annuelle. De plus, ils ne peuvent rompre unilatéralement leur contrat d'engagement. Au regard de l'actuelle politique de ressources humaines des armées, les soldats ne sont quasiment pas exposés

en casernement[7], et ont pour *mandat* de mettre en œuvre les moyens les plus radicaux de la force physique au nom de la collectivité. Pour autant, leur expérience n'est pas non plus complètement étrangère à celle d'autres travailleurs, eux aussi soumis à des contraintes de disponibilité exigeantes, à la réquisition des pouvoirs publics, à un hébergement sur leur lieu de travail, à des périodes d'éloignement de leur famille, à des efforts physiques soutenus, ou encore à une exposition aux dangers vitaux et à la mort violente (qu'elle soit donnée ou reçue).

Historiquement, la révolution industrielle s'est inspirée du modèle d'organisation des armées européennes. Division des fonctions et prééminence de la logique de l'organigramme, distribution rationalisée des espaces, des matériels et des hommes, principes de discipline et de supervision des tâches, décomposition et recomposition des actions ont servi de principes organisateurs du travail productif et des relations de commandement en usine (DeLanda 2005 ; Cohen 2013).[8] Observer les armées avec les lunettes de la sociologie du travail n'a donc rien d'incongru et enrichit même en retour la perspective usuellement adoptée sur l'institution militaire. D'abord, la sociologie et l'anthropologie du travail offrent une grille d'analyse qui s'applique à l'institution militaire comme à n'importe quel champ de la vie sociale (Rot 2006 ; Arborio et al. 2008 ; Avril et al. 2010 ; Buscatto 2010). Attentive aux activités auxquelles les individus s'adonnent et au sens qu'ils y attachent, aux faisceaux de tâches qui constituent leur métier, aux conditions matérielles et symboliques dans lesquelles ces tâches sont effectuées et aux relations qui s'y tissent, la sociologie du travail en actes appliquée aux militaires invite à prendre au sérieux ce à quoi s'adonnent les soldats en régiment. Elle participe ainsi au décloisonnement de l'étude des armées par les comparaisons et les rapprochements avec d'autres champs professionnels qu'elle rend possibles. Cette entrée par le travail permet ensuite

---

au risque de licenciement. Enfin, ils sont l'objet d'un système de sanctions et de punitions qui est propre à l'institution.

7 Il s'agit même d'une obligation pour les nouvelles recrues parmi les militaires du rang.

8 Dans le cas français, la lecture d'*Administration industrielle et générale* d'Henri Fayol ne laisse aucun doute quant à ses inspirations militaires (Fayol 1916 : 25 et suiv.).

de saisir empiriquement comment les soldats acquièrent les savoir-faire professionnels dans le cadre particulier de l'institution régimentaire, et comment ils sont, ce faisant, socialisés au combat. Enfin, cette approche remet au premier plan la questions suivantes : que produisent les soldats par leur travail ? Répondre à cette questions appelle à investiguer la fabrique sociale des appareils militaires, c'est-à-dire la façon dont des individus sont socialisés aux techniques du combat, les incorporent, et sont ainsi transformés en « troupes ».

Pour cela, nous nous concentrerons sur le travail des soldats en casernement, et plus précisément sur une fraction particulière, les fantassins – qui appartiennent à l'arme de l'infanterie – affectés dans des sections de combat. Ceux-ci sont amenés à combattre au sol, à pied et à portée de tir de l'adversaire. Pour autant, l'activité militaire sur le champ de bataille restera en dehors de notre propos. Effectivement, à l'instar de la sociologie du sport qui montre toute l'importance de la socialisation qui précède la performance sportive par le biais de la préparation et de l'entraînement au sein des clubs (Schotté 2012 ; Raséra 2016), c'est du côté de la préparation du soldat que l'on découvre les échafaudages sociaux préalables et nécessaires à la performance combattante en opération.

Par ce triple déplacement – (1) considérer le soldat en travailleur (2) saisir l'institution régimentaire comme le lieu d'une production particulière, et (3) prendre au sérieux ce qui se joue dans l'entraînement quotidien et l'instruction routinière –, ce chapitre propose d'examiner le cadre et le contenu du travail des soldats d'une section de combat de l'infanterie, et, par ce biais, de saisir et d'analyser les dispositifs par lesquels se *fabrique* une unité de combat. Pour ce faire, nous nous appuierons sur des observations menées dans plusieurs régiments de l'armée de terre française entre 2010 et 2015.[9]

9 Une large part des observations sous-jacentes à ce chapitre ont été collectées dans le cadre de notre thèse de doctorat, à laquelle nous renvoyons le lecteur pour de plus amples développements (Thura 2014a).

Au régiment comme à l'usine

À l'instar de l'usine pour les ouvriers, le régiment est la matrice à partir de laquelle s'organisent les temporalités, les espaces, et les relations entre les personnels qui la peuplent. Elle est présente dans les organigrammes et les plannings affichés aux murs, au travers des grades et des insignes portées sur les uniformes, dans l'architecture des bâtiments. Elle ordonne l'aménagement des espaces et leurs usages, impose ses horaires, est visible sur les tableaux d'effectifs contenus dans les classeurs et tableaux de dénombrement du matériel punaisé aux portes. Elle se révèle enfin par la différenciation des tâches auxquelles les soldats s'adonnent, les gestes qu'ils sont enjoints d'effectuer, les types de documents ou décrits qu'ils manipulent ou produisent, les paroles et les propos qu'ils échangent, les pensées qu'ils sont susceptibles d'avoir durant leur ouvrage.

Un régiment d'infanterie français compte environ un millier de personnels militaires, très majoritairement de sexe masculin.[10] Ils sont répartis dans différentes entités qui remplissent des fonctions distinctes et dont ils constituent les effectifs : la compagnie de commandement et de logistique (CCL), qui assure l'administration générale du régiment, les quatre compagnies de combat numérotées de 1 à 4, et la compagnie d'éclairage et d'appui (CEA), qui est une compagnie de combat spécialisée. Chacune d'elles est subdivisée en « services », « bureaux » ou « sections ». Les activités qui s'y déroulent sont clairement différenciées. Elles occupent généralement des bâtiments qui leur sont propres, gèrent leur matériel et leur main d'œuvre. Compagnies et sections sont identifiées et identifiables par une série de marqueurs – bâtiments, chefs, insignes, couleurs, blasons, chants, réputations – eux-mêmes support d'identification pour les soldats qui reprennent fréquemment les

10 Malgré l'ouverture dès 1985 de presque toutes les branches des armées et de tous les types de postes aux femmes, les armées françaises demeurent le lieu d'une ségrégation professionnelle genrée et d'une *féminisation en trompe l'œil*. Les femmes sont encore très largement minoritaires au sein des unités de combat et souvent cantonnées à des postes administratifs (Sorin 2003 ; Weber 2015b ; Thura 2017). Pour de plus amples développements sur le sujet, se reporter aux chapitres respectifs de Camille Boutron et de Claude Weber dans ce même ouvrage.

divisions de l'organigramme pour se situer les uns par rapport aux autres et se désigner dans les échanges courants : « un gars de la 4 [ème compagnie] », « les mecs de la S2 [deuxième section de telle compagnie] ».

Comme en usine, la division du travail militaire se lit dans l'architecture du régiment et sa topographie (Thomas 1972). L'affectation des bâtiments à certaines compagnies et à certaines fonctions structure la fréquentation de ces derniers, mais aussi les trajets quotidiens dans l'espace régimentaire et donc les chances de rencontre entre personnels. En miroir, la fréquentation différenciée des espaces s'articule à la position occupée dans l'organigramme. Bureaux administratifs, bâtiments de compagnies, terrains de sport et d'entraînement, zones techniques, de stockage, constituent autant de sous-univers professionnels dans lesquels se rencontrent des militaires exerçant des métiers différents : combattants, secrétaires, gestionnaires, mécaniciens, infirmiers, médecins, etc.[11]

L'ordre hiérarchique militaire est aussi à l'image des hiérarchies qui structurent les relations, les places et les appartenances sociales et culturelles dans le monde industriel. Les catégories de grades – officiers, sous-officiers et militaires du rang – correspondent à la tripartition entre les catégories de cadres, d'agents de maîtrise et d'ouvriers. Issus des fractions supérieures de la stratification sociale, les officiers administrent les unités, planifient la production et le travail, conçoivent les entraînements, contrôlent et notent leurs personnels et évaluent l'état des matériels. Légèrement plus dotés scolairement que leurs subordonnés, les sous-officiers font office de techniciens et d'agents de maîtrise. Courroies de transmission des injonctions productives de la hiérarchie, ils supervisent le travail, surveillent et contrôlent les tâches à effectuer, encadrent la formation de leurs subalternes, font remonter des informations aux officiers et leur apportent un soutien pour la gestion des matériels. Ils détiennent une connaissance technique qui leur donne de l'autorité sur leurs subalternes, et dans certaines configurations sur leurs

11 Les militaires ne forment pas à proprement parler une « profession » au sens structuro-fonctionnaliste du terme. Il semble plus adéquat de les considérer comme un système de groupes professionnels segmentés mais partageant un même statut juridique qui contribue à leur clôture et à leur claire identification dans la division du travail (Demazière et Gadéa 2009). Groupes tenus ensemble au sein d'une institution productrice d'un discours unificateur se référant à une histoire, à une mémoire, à une culture et à une identité professionnelles érigées comme communes, bien que constamment tiraillées par des logiques de division et de distinction (Thiéblemont 1999).

supérieurs. Enfin, très majoritairement issus des classes populaires et de la fraction basse des classes moyennes, les militaires du rang sont les exécutants finaux : ils effectuent les diverses tâches qui leur sont ordonnées, opèrent le travail productif que sont l'entraînement et l'instruction, rendent compte à leurs supérieurs une fois ce dernier effectué. Ils constituent la grande majorité de l'effectif du régiment, et composent un collectif finement hiérarchisé, officiellement par les grades et l'ancienneté, et plus informellement par leur expérience et leur réputation en tant que camarade et collègue de travail.

Par contre, le régiment présente la particularité notable de brouiller la césure entre sphère du travail et sphère domestique, puisqu'une part non négligeable de ses effectifs y réside. De la même façon qu'au dix-neuvième siècle, les patrons de l'industrie pouvaient s'assurer d'un contrôle plus étroit de leurs ouvriers en les logeant, l'institution s'assure d'un contrôle sur sa main d'œuvre en la logeant en chambrées. L'encasernement n'est cependant pas réductible à une situation de réclusion.[12] Dans le contexte d'une armée professionnelle, l'institution régimentaire n'est pas à l'image de l'institution totale décrite pas Goffman (1968). Comme nous l'avons indiqué plus haut, elle n'est pas un lieu de réclusion. Elle s'apparente plus à une *institution enveloppante*, dont l'emprise est moins complète et plus adoucie, bien que dépassant les limites de ses fonctions officielles pour imposer à ses membres un mode vie discipliné selon ses principes (Darmon 2013). En dehors des heures de service, les soldats vont et viennent librement. Ils n'ont pas non plus l'obligation de dîner au réfectoire, ils peuvent découcher, et même mener une vie nocturne sur place, bien que cette dernière soit encadrée par la présence d'officiers et de sous-officiers de permanence. L'ordre disciplinaire continue ainsi à planer sur les soldats en dehors des heures de service. Dans ce contexte, les sociabilités et les relations affinitaires se structurent selon l'affectation, entre camarades de chambrées, de sections, de compagnies. Les personnels se fréquentent entre collègues de section (au réfectoire, mais aussi pendant les virées en boite, durant les soirées organisées au sein de la compagnie), selon

12 On parle bien ici d'une négociation dans la mise oeuvre plus ou moins intense de ce travail, mais pas quant à son contenu. Comme nous le verrons plus loin, les dispositifs de transmission des savoir-faire combattants produisent bel et bien un quadrillage des individus, les poussant à agir de la façon homogène et régulière, à l'instar d'un dispositif de contrôle foucaldien (Foucault 1975).

l'appartenance à un grade – elle-même étroitement liée à l'appartenance à différentes classes sociales[13] – (soirée *capo-chef*, club des lieutenants, sortie au restaurant entre sergents d'une même section ou d'une compagnie) ou à une catégorie de grades (soirées entre officiers au *club house* du régiment), ou encore en fonction des origines géographiques – renvoyant aussi à des marqueurs ethno-raciaux – pour les militaires ultramarins (entre « gars des îles », soirée entre « antillais », dîner entre « réunionnais », barbecue « kanaks », etc.).[14]

Organisation et dynamique du travail en section de combat

Le travail des fantassins appelés à combattre s'effectue au sein des sections. Ce sont des collectifs de travail stables divisés en « groupes » dont les membres œuvrent quotidiennement ensemble. À l'instar de l'atelier dans le monde usinier, la section est un collectif hiérarchisé et contraignant, qui obéit aux règles officielles de l'organisation. S'y observent aussi des normes locales, parfois tacites, qui contribuent à la régulation et à l'encadrement informel du travail et de l'investissement dans ce dernier. La dynamique des relations professionnelles entre soldats apparait dès lors plus complexe qu'une simple obéissance à la verticalité des ordres.

La section possède ses propres espaces : un bureau, éventuellement une salle d'instruction attitrée, des chambres. Le « bureau section » est son centre névralgique. C'est là que le chef de section (un adjudant-chef ou un lieutenant), son adjoint (un adjudant ou un sergent-chef), voire les chefs de groupe (des sergents), ont leurs bureaux et qu'ils tiennent leurs réunions.

13 La hiérarchie par le grade redouble les hiérarchies sociales (Settoul 2015 ; Coton 2017). Sur la composition sociale des armées saisie par le biais de l'*Enquête emploi* de l'INSEE et sur les liens qui s'établissent entre origines sociales, modalité de recrutement, accès aux grades et profils des carrières, voir les chapitres trois et quatre de notre thèse de doctorat (Thura 2014a).

14 À propos de la consommation d'alcool comme pratique de sociabilité en régiment et en usine, voir (Pialoux 1992 ; Prévot 2007).

Cette pièce sert aussi à stocker le matériel et la documentation nécessaires au fonctionnement routinier. Lieu de nombreux va-et-vient, s'y distribuent les tâches à effectuer tout au long de la journée de service, le plus souvent en dehors du bâtiment de compagnie, parfois en dehors de l'enceinte régimentaire. Mais à la différence de l'atelier en usine, si la section s'identifie par un local, elle n'y localise pas l'ensemble des activités de ses membres.

Au sein de ce collectif, la répartition des rôles est la suivante. Le chef de section planifie le travail de ses subordonnés et établit leur emploi du temps au jour le jour. Il s'occupe de l'administration de la section avec son adjoint, qui s'acquitte, lui, des aspects techniques de la gestion des équipements. Il a aussi à sa charge l'évaluation et la notation de ses hommes, ce qui lui assure une emprise sur ceux qui espèrent faire une carrière la plus complète possible sous les drapeaux. Il fixe des objectifs de performance collectifs (être la section « la plus pêchue » de la compagnie, la mieux notée lors d'un rallye régimentaire ou lors d'un camp d'évaluation, la mieux classée lors du semi-marathon du régiment, etc.) et individuels (améliorer le niveau physique des nouvelles recrues, faire réussir tel examen à untel et untel, renforcer la notation de chacun). Il sanctionne et récompense la conduite et l'investissement de ses subordonnés, s'assure qu'ils ont bien suivi l'ensemble des formations nécessaires pour leur progression dans les grades, et repère parmi eux les potentiels futurs sous-officiers. S'il jouit d'une relative autonomie dans l'organisation de son temps de travail, il n'en demeure pas moins tributaire de contraintes liées à la *prog'* (programmation générale des activités) du régiment et de sa compagnie, dont il doit tenir compte dans sa planification. L'encadrement quotidien est délégué aux chefs de groupes. Ils accompagnent et contrôlent les soldats dans leurs activités, ils encadrent et animent les séances de sport et une large part des séances d'instruction. Ce n'est pas sans raison que l'institution les désigne par le terme de « cadres de contact ». Les hommes du rang, eux, exécutent les ordres, s'adonnent à l'entraînement, et s'acquittent de diverses tâches de fonctionnement. Leur marge d'autonomie est limitée, puisque ce sont les cadres qui leur imposent au jour le jour une liste de tâches à exécuter dans l'immédiat ou à un moment donné durant la journée.

La journée de service en section suit un canevas type. Elle débute à heures fixes avec le rassemblement des effectifs et se poursuit généralement par une séance de sport, souvent un footing suivi d'une séquence de renforcement musculaire. Leur douche prise, une première séance d'instruction en salle de cours peut amener les soldats jusqu'à leur pause méridienne et au repas pris à « l'ordinaire » (nom donné au réfectoire). Les après-midis sont plutôt dédiés à des instructions spécialisées ou à des exercices sur les terrains de manœuvres, ainsi qu'à l'entretien des matériels, dont le nettoyage des armes. Une seconde séance d'entraînement physique peut clore la journée, dont la fin est marquée par la lecture des ordres pour le lendemain et l'annonce du « QL » ou « quartier libre ».

Au sein d'une section, plusieurs soldats occupent des postes particuliers, comme les armuriers, les responsables de stocks ou encore les pilotes de véhicules. Ils peuvent être appelés dans d'autres bâtiments pour effectuer les tâches afférentes à ces fonctions et être « ad », c'est-à-dire « à disposition » d'une autre composante du régiment. Il en est de même pour les permanences et les tours de garde qui extraient régulièrement quelques soldats de la section pour les dédier à des missions d'intérêt général pour le régiment. Si l'on prend en compte les soldats envoyés dans différents stages d'instruction spécialisée, ou en missions ponctuelles à l'extérieur du régiment, mais aussi ceux qui sont en arrêt de travail, les effectifs de la section sont rarement au complet. Par ailleurs, la conduite de l'instruction amène des soldats plus expérimentés à prendre en charge une part du travail pédagogique auprès de leurs collègues, donc à devoir préparer les séances d'instruction de leur côté. Enfin, une multitude de tâches est distribuée « en conduite », dans le déroulement de la journée. Il peut s'agir de déplacer du matériel, de se rendre aux ateliers de maintenance pour récupérer un véhicule ou pour en faire le plein, de plastifier une carte pour l'exercice du lendemain, de déplacer du mobilier pour préparer les journées portes ouvertes du régiment, etc. Ces activités sont souvent courtes et n'impliquent pas de compétences particulières. Certaines d'entre elles constituent une forme de « sale boulot » (Hughes 1962) et sont presque systématiquement déléguées aux moins gradés.

La journée de travail des soldats est donc plus éclatée que ne le laisserait penser la lecture de l'emploi du temps de la section. Elle est aussi faite d'une multitude de temps morts, que ce soit entre deux activités programmées ou entre deux tâches distribuées en cours de route. Temps que les officiers cherchent à remplir et que leurs hommes se réapproprient à leur manière, que ce soit à l'ombre des véhicules, devant le bâtiment de compagnie, dans les couloirs ou les chambrées : ils prennent *du* et *leur* temps, discutent, blaguent entre eux, fument des cigarettes, prennent un café, échangent des textos, écoutent de la musique, font la sieste, jouent à des jeux vidéo ou regardent la télévision, parfois révisent à l'approche d'un examen professionnel, etc. Ces temps ne sont morts qu'aux yeux de la hiérarchie, et sont des moments où se jouent certains aspects de la socialisation des jeunes soldats (Thura 2014b).

L'investissement des soldats dans l'entraînement et l'instruction, la fixation de l'intensité du travail et le suivi des cadences relèvent d'une négociation permanente entre les membres de la section. Pour donner à leurs pairs les gages de leur « capacité au commandement », les chefs de section cherchent à maximiser l'investissement de leurs subordonnés dans le travail, que ce soit par l'agencement de la planification des activités ou par le remplissage des vides par de nouvelles tâches. Ils cherchent aussi à s'assurer que les soldats accomplissent bel et bien les efforts attendus à l'entraînement et à l'instruction, et n'ont d'autre choix pour ce faire que de s'appuyer sur les sous-officiers, dont ils sont, de ce fait, dépendants. De l'autre côté du spectre hiérarchique, les militaires du rang s'approprient aussi cet impératif productiviste : à la fois comme expression de leur professionnalisme et d'une sorte d'honneur du travail bien fait – le soldat est censé s'adonner consciencieusement à sa tâche et montrer sa fiabilité à ses collègues – mais aussi comme un intérêt collectif bien compris, dans la mesure où le niveau de compétence de chacun aura des conséquences cruciales une fois la section déployée en opération. Les sergents et le collectif de collègues réprimandent et administrent des punitions en cas de désobéissance ou d'erreurs faites par un ou plusieurs membres de la section. Pompes, abdos, course à pied, claques sur le casque, « gifle de bon fonctionnement » (moins fréquentes que par le passé aux dires des anciens comme des plus jeunes), remontrances virulentes et, dans des cas plus rares, punitions infamantes, sanctionnent les écarts de conduite et les erreurs de manipulation des équipements. Les plus gradés et expérimentés participent largement à l'encadrement des plus jeunes, contrôlant parfois de façon serrée leur engagement dans les tâches qui leur sont confiées et invectivant ces derniers en cas de sous-investissement dans l'entraînement et l'instruction quotidienne. Une autodiscipline du rang existe et s'observe dans une multitude de pratiques quotidiennes et dans les rappels à l'ordre émis entre membres d'une même section. Mais parallèlement à ce contrôle des jeunes recrues, les caporaux et caporaux-chefs opposent aussi à l'encadrement des formes de « freinage », réussissant à obliger leurs collègues les plus zélés à lever le pied, à l'instar de ce qui a pu être observé par les ethnographes en usine (Brochier 2006 ; Roy 2006). S'il s'agit d'exécuter les ordres reçus, ils rappellent régulièrement de ne pas « s'inventer des missions » ni de « faire la pute du lieutenant » en allant au-devant de ses attentes. Entre les deux, les sous-officiers se retrouvent pris entre le marteau et l'enclume. Par leur position et leur perspective de faire carrière – puisqu'ils sont d'abord recrutés en tant que contractuels avant d'être éventuellement titularisés – ils sont tenus de contribuer à la maximisation de l'investissement dans l'entraînement et l'instruction. Mais, par leur proximité d'expérience quotidienne avec les hommes du rang ils peuvent aussi endosser, d'eux-mêmes, une part du freinage, pour « protéger les mecs ». Il leur arrive ainsi de négocier avec leur chef de section et de plaider les demandes de leurs subordonnés, ou encore de fermer les yeux lorsque ces derniers s'aménagent des temps morts.

La dynamique de la mise au travail et le contrôle social qui sont à l'œuvre au sein de la section ne reposent donc pas seulement sur une discipline strictement verticale contraignant à agir sous la menace de la sanction et de la punition. La discipline militaire, en tant que relation, et ici relation de travail, laisse place à de la négociation. Elle ne s'impose pas toute entière à l'individu sans opposition autre que l'insubordination et la désobéissance. Elle ne l'a très probablement jamais été complètement. Il semble en tous cas que le modèle traditionnel de l'autorité militaire s'est effacé, sans complètement disparaitre, au profit de dispositifs disciplinaires plus diversifiés. Elle s'est aussi adoucie dans une certaine mesure : les punitions officielles sont plus encadrées, laissent moins de place à la brutalité et aux sévices corporels (Jakubowski 2007). Si les soldats du rang opposent une résistance aux injonctions hiérarchiques avec laquelle les officiers doivent aussi composer, des liens de solidarité entre collègues – désignés par le terme de « cohésion » dans le langage militaire – les poussent à s'investir dans le travail dans une logique d'entre-aide face à une tâche commune.[15] Par ailleurs, l'injonction au professionnalisme enjoint les jeunes recrues à se conformer au modèle du bon professionnel, du collègue fiable qui remplit son rôle et sur lequel le collectif peut compter, n'obéissant pas seulement sous la contrainte et la crainte d'une punition, mais aussi par souci du collectif, voire par adhésion au goût de l'ouvrage bien fait ou et à l'éthique du travailleur consciencieux (Evetts 2003 ; Boussard et al. 2010).

Parallèlement, les modalités du commandement tendent aussi à évoluer. Les cadres militaires tentent désormais de susciter l'intérêt de leurs subordonnés pour les tâches qu'ils leur ordonnent d'exécuter. Ainsi, l'explication des finalités des ordres donnés est-elle encouragée dans les manuels de commandement et durant la formation des sous-officiers. Aussi assiste-t-on, à rebours de l'histoire, à l'importation des principes actualisés du management dans le monde militaire. Le modèle de domination professionnelle qui se dégage de ces quelques constats se rapproche à bien des égards à la production du consentement des exécutants observée dans l'industrie (Burawoy 2015).

Travail du fantassin combattant et fabrique de la troupe

Parmi les tâches auxquelles s'astreignent les fantassins, certaines impliquent l'acquisition et l'emploi de savoir-faire professionnels propres aux soldats. Des savoir-faire qui ne s'acquièrent quasiment qu'au sein de l'institution. Ces activités occupent une place plus centrale dans leurs représentations et dans leurs pratiques professionnelles, parce qu'elles visent explicitement à remplir l'une des finalités officielles de

15 Les liens de camaraderies et les obligations réciproques qu'ils engendrent sont des forces motrices probablement bien plus sûres et efficaces que le seul embrigadement idéologique (Shils et Janowitz 1948 ; Browning 2007).

l'institution : produire des individus aptes et habilités au combat militaire, et socialisés en conséquence. Dit autrement, ces activités ont pour finalité explicite de *produire* la troupe. Cette production se réalise à travers un intense programme d'éducation corporelle regroupé en deux ensembles : l'entraînement physique et sportif du soldat et l'instruction.

Éducation corporelle et orchestration des conduites

La pratique des activités physiques et sportives est une composante cardinale du travail des soldats. Quotidienne et encadrée, elle est prescrite et inscrite dans la doctrine d'entraînement et sert aussi de levier disciplinaire. Course à pied, renforcement musculaire, montée de corde, natation, parcours d'obstacles, pratiques gymniques, techniques d'optimisation du potentiel, etc., sont autant de manières par lesquelles l'institution travaille le corps des soldats (Thura 2020a). Par le recours à différentes techniques du corps (Mauss 1935), l'institution cherche l'ajustement des morphologies et des habiletés sensori-motrices à leurs usages guerriers. Il s'y sélectionne et s'y développe des aptitudes corporelles sur lesquelles s'organiseront ensuite des habiletés typiquement militaires : déplacements tactiques, manipulation des armements et port des équipements, usage militairement efficace des armes, etc. Force, vitesse, résistance et endurance sont cultivées à toutes fins utiles pour le combat. Si on élargit la focale de l'entraînement physique et sportif vers l'ensemble plus vaste des pratiques que recouvre la socialisation corporelle du fantassin, les exercices de manœuvres, les marches diurnes ou nocturnes, les parcours d'audace et les stages commandos, les entraînements dans des conditions météorologiques difficiles (pluie, chaleur), voire atypiques (stages dans la jungle ou le désert, exercices en montagne) apparaissent comme autant de vecteurs de la production de corps endurants et endurcis, tant physiquement que moralement. Par ces différents dispositifs, il s'agit pour l'institution de façonner des êtres sociaux capables de faire un usage maximisé de leur potentiel corporel et de dominer leurs émotions, leurs répulsions, leurs peurs, afin de faire face aux conditions de la guerre. Les fonctions physiologiques sont, elles aussi, l'objet de cette socialisation. La faim, la soif, la fatigue, le sommeil, ou encore l'envie d'uriner sont autant de sensations soumises à une tentative de façonnage. Les soldats apprennent à les taire et à les accorder aux rythmes imposés par la tactique : se retenir, sauter un repas ou faire des micro-siestes. L'entraînement physique du soldat, pris au sens large, soumet sa chair à une discipline collective dont l'un des effets est de la rendre le plus entièrement disponible à un usage tactique.

L'instruction constitue le second volet de cette fabrique de la troupe de fantassins. Le terme renvoie aux activités instituées de transmission des savoir-faire spécialisés liés au métier de combattant, tant sous des formes abstraites (des savoirs objectivés inscrits dans des livres et des cahiers) que pratiques (des savoirs incorporés par la manipulation des équipements, la réalisation de manœuvres). L'instruction peut se dérouler en salle de classe, et alors adopter une forme scolaire, ou sur le terrain de manœuvres sous la forme des séries d'exercices pratiques, ou encore de manière plus informelle lors de pauses durant lesquelles les plus expérimentés poursuivent la transmission des savoirs officiels aux nouvelles recrues.

En régiment, l'instruction est très largement orientée vers des finalités opérationnelles : l'apprentissage des « actes élémentaires » et des « actes réflexes » du combattant, la connaissance des déplacements tactiques et leurs variations, le fonctionnement, le réglage et l'utilisation des équipements en dotation, la topographie, les cadres d'ordre et la trame des messages radio, ou encore les premiers secours au combat. Contre toute attente, l'instruction en régiment laisse peu de place à ce qui pourrait s'apparenter à un travail d'endoctrinement du soldat pour le faire adhérer à l'idée qu'il doit se battre pour la nation, la patrie, le drapeau ou l'État. Ce travail s'opère par le biais d'autres instances de socialisation, en amont, ou de façon plus informelle. C'est avant tout l'impératif de « remplir la mission » qui motive la mise au boulot et d'agir en tant que professionnel qui remplit la tâche pour laquelle il est mandaté. Dans leur travail quotidien, les jeunes soldats apprennent surtout à « chérir la mission » qui leur est confiée, sans que les cadres y ajoutent des strates de justifications idéologiques supplémentaires (se battre pour la liberté, pour une cause juste, pour les intérêts de la France). En dehors de sa visée tactique ou stratégique, la mission ne s'argumente pas, ou de façon exceptionnelle et lapidaire. Le droit et la législation dans les conflits sont aussi largement absents de la formation des soldats. L'instruction ne laisse pas de place aux débats éthiques ni moraux, et encore moins au détail des règles légales qui encadrent le mandat militaire en opération. Ce sont les procédures d'action qui y occupent toute l'attention, et la question de la légalité des ordres n'y est quasiment jamais débattue.

Le modèle pédagogique à l'œuvre dans le cadre de l'instruction est le « *drill* » (exercice par répétition), terme consacré dans l'institution. Il s'agit d'un apprentissage qui opère par *cœur* et par *corps* (Faure 2000 ; Thura 2014a), basé d'une part, sur la décomposition et la répétition de sommes de gestes à effectuer dans un ordre donné – pour utiliser les armements ou les équipements, pour ouvrir le feu, pour se déplacer, pour se camoufler – et, d'autre part, sur l'énumération et la répétition de listes de mots évoquant et bornant ces gestes et les idées à avoir à l'esprit en les exécutant, à l'instar de « check lists » (Goody 1979). L'instruction militaire s'accompagne d'une série d'acronymes mnémotechniques et de maximes instituées très officiellement dans le jargon professionnel et employées par les soldats : « MOICP », « PSMPCP », « FOMECBLOT », « DD est un bon GV », « règle des 4A », etc.[16]

Cette technique de transmission induit un rapport procédural aux gestes et aux pensées du métier, et articule finement les corps et les esprits aux équipements. Cet appariement se manifeste dans l'habileté et l'aisance dont ces derniers font preuve lorsqu'ils les manipulent : gestes homogènes, sûrs, rapides, exécutés *sans (trop) y penser* (Warnier 1999). La technique du *drill* apparait être un puissant moyen d'orientation, d'homogénéisation et d'orchestration des conduites des soldats, et est considérée comme efficace par l'institution. Cependant, il faut toute l'attention du collectif

16 Respectivement : « mission, objectif, itinéraire, conduite à tenir, place du chef » pour un ordre de mission de groupe, « position, mission, secteur, conduite à tenir, place du chef » pour un ordre d'installation sur une position, « fond/forme/fumée, ombre, mouvement, masque, éclat, couleur, bruit, lumière, odeur, traces » pour un contrôle du camouflage, « droite dévisser, gauche visser » pour manipuler la vis de réglage des organes de visée sur un FAMAS, « alimentation, antenne, accessoire, allumage » pour le montage et la mise en marche d'un poste radio de type PR4G.

de travail pour qu'elle produise les effets recherchés. Ici encore, supérieurs hiérarchiques et collègues de même grade participent d'une surveillance croisée des gestes de chacun à l'entraînement, par de multiples rappels à l'ordre et encouragements, individuels ou collectifs, par des explicitations et ré-explicitations, par des démonstrations et re-démonstrations des gestes et des postures dont l'observance est attendue et imposée dans la mesure du possible.

À l'instar du travail du sportif au sein d'une équipe, le travail du soldat vise aussi sa coordination avec ses collègues et avec son environnement. L'entraînement individuel est couplé à une orchestration collective des gestuelles. La socialisation du combattant ne réside pas seulement dans la capacité d'exécution de schémas récurrents, mais dans la possibilité d'en faire un usage ajusté aux circonstances, changeantes, comme dans une *improvisation réglée*. Un second apprentissage opère donc par le biais d'une casuistique de situations via les manœuvres et les simulations de combat. Les cadres plus expérimentés conçoivent des exercices ad hoc pour « sortir du drill boite de conserve » et amener les soldats à développer ce que les sous-officiers et officiers appellent souvent « l'intelligence du terrain ». Cet apprentissage s'opère en partie de façon artisanale. Les plus expérimentés enseignent aux plus jeunes recrues des savoir-faire combattants qu'ils ont pu éprouver en opération et qui constituent une sorte de mémoire opérationnelle collective locale. S'y transmet aussi le *sens pratique* du militaire combattant (Bourdieu 1980), soit sa capacité à agir en tant que soldat (se mouvoir, regarder, se poster et utiliser ses équipements), c'est-à-dire en appliquant des schémas dictés par la tactique avec *pertinence* et *justesse*, de façon coordonnée avec les autres combattants (tenir des distances, se positionner en appui, etc.) et en utilisant les éléments de l'environnement de façon militairement adéquate (s'abriter derrière des obstacles, se poster tout en ayant un champ de vision dégagé, utiliser la forme du terrain pour se déplacer, etc.).

Éducation à l'usage de la force

À travers ce processus de socialisation corporelle qui court tout au long de la carrière du soldat s'opère une éducation à l'usage des moyens de la force physique la plus radicale : les armes et équipements utilisés pour la conduite d'opérations de guerre. Cette éducation se fait sur fond de socialisation masculine et de virilisation des conduites des jeunes soldats. Toute une culture physique virilisante s'exprime à travers les interactions entre collègues de travail en régiment, présentant de nombreux traits caractéristiques de la culture physique des jeunes hommes issus des classes populaires (Oualhaci 2017). L'entretien d'un corps aux muscles dessinés, les démonstrations de force physique, les poignées de mains fermes, les échanges rituels de coups – allant de la tape franche sur le dos au coup de poing sur l'épaule – mais aussi les bagarres, les invectives et insultes, participent d'une sociabilité masculine encourageant la manifestation de la force, tant physique que morale. Les sections de combat dans l'infanterie sont le lieu de production institutionnalisée d'une *masculinité dominante hétérosexuée* qui s'impose aux hommes comme un modèle de conduite (Devreux 1997, 2002 ; Teboul 2017).[17] Modèle qui n'est guère remis en question par l'arrivée de rares femmes dans les rangs. Les « féminines » – terme officiel désignant les militaires de sexe féminin – s'y ajustent et manifestent une *féminité mise en adéquation* avec l'univers masculin dans lequel elles évoluent (Sasson-Levy 2003 ; Teboul 2015a, 2015b ; Thura 2020b).

L'éducation à l'usage de la force physique est prise en charge par l'institution dans le cadre de l'instruction au combat rapproché et au tir. Durant ces séances, sous les ordres d'instructeurs spécialisés, les soldats apprennent à (oser) porter et à recevoir des coups, à montrer de la ténacité, à ne pas « subir », et à toujours tenter de reprendre de l'ascendant sur l'adversaire. Il s'agit bien de socialiser à un usage de la force physique, mais à un usage technicisé, encadré et régulé par les consignes des instructeurs et par des normes professionnelles, en l'inscrivant dans le registre d'une procédure corporelle à mettre en œuvre professionnellement. Un usage « sur ordre » et obéissant à des fins tactiques, en vue de produire tel ou tel effet, comme

17 Voir (Devreux 1997, 2002). Dans une enquête récente, Jeanne Teboul livre une description et une analyse des pratiques de virilisation des corps des jeunes soldats durant leurs classes (Teboul 2017). Pour une lecture de l'institution militaire au prisme du genre, se reporter au chapitre de Camille Boutron dans ce même ouvrage.

« neutraliser » (ce qui, le cas échéant, peut signifier « tuer »), « stopper », « isoler », « fouiller », « tenir à distance ». À l'instar du boxeur qui apprend à donner des coups dans le cadre normé du combat sportif, les soldats se socialisent à une force elle aussi disciplinée : suscitée, elle doit être la plus complète possible pour faire face à des intentions homicides, régulée, elle n'est pas censée être déchaînée, sans limites.

L'apprentissage de l'usage des armes en tant que soldat connaît la même ambivalence : entre la production de la capacité à en faire usage – savoir se servir efficacement de l'armement et ne pas être rebuté par le fait de s'en servir – et son encadrement dans des limites réglementaires et dans des normes professionnelles. Car tirer en soldat ne consiste pas seulement à apprendre à se servir d'une arme tout en respectant des consignes de sécurité et à atteindre des cibles. Les fantassins sont socialisés à une discipline du feu : un feu encadré, devant pouvoir être retenu, coordonné et rationalisé par la tactique. Sur les pas de tir, les instructeurs répriment systématiquement les tirs non commandés (tirs qui ne sont pas effectués « sur ordre » ou dans le cadre des consignes données, autrement dit à un *moment non ordonné*) et les « effets boule de feu », c'est-à-dire les situations où le tir des soldats redevient individuel, chacun usant de son arme sans tenir compte des autres. L'apprentissage du tir militaire passe aussi par l'apprentissage du respect des « secteurs de tir » et du respect des consignes d'ouverture du feu, qui sont des techniques d'organisation et d'orchestration de l'action. L'usage des armes est ainsi quadrillé par les règles tactiques et incorporé sous forme de procédures répétées, ainsi que le rappel des « règles d'ouverture du feu » et des consignes d'identification des cibles auxquelles ils sont censés s'astreindre[18]. Il existe donc une tension intrinsèque au travail du soldat : à la fois s'entraîner à faire usage de la force, *in fine* être capable de la déployer, mais d'une manière militairement encadrée et régulée.

18 Procédures elles-mêmes enserrées dans les règles du droit international, mais aussi dans une morale et une éthique du combat qui ne sont, elles, pas toujours entièrement explicites pour les soldats sur le terrain. Sur ce point, se reporter à la contribution d'Edouard Jolly dans ce même ouvrage.

Conclusion

Vingt ans après l'achèvement de la professionnalisation des armées, il apparait crucial de s'intéresser au travail des soldats. Réhabiliter la figure du soldat-travailleur ouvre des perspectives fécondes pour penser l'expérience sociale à laquelle se confrontent des milliers d'hommes et de femmes œuvrant au sein de cette institution. De nombreuses pistes sont à envisager, et nous n'avons fait qu'en esquisser quelques-unes : divisions du groupe professionnel et conditions de sa cohérence, relations professionnelles et dynamiques de travail dans les unités, morphologie et temporalités des carrières, compréhension des investissements subjectifs dans l'exécution des tâches, dans les opérations de contrôle, ou encore dans l'évaluation et la mesure de la performance des soldats.

Sans prétendre à l'exhaustivité, de nombreuses questions restent à explorer, comme celles de la pénibilité de ce travail, des blessures et des maladies professionnelles qui en découlent. Les déterminants sociaux des trajectoires professionnelles, la conversion des dispositions sociales acquises avant l'engagement en savoir-faire militaires certifiés, ainsi que la valorisation de ces savoir-faire professionnels particuliers sur le marché du travail à la sortie de l'engagement, appellent un programme d'étude qui n'a été conduit que de façon parcellaire jusqu'ici. De plus, les travaux portant sur la genèse des vocations, leur réalisation et leur étiolement face aux conditions réelles d'exercice du métier sont rares. Enfin les mécanismes de représentation et de défense des intérêts de ces travailleurs au sein de l'institution demeurent très largement méconnus. Chacune de ces thématiques fait écho à des domaines solidement documentés par la sociologie du travail pour de nombreux champs de la vie sociale.

Les soldats sont des professionnels dont le corps est à la fois le moyen, l'instrument et la cible de leur labeur, et leur travail les façonne plusieurs années durant. Prendre au sérieux les activités auxquelles ils s'adonnent en régiment ouvre une fenêtre d'opportunité pour saisir les conditions sous-jacentes à l'action militaire : le combat militaire moderne ne peut se comprendre qu'à l'aune des dispositifs et des méthodes par lesquels les soldats sont socialisés à l'usage de la force militaire, et dont leurs conduites sont orchestrées afin de « faire troupe ». On accède ainsi aux procédés par lesquels les appareils militaires sont très concrètement fabriqués, incorporés et incarnés. Pour le dire autrement : observer le soldat à l'entraînement permet de connaître les échafaudages, à la fois corporels et cognitifs, constitutifs de l'action militaire et du travail combattant une fois rendue sur les théâtres d'opérations. Sans analyse approfondie de ce qui se joue dans ce préalable, la sociologie de la guerre et du combat demeurera frappée de cécité quant à des pans entiers de son objet.

Une telle approche permet donc d'appréhender de façon empirique la production et la disciplinarisation de la force militaire, d'en saisir les rouages, et d'en comprendre la dimension structurelle au niveau de l'institution, de même que la dimension incorporée à l'échelle du soldat, dont il est attendu qu'il soit à la fois capable de faire usage de la force, tout en contenant cette dernière pour l'inscrire dans le droit de la guerre. S'ouvre ici tout un programme de travail pour étudier empiriquement la fabrique sociale des moyens de la guerre.

Références bibliographiques

Arborio, A-M., Cohen, Y., Hatzfeld, N., Muller, S., Fournier, P., et Lomba, C. (eds) (2008). *Observer le travail : histoire, ethnographie, approches combinées.* Paris : La Découverte.

Avril, C., Cartier, M. et Serre, D. (2010). *Enquêter sur le travail.* Paris : La Découverte.

Bardiès, L. (2011). 'Du concept de spécificité militaire', *L'Année sociologique*, 61 (2), 273–95.

Boëne B. (ed.) (1990). *La Spécificité militaire.* Paris : Armand Colin.

– (2014). *Les sciences sociales, la guerre et l'armée.* Paris : Presses de l'université Paris-Sorbonne.

Bourdieu, P. (1980). *Le Sens pratique.* Paris : Éditions de Minuit.

Boussard, V., Demazière, D., et Milburn, P. (eds) (2010). *L'injonction au professionnalisme. Analyse d'une dynamique plurielle.* Rennes : Presses universitaires de Rennes.

Brochier, C. (2006). 'Le contrôle du travail par les ouvriers : analyses à partir d'observations participantes', *Sociologie du travail*, 48 (4), 525–44.

Browning, C. (2007). *Des hommes ordinaires. Les 101e bataillon de réserve de police allemande et la Solution finale en Pologne*. Paris : Tallandier.

Buscatto, M. (2010). *La fabrique de l'ethnographie. Dans les rouages du travail organisé*. Toulouse : Octarès.

Burawoy, M. (2015). *Produire le consentement*, Montreuil : La ville brûle.

Caplow, T., et Vennesson, P. (2000). *Sociologie militaire : armée, guerre et paix*. Paris : Armand Colin.

Cohen, Y. (2013). *Le siècle des chefs : une histoire transnationale du commandement et de l'autorité*. Paris : Éditions Amsterdam.

Coton, C. (2017). *Officiers. Des classes en lutte sous l'uniforme*. Marseille : Agone.

–– (2008). *La culture de la distinction. Unité institutionnelle et lignes de tensions au sein du corps des officiers de l'armée de terre*. Thèse de sociologie, Université Paris 7 - Diderot.

Dabezies, P. (1972). 'La spécificité militaire', *Contact - Amicale de l'EMSST*, 24, 23–37.

Demazière, D., et Gadéa, C. (2009). *Sociologie des groupes professionnels : acquis récents et nouveaux défis*. Paris : La Découverte.

Darmon, M. (2013). *Classes préparatoires*. Paris : La Découverte.

DeLanda, M. (2005). 'Beyond the Problematic of Legitimacy: Military Influences on Civilian Society's', B*oundaries 2*, 32, 117–28.

Devreux, A-M. (2002). 'Du balai au fusil, l'apprentissage de la domination masculine à l'armée'. In M. Bessin (ed), *Autopsie du service militaire 1965–2001*, pp. 117–23. Paris : Autrement.

– (1997). 'Des appelés, des armes et des femmes : l'apprentissage de la domination masculine à l'armée'. *Nouvelles Questions Féministes*, 18 (3/4), 49–78.

Dufoulon, S. (1998). *Les gars de la marine : ethnographie d'un navire de guerre*. Paris : Métailié.

Dufoulon, S., Trompette, P., et Saglio, J. (1997). *La mémoire de la mer. Mobilité des hommes et capitalisation des savoirs sur un bâtiment de combat*. Paris : Etudes du C2SD.

– (1995). *Les marins du Georges Leygues, analyse sociologique du fonctionnement d'un bâtiment de combat*. Paris : DRET/CNRS.

Efros, D., et Fouilleul, N. (1999). *Les unités de combat en intervention humanitaire : une activité de travail particulière*. Paris : Etudes du C2SD.

Evetts, J. (2003). 'Explaining the construction of professionalism in the military : history, concepts and theories', *Revue française de sociologie*, 44 (4), 759–76.

Faure, S. (2000). *Apprendre par corps : socio-anthropologie des techniques de danse.* Paris : La Dispute.

Fayol, H. (1916). *Administration industrielle et générale.* Paris : Dunod.

Foucault, M. (1975). *Surveiller et punir, naissance de la prison.* Paris : Gallimard.

Goffman, E. (1968). *Asiles, études sur la condition sociale des malades mentaux.* Paris : Éditions de Minuit.

Goody, J. (1979). *La Raison graphique : la domestication de la pensée sauvage.* Paris : Éditions de Minuit.

Gresle F. (ed) (2005). *Sociologie du milieu militaire : les conséquences de la professionnalisation sur les armées et l'identité militaire.* Paris : L'Harmattan.

Hamelin, F. (2000). *La spécificité militaire, une construction institutionnelle. Le cas de la formation des officiers du génie aux XIXème et XXème siècles.* Thèse de sciences politiques, Paris : IEP de Paris.

Hughes, E. C. (1962). 'Good People and Dirty Work', *Social Problems*, 10 (1), 3–11.

Jakubowski, S. (2007). *La professionnalisation de l'armée française : conséquences sur l'autorité.* Paris : L'Harmattan.

Jakubowski, S., et Cardona-Gil, E. (eds) (2020). *Les logiques de transformation des armées.* Villeneuve d'Ascq : Éditions du Septentrion.

Joana, J. (2012). *Les armées contemporaines.* Paris : Presses de la FNSP.

Letonturier, É. (2011). 'Présentation', *L'Année sociologique*, 61 (2), 267–71.

Mauss, M. (1935). 'Les techniques du corps', *Journal de Psychologie*, 32, 271–93.

Oualhaci, A. (2017). *Se faire respecter. Ethnographie des sports virils dans des quartiers populaires en France et aux États-Unis.* Rennes : Presses universitaires de Rennes.

Pialoux, M. (1992). 'Alcool et politique dans l'atelier. Une usine de carrosserie dans la décennie 1980', *Genèses*, 7 (1), 94–128.

Porteret, V. (2007). *La défense. Acteurs, légitimité, missions perspectives sociologiques.* Paris : L'Harmattan.

Prévot, E. (2007). 'Alcool et sociabilité militaire : de la cohésion au contrôle, de l'intégration à l'exclusion', *Travailler*, 18 (2), 159–81.

Pudal, R. (2016). *Retour de flammes : les pompiers, des héros fatigués ?.* Paris : La Découverte.

– (2011). 'Du "Pioupiou" au "Vieux Sarce" ou comment en être : ethnographie d'une socialisation chez les pompiers', *Politix*, 93 (1), 167–94.

Raséra, F. (2016). *Des footballeurs au travail. Au cœur d'un club professionnel.* Marseille : Agone.

Rot, G. (2006). *Sociologie de l'atelier : Renault, le travail ouvrier et le sociologue.* Toulouse : Octarès.

Roy, D. (2006). *Un sociologue à l'usine : textes essentiels pour la sociologie du travail.* Paris : La Découverte.

Sasson-Levy, O. (2003). 'Feminism and Military Gender Practices : Israeli Women Soldiers in "Masculine" Roles'. *Sociological Inquiry*, 73 (3), 440–65.

Schotté, M. (2012). *La construction du talent : sociologie de la domination des coureurs marocains*. Paris : Raisons d'agir.

Settoul, E. (2015). 'Classes populaires et engagement militaire : des affinités électives aux stratégies d'insertion professionnelle', *Lien social et Politiques*, 74, 95–112.

Shils, E. A., Janowitz, M. (1948). 'Cohesion and Disintegration in the Wehrmacht in World War II'. *The Public Opinion Quarterly*, 12 (2), 280–315.

Sorin, K. (2003). *Femmes en armes, une place introuvable ? Le cas de la féminisation des armées françaises*. Paris : l'Harmattan.

Teboul, J. (2017). *Corps combattant. La production du soldat*. Paris : Éditions de la FMSH.

– (2015a). 'Combattre et parader'. *Terrains & travaux*, 27, 99–115.

– (2015b). 'Un choix professionnel "atypique" ? Etude du parcours biographique de quelques jeunes femmes candidates à l'engagement militaire'. In C. Weber (éd), *Les femmes militaires*, pp. 63–72. Rennes : Presses universitaires de Rennes

Thiéblemont, A. (2001). *Expériences opérationnelles dans l'armée de terre : unités de combat en Bosnie, 1992–95*. Paris : Études du C2SD.

– (1999). *Cultures et logiques militaires*. Paris : Presses Universitaires de France

Thiéblemont, A., Pajon, C., et Racaud, Y. (2004). *Le métier de sous-officier dans l'armée de terre aujourd'hui*. Paris : Études du C2SD.

Thomas, H J-P. (1972). 'Quelques clés pour comprendre l'architecture des casernements de la dernière décennie', *Contact - Amicale de l'EMSST*, 24, 39–50.

Thura, M. (2020a). 'Produire le corps du métier. Les activités physiques et sportives dans le travail des fantassins'. In J. Pierre, et L.Pichot (eds), *Sport au travail. Bien-être & management*, pp. 87–99. Toulouse : Octarès.

– (2020b). 'Pour une approche biographique de l'engagement dans les armées', *Les Champs de Mars*, 33, 47–70.

– (2017). 'La persistance d'une féminisation par les marges : le cas de l'Armée de terre française'. *Les Cahiers de la Revue Défense Nationale. Actes du colloque du 8 mars 2017*, 21–28.

– (2015). 'Armer le lecteur. Pour une relecture de la sociologie militaire française à l'aune de ses conditions institutionnelles de production', *Dynamiques internationales*, 11, <http://dynamiques-internationales.com/wp-content/uploads/2016/02/Thura-DI-11.pdf>, consulté le 18 avril 2020.

– (2014a). *"En avant !" Sociologie de l'action militaire et de l'anticipation du combat. Un régiment d'infanterie en route pour l'Afghanistan*. Thèse de sociologie. Paris : EHESS.

– (2014b). '"Dépêchez-vous d'attendre !" Travail militaire et socialisation au combat', *Terrain*, 63, 54–71.

Warnier, J-P. (1999). *Construire la culture matérielle. L'homme qui pensait avec ses doigts*. Paris : Presses universitaires de France.

Weber, C. (2015a). 'Une étude de sociologie militaire. Quels apports pour la sociologie ?', *Dynamiques internationales*, 11, <http://dynamiques-internationales.com/wp-content/uploads/2016/02/Weber-DI-11.pdf>, consulté le 18 avril 2020

– (ed.) (2015b). *Femmes militaires*. Rennes : Presses universitaires de Rennes.

– (2012). *À genou les hommes, debout les officiers : la socialisation des Saint-Cyriens*. Rennes : Presses universitaires de Rennes.

CHRISTOPHE LAFAYE

Chapitre 9 Garder les traces de l'expérience des combattants

Mener des recherches sur l'expérience combattante du vingt-et-unième siècle dans une perspective d'histoire immédiate invite l'historien à réfléchir à la temporalité de son objet d'étude, à la constitution de son corpus de données et à la méthodologie adéquate pour fonder son édifice narratif. Exigence d'autant plus forte en raison du caractère encore « chaud » de la réalité qu'il cherche à capturer et à mettre en récit, tout en l'articulant avec la connaissance des effets du temps long. Il est nécessaire de « mettre en lumière une histoire sous-jacente, très lente à s'écouler [...] qui échappe à nos volontés » et à nos consciences, « et sur laquelle notre propre histoire navigue, secouée par les vagues illusoires du présent » (Braudel 1985 : 8). Écrire sur les guerres du temps présent demande donc de constituer un corpus de données permettant d'objectiver et de tenir à distance critique les discours politiques, la stratégie poursuivie, la définition (ou non) des buts de guerre en cours et l'emploi de la force militaire. Pour être comprise dans sa complexité, l'expérience combattante doit être appréhendée le plus largement possible et dans toute sa diversité. Le chercheur doit ainsi être soucieux de saisir un maximum de traces du quotidien très concret des soldats (Thiéblemont 1999 : 31). La rigueur exigée par cette démarche s'incarne dans sa méthodologie. « C'est la nature initialement effrayante ou troublante des faits étudiés qui oblige et doit conduire les chercheurs à redoubler de rigueur dans leur réflexion méthodologique et épistémologique. » (Buton, Loez, Mariot et Olivera 2014 : 9) Cette histoire appelle à s'ouvrir à d'autres approches disciplinaires pour forger des outils originaux.

Il n'est pas nouveau que les historiens mobilisent les sciences humaines et sociales pour interroger autrement leurs objets (Henninger 1999). Les historiens de la Grande Guerre ont contribué à la vitalité du débat historiographique par des emprunts à l'anthropologie, à la sociologie et à la psychologie (Becker et Audoin-Rouzeau 2000 ; Rousseau 2006 ; Ingrao 2010 ; Mariot 2013). Branche (2001) éclaire quant à elle l'usage de la torture au cours de la guerre d'Algérie en mobilisant, en plus des archives usuelles sur le sujet, des témoignages oraux qu'elle a directement collectés. Certains sociologues et historiens se sont posés la question de l'exploitation du témoignage de leurs contemporains dans leurs travaux (Pollak et Heinich 1986 : 3–29) et celle du statut de leur propre témoignage (Bloch 1946). Certains ethnographes, comme Thiéblemont ou Desbois, ont étudié la guerre et les combattants contemporains en s'appuyant sur des écrits personnels et des archives privées collectées auprès de leurs enquêtés, sans toutefois constituer de collectes de données ayant une visée patrimoniale. Cette vitalité des études de la guerre et des violences de masse, leur caractère pluridisciplinaire, transparaît pleinement dans l'ouvrage collectif dirigé par Cabanes (2018).

Concernant l'histoire militaire du temps présent et l'étude des combattants du vingt-et-unième siècle, rares sont les chercheurs[1] à franchir le cap pour proposer des approches résolument pluridisciplinaires. C'est l'expérience que nous proposons de présenter dans ce chapitre. Afin de documenter l'expérience de soldats de l'arme du génie[2] lors de leurs déploiements en Afghanistan entre 2001 et 2012, nous avons adopté une démarche empirique s'inscrivant à la croisée des méthodes de l'histoire du temps présent, de la sociologie, de l'anthropologie et de l'archivistique (Lafaye 2014, 2016). Cette méthode rompt avec certains usages D'abord, elle place le chercheur en dehors du centre d'archives, lieu de travail habituel de l'historien. Ensuite, elle impose à l'historien de « provoquer »

1 Jauffret (2013) et Cochet (2017) mobilisent certains outils de l'histoire immédiate pour analyser leurs objets.

2 L'Arme du génie est une composante de l'armée de terre. Au combat, le génie contribue à la liberté d'action des forces amies en appuyant leurs actions de combat (déminage, assaut, franchissement etc.) et en réduisant la capacité de manœuvre adverse (contre mobilité). Il concourt aussi à la sûreté des forces (construction de bases avancées etc.) et à la reconstruction de la paix dans la durée. Le génie possède une composante combat et sécurité (dont les brigades de sapeurs-pompiers de Paris). Les infrastructures sont administrées par le Service des Infrastructures de la Défense (SID) depuis 2005.

ses archives et de constituer lui-même son fonds, l'obligeant à adopter des réflexes d'archivistes. Enfin, elle lance l'historien sur des sentes ordinairement arpentées par les sociologues et les ethnographes lorsqu'ils suivent les militaires sur leurs terrains, ce qui amène celui-ci à emprunter leurs outils pour mener à bien son investigation. Ce faisant, il se retrouve exposé à de nouvelles questions : que faire de ses propres observations et de son immersion sur le terrain ? Quel statut donner aux sources orales dans la compréhension de l'expérience combattante ? Comment affronter l'absence de recul temporel et avec quels outils ? Enfin, comment classer, trier et archiver pour l'avenir le produit de sa collecte ?

Collecter l'expérience combattante du vingt-et-unième siècle

Écrire l'histoire des hommes et des femmes en guerre au vingt-et-unième siècle impose à l'historien de partir à la rencontre des témoins. Cette démarche aboutit à produire des données qui seront converties en archives dans le cours même de l'enquête. Il ne travaille pas à partir de fonds existants et déjà constitués par autrui (Lafaye 2019), mais il construit lui-même le fond qui constituera ses archives. Ce sont le périmètre du terrain, ses conditions d'ouverture, la méthodologie de collecte et le processus de recueil des données qui en déterminent le contenu. Contenu qui peut ensuite être déposé dans un centre d'archives dans un but de conservation, le tout dans le respect des lois et des règlements en vigueur[3]. Au cœur de cet appareil documentaire, les sources orales occupent une place particulière parce qu'elles participent à la définition même de l'histoire immédiate : « une histoire vécue par l'historien ou ses principaux témoins » (Soulet 2010 : 139). Réaliser une enquête de terrain dans l'institution militaire pose la question de l'accès au lieu de

3 Obtention du consentement éclairé, respect du droit d'auteur, secret professionnel, secret de la défense nationale, droits sur les données individuelles garantis par la Commission Nationale Informatique et Liberté (CNIL), entre autres.

la collecte, qu'il soit un théâtre d'opérations extérieur ou une unité en métropole. Le chercheur doit pouvoir disposer des autorisations nécessaires pour accéder à ses témoins, mais aussi posséder une connaissance suffisante de l'institution et de ses codes pour mener ses investigations à bien, pour trouver les bons interlocuteurs, pour les convaincre de sa démarche et pour leur permettre de délivrer le récit de leurs expériences. Dans le cas des archives touchant les armées, les questions de la confidentialité, de la protection des témoins (qui peuvent être toujours en activité), du secret-défense, du secret professionnel, de la communicabilité des fonds ainsi que leur valorisation, se posent de façon aiguë (Branche, Descamps, Saffroy et Vaïsse 2018). L'obtention de l'autorisation hiérarchique pour mener une collecte de témoignages, tout comme le consentement éclairé de chaque témoin sont indispensables. Contrairement à la démarche des sociologues qui se placent rarement dans une démarche de patrimonialisation de ses données, l'optique de conserver ces fonds dans les rayonnages des centres d'archives impose à l'historien de développer une bonne maîtrise des outils archivistiques (tri, classement, numérisation, indexation, rédaction d'un répertoire numérique détaillé, d'un inventaire, etc.) et informatiques pour l'exploitation du fonds (traitement des données qualitatives, etc.)[4]. La collecte de l'expérience combattante de soldats contemporains telle que nous l'avons mise en œuvre dans une démarche d'histoire du temps présent patrimonialisée est divisée en quatre phases : la préparation de la collecte, la réalisation de celle-ci, le traitement et l'archivage et enfin la valorisation des données recueillies.

4 Cet exercice nous place à la croisée des chemins entre histoire, sociologie, archivistique et informatique. Cette approche transdisciplinaire nécessite d'acquérir de nombreuses connaissances et compétences techniques complémentaires à celles du métier de chercheur.

Tableau 9.1 Étapes d'une collecte de témoignages oraux et d'archives personnelles

Phase n° 1 Préparation de la collecte	**Phase n° 2 Réalisation de la collecte**	**Phase n° 3 Traitement et archivage**	**Phase n° 4 Valorisation du fonds**
Définition de l'objet d'étude et du périmètre de l'enquête ***Identification et ouverture des terrains*** *Prise de contact avec les unités, obtention de l'autorisation d'enquête, désignation d'un référent « enquête » par unité* ***Préparation de l'enquête de terrain*** *Documentation, élaboration du questionnaire sous forme semi-directive, validation* ***Établissement du calendrier de collecte***	***Prise de contact et acclimatation au terrain*** *Accueil dans les unités, identification des interlocuteurs, socialisation au terrain, découverte du contexte de la collecte* ***Établissement du plan de collecte*** *Mise en place du plan de collecte général, contrôle échantillonnage et demande éventuelle de compléments* ***Réalisation des entretiens*** *Consentement éclairé, entretiens et collecte de données complémentaires* ***Contractualisation avec les témoins***	***Tri du fonds et numérisation des pièces*** *Premier tri des archives privées versées, éliminations, numérisation des pièces d'élaboration de la recherche et fonds « papier », construction agencement du fonds et attribution de cotes provisoires* ***Rédaction de la structure du fonds d'archives*** *Réalisation d'une synthèse du fonds* ***Rédaction du répertoire numérique détaillé*** *Respect des normes archivistiques, indexation en XML-EAD* ***Rédaction de l'inventaire***	***Valorisation institutionnelle*** *Dépôt et archivage des fonds pour une réutilisation des données de la recherche.* ***Valorisation dans le cadre d'une recherche*** *Utilisation des fonds comme sources pour mener des travaux de recherche.*

Phase n° 1 Préparation de la collecte	**Phase n° 2 Réalisation de la collecte**	**Phase n° 3 Traitement et archivage**	**Phase n° 4 Valorisation du fonds**
	Dépôt des archives privées ***Rédaction des tableaux de gestion de collecte*** *Sources sonores, images, vidéos, autres*	***analytique*** *Dédié aux sources orales et retranscriptions* ***Versement du fonds pour exploitation*** *Équipe de traitement ou exploitation directe par le chercheur*	

Le fonds que nous avons collecté est divisé en trois sous-fonds : archives orales, collecte et production de données, archives complémentaires et valorisation de la collecte. Les documents réunis comprennent des témoignages oraux, des données concernant les témoins interrogés et des archives personnelles. À l'instar d'une démarche sociologique consciente de l'engagement du chercheur la fabrique des données et attentive à l'objectivation de ses conditions de production, les sous-fonds intègrent des informations sur le collecteur et sur les conditions de réalisation de l'enquête de terrain (tableaux de collecte et de production, prises de notes immédiates, renseignements de type sociologique sur les témoins interrogés, etc.). En intégrant les besoins du sociologue et de l'historien, les fonds s'enrichissent par des apports garantissant la pérennité des matériaux de recherche collectés et leur possible réutilisation. Le caractère précaire des documents numériques produits par leurs enquêtés dans le cours de leurs activités importe particulièrement ici, parce qu'il contraint à adapter la stratégie d'enquête. Photos, vidéos réalisées sur le champ de bataille, journaux personnels, documents de travail intermédiaires à la rédaction de documents officiels, courriels personnels, échanges en vidéoconférences, tous ces documents, s'ils ne sont pas collectés à plus ou moins brève échéance et documentés, seront amenés à disparaître rapidement et de manière irrévocable. Cette disparition priverait les historiens de sources pour documenter la vie des combattants contemporains ou leur permettant de mieux interroger les archives publiques lorsqu'elles sont accessibles. Le début du vingt-et-unième siècle place le chercheur face à une rupture technologique, fruit de la révolution numérique et de l'avènement d'Internet. Une société entièrement tournée vers les outils numériques et la production quotidienne de données personnelles dans un espace virtuel comporte de nombreux défis pour l'historien et l'archiviste (comment collecter, conserver et exploiter ces données ?).

Constitution d'un fonds d'archives sur l'armée française en Afghanistan

Entre 2010 et 2013, nous avons mené une enquête de terrain pour constituer des fonds sur l'armée française et le génie en Afghanistan à partir du 19e régiment du génie (RG). L'historien empruntait les outils du sociologue, collectait par étapes les témoignages oraux et les archives personnelles (tableau 9.1), tout en portant un regard critique sur les données obtenues. Notre statut de réserviste a facilité l'entrée et l'accueil au sein des unités, ainsi que nos conditions de séjour dans ces dernières : hébergement, accès aux casernements, etc. Ce qui n'est pas sans incidence sur les conditions d'une recherche de plusieurs mois sur de nombreux sites répartis sur tout le territoire[5]. Les militaires du génie ayant servi en Afghanistan ont constitué notre principale population d'enquête. Toujours réalisé moins de trois mois après le retour des soldats, lorsque la mémoire était encore vive, chacun des entretiens fut mené sous une forme semi-directive, sur la base d'un questionnaire unique qui n'évoluait qu'en fonction des spécificités d'emploi des interviewés, de leur grade et de leur régiment. La liste des témoins était négociée en tête à tête avec le commandant d'unité. Face au programme d'entretiens préétabli par la

5 87 témoignages réalisés entre 2010 et 2013, répartis entre nombreux sites : Angers, Paris, Saint-Christol, Laudun, Besançon, Valdahon, Montauban, Bruxelles etc.

hiérarchie avec ses logiques propres, le chercheur doit pouvoir proposer des modifications afin de veiller à l'équilibre de son corpus de données (présence de femmes, de militaires du rang etc.). Les entretiens se déroulaient souvent au sein de la salle d'honneur de l'unité, fermée durant l'échange pour garantir la confidentialité des propos. Avant de lancer l'enregistrement, le consentement éclairé du témoin était obtenu par l'explication de la démarche de recherche, des éléments liés à la contractualisation permettant la conservation du témoignage (ses droits, les obligations du chercheur et de l'institution patrimoniale). Les noms des militaires cités dans le travail étaient codés afin de préserver leur anonymat. Nous nous présentions comme étudiant en histoire et jeune sous-lieutenant réserviste. Cette double appartenance nous intégrait dans deux réalités admises, sinon connues des enquêtés. Elle s'est avérée être une ressource durant les entretiens. Notre statut de jeune officier permettait aux différents interlocuteurs de nous situer dans les grilles de l'institution. Celui de « réserviste » atténuait l'effet du grade, grâce à l'image de semi-militaire (ou semi-civil) véhiculée au sein de l'armée de terre. Celui d'étudiant donnait la possibilité de dépasser la simple relation hiérarchique pour entrer dans le partage de l'expérience vécue. « Être étudiant procure de nombreuses ressources pour mener une enquête », remarquent Beaud et Weber. « Le terme d'étudiant rassure (...). Les gens veulent vous rendre service, vous aider. Vous n'êtes pas menaçant socialement » (2003 : 99). Les entretiens duraient entre trente minutes et deux heures et étaient enregistrés sur un support numérique de qualité, afin de pouvoir constituer un fonds d'archives orales pour le Service historique de la Défense (SHD) de Vincennes. Les fonds étant considérés comme privés, le contrat de dépôt et d'exploitation était donc signé avec chaque témoin. Un corpus de quatre-vingt-sept témoignages a ainsi été produit et intégralement retranscrit. Le protocole juridique indispensable pour garantir l'utilisation des données collectées puis leur versement à l'institution patrimoniale n'a pas été sans effet. Sa signature au moment de l'entretien a parfois provoqué un malaise chez les interviewés. Cette judiciarisation des actes de la recherche a pu être préjudiciable à la suite des échanges, surtout lorsqu'il était question d'une expérience du combat traumatisante ou pouvant engager des responsabilités pénales. Le cadre archivistique, par sa rigueur et ses impératifs pouvait donc corseter l'interaction et constituer un frein à la collecte des récits personnels. En contrepartie, la présence physique de l'enquêteur sur le terrain et les relations nouées avec les témoins à cette occasion permettent d'accéder à de nombreuses archives personnelles, particulièrement riches et fécondes pour l'analyse.

Aperçu des archives personnelles collectées

Comme l'indique Desbois qui étudie les combattants de la Grande Guerre, les matériaux disponibles sont fondamentalement lacunaires et hétérogènes, et ne peuvent que très difficilement être complétés :

> [Pour comprendre] la guerre, du point de vue du soldat, il faut (…) passer par les lettres, mais en les confrontant à tous les autres matériaux disponibles (…). L'idéal serait de disposer pour un même soldat de tous ces indices, le plus souvent, on n'en trouve qu'une fraction (Desbois 1990 : 38).

Pour les combattants contemporains, une telle collecte auprès des soldats est pleinement envisageable et permet de collecter les indices dont Desbois déplore l'absence. Ces militaires – enfants de la révolution numérique – produisent de nombreuses archives personnelles. L'engagement français en Afghanistan n'est ni une guerre sans paroles ni une guerre sans images. Si durant les conflits du vingtième siècle, les soldats ont toujours essayé de conserver des traces de leurs guerres, a révolution numérique multiplie les outils de captation de l'expérience combattante par les acteurs eux-mêmes. Beaucoup de soldats en Afghanistan disposaient d'appareils photo numériques miniatures, mais aussi de caméras-casques de haute définition. Elles immergent le chercheur au cœur des séquences de combat en adoptant la vision du combattant. La clarté de l'image, la puissance de l'environnement sonore (tirs, la respiration du soldat, les ordres qui fusent, les tirs, etc.), les visages inquiets des soldats qui apparaissent sur les images donnent un aperçu et une vision de l'expérience vécue. Ces caméras trouvent un usage dans le travail des soldats. Ces enregistrements sont assimilables à des rush vidéo, qui ne deviennent réellement source qu'après un travail de documentation attentif auprès du témoin (temporalité, lieu de l'action, mission, dispositif, place du témoin dans l'action, moment du déclenchement et de l'arrêt de la caméra et signification des images). Ces films témoignent aussi de la vie sur la base opérationnelle avancée, de l'installation de la section, de ses activités de cohésion et des moments forts du séjour (cérémonies, hommages aux soldats tués, soirées d'anniversaire, repas groupés, etc.). À la fin de chaque mandat, il est fréquent qu'un soldat recueille les enregistrements de la section et propose un montage - accompagné souvent d'une musique de rock métal – revenant sur les moments forts du déploiement et constituant de la sorte un support mémoriel pour ses camarades de section. Il en va de même avec les appareils photo numériques. Ils sont tour à tour instrument de travail (pour photographier les restes d'engins explosifs improvisés ou les armes saisies, par exemple) et outil de sauvegarde d'une mémoire individuelle (photo de paysages, de son équipement, de son environnement, etc.) et d'une mémoire de groupe (photos de compagnies, de section, de groupe, etc.). Le commandement militaire français interdit la réalisation d'images et de vidéos par les soldats. Mais il existe une tolérance de fait, qui permet la constitution de matériaux de recherche de première importance. « Les photos sont alors utilisées comme des témoins pour mémoire », remarque Muxel (2007 : 178). Ces supports peuvent servir au chercheur lors de la collecte des témoignages. Ils permettent aux soldats de mettre des images ou des sons sur leurs mots, de retrouver le fil chronologique du récit, de s'immerger de nouveau dans leur vécu. Le chercheur fait face au témoin, mais aussi à son ordinateur, qui projette des fragments d'épisodes passés dont il est question durant l'entretien enregistré. Et c'est bien de tout cela qu'il faut rendre compte pour faire « source ». De plus, ces images permettent de réactiver la mémoire et de structurer le fil du récit. Elles constituent un complément du témoignage oral puisqu'elles peuvent être potentiellement croisées avec celles des camarades. Elles peuvent aussi interroger la robustesse de la mémoire et mettre les souvenirs à l'épreuve des traces qu'il en reste. Elles ne sont pas exemptes de danger, car elles sont subjectives (regard du témoin, vision limitée), mais elles ouvrent des possibilités de croisements inédits (journal de marche de l'unité, récits individuels, retour d'expérience, témoignages oraux, vidéos casques, photos de l'événement, etc.) pour restituer l'expérience combattante à différentes échelles.

La guerre moderne n'est pas non plus sans écrits. Dans les archives personnelles des soldats se trouvent des carnets de route (sommaires ou rédigés), des récits (parfois publiés chez un éditeur), des journaux de compagnies ou de sections (réalisés avec les moyens du bord pour informer les familles du quotidien des soldats ou simplement entretenir les liens entre des hommes qui peuvent être déployés sur des bases différentes), des documents de travail (brouillons d'ordres, tableur de gestion des effectifs, tableau de proposition de récompenses, cartes, photos à usage professionnel, ordres préparatoires aux opérations, ordres initiaux, etc.), mais aussi des courriels, des photos ou vidéos échangés avec la famille, les proches et même d'autres soldats du régiment restés en France. En Afghanistan, le réseau cellulaire et la connexion Internet sur les bases permettent de joindre les familles et engendrent de nouvelles traces utiles à l'historien (courriels, messages sms, etc.). Mais les échanges téléphoniques ou la visioconférence sur l'ordinateur réduisent la production de traces écrites. Les correspondances épistolaires deviennent plus rares. Cette présence « de l'arrière » au cœur du déploiement pouvait être vécue d'une manière difficile par les soldats sitôt que la solde n'était pas versée correctement, que la petite amie décidait de partir ou qu'une crise éclatait dans un couple à la faveur de l'éloignement. Le sentiment d'irréalité même de la vie en métropole pour un individu confronté à l'expérience extrême de la guerre pouvait inciter certains à restreindre les communications. Les soldats étant de grands consommateurs de réseaux sociaux, le commandement français faisait la promotion d'un guide des bonnes pratiques de ces derniers pour éviter les risques de fuites d'informations et de compromission. Les soldats étaient invités à se censurer dans leur correspondance afin de ne pas donner d'informations à l'ennemi. Ces guides, et les consignes qu'ils contiennent, éclairent donc le contenu des correspondances et leurs potentielles lacunes et part d'ombre. À l'image des combattants de la Première ou de la Seconde Guerre mondiale, les soldats livrent finalement peu de détails sur leur quotidien pour ne pas inquiéter ceux restés en arrière[6]. L'expérience guerrière transparait mieux dans les

6 Une étude sur les correspondances numériques ou épistolaires des soldats contemporains avec une perspective comparative avec les conflits antérieurs est encore à réaliser.

courriels envoyés à des camarades militaires en métropole, mais les soldats rechignent à les transmettre, car souvent la parole y est « sans filtre ».

Certains soldats consignent leurs activités au jour le jour dans des carnets numériques de guerre afin de ne pas perdre le fil chronologique de l'expérience vécue et de pouvoir en faire le récit. Ils prennent la forme d'une déposition factuelle des actions et événements quotidiens. Ils peuvent recourir à un usage important d'acronymes ou de termes techniques, qui rendent la compréhension délicate pour un non initié. Le fil chronologique du carnet sert de support à la mémoire. Dans un cadre familial, certains soldats choisissent de rédiger un témoignage écrit pour leur épouse ou leur descendance. L'accès à de telles pièces permet de confronter le récit familial aux autres sources collectées et d'y déceler les éventuels filtres, les reformulations et les non-dits. Dans un cadre professionnel, les notes facilitent la rédaction du retour d'expérience (RETEX). Cet exercice normé dans le monde militaire permet aux soldats en position de responsabilité de tirer les enseignements de leur séjour sur le théâtre d'opérations. Les ressentis personnels pris en note à chaud sont mis en forme, triés, reformulés avant d'être adressés aux échelons supérieurs. La chaine hiérarchique amende le document avant son dépôt définitif.

> La procédure RETEX filtre énormément d'informations. Nombre de rapports de séjours en Bosnie montraient toute la difficulté de la mission, mais tous se concluaient à peu près en ces termes : « Cette mission a été très difficile, mais ce fut une belle mission que nous avons remplie ». Donc, tout apparaissait comme allant pour le mieux (Thiéblemont 2015 : 77).

Comme la hiérarchie militaire est productrice de filtres sur sa propre expérience vécue, il peut être très révélateur de confronter les premières esquisses du rapport avec celui finalement déposé. Un séjour consigné dans un carnet prend des formes de restitutions diverses en fonction des espaces où le récit a vocation à circuler. L'enjeu pour le chercheur est de pouvoir collecter ces diverses traces pour pouvoir les confronter et comprendre la nature des filtres qui aboutissent aux différentes versions. Ce travail de collecte et de comparaison donne des clés pour mettre les témoignages en perspectives.

D'autres témoins se lancent dans la rédaction de mémoires qui peuvent être publiées ou peuvent rester à l'état de manuscrit. Ces ouvrages à destination du public sont relus et validés par la hiérarchie militaire afin de ne pas compromettre le secret-défense. Ils n'en demeurent pas moins précieux, bien que de qualité inégale. L'ouvrage du sergent Douady du 2e RIMa (2012), réalisé pour la partie afghane à partir du journal de marche non officiel de sa section est incontournable pour comprendre le virage stratégique et sa traduction tactique opérés par la brigade Lafayette en Afghanistan durant l'hiver 2010–2011. Ces documents doivent être croisés avec d'autres sources pour déceler d'éventuelles inexactitudes ou des thèmes cachés. Chaque bataillon interarmes publiait son album de souvenirs réservé aux soldats ayant servi en son sein. Supports de la mémoire, ces albums laissent transparaitre une ambiance et les événements collectifs forts du séjour. Construits selon les repères chronologiques de l'état-major du bataillon et à partir de photos prises par les soldats ou émanant du service communication des armées, ces fascicules sont des sources importantes à collecter. Les officiers et sous-officiers conservent aussi des dossiers numériques riches en archives personnelles et professionnelles. Les documents d'étapes ou de brouillons qu'ils contiennent seront indispensables pour discuter les archives publiques numériques définitives lorsqu'elles seront communicables. Il est possible de trouver, au sein de ces archives personnelles des pépites, qui éclairent le travail de recherche sous un angle inédit[7].

Le chercheur peut collecter ou documenter les artéfacts conservés par les combattants en souvenir de leur déploiement. De l'art des tranchées de la Première Guerre mondiale, en passant par les souvenirs conservés par les soldats (drapeau ennemi, photo ou objets récupérés sur un adversaire tué, etc.), la mémoire combattante s'incarne aussi dans des objets. Pour l'Afghanistan, ils peuvent prendre la forme de souvenirs achetés dans les boutiques autorisées à vendre sur les bases françaises (comme une burka miniature), d'objets ramenés du champ de bataille (éclat de balle ou de roquette, objet pris à l'ennemi, etc.) ou de pièces d'équipements pieusement conservées

7 Comme le tableur Excel d'un chef de section du génie qui recensait toutes les tâches que les sapeurs pouvaient remplir durant leur mandat. Il tâchait alors de répartir, de manière égale, les attributions gratifiantes ou celles qui l'étaient moins, levant une part du voile sur les pratiques quotidiennes du commandement en opération.

(treillis, chaussures, effets de protection, etc.). Certains sont versés à la salle d'honneur régimentaire pour contribuer à l'évocation des conflits récents (Lafaye 2015). Ces artéfacts réfractent des parcelles de l'expérience vécue et constituent la base possible d'une histoire matérielle de la mémoire collective des unités. Ces sources complémentaires au recueil du témoignage oral offrent au chercheur une multitude d'indices pour saisir et pour restituer l'expérience traversée par les combattants. Reste à évaluer l'apport de ces matériaux pour l'étude des militaires en opération.

Apports de ces sources : confronter les discours

Travailler sur les conflits contemporains suppose d'interroger trois réalités (tableau 9.2) : la dimension stratégique (les discours politiques, diplomatiques, l'articulation politico-militaire, etc.), l'emploi de la force militaire (niveaux opératif et tactique) et la diversité des expériences individuelles (du chef d'état-major des armées au soldat de deuxième classe, hommes politiques, diplomates, etc.). La définition de la stratégie poursuivie dans le cadre du conflit peut être documentée par des sources ouvertes comme les débats de l'Assemblée nationale et du Sénat et les rapports parlementaires qui confirment ou infléchissent les options prises, les lois, les règlements, les décrets et les journaux officiels reflétant les choix pris par la représentation nationale ou par le président de la République, chef des armées. Le ballet diplomatique trouve des résonnances dans les débats et les résolutions prises au sein des instances internationales comme le conseil de sécurité de l'Organisation des Nations Unies (ONU). Le rôle des alliances militaires peut être retracé au sein des archives de l'Organisation du Traité de l'Atlantique Nord (OTAN) par exemple. La réalisation d'une revue de presse nationale et internationale peut aussi contribuer à comprendre comment cette stratégie est relayée par les médias et diffusée vers l'opinion publique. L'étude de la dimension stratégique permet de retracer un discours officiel sur l'intervention militaire, son élaboration au sein de diverses instances, sa diffusion et sa réception par l'opinion publique.

L'emploi de la force militaire sur le théâtre d'opérations peut être documenté à partir d'une étude des doctrines et de leur évolution dans le temps (documents du Centre interarmées de concepts, de doctrines et d'expérimentations (CICDE), retours d'expériences des différentes armées, dont le Centre de doctrine et d'enseignement du commandement (CDEC) pour l'armée de terre, division études et prospectives des écoles d'Armes, etc.)[8], des études (études, notes ou brèves stratégiques de l'IRSEM, études commanditées et diffusées par la direction générale des relations internationales et de la stratégie (DGRIS), diverses publications internes de réflexion professionnelle, etc.) et événements produits par la recherche stratégique liée à l'institution militaire (colloques, conférences, journées d'étude, etc.) pour nourrir et accompagner ces évolutions. Il est possible de réaliser une analyse de la production des médias internes aux armées pour diffuser un discours officiel sur le déroulement des opérations et éclairer les évolutions des armées auprès de l'opinion publique par divers canaux (Internet, réseaux sociaux, magazine, télévision, etc.). Ces sources ouvertes sont utiles pour comprendre le discours tenu par les armées sur leur intervention, les tactiques, les techniques et les adaptations en cours pour remporter la victoire espérée. Dans des opérations militaires nécessitant l'adhésion (ou la non-hostilité) des opinions publiques, la guerre des perceptions se joue aussi sur le territoire national. « La première victime d'une guerre, c'est la vérité », souligne cruellement la citation attribuée à Rudyard Kipling. Les dimensions stratégiques et de l'emploi de la force doivent être soumis à la critique du chercheur, sous peine de réduire son rôle à celui d'un simple éditorialiste reformulant *ad nauseam* des idées conçues par d'autres dans un objectif bien précis.

8 Nous pouvons ainsi réunir des dossiers de retours d'expérience, des témoignages d'officiers en position de commandement dans des revues spécialisées internes, des manuels d'emploi des différentes capacités des armées, des documents de doctrines, des revues de presse des magazines des différentes armées (terre, air, mer) et des différentes armes (infanterie, cavalerie, artillerie, génie, service de santé, transmissions, etc.).

Tableau 9.2 Les trois dimensions : le cadre stratégique, l'emploi de la force militaire et l'expérience individuelle

Les trois dimensions	**Typologie de sources**	**Exemples de documents**
Cadre stratégique	*Sources ouvertes – documents issus de la société civile*	Débats et rapports parlementaires, lois, règlements, décrets, journaux officiels, revues de presse, débats et résolutions du conseil de sécurité de l'ONU, etc.
Emploi de la force militaire	*Sources ouvertes – documents issus des armées*	Études stratégiques et tactiques, retours d'expériences, Doctrines d'emploi de la force et leurs évolutions, manuels techniques, analyse de la production des médias internes des armées, production documentaire de l'OTAN, etc.
L'expérience individuelle	*Sources ouvertes -Construction par le chercheur*	Collecte de témoignages oraux au sein des unités, collecte d'archives personnelles, observations consignées par le chercheur, identification et collecte des récits de témoins, etc.

Les expériences individuelles et la reconstruction du point de vue du soldat interrogent les narrations qui portent sur les dimensions stratégiques et sur l'emploi de la force militaire, dimensions plus souvent privilégiées par les sciences politiques et particulièrement les relations internationales et les études stratégiques. La constitution de fonds d'archives sur l'expérience vécue permet d'engager véritablement le débat critique sur ce que « faire » la guerre signifie. Nos travaux sur l'armée française en Afghanistan ont justement permis de mettre en lumière comment une rupture politico-militaire survenue en septembre 2011 au plus haut sommet de l'État à propos de la nature des opérations à mener s'est traduite et a pu être observée à l'échelle la plus opérative, depuis la perspective de ceux qui opèrent sur le champ de bataille (Lafaye 2016 : 287–288). Face au trop grand nombre de tués en Afghanistan, le président de la République décide de faire cesser les opérations et d'accélérer le transfert de la zone de responsabilité française à l'armée afghane. Quasi niée par la communication officielle, cette rupture est perceptible dans l'expérience vécue par les soldats alors consignés dans leurs bases opérationnelles ou bloqués dans leurs postes de combat isolés. Ils se posent la question du sens des sacrifices de leurs camarades, assistent aux départs précoces du général commandant la brigade La Fayette puis d'une compagnie de la Légion étrangère, planifient encore et encore des missions qui sont systématiquement annulées, essuient les tirs des talibans qui se rapprochent de plus en plus près des cantonnements. Retracer de manière fine cette expérience des soldats permet de mesurer les conséquences concrètes des décisions politiques et leur traduction sur le terrain. Cette conclusion à la présence des forces combattantes en Kapisa et en Surobi fait peser de lourdes interrogations sur la validité de la stratégie de contre-insurrection. Pour autant, cet épisode est passé sous silence et les leçons n'en sont pas tirées alors que l'armée française est déployée en Afrique pour lutter contre des groupes armés djihadistes en bande sahélo-saharienne.

Conclusion

L'historien du temps présent, fort des outils forgés en empruntant ses méthodes à la sociologie, l'anthropologie et l'archivistique, construit des fonds permettant de retracer la multiplicité des expériences individuelles. La nature d'un conflit est rendue plus intelligible lorsque l'on prend le soin de l'observer depuis ce qu'elle produit sur le terrain et telle qu'elle est vécue par les principaux acteurs. Cette étude des traces du passé, récent ou dans ses résonnances plus anciennes, est indispensable pour prendre de la hauteur et mettre en discussion les conséquences concrètes des décisions politiques. La méthode que nous proposons pour étudier l'expérience combattante du XXIe siècle et contribuer à enrichir le champ de l'histoire militaire du temps présent puise son essence au cœur des sciences humaines et sociales. Cet inépuisable espace d'expérimentation nous donne la possibilité d'étudier le monde qui nous entoure. Cette recherche se construit dans le temps : celui de l'enquête, de la construction critique des données, de l'élaboration de la méthode, de la production de connaissances et de l'écriture. Elle engage physiquement et intellectuellement. Elle est prise de risque. Elle offre aussi la possibilité pour le chercheur de contribuer au débat citoyen indispensable (mais trop rare) autour de l'emploi des armées.

Références bibliographiques

Audouin-Rouzeau, S. Becker, A. (2000). *14–18, retrouver la guerre*. Paris : Gallimard.

Beaud, S. Weber, F. (2003). *Guide de l'enquête de terrain*. Paris : La Découverte.

Bloch M. (1946). *L'étrange défaite*. Paris : Franc-Tireur.

Branche, R. Descamps, F. Saffroy, F. Vaïsse, M. (2018). 'La parole et le droit. Recommandations pour la collecte, le traitement et l'exploitation des témoignages oraux'. In Ginauves, V. Gras, I. *La diffusion numérique des données en SHS. Guide des bonnes pratiques éthiques et juridiques*. Aix-en-Provence : Presses Universitaires de Provence.

Branche R. (2001). *La torture et l'armée pendant la guerre d'Algérie (1954–1962)*. Paris : Gallimard.

Braudel F. (1985). 'Préface'. In Guillerm A. *La Pierre et le Vent : fortifications et Marine en Occident*. Paris : Arthaud.

Buton F. Loez A. Mariot N. Olivera P. (2014). « Editorial » in Agone, n° 53 (« L'ordinaire de la guerre »).

Cabanes B. (2018). *Une histoire de la guerre. Du XIXe siècle à nos jours*. Paris : Seuil.

Cochet F. (2017). *Les Français en guerre de 1870 à nos jours*. Paris : Perrin.

Desbois E. (1990). 'Paroles de soldats, entre images et écrits', *Mots,* 24, 37–53.

Douady Y. (2012). *D'une guerre à l'autre. De la Côte d'Ivoire à l'Afghanistan avec le 2e RIMa.* Paris : Nimrod.

Henninger L. (1999). *Histoire militaire et sciences humaines.* Paris : Complexes.

Ingrao C. (2010). *Croire et détruire : les intellectuels dans la machine de guerre SS.* Paris : Fayard.

Jauffret J. C. (2013). *Afghanistan : la guerre inachevée (2001–2013).* Paris : Autrement.

Lafaye C. (2019). 'Collecter, archiver et valoriser l'expérience combattante du XXIe siècle', *Cahiers d'Histoire,* 37 (1), Automne 2019, 168–195.

Lafaye C. (2016). *L'armée française en Afghanistan (2001–2012). Le génie au combat.* Paris : CNRS éditions.

Lafaye C. (2015). 'De la Surobi à la salle d'honneur du 19e régiment du génie. Construction et transmission de la mémoire de l'engagement français en Afghanistan'. In. Fleury B. Walter J. (dir.). *Vies d'objets, souvenirs de guerres.* Metz : Éditions universitaires de Lorraine.

Lafaye C. (2014). *Le génie en Afghanistan (2001–2012). Adaptation d'une arme en situation de contre-insurrection. Hommes, matériel, emploi.* Thèse de doctorat : histoire contemporaine : Aix-en-Provence : Université Aix-Marseille. 2 vol.

Mariot N. (2013). *Tous unis dans les tranchées ? Les intellectuels rencontrent le peuple.* Paris : Le Seuil.

Muxel A. (2007). *Individu et mémoire familiale.* Paris : Hachette Littératures.

Pollak M. Heinich N. (1986). 'Le témoignage', in *Actes de la recherche en sciences sociales,* 62–63, 3–29.

Rousseau F. (2006). *La Grande Guerre : En tant qu'expériences sociales.* Paris : Ellipses.

Soulet J. F. (2010). *L'histoire immédiate : historiographie, sources et méthodes.* Paris : Armand Colin.

Thiéblemont A. (2015). 'Lorsque le chercheur est engagé dans l'objet. Retour sur la trajectoire d'un officier ethnologue'. In. Les Champs de Mars, 27, 67–81.

Thieblemont A. (1999). 'Les apports de la recherche historique à la compréhension de la société militaire contemporaine'. In. Henninger L. (dir.). *Histoire militaire et sciences humaines.* Paris : Complexes.

EDOUARD JOLLY

Chapitre 10 Faire mourir et laisser vivre. Du principe de discrimination dans les guerres insurrectionnelles

Légalement et éthiquement, les règles qui gouvernent les pratiques dans la guerre, celles qui relèvent donc prioritairement du *jus in bello*, se résument à n'engager les hostilités qu'avec des combattants, à n'attaquer que des cibles militaires, à épargner les installations et les personnes civiles ainsi qu'à limiter strictement les destructions à ce que l'opération requiert. On peut synthétiser ces règles en trois principes complémentaires : discrimination, nécessité et proportionnalité. Lorsque les hostilités ont lieu, le principe de discrimination, qui consiste à épargner les non-combattants, reste toutefois interrogé par des situations limites. Bien que le droit des conflits armés encadre l'opération, et que des règles d'engagement, adaptées à chaque théâtre, viennent réguler l'usage des armes, la question du moment où le combattant décide ou non d'ouvrir le feu se pose toujours, même en situation de légitime défense.

Le problème paraît simple : comment discriminer le combattant du non-combattant ? Les statuts respectifs de soldat et de civil ne parviennent plus à produire cette distinction à eux seuls. La nature des guerres contemporaines l'explique : sur cinquante-deux conflits armés répertoriés en 2018, seuls deux opposaient des forces armées étatiques entre elles (Pettersson et al. 2019). La majorité des conflits armés contemporains relève des « conflits armés non internationaux », qui seront qualifiés ici de « guerres insurrectionnelles » au sens où les États concernés voient s'opposer, sur leur territoire, leurs forces armées conventionnelles à des groupes armés, voire se combattre divers groupes armés entre eux. S'y ajoute parfois la participation de forces armées internationales qui interviennent en support de ces États ou en protection des populations. Dans de tels contextes, il ne s'agit pas seulement de discriminer militairement le combattant parmi les personnes présentes sur le territoire et dans la population, mais aussi d'identifier politiquement l'ennemi, c'est-à-dire de distinguer celles contre lesquelles un État peut légitimement faire usage de coercition (Monod 2016).

L'opération Pamir sert ici de casuistique. De 2001 à 2014, les armées françaises furent engagées en Afghanistan, d'abord dans le cadre de l'OEF (*Operation Enduring Freedom*) puis dans celui de l'OTAN, avec un triple objectif : chasser les talibans de Kaboul, c'est-à-dire combattre le groupe armé qui s'était emparé de l'appareil politico-administratif de l'État afghan en 1994 lors de la guerre civile ; détruire les camps d'entraînement d'Al-Qaïda et reconquérir les bases ayant servi à entraîner les terroristes des attentats-suicides du 11 septembre 2001 ; et constituer un appareil militaire loyal à l'État, en renforçant l'armée nationale afghane (ANA). Dans ce cas précis, l'élément déterminant de l'ennemi – le groupe armé constitué par les talibans – provenait de son usage de la violence organisée et de sa potentialité terroriste permanente, s'incarnant à la fois dans un non-respect du droit international par les actes et dans une hostilité absolutisée par les discours.

L'enjeu principal de ce chapitre consiste à montrer comment le principe de discrimination, bien qu'il soit abondamment traité par les recherches contemporaines en théorie de la guerre juste, repose sur la nécessité d'un cadre juridique et ne prend sens qu'à l'épreuve d'une « sociologie du combat » (Simmel 1995). Dans la guerre, le droit fonde la possibilité de tuer alors que l'éthique en discute sa nécessité. La sociologie a la particularité de pouvoir en décrire la contingence, en analysant les interactions qui se nouent au niveau des groupes et des individus dans une situation donnée de violence organisée. La guerre, y compris dans sa forme insurrectionnelle, se comprend ainsi comme une institution sociale (Caplow & Hicks 1995), soit une structure stabilisée d'interactions hostiles où le traitement de l'ennemi est juridiquement réglé (Kestnbaum 2009). Dès lors qu'il faut se résoudre à la guerre, une question en traverse au fond son histoire : qui faire mourir et qui laisser vivre ? Il s'agira d'abord d'examiner brièvement la légalité du principe de discrimination, puis sa légitimité par son éthique, et enfin sa sociologie à partir de la pratique du combat relatée par des officiers du 27e Bataillon de Chasseurs alpins.

Quand faire mourir est une possibilité et laisser vivre une nécessité juridique

Dans le contexte des guerres insurrectionnelles, la légalité de l'engagement ne repose pas seulement sur la distinction entre combattants et civils[1], mais entre trois catégories de personnes qui constituent des cibles militaires tenues pour légitimes : les membres des forces armées d'un État partie au conflit, sauf s'ils sont hors de combat, les membres d'un groupe armé organisé (forces armées d'une partie non étatique au conflit), sauf s'ils sont eux aussi hors de combat, et les personnes civiles qui participent directement aux hostilités, mais seulement pendant la durée de leur participation.[2] Dans une guerre insurrectionnelle, désignée comme conflit armé non international dans le droit des conflits armés, le statut de combattant n'est pas formellement défini. Cette absence de définition empêche de conceptualiser le principe de discrimination de la même façon que dans le cadre d'un conflit armé international qui opposerait les membres de deux ou plusieurs forcées armées étatiques.

Placées sous un commandement responsable de leur conduite, les forces armées étatiques se composent de toutes leurs unités armées et organisées. L'appartenance de ces membres à leur armée est déterminée par le droit national. Ces combattants réguliers disposent ainsi statutairement du droit de participer directement aux hostilités, d'une immunité juridique contre toute poursuite domestique pour des actes de guerre commis légalement et du statut de prisonnier de guerre en cas de capture par l'adversaire.[3] De manière générale, le droit national interdit aux personnes qui ne sont pas membres des forces armées étatiques de participer directement aux hostilités, ce qui permet, en retour, de traiter les actes de violence commis par des insurgés comme une activité criminelle.

1 Voir article 48 du Premier Protocole additionnel aux Conventions de Genève.

2 Voir articles 4 et 13 du Deuxième Protocole additionnel aux Conventions de Genève.

3 Voir articles 43 et 44 du Premier Protocole additionnel aux Conventions de Genève.

Le premier problème du statut des membres d'un groupe armé organisé provient de l'éventuelle difficulté qu'ils poseraient aux États dès lors qu'ils seraient à considérer sur un pied d'égalité juridique avec les membres des forces armées régulières. Alors que les Conventions de Genève ont évolué vers une tentative de régularisation des irréguliers, la solution radicale adoptée par les États-Unis fut de catégoriser les membres d'Al-Qaïda comme « combattants ennemis illégaux » (Bialke 2004), ouvrant la possibilité des « guerres préventives » et se positionnant unilatéralement en souverains d'un droit international d'exception où l'ennemi, bien que combattant, mais identifié avant tout ici comme « terroriste », est exclu de toute juridiction. Cette exclusion juridique de l'ennemi se conçoit comme la réponse au principe d'indistinction radicale entre militaires et civils (enfants inclus), proclamé publiquement en 1998 par la charte du « Front islamique international contre les Juifs et les croisés » (Monod 2016 : 170). Elle revient à transposer paradoxalement l'égalité morale entre combattants dans le combat en une égalité dans l'immoralité préventive.[4] Elle confond aussi la force du droit avec le droit à la force, confusion dont les conséquences politiques et sociales peuvent être désastreuses pour les régimes démocratiques (Jolly 2017).

Le second problème relatif aux membres de groupes armés organisés vient de la difficulté à déterminer leur appartenance à ces collectifs. La discrimination pourrait alors être fondée par l'identification de la « fonction de combat continue » occupée par une personne et au nom du groupe armé (Melzer 2010). Outre le combat direct, cette fonction inclut la préparation, l'exécution et le commandement d'actes constituant une « participation directe aux hostilités », critère cumulatif suivant lequel les civils peuvent perdre leur immunité contre une attaque directe.[5] La participation directe

4 L'égalité morale des combattants présuppose qu'en dépit de la justesse de leur cause, la situation du combat en tant que telle leur permet réciproquement de tuer et d'être tué. C'est par ailleurs ce qui donne toute sa singularité au rapport à la mort dans la guerre : l'« ancien combattant » est celui qui a survécu à des combats. L'immoralité préventive désigne ici une égalité due aux affrontements sans combat : puisque l'ennemi se permet de tuer des non-combattants dans des attentats, il est alors légitime de lui rendre la pareille, afin de prévenir ce type d'attaque, en excluant du droit les potentiels « terroristes ».

5 Voir article 13 du Deuxième Protocole additionnel aux Conventions de Genève. La nature « cumulative » de la participation montre toute sa complexité : entre

aux hostilités qualifie un acte qui dépasse un certain seuil de nuisance, ayant une causalité directe avec ses effets nuisibles, ainsi qu'un lien de belligérance, à condition que l'acte donne avantage à une partie au conflit au détriment d'une autre. Intensité, intention et attribution de l'acte en font sa nature. Tout l'intérêt d'une interprétation juridique de la participation directe aux hostilités à partir de la fonction de combat continue est de limiter l'appartenance à un groupe armé non étatique aux fonctions équivalentes à celles des combattants réguliers, tout en excluant les membres de ce groupe de la catégorie des civils (Hofmann 2015). Un membre d'un groupe armé organisé cesse alors d'être une personne civile et perd ainsi sa protection juridique contre les attaques directes aussi longtemps qu'il assume une fonction de combat continue et jusqu'au moment où il cesse d'exercer celle-ci.[6] Pour autant, quand bien même faire mourir trouverait sa possibilité dans sa légalité ainsi précisée, sa nécessité reste à légitimer.

Quand faire mourir n'est pas éthiquement nécessaire

Dans son ouvrage *Guerres justes et injustes*, Walzer examine le principe de discrimination à partir d'exemples tirés de témoignages des deux guerres mondiales où le contexte correspond à celui d'un conflit armé international. Il interroge non pas la possibilité, mais la nécessité de l'ouverture du feu dans la situation où un soldat surprend un ennemi, lui aussi soldat. Il doit alors décider s'il lui tire dessus ou non. Dans les cas en question, le statut de membre d'une armée régulière fait que le combattant est identifié

un combattant et un non-combattant dans ce contexte, il ne s'agit pas d'une différence de nature, mais de degré.

6 À titre d'illustration de la cessation de la fonction combattante, il est arrivé en Afghanistan que des combattants blessés dans un échange de tirs soient emmenés en voiture par une voie contournant celle des forces armées étatiques pour être déposés devant une base militaire, présentés comme « civils blessés par des tirs » et faisant droit à la réception de soins. Exemple tiré d'un entretien avec le commandant K., 13e BCA (17 juillet 2019).

comme tel. Lui tirer dessus est légitime et permis. Pourtant, dans les cinq cas mentionnés par Walzer, la situation fait que les soldats refusent de tirer : le soldat ciblé agit sans hostilité, apparaît isolé et comme banalement humain. Il existe donc toujours un choix d'ordre non militaire, même s'il n'est pas contraire aux règles de la guerre. Il est autorisé de tuer un soldat, combattant identifié comme ennemi, « qui a l'air comique, ou qui prend son bain, qui retient son pantalon, qui profite du soleil ou qui fume une cigarette » (Walzer 2006: 271). Si le refus de tir ne comporte aucun danger et ne met pas en péril les chances de victoire, si la nécessité militaire semble donc inexistante, la morale individuelle, qui consiste alors à faire moins que ce qui est permis, s'écarte de la conduite normée par la légalité dans la guerre. Cet écart importe plus qu'il n'y paraît : il montre que c'est toujours l'adversaire le plus faible qui se refuse à fixer une limite à la vulnérabilité des combattants ennemis.

Le cas du soldat ne pose toutefois pas la question de son identification en tant que combattant : c'est toujours déjà un combattant en tant que tel, face auquel on peut parfois être amené à ne pas tirer. La complexité de la discrimination provient de l'extension de l'identification du combattant au-delà du statut de soldat, problème courant dans les guerres insurrectionnelles où des personnes civiles perdent leurs droits de non-combattants à être épargnés et protégés, à cause de leur participation directe aux hostilités. Dans le contexte de la présence du 27e BCA en Afghanistan, deux exemples rapportés par des officiers ayant participé aux opérations illustrent la situation où un soldat français pouvait identifier un civil en tant que combattant dès lors que ce dernier était suspecté de participer par ses actions à l'effort de guerre. Dans un premier cas[7], le soldat repère un civil qui porte des baskets et utilise un téléphone, tout en étant placé en hauteur avec vue sur la FOB (*Forward Operating Base* ou Base opérationnelle avancée) : il est en mesure d'avertir d'autres personnes qui, plus loin, peuvent déclencher des IED (*Improvised Explosive Device* ou Engin Explosif Improvisé) sur l'itinéraire du convoi s'apprêtant à sortir ou bien permettre à des talibans, membres d'un groupe armé irrégulier, de se mettre en embuscade. Ce guetteur ne semble pas armé, faut-il lui tirer dessus ?

7 Exemples tirés de l'entretien avec le commandant K, 13e BCA (17 juillet 2019).

Dans un second cas, un civil est repéré en train de creuser un trou au bord d'un champ, à proximité de la FOB ou le long de l'itinéraire qui sera emprunté sous peu par le convoi. Est-il en train simplement de travailler ou bien s'apprête-t-il à enterrer un IED qu'un autre déclenchera plus tard au moyen d'un simple téléphone portable ?

On saisit ici une gradation possible dans la discrimination du combattant qui vient apporter une nuance supplémentaire à la perspective juridique précédemment détaillée : les soldats engagés dans l'action se distinguent d'abord des soldats inactifs qui n'en ont que le statut. Ces soldats, toujours déjà combattants, se distinguent eux-mêmes des civils caractérisés comme étant toujours déjà non-combattants. Ce sont les actions du civil, dans le cadre d'une mobilisation pour l'effort de guerre, élargie à une participation indirecte aux opérations (de la fabrication d'explosifs à la fonction d'éclaireur dans une embuscade), qui interrogent alors la nécessité militaire, laquelle fonde la discrimination et la décision de savoir s'il doit être attaqué ou non. En raison de la nature indirecte, mais menaçante de ses actions, le guetteur aura ainsi reçu des tirs de sommation dont l'objectif était de l'intimider sans l'atteindre physiquement. Le travailleur dans son champ, suivant les usages de l'armée qui l'aura repéré, et en fonction de la situation tactique elle-même, aura reçu lui aussi un tir de sommation ou bien, suivant les règles d'engagement adoptées par une autre armée en présence, aura pu être ciblé par un drone et éliminé.

On touche ici plus explicitement la question du principe de nécessité qui veut qu'on ne puisse pas attaquer les non-combattants n'importe quand. Formulé autrement, il s'agit du « double effet » : ayant discriminé une cible militaire légitime, le premier effet intentionnel consistera à l'éliminer au risque de provoquer un second effet, non intentionnel, en blessant ou éliminant des civils. Le mal alors causé est présumé compensable par le fait d'avoir contribué à la victoire. La contrainte de cette nécessité est le principe de proportionnalité qui repose sur l'évaluation des gains par rapport aux pertes : le bon effet doit être suffisamment bon pour accepter le mal de l'effet mauvais. Le risque ici pourrait être de se laisser aller à une forme de nihilisme moral : que les civils meurent directement ou indirectement, dès lors que c'est en faveur de la victoire, à quoi bon chercher à les discriminer et à utiliser des commandos de forces spéciales plutôt qu'un bombardement massif ? Puisque la guerre met nécessairement la vie de civils en danger (Garraway 2014), la variante cynique tentera de légitimer la conduite de la guerre en quantifiant le risque : une chance sur dix de mourir en tant que civil pourra être considérée comme éthiquement acceptable, trois chances sur dix le seront peut-être moins. Dans les deux cas, la question de la bonne manière de *combattre* aurait alors disparu et, avec elle, la finalité inexorablement politique de toute guerre, laquelle conditionne, tout autant qu'elle est conditionnée en retour par la pratique de sa conduite : si l'intention de celui qui agit est bonne et qu'il vise un effet acceptable, que l'effet mauvais n'est ni un moyen ni une finalité de son action et que, conscient du mal impliqué par la situation, il cherche à le réduire en acceptant de payer le prix du sang si besoin, alors la nécessité militaire se conçoit comme proportionnée et discriminante donc légitime.[8]

Identifier le combattant ne suffit jamais, le tuer n'est pas toujours nécessaire. Dans le cas où cela l'est, le moyen employé doit être non seulement adéquat à son but militaire, mais aussi aux règles éthiques comme juridiques de sa conduite. Il ne faut pas oublier la finalité politique visant à préserver d'un éventuel deuxième effet collatéral provoqué par une violence indiscriminée qui la rendrait illégitime. La question plus large qui permet de poursuivre la réflexion éthique engagée consiste à savoir si une guerre juste peut être conduite par des pratiques injustes, tout comme celle de savoir si une guerre injuste peut être menée pourtant en accord avec les règles éthiques de sa pratique.

8 Les bombardements stratégiques des alliés pendant la Deuxième Guerre mondiale illustrent cette réflexion dans les polémiques déclenchées par les méthodes scientifiques employées pour déterminer les cibles et évaluer l'effet psychologique sur les forces morales (Krugler, 2010).

Quand laisser vivre n'est pas éthiquement nécessaire

Jusqu'à présent, le principe de discrimination apparaît comme un fondement à la fois juridique et éthique à la situation du combat. Plus précisément encore, la conduite loyale des hostilités montre son indépendance logique par rapport à la décision qui en justifie l'ouverture. « La distinction architectonique la plus fondamentale qui structure le droit de la guerre est la séparation radicale entre *jus ad bellum* et *jus in bello*. La licéité de la guerre n'a pas d'incidence sur la bonne conduite de la guerre »[9] (Fletcher and Ohlin 2008 : 20). Cette séparation semble analogue à celle entre l'échelon politique, qui décide de la conformité de la guerre au droit, et l'échelon militaire qui planifie, commande et contrôle la conduite loyale de celle-ci. Bien que relativement dominante en théorie de la guerre juste, cette perspective se trouve combattue par d'autres qui tentent de démontrer exactement l'inverse. Dans son ouvrage *Killing in War*, comme dans la plupart de ses travaux, McMahan (2009) s'oppose radicalement à l'idée d'une indépendance logique entre la licéité et la conduite de la guerre. Selon lui, le droit à la légitime défense, qui garantit l'égalité morale entre combattants, n'est pas soutenable pour les combattants d'une guerre injuste qui seraient, de ce fait, eux-mêmes des combattants injustes. Autrement dit, alors que la participation loyale aux hostilités d'un combattant juste serait justifiable, celle d'un combattant injuste, bien que tout aussi loyale, serait tout au mieux excusable. McMahan va jusqu'à affirmer que « la moralité de la défense dans la guerre est en continuité avec la moralité de l'autodéfense individuelle » (McMahan 2006 : 30) ou encore que « ce qui fait d'une personne une cible légitime dans la guerre est la responsabilité morale d'une menace injuste ou, plus généralement, d'un tort qui fournit une juste cause à la guerre. La condition d'une discrimination tiendrait ainsi à ce que les combattants doivent discriminer entre ceux qui sont responsables moralement d'une menace injuste, ou d'un tort qui fournit une juste cause à la guerre, et ceux qui ne le sont pas » (McMahan 2006 : 33). Cette affirmation ouvre toutefois la possibilité d'attaques

9 Toutes les traductions des citations sont de notre fait.

directes et intentionnelles sur des non-combattants dès lors que ces personnes se verraient attribuer la responsabilité d'une menace injuste.

La finalité théorique d'une telle éthique est la remise en question de l'indépendance logique du droit *dans* la guerre par rapport au droit *à* la guerre. Parmi ses multiples défauts se trouvent ceux qu'encourent les théories de la guerre juste ayant la prétention épistémologique à la fondation du droit de la guerre par l'éthique, conçue par analogie avec le rapport entre droit naturel et droit positif. Une telle épistémologie dépend d'une conception du politique classiquement centrée sur l'individu souverain, celle de Hobbes dans le *Léviathan* par exemple, tout en en acceptant le présupposé anthropologique d'une naturalité humaine de la guerre. Le conflit, de manière générale, doit être considéré, non pas comme l'expression politique et historique d'une présumée essence de l'homme, mais avant tout comme une socialisation dont la pulsion d'hostilité formelle « ne vient en général s'ajouter à des conflits à causes matérielles que pour les renforcer » (Simmel 1995 : 45). L'hostilité dans un conflit ne se réduit pas à sa forme politique d'expression. Elle est constituée par sa matière sociale et les normes qui l'organisent. La volonté de poursuivre le droit par la force, en la légitimant d'une éthique, rappelle à elle seule toute l'histoire des théories de la guerre juste qui montre que « ce n'est pas la liberté indéfinie de tuer qu'on tempère par des dispositions morales, ce sont des principes généraux de modération dont on module le caractère systématique nécessaire » (Gros 2005 : 202).

Ne pas maintenir le principe de discrimination et l'indépendance logique dans la double juridiction de la guerre revient à prononcer le divorce de la guerre et du droit au nom d'une éthique, mais un divorce sans vainqueur. Dès lors que l'ennemi désigné ne serait plus seulement le combattant discriminé, saisi dans une relation juridique impliquant une reconnaissance de fait et une réciprocité de droit, la guerre, outre le fait d'être éventuellement préventive, se risque à être punitive. La morale exige alors de ne plus laisser vivre le vice pendant que la théologie demande l'anéantissement du mal. Pour autant, si la logique dualiste du droit de la guerre et le principe de discrimination sont susceptibles d'être questionnés, ce serait par la grammaire du combat, c'est-à-dire sa pratique et son histoire sous peine de rester prisonnier des antinomies de l'éthique.

Quand faire mourir sans avoir à discriminer est nécessaire

Comme tout conflit armé, les guerres insurrectionnelles sont menées à des fins politiques par le moyen de la violence. Dès lors que la réflexion éthique est suspendue méthodologiquement, il est possible de schématiser l'action stratégique des parties au conflit comme constituée à la fois par l'identification politique d'un ennemi et la discrimination militaire du combattant. Si chacune de ces décisions dépend d'une fondation en droit qui lui appartient, le propre d'une guerre insurrectionnelle est de brouiller les distinctions classiques entre guerre et paix comme entre combattant et civil. Face à des groupes armés organisés, les forces armées étatiques ne combattent ainsi plus lors de batailles, mais mènent des opérations de contre-insurrection où toute décision militaire doit tenir compte de ses éventuelles conséquences politiques, tout comme toute décision politique doit tenir compte de ses éventuelles conséquences militaires. Synthétiquement, la particularité contemporaine des guerres insurrectionnelles se traduit par une judiciarisation de l'action des armées comme par une criminalisation morale de l'action des insurgés. La violence indiscriminée à l'encontre de civils qui y est employée a des conséquences politiques sur les populations (Kalyvas 2004) tout comme elle a une effectivité sociale sur ses acteurs (Malešević 2017).[10]

Dans le cadre de patrouilles et de manœuvres au sein de la population civile, les combattants d'armées régulières sont tenus de respecter les règles d'engagement qui leur ont été données. Ces règles d'engagement ont pour particularité d'être à la fois militaires et politiques, signifiant une adaptation au contexte insurrectionnel. Dans le cadre français, elles sont élaborées au niveau du chef d'état-major des armées pour être ensuite approuvées par le pouvoir politique. Elles définissent quand et où la force peut être utilisée,

10 Retenons brièvement qu'il s'agirait d'une part de comprendre la rationalité propre aux usages indiscriminés mais planifiés de la violence et d'autre part d'en expliquer l'effectivité à partir d'une microsociologie de la solidarité de groupes qui commettent de tels actes. Cette double caractéristique politique et sociale de la violence indiscriminée nécessiterait d'être traitée pour elle-même et dépasserait l'espace de cette contribution.

contre qui elle peut l'être et selon quelles modalités (létale ou non). Elles comportent à la fois des autorisations et des interdictions dépendantes du contexte de la mission. L'intérêt des règles d'engagement est d'encadrer la liberté de l'exécutant qui peut adapter sa conduite aux circonstances dans le cadre du respect des dispositions du droit international (Balmond, 2014).

Afin d'éviter le risque de se trouver en situation de commettre des violences indiscriminées, une solution peut être de pousser stratégiquement l'insurgé à assumer le statut de combattant et à faire évacuer les civils d'une zone déterminée. Les combats deviennent alors une bataille. Le samedi 14 mars 2009, quatre cents militaires français furent ainsi engagés dans une opération d'envergure aux côtés de l'armée nationale afghane, dans la vallée d'Alasay, au nord-est de Kaboul. L'objectif de la mission était de reprendre du terrain aux insurgés talibans qui intensifiaient leurs attaques et multipliaient les attentats. Vingt-quatre heures plus tard, l'objectif fut atteint, le district d'Alasay sous contrôle, avec une cinquantaine d'insurgés éliminés au prix de la vie d'un soldat français. En imposant la bataille, une confrontation ordonnée entre deux forces armées, la question de la discrimination de l'ennemi en tant que combattant ne se posait plus. Dans la guerre insurrectionnelle, l'insurgé fuit le combat et se fond dans la population civile, cela fait partie de sa stratégie. Il s'agissait, contre cela, de contraindre l'ennemi à accepter le combat, ce qui était la volonté du chef de corps du 27e BCA qui commandait le GTIA :

> À partir du moment où vous vous emparez d'une zone, vous êtes condamné à ce genre de confrontation. Je n'ai jamais joué la surprise, j'ai dit au Malek[11] : "On va revenir, on va se réemparer de ce fond de vallée parce qu'il appartient au gouvernement afghan, que l'autorité du gouvernement afghan doit s'y établir, d'ailleurs on va arriver, on va lancer l'opération tel jour, à telle heure, je vous préviens dans ce genre d'opération il n'y a pas de spectateur, il n'y a plus de *fence sitter*[12].

L'expression *fence sitter* symbolise la population qui, assise au sommet d'une clôture neutre séparant les parties au conflit, ne descend du côté du vainqueur et ne s'y rallie qu'au dernier moment. Le rôle de la population civile est crucial dans les guerres insurrectionnelles :

11 Chef tribal.

12 Entretien avec le général LN, 27e BCA (3 mars 2019).

> Je leur ai dit « il n'y a pas de neutre », les gens sont avec nous ou contre nous, sous-entendu les gens qui abriteront des insurgés dans les maisons, on tirera sur les maisons. Parce que sinon c'est infaisable. Si vous attendez la PID (*Positive Identification*)[13], c'est-à-dire que le type vous tire dessus, ça ne peut pas marcher. À partir du moment où vous dites aux gens : « un insurgé qui tire d'une maison on considère que la maison est un poste de combat, on va tirer sur la maison », vous mettez les gens devant leurs responsabilités, vous les sortez de leur double jeu permanent qui, vous, vous dessert. Et c'est pour cette raison qu'on a tiré au *Milan* sur des maisons et d'ailleurs on ne s'est pas cachés. C'est là que les insurgés ont compris qu'ils ne gagneraient probablement pas. Et à ce moment-là, je pense qu'ils sont sortis d'une logique territoriale pour une logique de « on va leur infliger des pertes et c'est en leur infligeant des pertes qu'ils se retireront ».

Forcer l'absence des civils – une colonne de femmes fut observée fuyant la vallée lors de l'arrivée des soldats – pour imposer la bataille revenait à installer le combat dans une logique territoriale de conquête. Les insurgés se retrouvèrent contraints d'accepter la situation du combat pour revenir, seulement dans un dernier temps, à leur logique déterritorialisée d'une production maximale de pertes, y compris par attentats-suicides. La logique territoriale de l'armée régulière s'illustra également à l'échelon tactique d'une section, héliportée dans les hauts de la vallée, afin de pousser l'ennemi à combattre à découvert :

> On craint de plus en plus le pire. Ils [une autre section prise sous le feu] entendent l'ennemi crier des Allah Akbar. Tout à coup, il me vient une idée, le groupe qui est avec moi a amené un drapeau français. Je récupère un AT4 (un lance-roquette long d'un mètre), deux sacs à terre et fixe ce magnifique drapeau sur mon rocher. Ainsi, toute la vallée peut le voir. Je me mets debout sur le rocher qui fait face à la zone ennemie et fait un bras d'honneur. Par ce geste, je me sens rempli d'une détermination complète, je fais face à l'ennemi avec fierté. Je lui montre qu'il n'a pas affaire à n'importe qui. En plus, j'espère bien l'énerver. Sa réaction ne tarde pas, peu de temps après, de nouveau des tirs sur ma position. L'équipe de garde réagit vite et bien, une rafale de Minimi, et une roquette AT4, l'ennemi se dévoile un peu, fatale erreur. Plus bas dans la vallée, un char AMX10 RC l'a repéré, l'obus part directement et nous voyons notre tireur isolé voler dans les airs[14].

13 Déclenche l'application des règles d'engagements. Attendre l'identification positive de l'ennemi montre un cadrage juridique des pratiques qui a des conséquences tactiques : l'ouverture du feu et avec lui l'effet de surprise sont laissés à l'adversaire.

14 Extrait du journal de marche du lieutenant A, 27e BCA.

Conclusion

Le principe de discrimination reste fondamental dans le droit des conflits armés afin d'encadrer la pratique du combat. Il oriente entre les deux possibilités d'une guerre totale par tous les moyens, où des populations opposées contribuant à l'effort de guerre deviendraient des cibles légitimes, ou d'une paix utopique où destruction et hostilité ne pourraient s'appliquer sur rien.

Compris à partir de sa condition juridique et de sa dynamique sociologique, l'action de tuer quelqu'un dans le combat échappe à l'antinomie éthique entre faire mourir et laisser vivre. La décision de faire mourir ou de laisser vivre ne se pense pas comme une nécessité morale à justifier, mais comme la possibilité contingente d'un rapport social fondamental à la guerre - celui de l'hostilité - qui a pour conséquence éventuelle l'anéantissement de vies humaines. Il s'agit, en conséquence, d'interpréter et comprendre le droit non pas au moyen de l'éthique du meurtre, mais dans la perspective de la sociologie du combat.

La vertu du combattant des guerres insurrectionnelles, où qu'il se trouve dans la chaîne hiérarchique du commandement, peu importe qu'il fasse partie de forces armées étatiques ou bien d'un groupe armé organisé, repose sur un équilibre précaire entre la violence de la guerre et la protection des innocents qui s'y trouvent pris. Cela implique d'accepter que la mort parmi les civils ne soit pas nécessairement un crime de guerre tout autant que cela requiert de ne pas minimiser la souffrance des populations, dont la misère sociale née de « guerres justes » reste trop souvent masquée par la politesse hypocrite de leurs souverains.

Références bibliographiques

Balmond, L. (2014). 'La contribution des règles d'engagement au droit du recours à la force'. In D. Alland, V. Chetail, O. de Frouville & J. E. Viñuales (eds.), *Unité et diversité du droit international/Unity and Diversity of International Law*, Leiden : Martinus Nijhoff, 275–297.

Bialke, J. P. (2004). 'Al-Qaeda & Taliban unlawful combatant detainees, unlawful belligerency, and the international laws of armed conflict', *Air Force Law Review*, 55, 1–86.

Caplow, T., & Hicks, L. (1995). *Systems of War and Peace*. University Press of America.

Fletcher, G. P., & Ohlin, J. D. (2008). *Defending humanity: When force is justified and why*. Oxford: Oxford University press.

Garraway, C. (2014). 'Direct participation and the principle of distinction : Squaring the circle'. In Harvey, C., Summers, J., and White, N. D. (eds.) *Contemporary Challenges to the Laws of War: Essays in Honour of Professor Peter Rowe*. Cambridge: Cambridge University Press, pp. 169–190.

Gros, F. (2005). *États de violence : Essai sur la fin de la guerre*, Paris : Gallimard.

Hobbes, T. (2000). *Léviathan*, Paris : Gallimard.

Hofmann, L. (2015). 'Strengthening the Principle of Distinction?: A Critical Appraisal of the icrc's Continuous Combat Function', *Journal of International Humanitarian Legal Studies*, 6(2), 377–413.

Jolly, É. (2017). 'Du terrorisme à la guerre civile ? Notes sur David Galula et sa pensée de la contre-insurrection',*Le Philosophoire*, *48*(2), 187–199.

Kalyvas, S. N. (2004). 'The Paradox of Terrorism in Civil War',*The Journal of Ethics*, 8(1), 97–138.

Kestnbaum, M. (2009). 'The Sociology of War and the Military', *Annual Review of Sociology*, 35, 235–254.

Krugler, G. (2010). 'Strike hard, strike sure … Reconnaissance stratégique et ciblage : Les méthodes scientifiques du bombardement aérien allié durant la Seconde Guerre mondiale', *Revue historique des armées*, 261, 14–34.

Malešević, S. (2017). 'The Organisation of Military Violence in the 21st Century', *Organization*, 24(4), 456–474.

McMahan, J. (2006). 'The Ethics of Killing in War',*Philosophia*, 34(1), 23–41.

McMahan, J. (2009). *Killing in war*. Oxford: Oxford University press.

Melzer, N. (2010). 'Keeping the balance between military necessity and humanity – a response to four critiques of the ICRC's interpretive guidance on the notion of direct participation in hostilities', *New York University Journal of International Law and Politics*, 42(3), 831–916.

Monod, J.-C. (2016). *Penser l'ennemi, affronter l'exception*. Paris : la Découverte.

Pettersson, T., Högbladh, S., & Öberg, M. (2019). 'Organized violence, 1989–2018 and peace agreements', *Journal of Peace Research*, 56(4), 589–603.

Simmel, G. (1995). *Le conflit*. Paris : Circé.

Walzer, M. (2006). *Guerres justes et injustes*. Paris : Gallimard.

PARTIE 3

Militaires et acteurs des politiques de défense

JEAN JOANA

Chapitre 11 Les relations civilo-militaires au prisme de l'analyse des politiques publiques

L'attention des sciences sociales pour les relations civilo-militaires est née d'une crainte : celle de voir les militaires exercer une influence exorbitante sur les détenteurs du pouvoir politique. Alors que cette crainte concernait l'ensemble des sociétés européennes avant le second conflit mondial, elle s'est développée avec une force particulière aux États-Unis dans le contexte de la guerre froide (Mills 1969 ; Erkich 1972). Il s'agissait, pour les auteurs qui s'y sont intéressés, d'apprécier dans quelle mesure les membres de forces armées américaines, en pleine transformation depuis le déclenchement du second conflit mondial, pouvaient représenter une menace pour les autorités politiques et les citoyens du pays dont ils étaient, par ailleurs, censés assurer la sécurité[1]. Cette interrogation a été régulièrement relancée depuis, à l'occasion des « frictions » ou des « crises » qui ont émaillé les rapports entre dirigeants politiques civils et chefs militaires (Kohn 1994).

À partir des années 1960, l'analyse des relations civilo-militaires en démocratie a été progressivement « dépolitisée » : alors que la question des rapports entre dirigeants politiques et chefs militaires était, pour l'essentiel, abordée par les politistes dans le cadre des sociétés à coups d'État ou à régimes militaires des pays du Sud[2], son analyse, dans les démocraties développées a été monopolisée par la sociologie militaire (Feaver 1999 : 225).

1 Cette question est notamment au cœur des deux ouvrages fondateurs de ce courant d'analyse (Huntington 1957 ; Janowitz 1960).

2 Pour ne pas diluer exagérément le propos de cette contribution, on se focalisera sur les travaux consacrés aux relations civilo-militaires dans les régimes démocratiques. L'abondante littérature consacrée à la question des coups d'État et des régimes militaires, dans les pays du Sud principalement, ne sera pas prise en compte.

Pour les auteurs qui s'y sont intéressés, il s'est agi, pour l'essentiel, d'apprécier dans quelle mesure les transformations de la guerre ou des sociétés dont étaient issues les forces armées pouvaient avoir une influence sur les relations civilo-militaires. Ce faisant, la question des variables politiques susceptibles d'affecter ces relations a été largement négligée, la seule exception étant les situations dans lesquelles celles-ci étaient jugées critiques, ce qui a contribué à donner à nombre de ces travaux une dimension fortement normative, visant à identifier ce que pourraient être de « bonnes relations civilo-militaires » (Feaver 1999).

Le propos de ce chapitre est de souligner qu'un détour par l'analyse des politiques publiques peut être un moyen de « repolitiser » l'analyse des relations civilo-militaires en démocratie. L'analyse des relations civilo-militaires et celle des politiques publiques restent deux champs d'investigation assez nettement distincts de la science politique contemporaine. Le relatif désintérêt des spécialistes de politiques publiques pour les relations civilo-millitaires s'explique en partie par leur préférence pour les politiques « internes », qui les a conduits à laisser l'étude des politiques étrangère ou de défense aux spécialistes de relations internationales ou des études stratégiques (Genieys et Meijer 2018 : 41 – 67 ; Smith 2013). Toutefois, l'État n'est plus au cœur de l'analyse des politiques publiques et les auteurs qui se revendiquent de cette dernière ont largement abandonné le point de vue « stato-centré » qui les caractérisait jusque-là (Hassenteufel 2008 : 22–23). Ils s'intéressent désormais davantage aux interactions des différents acteurs qui interviennent dans la production de l'action publique. En insistant sur la multiplicité des acteurs et des arènes qui participent à la définition et à la mise en œuvre des politiques étrangère et de défense, on peut dépasser une définition de ces relations limitée aux seuls rapports entre chefs militaires et responsables gouvernementaux. Dès lors, un détour par l'analyse des politiques publiques apparaît comme un moyen de revenir sur la question des rapports entre acteurs politiques et membres des forces armées en démocratie et d'apprécier le poids du politique dans la structuration de leurs interactions.

L'examen des travaux qui se sont intéressés à ces modes d'élaboration et de mise en œuvre de l'action publique dans le domaine particulier de la politique de défense met en évidence trois apports de l'analyse des politiques publiques qui peuvent s'appliquer à l'analyse des relations civilo-militaires : leur bureaucratisation, leur banalisation et leur politisation.

La bureaucratisation des politiques étrangère et de défense

La bureaucratisation des politiques étrangères et de défense désigne ici les conséquences du caractère bureaucratique des différentes organisations participant à leur élaboration ou mise en œuvre. Dans son ouvrage classique, Huntington (1957 : 11 et s.) propose une lecture rassurante du processus de bureaucratisation des forces armées, en soulignant les vertus de la division fonctionnelle des tâches entre civils et militaires qui en découlent. Un détour par l'analyse des politiques publiques tend à remettre en cause cet a priori, en éclairant la place respective des civils et des militaires dans la prise de décision politique. Ces travaux mettent l'accent sur le poids dont disposent les militaires dans ce processus de décision, mais tendent aussi à en relativiser la portée.

Cette relativisation tient d'abord à la concurrence à laquelle sont confrontés les militaires dans le cadre de ces processus de décision. Les approches décisionnelles qui se développent à partir des années 1960, en matière d'armement notamment, tendent en effet à souligner la multiplicité des acteurs qui interviennent dans ces processus (Irondelle et Joana 2004). Le paradigme de la politique bureaucratique que théorise Allison (1971) à partir des années 1970 insiste sur les rivalités qui opposent les différents acteurs bureaucratiques. Dans cette perspective, les militaires sont des acteurs parmi d'autres de ces processus de décision. En effet, des recherches spécifiquement consacrées aux politiques d'armement mettent en exergue l'influence des industriels, et surtout celle des techniciens, membres des structures de recherche et développement, dans la définition des performances attendues des équipements militaires et dans les choix finaux de l'administration (Kaldor : 1982). La défense d'une technologie particulière, dans laquelle les militaires se trouvent parfois engagés, suppose, de leur part, la maîtrise des logiques de cette politique bureaucratique (Sapolsky 1972). Finalement ces travaux mettent en évidence la rationalité limitée qui caractérise la prise de décision en matière de politique de défense ou de politique étrangère. Ils relativisent aussi le pouvoir, que certains travaux des années 1960, en particulier ceux qui mobilisaient une approche en termes de complexe militaro-industriel, prêtaient aux militaires. Enfin, ils soulignent les rivalités qui peuvent opposer les militaires entre eux, rivalités tenant à des conceptions différentes des mesures à prendre ou à la défense de leurs intérêts organisationnels (Salter et Nardin 1973).

Ces questionnements ont été repris dans le cadre du renouveau qu'ont connu les études stratégiques à partir de la fin des années 1970. On s'est notamment interrogé sur l'impact que le caractère bureaucratique des forces armées pouvait avoir sur leurs capacités à s'adapter à des changements dans leur environnement technologique ou international (Rosen 1991). En l'occurrence, ce n'est pas l'influence du caractère bureaucratique des organisations militaires sur la décision politique qui est étudiée, mais plutôt la manière dont ce caractère influe sur les manières de faire ou de penser des membres des forces armées. Ces travaux placent notamment la focale sur l'obstacle que le caractère bureaucratique des forces armées peut représenter dès lors que leurs membres sont chargés d'identifier des solutions à mettre en œuvre sur le plan militaire. Pour certains auteurs, cet obstacle est tel, qu'une intervention des dirigeants civils est un gage de succès. C'est la thèse défendue par Posen (1984), mais aussi celle de Cohen, qui remet en cause la pertinence de la distinction fonctionnelle faite par Huntington lorsqu'il s'agit de rendre compte des relations entre civils et militaires en temps de guerre (Cohen 2002).

Enfin, un questionnement constant de ce type d'approche est de savoir si les logiques de la politique bureaucratique décrites par Allison (1971) suffisent, à elles seules, à rendre compte de la manière dont sont produites les politiques de défense ou les politiques étrangères. Dans leur monographie du programme MX, Holland et Hoover (1985) expliquaient que la principale limite aux logiques de la politique bureaucratique tenait à la nature des enjeux qui y étaient discutés. Dans le cas du missile MX, ils notaient qu'elles étaient moins présentes lorsque se posait la question de son déploiement sur le territoire américain. D'autres auteurs ont souligné que ces logiques ne remettaient pas forcément en cause le contrôle que les autorités politiques pouvaient exercer sur les choix. Dans son ouvrage, Cohen (1994) montre que la propension des différents états-majors français à exercer des pressions à l'occasion du processus de décision n'affecte pas nécessairement les capacités du pouvoir politique à faire des choix relativement autonomes. Dans la même perspective, Irondelle (2011) souligne que la décision de professionnaliser les armées françaises à partir de 1996 a été prise contre la volonté des états-majors, du fait de l'investissement du président de la République Jacques Chirac dans la mise en forme de la réforme. Il démontre bien que la définition des politiques de défense n'est pas prisonnière des intérêts défendus par les membres des forces armées.

Un premier apport de l'analyse des politiques publiques est donc de rappeler que les militaires sont des bureaucrates parmi d'autres dans le processus d'élaboration ou de mise en œuvre des politiques étrangères et de défense. À ce titre, ils exercent une influence qui remet certes en cause la neutralité que Huntington prêtait au « militaire professionnel », mais qui reste par ailleurs limitée par celle d'autres acteurs, bureaucratiques ou politiques. Ce faisant, l'analyse des politiques publiques permet de dépasser les préoccupations normatives qui ont accompagné le développement de l'étude des relations civilo-militaires par la sociologie militaire et la sociologie politique.

La banalisation des politiques étrangère et de défense

La question de la banalisation de l'activité militaire est un questionnement récurrent de la sociologie militaire. Dans son ouvrage classique Janowitz (1960 : 64 et s.) évoquait déjà une remise en cause de la spécificité de l'activité militaire, qu'il attribuait à une transformation des technologies et des organisations mises en œuvre pour faire la guerre. Moskos (1997) en a donné une définition différente en attribuant la

« banalisation de l'activité militaire » à une évolution de la perception de celle-ci par les acteurs politiques et sociaux dont les recommandations de la commission Bates appelant à une suppression de la conscription aux États-Unis seraient une manifestation parmi d'autres. La réalité de cette banalisation a par ailleurs été mise en cause par des sociologues qui se sont intéressés aux effets de l'abandon de la conscription par des pays européens sur le rapport des membres des forces armées à l'institution militaire (Boëne, 2004). Un détour par l'analyse des politiques publiques permet d'apprécier la réalité de cette banalisation, ses effets sur le contenu des politiques étrangères et de défense et sur les relations qu'entretiennent civils et militaires dans le cadre de leur élaboration.

En effet, cette question de la banalisation des politiques de défense est au cœur d'un certain nombre de travaux de politiques publiques consacrés depuis quelques années au secteur de la défense. Ces travaux se sont particulièrement concentrés sur les effets que la diffusion du tournant néo-libéral avait eus sur les transformations des politiques de défense française et britannique au cours des années 1980–1990. Ils ont notamment interrogé la portée de la dé-sanctuarisation dont ces politiques avaient fait l'objet à partir de la fin de la guerre froide. Ils ont d'abord mis l'accent sur les redéfinitions profondes des politiques du personnel mises en œuvre par les forces armées dans les deux pays (Joana 2002 ; Joana et Famechon-Koudjil 2002 ; Joana 2004 ; Foucault et Irondelle 2013). Ces travaux soulignent l'impact que la diffusion des idées néo-libérales a eu sur les politiques d'armement dans différents pays européens. À partir d'une analyse du programme d'avion A400M, Smith et Joana ont analysé les enjeux liés à la volonté d'introduire une approche commerciale dans les processus d'acquisition (Joana et Smith 2006). Hoeffler (2013) a évoqué l'émergence d'une « politique industrielle libérale » dans le domaine de l'armement en France, en Allemagne et en Grande-Bretagne. Le lien entre ces dynamiques de libéralisation et le développement de l'intégration européenne en matière militaire a par ailleurs été interrogé. On a discuté la portée et les limites de la notion « d'européanisation sans l'Union européenne » qui avait été mise en avant à propos du secteur de la défense (Irondelle 2003 ; Mawdsley 2013 ; Hoeffler et Faure 2015 ; Hoeffler et Mérand 2015).

Si ces travaux n'abordent pas directement la question des relations civilo-militaires, ils mettent néanmoins en évidence certaines transformations qui affectent les cercles d'acteurs associés à l'élaboration de ces politiques. Hoeffler (2008) insiste sur le paradoxe d'une civilianisation des instruments d'action publique mis en œuvre dans le cadre de la politique d'acquisition d'armement, en France et en Allemagne qui s'est accompagnée, au cours des années 2000, de la montée en puissance du « premier des militaires » – le chef d'état-major des armées – de part et d'autre du Rhin. Faure (2016), pour sa part, met en évidence comment, en matière d'armement, les rapports entre civils et militaires peuvent être médiatisés par les configurations que forment les acteurs administratifs et politiques, d'une part, et les industriels du secteur de l'armement, d'autre part. Ce faisant, il montre les limites des thèses qui concluent de manière trop systématique à une « défaite » (Cohen, 1994) ou au contraire à une « revanche des généraux » (Daho, 2016) dans le cadre de leurs relations avec le pouvoir politique sous la Ve République.

Le second apport de l'analyse des politiques publiques est donc de resituer la banalisation dont a fait l'objet l'activité militaire par rapport à celle qui caractérise les politiques étrangères ou de défense dans leur ensemble. Même si ces différents travaux laissent penser qu'il n'y a pas de relations simples et univoques entre l'une et l'autre, ils laissent néanmoins envisager des possibilités de croiser les deux types de questionnement. On peut par exemple se demander dans quelle mesure les élites militaires sont, ou ont été, à même de se saisir de cette banalisation des politiques étrangère ou de défense pour mieux appuyer leurs revendications ou leurs attentes. On peut également s'interroger sur les effets que cette banalisation peut avoir sur les relations entre civils et militaires. L'intervention d'acteurs interministériels appartenant notamment aux ministères financiers laisse ainsi supposer que ces relations ne relèvent pas seulement de logiques concurrentielles, mais peuvent aussi renvoyer à des formes de solidarité entre élites civiles et militaires face à des interlocuteurs extérieurs au ministère de la Défense.

La politisation des politiques étrangère ou de défense

Par politisation on entend ici le processus par lequel des acteurs politiques ou sociaux contribuent à requalifier certaines activités sociales et à remettre en cause la différenciation dont elles peuvent faire l'objet au sein de la société (Lagroye 2003 : 360). Cette politisation pose un problème particulier en ce qui concerne la politique de défense, puisque cette dernière est volontiers réputée apolitique. Dans cette perspective, politiser un enjeu consiste à en faire un objet de débat public ou d'intervention de la part des acteurs engagés dans la conquête ou l'exercice du pouvoir. L'analyse souligne que cette politisation a une incidence particulière sur les relations civilo-militaires. Forster (2006) a expliqué, par exemple, qu'une des principales limites à la « gouvernance démocratique » des forces armées réside dans la difficulté qu'il y a à mobiliser la « société civile » sur des enjeux touchant aux questions militaires. L'analyse des politiques publiques confirme en partie ces difficultés et souligne combien la politique de défense est un domaine où « les relations entre la demande électorale, les stratégies des acteurs politiques et l'action publique sont particulièrement lâches » (Irondelle 2007). Mais elle permet aussi d'appréhender les conditions d'une éventuelle politisation des questions de défense et formes qu'elle peut prendre.

En effet, l'analyse des politiques publiques met en évidence l'ampleur que peut prendre cette politisation pour certains aspects de la politique de défense. Dufournet (2011) a par exemple décrit comment la mobilisation d'ONG au niveau international avait astreint le gouvernement français à adhérer au processus d'interdiction des armes à sous-munitions au cours des années 2000. À ce propos l'auteure souligne le caractère contraignant de la « rhétorique humanitaire » mobilisée par ces associations (Dufournet 2015). Barthe (2017), de son côté, montre le travail de mobilisation collective ayant rendu possible la reconnaissance officielle du statut de victimes des essais nucléaires français pour certains des vétérans civils et militaires. Ce type de travaux souligne aussi que le rythme de cette politisation n'est pas forcément celui de la politique électorale. Dans l'étude qu'elle fait de l'évolution de la politique française en matière d'exportation d'armement au cours des années 2000, Béraud-Sudreau (2014) documente le décalage existant entre l'accès de nouvelles majorités politiques au pouvoir et l'introduction des réformes en la matière.

Mettre l'accent sur le processus de politisation dont les politiques de défense font l'objet, c'est aussi poser la question de l'apolitisme des militaires en la matière. Dufournet (2014), par exemple, a montré comment la technicisation du problème des armes à sous-munitions, à laquelle a procédé l'état-major des armées au cours des années 2000, était en réalité une manière de « faire de la politique sans le dire », en permettant de justifier l'opposition du gouvernement français à une interdiction totale de ces équipements.

À l'inverse, d'autres travaux réévaluent le rôle des acteurs politiques dans ces processus de politisation. À propos de la réforme des armées en France, Irondelle (2011) souligne que l'engagement de Jacques Chirac en faveur du modèle de l'armée professionnelle repose sur un certain nombre d'idées et de convictions originales du président français quant à l'avenir de la conscription, l'inadaptation de l'outil militaire français au nouveau contexte international, l'importance croissante des nouvelles missions de projection, etc. Mais il rappelle également la prudence et les hésitations avec lesquelles Jacques Chirac a dû communiquer autour de ses convictions. Il évoque notamment l'émotion que suscite au sein de la hiérarchie militaire l'évocation dans un de ses discours publics de l'inutilité militaire de la conscription (Irondelle 2011 : 183). Ce dernier constat met en évidence les problèmes que peut poser la prise en charge des questions de défense par les acteurs politiques, même lorsque ces derniers sont a priori légitimes pour le faire.

L'analyse des politiques publiques incite également à une réflexion sur les modalités de cette politisation et notamment sur la manière dont « politisation » et « publicisation » des débats peuvent s'articuler. La notion de « politisation fonctionnelle » (Mayntz et Derlin 1989), qui désigne la propension de certains hauts fonctionnaires à développer une forme d'autocontrôle politique dans le cadre de leurs activités et à anticiper les réactions possibles du gouvernement ou du Parlement à leurs propositions de mesures, éclaire d'un jour nouveau l'analyse que l'on peut faire des relations entre civils et militaires. La manière dont certaines élites de la défense françaises se sont adaptées à la contrainte budgétaire ou aux conditions de la crise de 2008 en est une illustration (Genieys 2008 ; Joana et Mérand 2020). De même, les approches en termes d'instrument d'action publique rendent manifestes les cas de mise en politique « discrète » de certains problèmes publics (Bezes 2009). Ces différents constats indiquent qu'il n'y a pas de fatalité au déficit de politisation des questions de politiques étrangère ou de défense, et que celui-ci est avant tout fonction des stratégies mises en œuvre par les acteurs, civils ou militaires, concernés.

Conclusion

Même si les relations civilo-militaires ne constituent pas une catégorie d'analyse coutumière pour l'analyse des politiques publiques, chercher à les saisir avec ses outils et ses raisonnements permet de réintroduire du politique dans l'analyse et de contourner le monopole dont elles ont fait l'objet de la part de la sociologie militaire. À travers la question de la bureaucratisation des politiques étrangères et de défense, on aborde les effets des transformations de l'État sur les relations civilo-militaires. La question de la banalisation des politiques étrangères et de défense permet d'apprécier l'évolution des relations entre chefs militaires et dirigeants politiques dans le courant des années 1980–1990. Enfin, celle de la politisation met en évidence les répercussions de leurs usages par les acteurs engagés dans la compétition pour la conquête ou l'exercice du pouvoir.

Deux apports de l'analyse des politiques publiques pour l'étude des relations civilo-militaires méritent d'être soulignés. Le premier tient à l'objet de recherche que les relations civilo-militaires peuvent représenter pour l'analyse des politiques publiques. Comme on l'a vu, croiser relations civilo-militaires et analyse des politiques publiques ne revient pas à simplement étudier les rôles respectifs des civils et des militaires dans l'élaboration et la mise en œuvre des politiques publiques, mais plutôt à rendre mieux compte de la place qu'occupe le militaire au sein des sociétés et des États contemporains. Dans cette perspective, les politiques publiques offrent une perspective d'observation privilégiée. Elles invitent par ailleurs à revenir sur des questions transverses – comme les relations entre bureaucratie et politique, diplomatie et forces armées, politique et militaire, voire *politics* et *policy* – qui sont parfois confondues dans l'analyse des relations civilo-militaires. Ainsi, l'analyse des politiques publiques met en évidence les effets que les transformations de la compétition pour l'exercice du pouvoir ou la manière dont il est exercé peuvent avoir sur les relations civilo-militaires.

Le second apport tient à l'intérêt porté aux dynamiques qui sous-tendent ces relations. Les travaux que nous avons évoqués insistent volontiers sur l'enjeu que représente la délimitation, par les acteurs politiques et sociaux, des frontières entre ce qui relève du militaire au sein des sociétés contemporaines, et ce qui n'en relève pas, ce qui peut justifier qu'on lui attribue une spécificité, ou pas. D'autres disciplines, comme la sociologie militaire, ont fait de cette délimitation le produit d'évolutions politiques ou sociales plus générales. L'intérêt de l'analyse des politiques publiques, en mettant l'accent sur la contribution que les acteurs apportent à ce travail de délimitation, permet de relativiser le poids de ces transformations structurales pour mieux en apprécier la portée.

Références bibliographiques

Allison, G. (1971). *Essence of Decision. Explaining the Cuban Missile Crisis.* New York: Longman.

Barthe, Y. (2017). *Les retombées du passé. Le paradoxe de la victime*. Paris : Seuil.

Béraud-Sudreau, L. (2014). 'Un changement politisé dans la politique de défense. Le cas des ventes d'armes', *Gouvernement et Action Publique*, 3 (3), 79–103.

Bezes, P. (2009). Réinventer l'Etat. Les réformes de l'administration française (1962–2008). Paris : Presses Universitaires de France.

Boëne, B. (2004). 'La professionnalisation des armées : contexte et raisons, impact fonctionnel et sociopolitique', *Revue française de Sociologie*, 44 (4), 90–138.

Cohen, Eliot (2002). *Supreme Command. Soldiers, Statesmen and Leadership in Wartime*. Londres: Simon & Schuster.

Cohen, Samy (1994). *La défaite des généraux. Le pouvoir politique et l'armée sous la Ve République*. Paris : Fayard.

Daho, G. (2016). *La transformation des armées. Enquête sur les relations civilo-militaires en France*. Paris : Éditions de la Maison des Sciences de l'Homme.

Dufournet, H. (2011). *Gouverner sans choisir. Entre contrainte morale et réalisme politique : L'engagement français dans le processus d'interdiction des armes à sous-munitions (2003–2008)*, Thèse pour le doctorat de sociologie, Cachan, École Normale Supérieure.

Dufournet, H. (2014). 'Quand techniciser c'est faire de la politique "sans le dire". Récit d'une technicisation réussie au ministère de la Défense', *Gouvernement et Action Publique*, 3 (1), 29–49.

Dufournet, H. (2015). 'Le piège rhétorique : une contrainte par la morale ?', *Revue Française de Science Politique*, 65 (2), 261–278.

Erkirch, A. A. (1972, 1° ed. 1956). *The Civilian and the Military. A History of the American Antimilitarist Tradition*. Colorado Spring: R. Myls Publisher.

Faure, S. B. H. (2016). *Variétés de la décision. Le dilemme de la politique d'armement en Europe : le cas de la France de 1945 à nos jours*, Thèse pour le doctorat de science politique, Paris, Sciences Po Paris.

Feaver, P. D. (1999). 'Civil-Military Relations', *Annual Review of Political Science*, 2 (1), 211–241.

Forster A. (2006). *Armed Forces and Society in Europe*. New York: Palgrave.

Foucault, M. et IRONDELLE B. (2013). 'Transformation des politiques de recrutement des forces armées au Royaume-Uni et aux États-Unis', *Gouvernement et Action Publique*, 4 (4), 621–640.

Genieys, W. and Meijer, H. (2018). 'La sociologie de l'action publique et la politique étrangère', dans C. Lequesne, H. Meijer dir., *La politique étrangère, Approches disciplinaires*, Paris, Les Presses de Montréal, 2018, p. 41 – 67

Genieys, W. (2008). *Les élites des politiques de l'Etat*. Paris : Presses de Sciences Po.

Hassenteufel, P. (2008). Sociologie politique de l'action publique. Paris : A. Colin.

Hoeffler, C. (2008). 'Les réformes des systèmes d'acquisition d'armement en France et en Allemagne : un retour paradoxal des militaires ?', *Revue Internationale de Politique Comparée*, 15 (1), 133–150.

Hoeffler, C. (2013). 'L'émergence d'une politique industrielle de défense libérale en Europe. Appréhender le changement de la politique d'armement par ses instruments', *Gouvernement et Action Publique*, 4 (4), 641–665.

Hoeffler, C., et Faure, S. B. H. (2015). 'L'Européanisation sans l'Union européenne. Penser le changement des politiques militaires', *Politique Européenne*, 48 (2), 8–27

Hoeffler, C., JOANA J., et Mérand, F. (2020, à paraître). 'La guerre austère : la politique de défense dans la crise'. In HASSENTEUFEL P., et SAURUGGER Sabine (dir.), *Politiques publiques 4 : Les politiques publiques dans la crise*. Paris : Presses de Sciences Po.

Hoeffler, C., et MÉRAND F. (2015). 'Avions de combat. Pourquoi n'y-a-t-il pas d'européanisation ?', *Politique Européenne*, 48 (2), 52–80.

Holland, L. H., et Hoover R. A. (1985). *The MX Decision. A New Direction in U.S. Weapons Procurement Policy*. Boulder: Westview.

Huntington, S. P., *The Soldier and the State: The Theory and Politics of Military relations*. Cambridge, MA: Harvard University Press, 1957

Irondelle, B. (2003).'Europeanization Without the European Union? French Military Reforms, 1991–1996', *Journal of European Public Policy*, 10 (2), 208–226

Irondelle, B. (2007). 'La politique de défense est-elle a-politique ?', CERI, mars 2007, 19 p. <https://www.sciencespo.fr/ceri/sites/sciencespo.fr.ceri/files/art_bi.pdf>.

Irondelle, B. (2011). *La réforme des armées en France*. Paris : Presses de Sciences Po.

Irondelle, B., et JOANA J. (2004). 'Etat de l'art sur la sociologie des politiques d'armement. Les approches anglo-saxonnes'. in GENIEYS William dir., *Le choix des armes. Théories, acteurs et politiques*. pp. 19–81, Paris. Éditions du CNRS.

Janowitz, M. (1960). *The Professional Soldier. A Social and Political Portrait*. New York: The Free Press.

Joana, J. (2002). 'Inventions et réinventions d'une catégorie d'action publique : la condition militaire', *Revue française de Science Politique*, 52 (4), 449–467

Joana, J. (2004). 'Les politiques de la ressources humaines des armées en France et en Grande-Bretagne : le sens des réformes', *Revue française de Science Politique*, 54 (5), 811–827

Joana, J. et Famechon-Koudjil, C. (2002). 'Le retour à la vie civile des militaires dans les arméeseuropéennes : quelles politiques ?', *Les Champs de Mars*, 1 11 (1), 73–86

Joana, J. et Smith, A. (2006).'Changing French Military Procurement Policy: the State, Industry and Europe in the Case of the A400M', *West European Politics*, 29 (1), 70–89.

Kaldor, M. (1982). *The Baroque Arsenal*, Londres, A. Deutsh, 1982.

Kohn, R. H. (1994).'Out of Congtrol. The Crisis in Civil-Military Relations', *The National Interest*, 35, 3–17.

Lagroye, J. (2003). 'Les processus de politisation'. in J. Lagroye dir., *La politisation*, pp. 359–372. Paris : Belin.

Mawdsley, J. (2013). 'The A400M Project: From Flagship Project to Warning for European Defence Cooperation', *Defense Studies*, 13 (1), 14 – 32

Mayntz, R. et Derlin, H. U. (1989). 'Party Patronage and Politicization of the West German Administrative Elite, 1970–1987. Toward an Hybridization?', *Governance*, 2 (4), 384–404.

Mills, C. W. (1969, 1° ed. 1956). *L'élite du pouvoir*. Paris : Maspéro

Moskos, C. (1997).'The All-Volunteer Military: Calling, Profession or Occupation? ', *Parameters*, 7 (1), 2–9.

Posen, B. (1984). The Sources of Military Doctrine. France, Britain and Germany Between the World Wars. Ithaca: Cornell University Press.

Rosen, S. P. (1991). *Winning the Next War. Innovation and the Modern Military*. Ithaca: Cornell University Press.

Sapolsky, H. (1972). *The Polaris System Development. Bureaucratic and Programmatic Success in Governement*. Cambridge: Harvard University Press, 1972.

Smith, A. (2013). 'L'analyse des politiques publiques'. in T. Balzacq et F. Ramel, Traité des relations internationales, pp. 439–498. Paris : Presses de Sciences Po.

BARBARA JANKOWSKI

Chapitre 12 Le dialogue politico-militaire dans les décisions d'interventions. Normes et pratiques depuis la fin des années 1990

Depuis 1995, les armées françaises ont été engagées dans une centaine d'opérations menées à l'extérieur des frontières nationales, la plus longue ayant été le déploiement en Afghanistan. Fin 2019, 5 600 militaires étaient déployés dans les opérations Chammal[1], en Syrie et Barkhane[2], au Mali, auxquelles il faut ajouter ceux employés dans le cadre de la Force intérimaire de l'ONU au Liban (FINUL), soit 700 personnels, ainsi que les 300 militaires français présents en Estonie dans le cadre de la Présence avancée renforcée de l'OTAN.[3]

1 L'opération Chammal est le nom du volet français d'une opération interalliée qui vise à apporter un soutien militaire aux forces irakiennes engagées dans le combat contre Daech sur leur territoire. A compter de novembre 2015, l'opération s'est étendue à la Syrie.

2 L'opération Barkhane a été précédée par l'opération Serval, déclenchée le 11 janvier 2013 à la demande du gouvernement malien, pour stopper l'offensive djihadiste qui menaçait Bamako. L'opération Barkhane soutient les forces armées des pays partenaires de la zone afin d'empêcher la reconstitution de zones refuges terroristes dans la région.

3 Source : Site gouvernemental Vie publique, consulté le 20 avril 2020 <https://www.defense.gouv.fr/var/dicod/storage/images/base-de-medias/images/

Les processus décisionnels qui conduisent au déploiement de ces soldats font l'objet d'une vaste littérature, essentiellement outre-Atlantique, dont nous présenterons les grandes lignes ci-dessous. Pour notre part, nous nous sommes attachés au rôle qu'y jouent les chefs militaires ainsi qu'à leur influence.

Malgré le principe intangible de la subordination du militaire au politique, la question mérite, selon nous, d'être posée. La décision d'intervenir militairement est une décision de nature politique puisque seule l'autorité civile a le pouvoir d'engager les armées dans une opération extérieure. En France, la décision d'emploi de la force est, comme on le précisera ultérieurement, une prérogative présidentielle. On n'interroge donc pas, dans cette contribution, le respect du principe de subordination. De nombreux travaux, soit d'histoire (Meynaud 1961 ; Forcade 1999 ; Cailleteaux 2002 ; Doise et Vaisse 2015 ; Vaïsse et Buffotot 2008 ; Vial 2012) soit de science politique, portant sur la période allant de la fin de la présidence de De Gaulle jusqu'à la fin de celle de Jacques Chirac (Cohen 1991,1994, 1998, 2008, 2012 ; Joana 2007, 2012 ; Joana et Smyrl 2008 ; Irondelle 2011) ont montré qu'il était largement respecté et jugé légitime par les militaires et ce depuis la fin de la guerre d'Algérie. Ce fait acquis, deux interrogations demeurent.

D'une part, la décision d'intervenir militairement concerne un domaine qui incarne la finalité des armées et dans lequel on peut considérer que l'expertise militaire compte. D'ailleurs, aux États-Unis, les militaires l'ont interprété ainsi à de nombreuses reprises, suscitant polémiques et limogeages, et engendrant une intense recherche académique au cours des trois dernières décennies. Rien de tel en France.

D'autre part, le principe selon lequel les autorités politiques décident et les militaires exécutent étant normatif, il ne décrit pas concrètement les processus décisionnels observables, notamment en ce qui concerne le rôle qu'y jouent les militaires et ne rend pas compte des relations qui s'établissent entre le Président, chef des armées, et les militaires qui le conseillent, pas plus qu'il n'indique comment ces derniers perçoivent leur rôle dans ce dialogue

operations/autres-operations/carte-deploiement-ops/190805_emacom_deploiementsopearmeesfrancaises_rvb_vf/9733385-1-fre-FR/190805_emacom_deploiementsopearmeesfrancaises_rvb_vf.jpg>

politico-militaire. C'est à l'analyse du fonctionnement de ce processus décisionnel que ce chapitre est consacré. Il s'appuie sur un travail mené depuis plusieurs années sur l'influence des chefs militaires auprès des décideurs politiques en France, à partir des outils conceptuels de la sociologie de l'action publique (Hassenteufel 2011) qui, dans la continuité de l'analyse des politiques publiques (Thoenig 2019 ; Lascoumes et Le Galès 2012 ; Commaille 2019), s'intéresse aux interactions entre les principaux acteurs sociaux qui mettent en œuvre très concrètement les politiques publiques, combien même celles-ci relèvent d'une sphère étatique comme l'est la politique de défense (Irondelle 2008).[4]

Au plan méthodologique, l'enquête combine plusieurs types de sources : des entretiens avec d'anciens chefs d'état-major des armées (CEMA)[5], chefs d'état-major particulier (CEMP)[6], ainsi qu'avec des officiers généraux ayant commandé un théâtre d'opérations. Les biographies et mémoires des présidents de la République, des déclarations publiques et autres discours, la presse et les blogs militaires ont également été mobilisés. Ce matériau a été complété par des mémoires d'officiers réalisés dans le cadre de l'École de guerre ou durant leur année au CHEM auxquels nous avons pu avoir accès.[7] La période étudiée débute à la fin des années 1990, ce

4 Pour l'apport de l'analyse des politiques publiques à l'étude des relations civilo-militaires, voir les chapitre de Jean Joana et de Gregory Daho dans le présent ouvrage

5 Sous l'autorité du président de la République et du gouvernement, et sous réserve des dispositions particulières relatives à la dissuasion, le CEMA est responsable de l'emploi des forces et assure le commandement des opérations militaires. Il est le conseiller militaire du Gouvernement (Article R*3121-1 du Code de la Défense). <https://www.legifrance.gouv.fr/affichCodeArticle.do?idArticle=LEGIARTI000027946897&cidTexte=LEGITEXT000006071307&dateTexte=20200424> Site Légifrance, consulté le 24 avril 2020.

6 Le chef d'état-major particulier du président de la République assiste le chef de l'État, assure la permanence opérationnelle de la dissuasion nucléaire et prépare les conseils de défense. Il est le principal collaborateur militaire du chef de l'État. Il l'accompagne dans ses déplacements et le conseille.

7 L'École de Guerre et le Centre des Hautes Études Militaires (CHEM) sont deux étapes successives dans la sélection des officiers supérieurs pour accéder aux plus hautes responsabilités. Dans le cadre de leur formation, les officiers stagiaires de l'École de guerre et les officiers du CHEM rédigent des mémoires individuels ou collectifs. Ceux que nous avons retenus portaient sur des thématiques proches de

qui correspond au quasi-achèvement de la professionnalisation des armées et s'arrête en 2012, année de l'élection de François Hollande, avec quelques incursions dans des périodes plus récentes. Notons qu'à compter de 2013, des changements sont intervenus dans l'architecture politico-militaire décrite ci-dessous. Il n'en sera pas question dans ce chapitre, faute d'avoir pu mener des entretiens avec les acteurs impliqués, encore en poste au moment de notre enquête.

Nous examinerons tout d'abord dans quels termes les universitaires américains ont analysé l'influence des militaires dans les cas de décisions d'intervention militaire, puis nous présenterons l'architecture du système politico-militaire français et ses acteurs principaux pour consacrer les deux parties suivantes à l'approfondissement du rôle des principaux protagonistes

Les militaires dans les décisions d'emploi de la force sous l'angle de l'ingérence

Aux États-Unis, l'influence des militaires dans les décisions relatives à l'emploi de la force est scrutée de près et donne lieu à une abondante production académique alimentée par d'intenses débats entre universitaires au sujet des crises qui ponctuent les relations entre l'exécutif et les généraux américains, attestant à quel point le principe de la subordination laisse place à interprétation (Betts 1991).

À compter du début des années 1990, les observateurs ont conclu que les relations entre civils et militaires traversaient une crise grave, née de la propension croissante des militaires à remettre en question l'opportunité de l'emploi de la force, au motif de leur droit au chapitre dès lors qu'il s'agissait de déployer l'outil militaire (Kohn 1994). Ce phénomène avait débuté durant le mandat de Colin Powell en tant que *Chairman of the Joint Chiefs of Staff* s'appuyant sur la doctrine *Weinberger-Powell* qui établissait

la nôtre et ont été réalisés à base d'entretiens. Ces mémoires sont disponibles au Centre de documentation de l'École militaire (CEDEM).

de nouvelles conditions, très strictes, pour l'engagement des troupes américaines, ôtant, de fait, toute latitude aux politiques.[8]

Une enquête du *Triangle Institute for Security Studies* (TISS) réalisée en 1996 mettait en évidence que les officiers ne se sentaient plus limités au rôle de conseillers auprès des décideurs politiques, et s'autorisaient à se muer en *advocates*, c'est-à-dire en d'actifs défenseurs de l'option qui avait leur préférence (Feaver et Kohn 2001). En témoigne, par exemple, l'opposition publique de Colin Powell (1992) à une intervention militaire en Bosnie en septembre 1992, jugée par une partie des observateurs comme totalement incompatible avec la règle de la subordination des militaires aux autorités civiles.

Attribuée alors à l'arrivée au pouvoir de Bill Clinton en 1993 et à l'inexpérience de son administration, la situation ne s'est pourtant pas améliorée durant le mandat de George Bush. Avant même le déclenchement de la guerre en Irak, le Général Shinseki, alors chef d'état-major de l'armée de terre, avait déclaré devant une commission du Sénat qu'à moins de mettre plusieurs centaines de milliers d'hommes sur le terrain, la guerre en Irak serait un échec. Ces propos lui avaient valu un conflit ouvert avec Ronald Rumsfeld et une mise à l'écart (Coletta 2007 : 109–121) (Motten 2008 ; Herspring 2009).

En 2006, la crise latente prit la forme de ce qui fut désigné sous les termes de *Revolt of the Generals*. Au total, plus d'une vingtaine d'officiers généraux en retraite ont fait des déclarations dans les médias, allant jusqu'à appeler à la démission de Rumsfeld, le rendant responsable du chaos en Irak, le jugeant arrogant et lui reprochant de ne pas prendre l'avis des militaires.[9] Qu'il ait été jugé comme mettant en péril la démocratie ou

8 La doctrine Weinberger-Powell établissait des conditions très restrictives préalables à l'emploi des armées américaines : intérêts nationaux en jeu, objectifs clairs, stratégie de sortie, effectifs suffisants, soutien de l'opinion publique, seule ambition, la victoire. Cette doctrine a pesé sur toutes les interventions militaires américaines, même si la guerre en Afghanistan en a modifié les conditions d'application.

9 De mars à l'automne 2006, les articles dénonçant une gestion considérée comme calamiteuse du conflit irakien par le secrétaire à la Défense Rumsfeld et réclamant un changement de stratégie se multiplièrent jusqu'à la publication d'un éditorial intitulé : « Time for Rumsfeld to Go », paru simultanément dans *Army Times, Navy Times, Air Force Times, Marine Corps Time*, le 4 novembre 2006.

comme attestant, au contraire, de sa vitalité, le phénomène a modifié le niveau d'expression publique des désaccords et a constitué un précédent. La fronde des généraux contre Ronald Rumsfeld a également relancé l'intérêt des chercheurs pour les relations entre le pouvoir civil et la haute hiérarchie militaire, soulignant à quel point ces relations n'allaient pas de soi (Jankowski 2013).

Sous la présidence de Barack Obama, l'affaire McChrystal a montré que les relations ne s'étaient pas entièrement pacifiées. En juin 2010, le général McChrystal remettait sa démission, suite à la publication d'une interview dans le magazine américain *Rolling Stones* dans laquelle il tenait des propos peu amènes sur les autorités civiles du Pentagone (Hastings 2010). Auparavant, il avait mis en garde contre un risque d'échec de la coalition si les moyens militaires n'étaient pas renforcés à hauteur de 40 000 soldats supplémentaires et si la stratégie n'était pas réorientée vers la sécurisation des populations.

Quel sens faut-il donner à ces tensions ? Sont-elles la preuve de la lente dégradation des relations entre le pouvoir civil et les militaires ou témoignent-elles, au contraire, de leur vitalité ? Aux États-Unis, la réponse à cette question divise la communauté universitaire et les chercheurs militaires. Pour la plupart d'entre eux, ce genre de déclarations va à l'encontre du principe de subordination et porte atteinte au moral des troupes. Ces généraux auraient dû s'exprimer alors qu'ils étaient encore en fonction, en suivant la voie hiérarchique, ou faire comme les précédentes générations d'officiers qui attendaient, non seulement de ne plus être en service, mais également que l'administration qu'ils avaient servie ne soit plus en fonction pour publier leurs mémoires. Selon eux, les militaires ne doivent pas s'engager dans les débats concernant la politique étrangère et de défense, y compris lorsque la décision d'envoi de troupes est en jeu. Les civils ont le droit de se tromper et de prendre de mauvaises décisions (Feaver 2011). Les militaires, quant à eux, ont le devoir d'obéir, sans médire, même aux décisions qu'ils désapprouvent et même s'ils estiment que les décideurs se trompent. Au plus haut niveau, les militaires qui conseillent les décideurs doivent gagner la confiance de leurs supérieurs en s'abstenant d'avoir des comportements qui ébranlent l'autorité de ces derniers, comme organiser des fuites dans les médias, insinuer qu'ils n'approuvent pas les décisions prises, écrire ou parler publiquement de la politique conduite par l'administration tant que cette dernière est en place. Ils sont par ailleurs censés garder leurs conseils confidentiels et offrir au décideur la gamme la plus large d'alternatives, sans en omettre sciemment et sans les présenter de telle manière que leurs préférences soient retenues (Jankowski 2013).

Pour d'autres, la révolte des généraux a, au contraire, mis en évidence la nécessité de reconsidérer la relation de subordination. Depuis la formulation du modèle du contrôle objectif (Huntington 1957), les questions politico-militaires sont devenues plus complexes à trancher et la limite entre ce qui relèverait du domaine militaire à savoir les moyens, et ce qui appartiendrait au politique, à savoir de fixer les fins, ne serait plus aussi nette qu'elle l'était du temps de la guerre froide (Bland 1999). Les moyens déterminent en grande partie les buts que les civils peuvent assigner à une intervention et c'est à ce titre que les chefs militaires peuvent considérer légitime de participer plus activement à l'élaboration des décisions (Desch 2007 : 107).

Outre-Atlantique, la recherche sur le rôle des militaires dans les décisions d'intervention est donc principalement focalisée sur la manière d'interpréter l'excès de leur influence et surtout de limiter cette dernière. La question ne se pose pas du tout dans ces termes en France, où les hauts gradés se sont vu imposer des choix qui n'avaient pas leurs faveurs, mais qu'ils ont mis en œuvre en toute loyauté, comme la professionnalisation des armées (Irondelle 2011). Les décisions relatives à l'emploi des forces armées prises par les autorités politiques ne font, ni avant ni après, l'objet de remise en cause publique, du moins de la part des hauts responsables militaires qui conseillent les décideurs. Le problème doit donc être abordé sous un autre angle, afin de déterminer quelle place le processus de décision français, très centralisé, laisse finalement aux militaires pour exercer une quelconque influence, à quelles étapes et selon quelles modalités. Il s'agit donc avant tout de comprendre précisément le déroulement de ce processus.

L'architecture politico-militaire du processus décisionnel français

Les processus décisionnels en matière de défense relèvent de la sphère politico-militaire, à l'interface de la politique et de la stratégie, cette dernière étant « la traduction militaire d'un objectif politique » (Durieux et Vial 2017). Les officiers généraux y sont les conseillers des autorités civiles. Ils y ont de ce fait une double tâche : en premier, traduire les logiques, les préférences et les contraintes qui prévalent chez les décideurs politiques et qui ne sont pas nécessairement perçues et comprises par les militaires. En second lieu, être les avocats des armées auprès des responsables politiques, pour expliquer et faire valoir le point de vue des militaires. Ils traduisent les attentes et les décisions politiques pour les militaires, et en retour, ils indiquent aussi aux politiques ce qu'il est possible ou non de demander aux armées. C'est dans cette interface qu'ils peuvent exercer de l'influence.

Ce processus décisionnel engage un très petit nombre d'acteurs. Du côté des autorités civiles, il s'agit principalement du président de la République. Du côté militaire, deux acteurs émergent, le CEMA et le CEMP, tous deux conseillers militaires du Président. Ils sont aidés par deux structures : le conseil de défense et de sécurité nationale restreint, structure politique présidée par le chef de l'État et le CPCO (centre de planification et de conduite des opérations), placé sous les ordres du CEMA, au sein de l'état-major des armées.

Le CEMA et le CEMP, deux acteurs majeurs à l'interface entre le politique et le militaire

Deux responsables militaires sont investis de rôles majeurs dans le processus décisionnel. Il s'agit du chef d'état-major des armées (CEMA) et du chef d'état-major particulier du président de la République (CEMP). Le CEMA est au sommet de la hiérarchie militaire, ce qui le distingue de l'autre conseiller militaire du président, le CEMP, qui lui, n'a aucune autorité sur l'institution. Le CEMA est conseiller militaire du président et du gouvernement, le seul de l'institution à avoir accès au chef des armées, depuis une réforme de la fin des années 2000. Lors des conseils restreints, c'est lui qui présente au chef de l'État les différentes options militaires. C'est le CEMA qui a en charge le commandement opérationnel des forces dès lors qu'elles sont déployées. Sa double responsabilité et son rôle charnière entre le niveau politique et les forces armées sont ainsi résumés dans un document de doctrine (CICDE 2013 : 13) : "il propose des réponses militaires aux décideurs politiques en matière d'options et de contributions ... Il traduit les directives et les orientations gouvernementales en matière de planification et de réponse opérationnelle". En comparaison avec le CEMP qui peut s'entretenir avec le président de la République quotidiennement, le CEMA n'a pas un accès direct aussi fréquent. En revanche, c'est lui qui arbitre et décide puisqu'il est au sommet de la pyramide hiérarchique, alors que le CEMP, lui, n'a aucune responsabilité dans la conduite des affaires militaires.

Le CEMP, nommé par le Président, entouré de son équipe de quelques officiers qui forme l'état-major particulier du président de la République aide le président à exercer ses prérogatives de chef des armées. En tant que conseiller militaire personnel du Président, il l'assiste sur tous les sujets de défense, y compris l'affectation et la nomination des officiers généraux. Il a un accès direct et quotidien au chef de l'État, et il est le seul conseiller à rester en place au moment des changements d'équipe présidentielle (Bentégeat 2019 : 445).

Le CEMA et le CEMP jouissent tous deux, à des degrés divers, d'une proximité avec le président de la République. Cette proximité institutionnelle, à condition qu'elle se double, comme cela fut le cas durant la période étudiée, d'une confiance interpersonnelle entre chacun des conseillers militaires et le Président, et entre les deux chefs militaires, permet au dialogue politico-militaire, indispensable au moment du déclenchement d'une opération militaire, de s'instaurer aisément. D'après les expériences restituées par les différents CEMA et CEMP interviewés dans notre enquête, la qualité de ce dialogue dépend pour beaucoup de la manière dont fonctionne le tandem CEMA/CEMP, dont chaque membre doit agir sans empiéter sur les prérogatives de l'autre. Le CEMP, par exemple, dont les relations quotidiennes avec le président lui permettent de l'éclairer sur les dossiers en cours, est censé le faire en accord avec les options avancées par le CEMA (Jankowski 2020).

L'outil politique : le conseil restreint de défense et de sécurité nationale

Les structures sur lesquelles s'appuie le chef de l'État pour conduire la politique de défense n'ont pas d'équivalents dans d'autres secteurs de politiques publiques, même régaliennes. Au niveau le plus général, la politique de défense est définie en conseil des ministres. Deux autres structures aident le président de la République : le conseil de défense et de sécurité nationale et le conseil restreint de défense et de sécurité nationale.[10] Ces organes ont désormais une existence législative, inscrite au Code de la défense.[11]

C'est en conseil de défense et de sécurité nationale que sont arrêtées les décisions relatives à la direction générale de la défense et aux réponses à apporter aux crises majeures. Le conseil de défense a également pour rôle la préparation de l'avenir. En revanche, les décisions en matière d'emploi des forces sont examinées en conseil restreint de défense, cellule décisionnelle du président de la République (Teule 2007 ; Doaré 2016). Ces décisions visent la définition des buts à atteindre, l'approbation des plans correspondants, et les mesures destinées à pourvoir aux besoins des forces. La composition

10 En ce qui concerne la dénomination exacte, il ne semble pas y avoir de règle unique. Le Code de la Défense fait référence au Conseil de défense et de sécurité nationale restreint, tandis que le site Internet de l'Élysée qui informe de l'agenda présidentiel mentionne le conseil restreint de défense et de sécurité.

11 « La politique de défense est définie en conseil des ministres. Les décisions en matière de direction générale de la défense et de direction politique et stratégique de la réponse aux crises majeures sont arrêtées en conseil de défense et de sécurité nationale. Les décisions en matière de direction militaire de la défense sont arrêtées en conseil de défense et de sécurité nationale restreint ». Cf. le Code de la défense, Article L1111-3, Modifié par LOI n°2009-928 du 29 juillet 2009 - art. 5 <http://www.legifrance.gouv.fr/affichCodeArticle.do?cidTexte=LEGITEXT000006071307&idArticle=LEGIARTI000020932646>, version en vigueur au 1 août 2009.

du conseil de défense restreint n'est pas précisée par un texte. Elle dépend des points figurant à l'ordre du jour.

Les conseils de défense restreints se tiennent depuis quelques années à un rythme très fréquent, voire hebdomadaire : « Chaque semaine depuis le 15 juillet 2016, se tient à l'Élysée un conseil restreint de défense et de sécurité. Cette réunion est présidée par le chef de l'État, en présence des collaborateurs proches (secrétaire général, chef d'état-major particulier et conseiller diplomatique). Elle regroupe le Premier ministre, le ministre de l'Intérieur, le ministre des armées, le garde des Sceaux, le directeur général de la sécurité intérieure, le DGSE et le CEMA. Ainsi la prise de décision peut être instantanée et sa mise en œuvre n'est pas moins rapide ». (de Villiers 2017 : 197).

Nos interlocuteurs militaires qui y ont assisté n'évoquent pas dans le détail leur expérience des conseils de défense restreints. Il faut s'appuyer sur des articles de presse et de rares témoignages publiés pour en entrevoir le fonctionnement. On sait que le CEMA y intervient pour présenter le point sur la conduite des opérations au sujet desquelles doivent se prendre les décisions. Son format est réduit et il n'y a pas de loi intangible : « c'est assez pragmatique et sa physionomie dépend de chaque président »… « On présente la situation, puis les différentes options qui s'offrent au président. Chacun des participants autour de la table s'exprime, et le président tranche » (Biseau et Hofnung 2013). Le général Bentégeat, ancien CEMP et CEMA, explique que « … c'est François Mitterrand qui (…), a inventé les conseils restreints au cours desquels tous les dossiers étaient mis à plat. » (Bentégeat 2012). Le général Bentégeat explique que « François Mitterrand, qui avait vécu une première cohabitation difficile avec Jacques Chirac, a décidé en mai 1993, « de créer des conseils restreints qui permettent le suivi et les décisions dans toutes les opérations militaires en cours ou possibles, des conseils restreints qui comprenaient le président de la République, le Premier ministre, les ministres des Affaires étrangères, de la Défense et, à l'occasion, le ministre de la Coopération ou le ministre de l'Intérieur – mais pas le ministre des Finances contrairement au conseil de défense dans lequel il est toujours présent. Cette équipe, plus les principaux chefs militaires, c'est-à-dire le chef d'état-major des armées, le chef d'état-major particulier, et puis un ou deux collaborateurs des ministres, se réunissait systématiquement tous les mercredis après le conseil des ministres quand une OPEX était en cours.[12] Là, on balayait tous les sujets relatifs aux opérations en cours ou potentielles, et c'est l'état-major particulier qui assurait le verbatim de ces conseils restreints (...) Il n'y avait pas de relevé des décisions. Il y avait donc une marge d'interprétation possible, contrairement à ce qui se passe en conseil de défense où le relevé de décisions est précis et signé par le Président » (Bentégeat 2012 : 4).

Les témoignages font ressortir deux caractéristiques majeures de ces réunions que l'on aurait tort de croire totalement formalisées, n'ajoutant aucune plus-value à des choix déjà opérés. Tout d'abord, la personnalité de chaque président de la République, qui anime et préside les réunions du conseil de défense, marque fortement le déroulement des réunions : « J'ai connu trois présidents, leurs styles étaient différents et chacun avait une personnalité différente, mais dans tous les cas, ça discutait » (un ancien CEMA). En second lieu, ces réunions donnent lieu à de véritables échanges : « Non, la messe n'est pas dite quand vous entrez en séance. Il y a les ministres qui s'expriment, le Président (c'est lui qui préside le conseil), le CEMP peut demander à prendre la parole » (un ancien CEMP).

L'outil militaire : le CPCO

Au cœur de la préparation des interventions militaires, le centre de planification et de conduite des opérations (CPCO), avec ses quelques 200 officiers, constitue le « centre nerveux de la chaîne de commandement opérationnel française ». Il regroupe les capacités de planification et de conduite des opérations au niveau stratégique, est organisé pour couvrir toutes les zones du globe, selon les normes de l'OTAN, et existe sous cette forme depuis 2004. Le niveau stratégique est celui de la conception, de l'organisation et de la mise en œuvre des moyens militaires en vue d'atteindre les

12 Dorénavant les réunions du conseil restreint se tiennent avant le conseil des ministres, si l'on s'en réfère à l'agenda du président mis en ligne sur le site Internet de l'Élysée

objectifs définis par le politique. Le CPCO est l'outil militaire qui permet au CEMA de conseiller le président de la République dès que celui-ci envisage une intervention militaire, quelle qu'en soit la nature, car il a la possibilité d'apprécier en temps réel la situation sur le terrain : « c'est ainsi que nous avons été en mesure de connaître et de suivre le développement des groupes terroristes au Sahel depuis plusieurs années, puis de planifier l'opération Serval ».[13] Les militaires doivent se tenir prêts à affronter toutes sortes de crises. À cette fin, ils planifient à froid des scénarios réévalués au gré des événements. Ces scénarios ont trait à l'évacuation de ressortissants français, à des menaces sur la paix dans une région du monde et à toute menace sur les intérêts français. Parmi toutes les planifications réalisées et les scénarios envisagés, beaucoup ne verront jamais le jour, mais la planification sert essentiellement aux militaires à ne pas se laisser surprendre. « Dès lors qu'une crise se dessine, il (le CPCO) met sur pied une cellule de planification qui travaille sur les plans existants et les remet à jour à la lueur des contraintes du moment » (d'Evry 2015 : 23).

Cette structure est aussi en charge de déterminer quelles sont les capacités militaires qui doivent être mises en œuvre pour une opération donnée. C'est un état-major de niveau stratégique, qui ne commande pas directement d'opérations, sauf dans la période initiale au cours de laquelle une force est envoyée sur un théâtre, avant que ne se déploie le commandement du théâtre d'opérations.[14]

13 Discours de l'amiral Guillaud, CEMA, devant la 21ème promotion de l'école de guerre, 30 septembre 2013. <https://www.defense.gouv.fr/english/ema/chef-d-etat-major-des-armees/actualite/cema-ouverture-de-la-21eme-promotion-de-l-ecole-de-guerre>

14 En matière d'intervention militaire on distingue trois niveaux : stratégique, opératif et tactique. Le niveau stratégique définit l'objectif militaire décisif à atteindre ; le niveau opératif est celui qui fixe le but militaire qui doit être atteint sur le théâtre d'opération ; le niveau tactique est le niveau de l'action locale et limitée dans le temps. Ces trois niveaux s'emboîtent, l'ensemble des objectifs tactiques concourant à atteindre l'objectif fixé au niveau opératif, qui lui-même contribue à la réalisation de l'objectif stratégique. Pour plus de détail, voir Caplain (2019).

Le rôle prééminent du président de la République

La décision d'engager des troupes dans une intervention extérieure est, à première vue, une décision éminemment politique. L'article 15 de la Constitution française confère au président de la République le pouvoir d'en décider seul (Doaré 2016), et la pratique confirme que les présidents successifs s'en sont servis sans partage : « Le Président reçoit les chefs d'État étrangers et il prend ses décisions et elles ne sont pas nécessairement liées à des scénarios. Le militaire n'est qu'un élément de la solution. On peut dire qu'on est content ou pas, mais voilà, le politique le prend en compte ou non. En principe, il y a une réunion du conseil restreint et chacun s'exprime » (ancien Major général de l'EMA).

Au conseil de défense restreint, « quand Hollande souhaite une précision c'est souvent Guillaud (le CEMA) qui prend la parole ». Entouré de son chef d'état-major particulier, Benoît Puga, et du secrétaire général de l'Élysée, « le chef de l'État tranche parmi les différentes options qu'on lui présente » (Biseau et Hofnung 2013).

Il existe de nombreux témoignages indiquant que les quatre présidents précédents (Mitterrand, Chirac, Sarkozy, Hollande) ont décidé d'intervenir sans en informer préalablement la hiérarchie militaire ou sans tenir compte de l'avis de leurs conseillers.

Fin 2007, Nicolas Sarkozy a pris seul la décision d'augmenter le nombre de soldats engagés dans la coalition et d'envoyer une équipe d'OMLT[15] pour soutenir les Néerlandais dans le sud de l'Afghanistan. Autre exemple, l'intervention au Mali était certes préparée depuis quelque temps par le CPCO, mais son déclenchement, plus rapide que prévu, a fait suite à une décision du Président François Hollande à laquelle les militaires ont dû s'adapter dans des délais très brefs. De plus, la décision de François Hollande de faire intervenir l'aviation française pour stopper la progression des djihadistes a été formalisée en un temps très bref : « Tout s'est précipité en vingt-quatre heures, depuis l'appel du président par intérim malien,

15 Operational Mentor and Liaison Team, équipes de spécialistes qui conseillaient les militaires de l'armée nationale afghane pour l'instruction et l'entrainement.

Dioncounda Traoré. Cette décision ne vient pas de nulle part. Cela fait des mois que Hollande travaille sur le sujet et qu'il répète à chaque occasion que la situation au Mali est d'une extrême gravité, raconte un conseiller du chef de l'État. C'est pour cela qu'il est en mesure de réagir très vite quand il reçoit l'appel au secours du président malien » (Biseau et Hofnung 2013).

Chaque Président imprime sa propre marque sur les opérations et on a pu observer comment l'intervention en Afghanistan a évolué avec le changement de titulaire à l'Élysée. Le général Bentégeat explique ainsi que « Chirac considérait que l'Afghanistan n'était pas dans la zone d'intérêt de la France et que l'unique raison de notre engagement était notre soutien aux États-Unis. Ses ordres étaient de faire le minimum pour rester digne, sans prendre de zone de responsabilité en dehors de la capitale Kaboul, afin de conserver une capacité à nous retirer. Et nous ne devions pas dépasser un effectif de 1 500 hommes. Avec l'arrivée de Nicolas Sarkozy, nous sommes ensuite montés jusqu'à 4500, mais c'était un peu notre ticket d'entrée dans l'OTAN, où la France a obtenu des postes de responsabilité ».[16]

Seules les périodes de cohabitation ont obligé le Président à communiquer, si ce n'est à négocier, avec son Premier ministre. Ce fut le cas, par exemple, au moment du déclenchement de l'intervention en Afghanistan en 2001, entre Jacques Chirac et Lionel Jospin. « C'était la cohabitation et il y a eu d'abord eu des désaccords entre le président Chirac et le Premier ministre Lionel Jospin. Finalement, Matignon s'est rallié à l'Élysée ».[17] Mais la dernière cohabitation s'est achevée en 2002 et ces cas de figure ne se sont plus reproduits.

Rien ne se décide sans l'approbation du Président, y compris parfois des éléments dont on pourrait penser qu'ils relèvent strictement du domaine militaire, comme en septembre 2003, lorsque des forces spéciales devaient être déployées en Afghanistan : « Le choix du volume des forces était basé sur les propositions du général Kelche, le chef d'état-major des armées à l'époque, mais il a été décidé par Jacques Chirac. C'était fondamentalement politique » (entretien avec un ancien CEMP et CEMA). Le volume des troupes engagées, qui pour le profane peut apparaître un moyen militaire,

16 Interview *du général Bentégeat, L'opinion, 27 septembre 2019.*
17 Idem.

est, en fait, un préalable fixé par le décideur politique, en l'occurrence la chef de l'État, notamment en raison de son incidence budgétaire.

Dans de rares situations, lorsque la relation de confiance entre le chef de l'État et le CEMA est durablement établie, comme ce fut le cas entre Jacques Chirac et le chef d'état-major des armées de l'époque, il est arrivé que ce dernier fasse des propositions : « Après le début de la guerre en Irak, il fallait un moyen de se reconnecter avec les Américains. J'ai pensé que ce que les Américains apprécieraient le plus, c'est que nous envoyons nos forces spéciales en Afghanistan. Et je l'ai suggéré au Président, en disant que, premièrement, cela faciliterait notre relation avec les Américains et que, deuxièmement, ce serait une excellente formation de nos soldats. Le président a réfuté le premier argument, mais accepté le second. En conséquence, 220 militaires ont été envoyés en septembre 2003 » (entretien avec un ancien CEMP et CEMA).

Cela semble être l'une des caractéristiques majeures du processus décisionnel, troublante pour le néophyte : la frontière entre ce qui relève du politique et ce qui est du ressort du militaire n'est pas toujours évidente à percevoir, puisque de nombreux choix, que l'on pourrait juger de nature militaire sont, de fait, politiques, comme en particulier le volume des troupes alloué à une intervention.

Entre l'intention politique et la mise en œuvre opérationnelle : une articulation complexe

Le processus décisionnel qui débouche sur une intervention militaire comporte un volet politique suivi d'un volet militaire.[18] Une intervention est avant tout guidée par un objectif politique que les militaires devront en permanence conserver à l'esprit. Cet objectif est désigné par les

18 Une intervention militaire comporte aussi d'autres aspects interministériels mais nous ne traitons que des relations entre chefs militaires et autorités politiques.

militaires en termes d'effet final recherché (EFR) à partir duquel ils définissent et planifient les objectifs stratégiques et opératifs.

Les chefs militaires disent devoir disposer d'objectifs politiques les plus précis possible pour planifier et conduire l'intervention dans les meilleures conditions. Dans cette chaîne décisionnelle, le Président, chef des armées, décide du but d'une opération et les militaires le traduisent en « effets militaires ». Au stade préparatoire à un déploiement, le responsable militaire doit faire valider trois éléments par le décideur : premièrement, le cadre stratégique qui justifie le déploiement, indispensable pour tenir informée l'opinion publique et obtenir son adhésion (ce qu'il appartient au politique de faire), mais aussi pour motiver les militaires engagés dans l'opération ; deuxièmement, les conditions d'emploi de la force qui en termes militaires sont appelées les règles d'engagement (ROE) ; troisièmement, le volet financier doit être intégré dans toute proposition faite au président de la République. De là découle le format des contingents qui seront déployés.

Or, si l'on en croit les documents et les témoignages recueillis, ce processus peut présenter deux distorsions : d'une part les objectifs ne sont pas toujours précis, et d'autre part, le processus, en théorie linéaire, avec deux volets successifs, ne l'est pas nécessairement.

L'imprécision des objectifs

Comme le déclarent les généraux interrogés, la définition de l'objectif à atteindre doit idéalement être aussi explicite que possible. L'ambiguïté des objectifs politiques constitue une difficulté pour les chefs militaires et pour toute la chaîne de planification et de commandement de l'opération. Dans la pratique, l'EFR souffre souvent d'être peu précis aux yeux des militaires et ne permet pas une vision à long terme de la résolution de la crise. Cette difficulté des instances politiques à définir les ambitions de la mission semble être considérée comme inéluctable par les responsables militaires : « Parmi les différentes contraintes susceptibles de limiter la liberté d'action du chef, il convient de citer notamment le degré de précision de la mission, le contexte et les directives politiques » (...) « Le flou qui subsiste parfois dans la définition des objectifs politiques peut limiter l'action des militaires dans la mise en œuvre opérationnelle. » (CHEM 2012).

La définition précise des finalités d'une intervention militaire et donc de ses objectifs politiques est un principe, car il s'avère qu'en réalité, ces finalités sont le plus souvent floues ou ambigües. Les militaires considèrent que, bien souvent, les décisions d'intervention sont prises avec un manque de vision globale des enjeux. L'état final recherché n'est pas toujours clair : « *Quand nous avons une opération, le pire est d'engager des moyens militaires sans savoir ce que nous voulons faire politiquement* [...]. *C'est ce qui s'est passé au début en Irak et en Syrie, dans l'opération sous commandement américain* [...]. *C'est pour cette raison que j'ai milité assez rapidement pour que nous allions voir ce qui se passait en Syrie. Nous manquions de renseignements* » [...]. « *Maintenant, nous y sommes et nous commençons à avoir une meilleure appréciation de la situation* », explique le général Mercier, Commandant Allié Transformation de l'OTAN.[19]

La définition de l'intention politique peut être rendue plus délicate par la dimension multinationale de l'intervention militaire, ce qui a été fréquemment le cas au cours des vingt dernières années. « *L'état final recherché n'est pas le même pour tous les acteurs impliqués dans la crise* [...]. *Veut-on revenir à une frontière Irak-Syrie ? Que veut-on pour le gouvernement syrien actuel ? Qu'allons-nous faire pour traiter le problème des communautés chiites et sunnites ?* [...] *Et tant qu'aucune réponse, c'est-à-dire une « solution politique partagée »*, ne sera apportée à cette question, la « *seule chose que nous pouvons faire au niveau militaire, c'est d'empêcher Daech de s'étendre en faisant du containment* » [...] « *Le jour où nous aurons une solution politique partagée, nous pourrons mettre les moyens militaires nécessaires* », affirme le général Mercier.[20]

19 Le Général Mercier, commandant suprême allié Transformation de l'Otan (SACT) et ancien chef d'état-major de l'armée de l'air interviewé par Laurent Lagneau. Lagneau, L. (2016). 'Opérations contre Daesh : « Quel est l'effet final recherché ? », demande le général Mercier', Zone militaire. Opex 360.com, 8 mars 2016. <http://www.opex360.com/2016/03/08/operations-daesh-quel-leffet-final-recherche-demande-le-general-mercier/>

20 idem.

Cette difficulté des autorités politiques à donner un objectif précis à l'intervention et à avoir une vision à long terme de la résolution de la crise est considérée comme habituelle et inévitable par les responsables militaires interviewés. Bien que crucial en théorie, l'objectif politique précis fait souvent défaut et le décideur ne donne à l'intervention qu'un cadre général. C'est au fil du temps et après le lancement de l'intervention que les éléments de l'état final recherché se précisent.

Une articulation permanente entre décision politique et action militaire

Ce qui apparaît au premier abord un cheminement simple – l'autorité civile fixe l'intention politique puis les militaires la mettent en œuvre – se caractérise en réalité par une articulation, entre ces deux étapes, moins linéaire que ne le laisse entrevoir le principe selon lequel le politique décide d'abord et le militaire exécute, ensuite.

En l'absence d'un objectif politique précis, il arrive que l'objectif militaire prenne la place de l'objectif politique manquant ou trop flou. En théorie, l'état final recherché découle de la question « pourquoi intervient-on ? ». De là résulte la mission à accomplir et ses modalités d'exécution, réponse à la question « que fait-on ? ». Le « pourquoi » est censé en toute logique précéder et orienter le « quoi ».

Or, dans certains cas, le « que faire ? » devient le « pourquoi faire ? », ce que déplore la haute hiérarchie militaire, qui y voit une faiblesse du processus décisionnel : « S'il n'y a pas d'éclairage politique, la technique conduit la conception politique. Les décideurs deviennent dépendants de l'armée », affirme un ancien chef militaire interviewé. Par défaut, le responsable militaire fait valider, par le décideur, sa propre vision. Il semble que les commandants militaires ayant des responsabilités sur le terrain (COMANFOR par exemple)[21] acceptent cet état de fait, qu'ils qualifient de « partage des risques » avec les dirigeants politiques. Ils en parlent ainsi : « payé pour gérer l'incertitude et le risque, le chef militaire doit sentir

21 Le COMANFOR est le commandant de la force sur un théâtre d'opération comme, par exemple, le général qui commande la force Barkhane.

les choses, démêler l'écheveau, définir ses propres objectifs si nécessaire, ou même exploiter l'imprécision à son profit. C'est à lui de donner de la cohérence à l'action et de jouer selon son sens politique » (officier général). C'est pour cela qu'on peut affirmer que le processus est plus imbriqué que linéaire puisque les militaires doivent parfois interpréter voire reformuler selon leur compréhension, des objectifs flous, qu'ils soumettent, dans un second temps, pour validation, au politique : « Le chef (COMANFOR) doit ainsi intégrer qu'il ne partira pas avec une mission clairement définie, mais qu'il devra faire lui-même son *credo* : « voilà ce que j'ai compris de ma mission ... » ». CHEM, 2018). Du niveau opératif, celui du théâtre d'opérations, il ressort qu'il est nécessaire et bénéfique que l'officier général commandant la force sur le théâtre des opérations établisse une relation personnelle avec le Président et s'entretienne avec lui pour clarifier le sens de la mission et ses limites.

Il peut se produire, rarement certes, que les propositions des militaires soient reprises à leur compte par le politique. Ainsi, l'envoi de gendarmes en Afghanistan ou la mise à disposition de conseillers politiques auprès du commandant de la *Task Force Lafayette* ont été suggérés au Président par des conseillers militaires. Une telle configuration nécessite d'établir un dialogue étroit entre les responsables militaires et le décideur. La qualité de la relation au sommet est essentielle et doit être basée sur la confiance entre ces deux acteurs du processus décisionnel que sont le Président et le chef d'état-major des armées. La qualité de leur relation interpersonnelle est un facteur majeur de facilitation du dialogue politico-militaire dans le domaine des opérations.

Le processus décisionnel qui conduit à une intervention bénéficie d'une évaluation positive par les acteurs militaires qui apprécient avant tout sa réactivité : « l'effet militaire peut être appliqué quelques heures seulement après la décision politique. À chaque fois, cette réactivité a été décisive ».[22]

Les militaires semblent bien plus satisfaits de leur rôle et de l'écoute dont ils bénéficient dans le cas des décisions d'intervention que dans les autres domaines de la politique de défense dans lesquels ils se sont sentis depuis le début des années 2000, peu écoutés et peu reconnus : « en général,

22 Discours de l'Amiral Guillaud, CEMA, op. cit.

il semble que les chefs militaires qui ont mené des opérations ne se soient pas sentis limités leurs actions opérationnelles. De plus, toutes les autorités concernées ont été satisfaites par le dialogue autour des missions menées par les armées ces dernières années ». (CHEM 2018)

Les officiers généraux ont été nombreux à témoigner de l'absence de tensions civilo-militaires dans ce champ décisionnel : « on considère souvent les rapports entre politiques et militaires de façon conflictuelle. L'engagement des troupes françaises en Afghanistan a montré que les deux sphères se sont trouvées étroitement liées dans la prise des décisions. Le périmètre des compétences de chaque partie est suffisamment clair pour éviter les frictions » (CHEM 2012).

Conclusion

En France, la décision d'engager des troupes dans une intervention extérieure est entièrement entre les mains du président de la République, dont le rôle décisif ne s'est jamais démenti au cours des vingt-cinq dernières années. Le dialogue politico-militaire qui s'instaure pendant toute la durée du déploiement devrait, en théorie, être guidé par des objectifs politiques fixés par l'autorité civile que les militaires mettraient en œuvre par des moyens adéquats. En réalité, bien souvent, face à des objectifs stratégiques manquant de clarté, les chefs militaires doivent composer avec un objectif politique (l'état final recherché) flou ou ambigu. Tout au long de l'intervention, ils doivent faire preuve d'une capacité d'adaptation permanente, grâce au dialogue et aux ajustements avec le chef des armées. Ce processus de décision est considéré, du moins par les acteurs militaires, comme étant efficace et les chefs militaires estiment y avoir l'influence qui leur revient, eu égard au principe de subordination qui encadre le dialogue politico-militaire. De ce fait, notre analyse rejoint celle que développe Gregory Daho (2016) quand il évoque le retour des généraux dans l'arène décisionnelle. Le système décisionnel français en matière d'interventions militaires, basé sur une planification réalisée par le

CPCO, sur un nombre très limité d'acteurs, sur des procédures réactives et finalement flexibles, permet un dialogue politico-militaire jugé satisfaisant et n'engendre pas de tensions comparables à celles qu'on observe aux États-Unis. A ce titre, le dialogue politico-militaire entre la fin des années 1990 et le milieu des années 2010 peut servir d'indicateur du retour d'une certaine influence *sous condition* des chefs militaires qui conseillent les décideurs.

Références bibliographiques

Bentégeat, H. (2019). *Chefs d'État en guerre*. Paris : Perrin.

– (2012). Entretien avec le général Henri Bentégeat. *Histoire@Politique*, 18 (3), 209–232. doi:10.3917/hp.018.0209.

Betts, R. (1991). *Soldiers, Statesmen, and the Cold War Crises*. New York: Columbia University Press.

Biseau, G., Hofnung, T. (2013). Conseil de défense, revue des troupes. *Libération*, 15 janvier <http://www.liberation.fr/politiques/2013/01/15/conseil-de-defense-revue-des-troupes_874335>

Bland, D. (1999). A Unified Theory of Civil-Military Relations, *Armed Forces & Society*, 26 (1), 7–25.

Cailleteau, F. (2002). Le rôle et l'influence des responsables militaires dans la politique extérieure de la France : Les leçons du XXe siècle. *Revue internationale et stratégique*, 48 (4), 53–61. doi:10.3917/ris.048.0053.

Caplain, S. (2019). *La fourmilière du général : le commandement opérationnel face aux enjeux de la haute intensité*. IFRI. Focus stratégique, 89.

CHEM (2018). *Évolution de la société, évolution du commandement*. 68e session, comité B. Mémoire disponible au Centre de documentation de l'École militaire

– (2012). *Société et usage de la force. Comment concilier contraintes et liberté d'action stratégique*? 56e session, comité A. Mémoire disponible au Centre de documentation de l'École militaire.

CICDE. (2013). Anticipation et planification stratégique. *Doctrine interarmées (DIA-5 (B]* A&PS. n° 134/DEF/CICDE/NP du 16 juillet 2013 amendée le 23 juin 2014.

Cohen, S. (2012). Présidents et généraux sous la VeRépublique. *Inflexions*, 20, 43–52.

–- (2008). Le pouvoir politique et l'armée, *Pouvoirs*, 125, 19–28.

– (éd.) (1998). *Mitterrand et la sortie de la guerre froide*. Paris : Presses universitaires de France, 1998.

– (1994). *La défaite des généraux : le pouvoir politique et l'armée sous la Ve République*. Paris : Fayard.

– (1991). Le Président, chef des armées, *Pouvoirs*, 58, 33–40.

Coletta, D. (2007). Courage in the Service of Virtue. The Case of General Shinseki's Testimony before the Iraq War. *Armed Forces & Society*, 34,1,109–121.

Commaille, J. (2019). Sociologie de l'action publique. In: L. Boussaguet, S. Jacquot and P. Ravinet (eds.), *Dictionnaire des politiques publiques*: 5e édition entièrement revue et corrigée pp. 576–584. Paris : Presses de Sciences Po.

Daho, G. (2016). *La transformation des armées. Enquête sur les relations civilo-militaires en France*. Paris : Éditions de la Maison des sciences de l'homme.

Desch, M. (2007). Bush and the Generals. *Foreign Affairs*, 86 (3), 97–108.

d'Evry, A. (2015). L'opération Serval à l'épreuve du doute : vrais succès et fausses leçons. Paris : IFRI, *Focus stratégique*, 59.

de Villiers, P. (2017). *Servir*. Paris : Fayard.

Doaré, R. (2016). *L'essentiel du droit de la défense*. Issy-les – Moulineaux : Lextenso.

Doise, J. et Vaïsse, M. (2015). *Diplomatie et outil militaire : Politique étrangère de la France (1871–2015)*. Éditions Seuil, Points Histoire.

Durieux, B. et Vial, P. (2017). Politico-militaires (relations). In Ramel, F., Jeangène Vilmer, J. B. et Durieux, B. (eds) *Dictionnaire de la guerre et de la paix*. pp. 1054–1063. Paris : PUF.

Feaver, P. (2011). The Right to Be Right. *International Security* 35 (4), 87–125.

Feaver, P. and Kohn, R. (eds) (2001). *Soldiers and Civilians: The Civil Military Gap and American National Security*. Cambridge: The MIT Press.

Forcade, O. Duhamel, E., and Vial, P. (eds) (1999). *Militaires en République (1870–1962). Les officiers, le pouvoir et la vie publique en France*. Paris : Publications de la Sorbonne.

Hassenteufel, P. (2011). *Sociologie politique : l'action publique*. Paris : Armand Colin.

Hastings, M. (2010). The Runaway General. *Rolling Stones*, June 22. <https://www.rollingstone.com/politics/politics-news/the-runaway-general-the-profile-that-brought-down-mcchrystal-192609/>

Herspring D., (2009). Civil-Military Relations in the United States and Russia: An Alternative Approach, *Armed Forces & Society*. 35:4, p. 667–687

Huntington S., (1957). *The Soldier and the State: Theory and Politics of Civil-Military Relations*. Cambridge: Harvard University Press.

Irondelle, B. (2011). *La réforme des armées en France : sociologie de la décision*. Paris : Presses de Sciences Po.

– (2008). Les politiques de défense. In O. Borraz (éd.). *Politiques publiques 1. La France dans la gouvernance européenne.* pp. 93–112. Paris : Presses de Sciences Po.

Jankowski, B. (2020). L'influence des militaires dans les processus décisionnels : quelles ressources ? In: *Les Logiques de transformation des armées.* S. Jakubowski, and E. Cardona Gil, (eds). pp. 57–86. Villeneuve d'Ascq : Presses Universitaires du Septentrion.

– (2013). L'influence des militaires dans les décisions d'emploi des forces armées aux États-Unis. Irsem. <https://www.defense.gouv.fr/english/irsem/publications/lettre-de-l-irsem/les-lettres-de-l-irsem-2012-2013/2013-lettre-de-l-irsem/*lettre-de-l-irsem-n-3-2013*/dossier-strategique/l-influence-des-militaires-dans-les-decisions-d-emploi-des-forces-armees-aux-etats-unis>

– (2009). L'évaluation des relations entre les militaires et la société civile. In. *Défense et société. Les armées à l'épreuve des nouveaux défis.* F. Charillon (éd.). pp. 23–48. Centre d'études en sciences sociales de la Défense. Les Documents du C2SD, 100. <https://www.irsem.fr/data/files/irsem/documents/document/file/2608/c2sd%20 (35).pdf>

Joana, J. (2012). *Les armées contemporaines.* Presses de Sciences Po.

– (2007). La démocratie face à ses militaires : Où en est l'analyse des relations civils-militaires ? *Revue française de sociologie*, vol. 48 (1), 133–159. doi:10.3917/rfs.481.0133.

Joana, J. and Smyrl, M. (2008). Civils et militaires en démocratie. *Revue internationale de politique comparée.* 15 (1). 7–13. doi:10.3917/ripc.151.0007.

Kohn, R. (1994). Out of Control: The Crisis in Civil-Military Relations. *The National Interest*, 35, 3–17.

Lascoumes, P. et Le Galès, P. (2012). *Sociologie de l'action publique.* 2e édition. Malakoff : Armand Collin.

Meynaud, J. (1961). Les militaires et le pouvoir. *Revue française de sociologie.* 2 (2), 75–87.

Motten, M. (2008). The Stuff of Tragedy. Shinseki Reply to Levin, *Armed Forces & Society*, 34 (3)509–516.

Powell, C. (1992). Why Generals Get Nervous? *New York Times*, 8 octobre 1992.

Teule, J. P. (2007). Le CPCO au cœur de nos opérations. *Revue Défense nationale.* 697, 64–69.

Thoenig, J.C. (2019). Politiques publiques. In L. Boussaguet, S. Jacquot and P. Ravinet (eds.), *Dictionnaire des politiques publiques.* 5e édition entièrement revue et corrigée. pp. 462–468. Paris : Presses de Sciences Po.

Vaïsse, M. et Buffotot P. (2008). Les élites de la défense nationale. In S. Berstein, et al. *De Gaulle et les élites.* Paris : La Découverte, pp. 112–127.

Vial, P. (2012). La fin d'un rôle politique. *Inflexions*, 20 (2), pp. 29–4. doi:10.3917/infle.020.0029.

CYRIL MAGNON-PUJO

Chapitre 13 L'administration militaire française face au marché de la sécurité militaire privée : une 'exception culturelle' ?

Avec l'essor et le recours croissant aux compagnies de sécurité privée[1], l'idée d'un marché global de la sécurité – d'un « marché de la force » pour reprendre l'expression d'Avant (2005) – caractéristique d'une nouvelle pratique, celle de la sous-traitance des activités militaires et de sécurité, semble s'être imposée. Employées par des États (notamment pour le compte des ministères de la Défense ou des Affaires étrangères), des firmes privées, des organisations internationales ou non-gouvernementales, ces sociétés sont en effet devenues des recours fréquents, si ce n'est incontournables, dans la conduite des opérations extérieures menées par les armées des États développés ou dans les interventions sur des terrains considérés comme « instables ». Comme le reconnaissait dès 2009, le ministre des Affaires étrangères britanniques, David Miliband : « l'industrie des compagnies militaires et de sécurité privées est essentielle, inéluctable, et internationale. [...] Toute proposition du gouvernement britannique doit reconnaître tant le rôle positif que légitime de cette industrie à l'échelle globale » (*Foreign and Commonwealth Office* 2009 : 5).[2] Le sous-secrétaire au management du département d'État américain, Patrick Kennedy, développait une année auparavant une idée similaire – « si les sous-traitants étaient retirés, nous aurions à quitter l'Irak » (Risen 2008) –, preuve tout

1 Nous parlerons, dans ce chapitre, de « compagnies de sécurité privée ». Les termes d'« entreprises militaires et de sécurité privées » (EMSP) ou d'« entreprises de services de sécurité et de défense » (ESSD) ont également cours. Nous les pensons, dans le cadre de ce chapitre, comme des synonymes.

2 Toutes les traductions en français de citations originellement en anglais sont les miennes, sauf mention contraire.

à la fois d'une dépendance à l'égard de ce secteur privé et d'un recours à la sous-traitance envisagé comme voie légitime.

Cette pratique de sous-traitance des activités de défense et de sécurité, sans être nouvelle, s'est développée sous ses formes actuelles dès les années 1970, avant de croître exponentiellement à partir des années 2000 dans le cadre de la Guerre globale contre le terrorisme, moment où les compagnies de sécurité privée apparaissent sur le devant de la scène.[3] Aujourd'hui, leur emploi s'est démocratisé et diversifié, du Nord au Sud, et est l'indice de l'application des principes du *New Public Management* à un domaine régalien (Ortiz 2010, Stanger 2009), y compris en France. Depuis deux décennies, à l'échelle internationale, se structure ainsi une industrie : celle des compagnies de sécurité privée, se présentant comme des sous-traitants, refusant l'action armée offensive, et opérant dans le cadre de contrats, dans le but d'améliorer les capacités et le niveau de « protection » de leurs clients. De l'autre côté du spectre, la mise en place progressive et l'institutionnalisation de politiques de sous-traitance par les armées et les États garantissent la stabilité d'un marché sans cesse croissant et désormais étendu de la logistique à la protection armée.

Pour partie vrai, mais simplificateur, ce récit laisse penser que le développement de la sécurité privée internationale est un phénomène récent, linéaire et global. Une analyse détaillée de la construction de ces politiques de sous-traitance dans les États développés invite toutefois à un regard plus mesuré tant ces dernières font débat et se sont avérées suivre des chemins divers. Dans le cadre de ce chapitre, nous nous attacherons ainsi à montrer comment la formalisation contrariée et incomplète de ces pratiques de contractualisation de la sécurité en France (en prenant pour contrepoint le cas des États-Unis et du Royaume-Uni) est révélatrice des enjeux politiques du dossier, mais également du poids des routines et cultures dans l'administration militaire française. C'est en effet en étant attentif à ces dernières que l'on peut comprendre comment la mise en place de ce « marché global de la sécurité » s'est, *en pratique*, traduit par des arrangements variables entre acteurs publics et privés, et plus ou moins favorables à l'initiative privée.

3 Sur leur histoire, voir Kinsey (2006) ; sur les liens, discutés, entre mercenariat et compagnies de sécurité privée, voir Magnon-Pujo (2013).

Des pratiques de sous-traitance contrastées

Historiquement, on ne peut considérer le principe de la « nation en armes » comme la norme de fonctionnement des armées. Ce n'est qu'avec la Révolution française que l'idée d'un soldat-citoyen se développe, mettant progressivement fin au recours aux troupes mercenaires pour composer les armées[4]. La mise en œuvre d'une armée nationale et citoyenne correspond ainsi à un épisode, enclenché au dix-huitième siècle et imposé depuis avec force comme une nouvelle norme et conduisant à la monopolisation progressive des formes de violence privée par l'État (Thomson 1994). Or, avec le développement de pratiques de sous-traitance des fonctions militaires, tout porte à croire que l'on assisterait depuis vingt ans, dans les États occidentaux, à un nouveau renversement. Il faut considérer en effet que le recours aux compagnies de sécurité privée est aujourd'hui important tant en valeur qu'en volume. Portée par l'idéologie néo-libérale, l'ouverture des économies et des marchés, les dynamiques de réduction des armées après la Guerre froide, ainsi que par la réévaluation du coût politique des interventions militaires, ce mouvement de délégation représente désormais un marché qu'il est difficile d'évaluer avec précision. Ce dernier est en effet porté par des entreprises qui agissent tant dans le domaine de la logistique militaire et de la maintenance des équipements, que dans celui de la planification, de la formation, de la surveillance ou de la protection armée. Rarement divulgués, les contrats passés concernent une grande variété de services et de clients, des organisations internationales aux firmes d'extraction en passant par les armées.[5]

Si l'on s'intéresse au cas des armées, les volumes de cette sous-traitance sont importants. À titre d'exemple, nous pouvons noter qu'entre 2007 et 2015, le seul ministère américain de la Défense a passé plus de 220 milliards de dollars de contrats avec des prestataires privés pour ses interventions en

4 La loi Jourdan de 1798 sur la conscription générale met formellement fin, en France, aux armées de professionnels, au profit de la nation en armes, seule force jugée démocratique et légitime.

5 Voir, sur ce point, la note de lecture de Lavallée, Mérand, Mulone et Tanner (2018).

Irak et en Afghanistan ; ceux-ci déployant au plus fort de leurs missions jusqu'à 270,000 contractuels (dont 45,000 affectés aux missions de sécurité).[6] Du côté français, l'externalisation des tâches militaires représentait 861 millions d'euros entre 2014 et 2017, dont 235,9 pour la seule année 2017 ; 46 pour cent de ce total étant lié au « transport aérien stratégique ».[7] À cet égard, et au-delà du cas spécifique de la sécurité armée, il apparaît que les sociétés privées sont devenues, au cours des deux dernières décennies, des acteurs importants du champ de la défense et de la sécurité, celles-ci ayant progressivement réussi à apparaître comme des acteurs légitimes et contrôlés (Magnon-Pujo 2015), sous-traitants efficaces à même « d'améliorer » et non de remplacer les armées.[8]

En pleine croissance depuis les années 2000, le marché de la sécurité privée internationale a vu se développer de nombreuses entreprises soucieuses de tirer parti de ce qui a pu être qualifié de « ruée vers l'or ».[9] La France ne fait pas exception, de nombreuses sociétés ayant vu le jour au cours de cette décennie en vue de s'imposer sur le marché international comme auprès de clients nationaux. Dans cet espace de concurrence, les structures les plus importantes en termes de chiffre d'affaires sont celles qui travaillent pour les principaux clients (États et firmes multinationales). Toutefois, si l'on veut être plus précis, il est à noter que cet espace répond avant tout à une organisation autour de deux axes principaux : l'un est économique et relatif au poids de la société en termes de chiffre d'affaires ;

6 Chiffres issus des rapports trimestriels édités par l'*US Central Command* du département de la Défense. Disponibles sur <https://www.acq.osd.mil/log/PS/CENTCOM_reports.html>.

7 Données issues du rapport de la Cour des comptes (2019 : 19–20). Pour un cas d'étude précis, voire Larrieu (2018).

8 À titre d'exemple, nous pouvons noter l'importance de sociétés telles que *Control Risks* ou *Aegis* au Royaume-Uni, *Triple Canopy*, *Academi* ou *DynCorp* aux Etats-Unis. Celles-ci participent non seulement à la sécurisation des installations et des personnes, mais également à la maintenance de matériels essentiels, à la formation des militaires, ou à la rédaction de doctrines de défense. En France, si l'étendue des tâches est plus restreinte, des entreprises telles *Amarante*, *Erys*, *Anticip*, *Gallice* ou *Géos* n'en prennent pas moins une place croissante.

9 Propos de Michael Cherkasky, président de la société *Kroll,* cité dans Borenstein et Dodd (2004).

l'autre est réputationnel puisque sur ce marché, la perception et l'image des sociétés sont essentielles. L'absence de scandales, l'ancienneté, la promotion de mécanismes de contrôle et une posture discrète correspondent ainsi à des prérequis pour les prestataires désireux de dominer le marché.

Suivant ces éléments, nous pouvons alors observer que ce secteur est structuré, en dépit des nouvelles concurrences, autour d'une dizaine de compétiteurs, de taille très importante, avant tout américains et britanniques. Ce constat, loin d'être un détail, est révélateur des spécificités nationales dans le recours aux compagnies de sécurité privée. En effet, si l'on retrouve aux États-Unis, au Royaume-Uni, et dans une moindre mesure en France un usage important et croissant de ces sociétés, les pratiques et politiques de contractualisation ne sont pas en tout point comparables. Il existe, à ce titre, des divergences historiquement fondées qui permettent de comprendre le décalage dans l'emploi, la légitimation et le poids des compagnies de sécurité privée.

L'institutionnalisation de l'externalisation comme principe directeur au sein des armées date, pour les États-Unis et le Royaume-Uni, des années 1990. C'est en 1995, que la *Commission on the Roles and Missions of the Armed Forces*, aux Etats-Unis, indique que « leur approche est de sous-traiter les activités qui n'ont pas besoin d'être assurées par le gouvernement » (*United States Department of Defense* 1995: 6). On retrouve cependant les premières affirmations de cette logique de fonctionnement, à un niveau plus général, dès 1966, au travers de la circulaire A76 qui considère la mise en concurrence comme le mode de gestion à privilégier pour les questions logistiques et techniques (c'est-à-dire à l'exception des fonctions « intrinsèquement gouvernementales »), formalisant ainsi une pratique en vigueur depuis la guerre de Sécession (*United States Office of Management and Budget* 1966). Ce faisant, aux États-Unis, le recours à l'externalisation, plus qu'une pratique *ad hoc*, est une politique publique ancienne, mais sans cesse croissante, étendue aujourd'hui aux fonctions de protection et de renseignement. Cela conduit à ce que l'essentiel du marché de la sécurité soit lié à la commande publique, engendrant des liens de dépendance mutuelle forts entre les compagnies et les départements d'État et de la Défense.

Au Royaume-Uni, un procédé similaire d'institutionnalisation de la sous-traitance est initié suite à la publication de la *Strategic Defense*

Review en 1998 (*United Kingdom Ministry of Defence* 1998). Il implique la reconnaissance précoce des compagnies de sécurité privée comme partenaires potentiels, sans que cela ne débouche toutefois sur une forte demande de la part du ministère de la Défense. À la différence du cas américain, le marché s'y construit principalement autour d'une demande privée provenant des entreprises extractives et de groupes souhaitant travailler en zone de conflits. Bien qu'agissant sur un même marché, les compagnies de sécurité privée américaines et britanniques se développent donc sur la base de pratiques de contractualisation nationales différentes.

Ce constat s'étend à la France où le recours à la sous-traitance, longtemps resté une pratique limitée et *ad hoc*, est promu à partir des années 2000 tout en étant dénoncé aujourd'hui encore comme étant le fruit d'une pratique peu pilotée et manquant de doctrine (Cour des comptes 2019 : 7). Ainsi, la loi de programmation militaire de 2003 indique que « la politique engagée par le ministère [de la Défense] en matière d'externalisation depuis plusieurs années sera poursuivie et accentuée » (République française 2003a) et ce, dans le but de ne pas immobiliser une partie des effectifs pour des tâches considérées comme non opérationnelles ou essentielles. La faiblesse relative de la commande publique, sa restriction aux tâches logistiques et de transport, ainsi que l'absence de politiques claires sur le sujet empêcheront que se développe en France un marché de la sécurité privée capable de concurrencer les acteurs américains ou britanniques (Magnon-Pujo 2015). Ce secteur y est en effet peu développé et ne concerne qu'un nombre restreint de compagnies, au chiffre d'affaires limité et au portfolio réduit. Les entrepreneurs français y trouvent matière à dénoncer le peu d'allant de l'État, son conservatisme et une loi interdisant le mercenariat (République française 2003b) coupable à leurs yeux de ne pas créer un contexte favorable à l'initiative privée. Les acteurs publics quant à eux critiquent l'absence d'organisation de ce secteur, et déplorent le manque de professionnalisme de certaines entreprises françaises, cela ne permettant pas d'appuyer une politique générale de sous-traitance.

Ces pratiques de sous-traitance – plus ou moins développées, étendues ou anciennes – s'expliquent, selon Krahmann, par des perceptions différentes de l'État et de son rôle dans le contrôle de la violence, aux États-Unis, au Royaume-Uni, mais aussi en France. Dès le dix-septième siècle on peut ainsi différencier un modèle « républicain », valorisant un gouvernement centralisé où la sécurité serait l'apanage de l'État, et un modèle « libéral », organisé autour d'individus cherchant avant tout à protéger leur liberté par la promotion d'un gouvernement fragmenté et un usage de la violence réparti entre acteurs privés et publics (Krahmann 2010). Toujours selon Krahmann, l'adoption d'un modèle ou d'un autre expliquerait la facilité dans le recours actuel aux compagnies de sécurité privée, à l'image du Royaume-Uni, incarnation de la vision « libérale », et dans une moindre mesure des États-Unis, ayant oscillé entre les deux avant de suivre cette même inclination dans les années 1980. À cela s'ajoute toutefois, selon nous, l'existence, ou non, d'un passé mercenaire dans certains États (comme en France et au Royaume-Uni), le « stigmate » rendant alors plus coûteux l'emploi de supplétifs privés du fait de leur association avec les premiers, désormais déconsidérés et interdits. Dans le cas du Royaume-Uni, cela explique pourquoi, en dépit de la mise en œuvre d'un modèle libéral, l'emploi de ces sous-traitants est avant tout le fait d'une demande du secteur privé. Si ce marché y est en effet considéré comme un mode d'allocation légitime des ressources, le recours par la force publique aux acteurs privés de la sécurité n'en demeure pas moins polémique car rapproché parfois des mercenaires.

Ces paramètres permettent de comprendre que, bien plus qu'une pratique uniquement motivée économiquement, la contractualisation des tâches militaires renvoie à des trajectoires politiques et des expériences distinctes. En dépit d'une tendance globale à l'externalisation des activités de défense, la construction d'un marché de la sécurité privée internationale apparaît largement dépendante des pratiques, des cultures et des jeux politiques nationaux. Cela est d'autant plus vrai dans le cas de la sous-traitance des activités de renseignement, de protection, et de services armés, considérées comme plus sujettes à polémique du fait de leur association à des tâches profondément régaliennes et considérées comme relevant du cœur de métier des armées.

La construction progressive d'une politique de sous-traitance en France

En dépit d'un mouvement général favorable à l'externalisation de la défense, le secteur français de la sécurité privée s'est développé tardivement et timidement, en partie contraint par des injonctions contradictoires, y compris au sein de l'institution militaire. La France a développé une position singulière, et sans doute unique sur la question des compagnies de sécurité privée. Toutefois, loin de correspondre *par principe* à une « exception culturelle », cette politique de sous-traitance des activités de défense s'est construite *en pratique* dans des institutions partageant des points de vue, des traditions et des intérêts parfois opposés.

Si l'on reprend la typologie de Krahmann, depuis le dix-huitième siècle, la France s'inscrit dans une tradition « républicaine » où la sécurité et la défense sont vues comme étant du ressort de l'État. C'est pourtant dans ce cadre que vont être engagées dans la seconde moitié des années 2000 des réflexions, au sein des armées, sur l'opportunité, le cadre, et les limites d'une sous-traitance des fonctions de défense à développer. L'impératif annoncé est de réajuster l'appareil militaire aux besoins et aux moyens disponibles, en s'inspirant du modèle libéral et anglo-saxon. On peut noter, ainsi, la multiplication de conférences (comme celles organisées à l'Hôtel des Invalides en mars 2008 et à l'Ecole militaire en 2010[10]), d'écrits (dans la *Revue Défense nationale*, dans les *Cahiers de l'école militaire* ou ceux de la *recherche doctrinale*[11]), et de travaux internes aux différents services du ministère de la Défense, preuves de cette dynamique et des questions posées

10 « Armées privées, armées d'État : mercenaires et auxiliaires d'hier et d'aujourd'hui », colloque organisé par le Secrétariat général pour l'administration, la Direction de la mémoire, du patrimoine et des archives et le Centre d'études d'histoire de la défense, Hôtel national des Invalides, Paris, les 27 et 28 mars 2008 ; « Les forces armées face au défi de la privatisation de l'action militaire », colloque organisé par le Centre de recherche des écoles de Saint-Cyr Coëtquidan, le Centre de doctrine d'emploi des forces et le Collège de l'enseignement supérieur de l'armée de Terre, École militaire, Paris, 18 mars 2010.

11 Cf. Danet et Wioland (2010), École militaire (2009), Jacquin (2010), Blanc (2010).

quant à la pertinence d'une sous-traitance des activités de défense. Leur nombre, la disparité des appellations (des « sociétés militaires privées » aux « armées privées ») et la diversité des discours tenus rappellent toutefois à quel point, à cette période, les avis divergent. Au sein des différents organismes du ministère, en fonction des traditions, du rapport au terrain, mais aussi du poids des contraintes budgétaires, les uns et les autres tentent d'imposer leur point de vue afin de forger la doctrine commune, mais sans qu'une ligne claire ne se dégage. De fait, la constitution d'une politique publique à l'égard des compagnies de sécurité privée pose problème, certains refusant l'idée même de débattre d'une sous-traitance qui concernerait d'autres domaines que la logistique. À cette période, et sans qu'une action coordonnée n'ait été décidée, la délégation aux Affaires stratégiques prend toutefois ce travail à sa charge, sans le monopoliser.[12] Elle établit, pour le compte du ministre, un état des lieux de la situation et développe préventivement cinq « lignes rouges »[13] afin de garantir un usage contrôlé et un recours aux compagnies de sécurité privée limité. Celui-ci illustre la logique qui prévaut alors : celle du cas par cas face à un usage que l'on ne peut penser de manière transversale et qui ne fait pas consensus. Dans le débat sur la sous-traitance, deux lignes s'opposent. Elles ne peuvent être assimilées à une lutte politique entre droite et gauche, entre militaires et civils, ou entre acteurs de terrain et de bureau. L'opposition tient d'abord à des conceptions différentes du rôle de l'État. Lors de nos entretiens[14], nous avons ainsi trouvé des hauts gradés du ministère de la Défense particulièrement réticents à l'égard du secteur privé, entendu comme une source

12 Voir en parallèle le rapport du Collège des inspecteurs généraux des armées (2010).

13 *e.g.* préserver le contrôle étatique ; interdire la participation directe aux hostilités ; préserver l'autonomie de l'action militaire ; définir au cas par cas les champs d'activité concernés ; exiger une réponse adaptée au besoin (Commission des finances 2011).

14 Dans le cadre du travail de thèse sur lequel s'appuie ce chapitre, plus de 75 entretiens semi-directifs ont été conduits, en France, au Royaume-Uni, aux États-Unis et en Suisse, entre 2007 et 2014, avec des hauts-fonctionnaires, des militaires et des dirigeants de compagnies de sécurité privées, investis dans la construction d'une politique de recours et de contrôle de ces sociétés. Ces entretiens ont été complétés par plusieurs situations d'observation participante dans les forums internationaux œuvrant à la régulation des compagnies de sécurité privée.

d'ennui et un risque pour une administration luttant pour voir son rôle et ses crédits garantis. À l'inverse, d'autres – de la Direction de la protection et de la sécurité de la Défense au cabinet – revendiquaient ouvertement leur volonté de « moderniser » un dispositif qu'ils jugeaient inadapté, désireux de combler un retard qui aurait été pris dans la construction d'un marché au service de l'État.

C'est à partir de 2010 que l'on constate la mise sur pied d'une action plus spécifique. Une mission sur les « sociétés militaires privées » est confiée au printemps au Secrétaire général du Secrétariat général de la défense et de la sécurité nationale (SGDSN).[15] Elle l'aurait été sur décision présidentielle et suivant l'impulsion du secrétaire général de l'Élysée, sans que le procédé ne soit exposé publiquement, comme si l'affichage de réflexions sur le sujet était lui-même sujet à polémique.[16] Par le biais d'une coordination interministérielle, les pouvoirs publics tentent ainsi de coordonner les travaux précédents et de définir une politique en la matière, en dépassant les oppositions internes au ministère et en s'appuyant sur la légitimité de consultations menées auprès des différentes parties intéressées : les entreprises du secteur et les ministères concernés. Les conclusions de la mission du SGDSN pointent la nécessité d'une action de l'État afin de favoriser l'émergence de ces sociétés et laissent entrevoir la recherche d'une voie française dans ce recours ; une voie où le « cœur de métier » de l'armée serait préservé par le biais d'un recours limité à des prestataires certifiés par l'État et, ainsi, maintenus sous contrôle. Un texte aurait même été élaboré et aurait circulé, en lien avec le rapport parlementaire des députés Christian Ménard et Jean-Claude Viollet (2012) clairement favorables aux ESSD.[17]

Cette fenêtre ouverte au secteur privé, y compris pour sous-traiter des fonctions de défense, se referme toutefois rapidement. Avant qu'une loi ou qu'un dispositif ait pu être adoptés, la question est mise de côté. Cela tient

15 Informations recueillies par le biais d'entretiens et d'observations à Paris (octobre 2010 et février 2014), avec des officiers et des hauts fonctionnaires. Il convient de préciser que ce travail de la part du SGDSN ne fait l'objet d'aucune publicité ni mention de la part de l'institution.

16 Claude Guéant est alors le secrétaire général de l'Élysée (de 2007 à 2011, sous la présidence de Nicolas Sarkozy).

17 Entretien avec un membre du cabinet du ministre de la Défense, janvier 2014.

notamment aux résistances marquées de certains individus en position d'autorité – particulièrement ceux précédemment investis dans le dossier de l'interdiction du mercenariat (initié sous l'ère de l'ancien ministre socialiste de la Défense Alain Richard) et toujours en poste –, à une faible volonté politique en dépit d'une évolution des positions, ainsi qu'au changement de majorité en 2012. Cette trajectoire est regrettée par les tenants d'une ouverture sur le sujet, au premier rang desquels les sociétés privées, leurs utilisateurs potentiels et certains membres civils et militaires du nouveau cabinet du ministère de la Défense n'ayant de mots assez forts pour critiquer un « blocage idéologique », fruit d'une posture dogmatique « hypocrite » qui les « oblige à bricoler ».[18] De nombreuses divisions continuent ainsi de structurer les diverses administrations, opposant ceux qui surjouent l'idée d'une censure à ceux qui dénoncent le lobbying des sociétés, l'endogamie entre privé et public, et le poids que certains voudraient donner à un sujet qui ne constituerait en réalité pas un enjeu essentiel pour les pouvoirs publics.

C'est par une voie parallèle que le dossier de la sous-traitance va réapparaître, autour du cas de la piraterie maritime et de la protection des navires croisant en zones dangereuses au moyen d'équipes embarquées, privées et armées, comme le demandent avec insistance les armateurs français. Face à des pirates qui cristallisent unanimement les critiques et dans un cadre légal différent – celui de la haute mer et non des interventions terrestres –, l'acceptation de la sous-traitance semble plus aisée. Cela conduit à ce que, sous la gouverne du SGDSN, un dispositif soit adopté par le biais de la loi relative « aux activités privées de protection des navires ».[19] Il propose de mettre en place une certification étatique des entreprises et des agents visant à assurer la protection de navires battant pavillon français. Cette dissociation formelle des problématiques maritime et terrestre permet en fait de

18 Entretiens avec des individus proches du dossier, au sein du ministère de la Défense, des compagnies ou du Club des directeurs de sécurité et de sûreté des entreprises et du Conseil supérieur de la formation et de la recherche stratégiques, 2013 et 2014, Paris.

19 Le *Projet de loi relatif aux activités privées de protection des navires* est présenté au nom de Jean-Marc Ayrault par Philippe Martin et Frédéric Cuvillier, le 3 janvier 2014. Il est adopté à l'unanimité le 29 avril 2014 (République française 2014). Pour une analyse de la construction de cette loi, voir Larrieu (2017).

reposer sous un angle moins polémique la question de l'externalisation de fonctions de défense dans un contexte où l'armée n'a plus les moyens d'assurer toutes les tâches. Elle contribue également à montrer que l'on peut avancer sur ces dossiers, en dépit des réticences et quelle que soit l'impulsion politique. En 2015, sans annonce officielle ni promotion, le cabinet du ministre de la Défense donne à nouveau mission à l'inspecteur général des Armées pour conduire une réflexion sur la question des « entreprises de services de sécurité et défense françaises » pour les fonctions terrestres. Le rapport relatif au « soutien des armées par des entreprises de services de sécurité et de défense françaises », rapport dit « Fille-Lambie » du nom de son rédacteur, est rendu aux parties concernées quelques mois plus tard, en août 2015 (Collège des inspecteurs généraux des armées 2015). Il permet de constater, après les tentatives de 2010, qu'en 2015 le sujet n'est plus celui de l'opportunité, ou non, d'une telle sous-traitance, mais bien celui de la méthode et des conditions pour la conduire de manière satisfaisante. Un recadrage du débat opère après une décennie de tâtonnements. L'ambition est désormais de « définir, dans le cadre législatif et réglementaire existant, une stratégie d'emploi des entreprises de services de sécurité et de défense en complément des capacités déjà détenues par les armées » (Collège des inspecteurs généraux des armées 2015 : 4). Alors que le recours aux compagnies de sécurité privée s'est poursuivi tout au long du processus, il s'agit de construire *a posteriori* une politique publique en vue de dépasser la logique du pragmatisme à court terme et de systématiser leur usage en dépit des débats et des prises de position révélant la persistance des divergences internes à l'institution.

Si les armées françaises cherchent à adopter un dispositif qui leur soit propre, en s'attachant notamment au développement d'un marché sous le contrôle plus ou moins direct de l'État (à un moment où Américains et Britanniques réfléchissent également aux cadres à donner à une sous-traitance valorisée, mais considérée dorénavant comme trop peu encadrée), elles ne s'en dirigent pas moins vers une reconnaissance des opérateurs privés dans le domaine de la sécurité et de la défense. Les divisions sur ce dossier restent marquées. Elles auront contribué à freiner la constitution d'un marché de la sécurité privée à disposition des pouvoirs publics nationaux, mais aussi au-delà des frontières. Sur le marché « global » de la sous-traitance des fonctions de défense, les pratiques et les politiques nationales jouent un rôle majeur, ne serait-ce que dans la forme prise par les entreprises du secteur, en partie contraintes par le contexte politique et les conceptions de l'État au cœur des ministères de la Défense et des Affaires étrangères, mais aussi de l'Élysée.

Conclusion : une reconfiguration du périmètre d'action

Le dossier de la sous-traitance des fonctions de défense suit, en France, une évolution heurtée. Le principe d'une externalisation n'est en effet introduit que progressivement, souvent poussé par des acteurs extérieurs au ministère des Armées, sans débat public, et non sans résistances. Solution parmi d'autres (si l'on considère, face à l'érosion régulière des budgets de la Défense, les possibilités d'étalement des dépenses, le report des projets ou la réduction du format des armées), le recours au secteur privé est avancé sans qu'une volonté claire n'ait été dégagée, et sans impulsion politique. Cela est en partie imputable au rôle projeté sur l'État dans ce domaine, au poids du stigmate mercenaire, aux perceptions ancrées chez nombre de militaires, ainsi qu'au manque d'allant pour un dossier représentant un coût symbolique, comptable, et opérationnel non négligeable. L'influence de certains individus clefs – dans les cabinets ou dans l'entourage des présidents de la République –, qu'ils soient en faveur ou contre cette sous-traitance, rappelle aussi l'importance des jeux bureaucratiques dans la non-construction d'une politique à ce sujet. Cette question bouscule en effet les administrations en les forçant à se poser la question de leur cœur de métier et du périmètre de l'État. Ce ne sont toutefois pas les divisions les plus couramment observées, entre civils et militaires, entre corps d'armée, entre régiments, voire entre générations qui structurent ce débat. Dans une situation où les administrations cherchent tout à la fois à préserver leurs prérogatives tout en conservant des marges de manœuvre dans un contexte budgétaire contraint, les positions se définissent d'abord de manière individuelle, à partir de l'expérience du terrain et des limites opérationnelles, ainsi que de carrières marquées par des emplois hors de l'institution d'origine. La valorisation du recours à la sous-traitance répond ainsi moins à l'adhésion à une logique libérale qu'à une forme calcul pratique conduisant à revoir le rôle du privé et du public.

Les cas du Royaume-Uni et des États-Unis sont ici d'utiles contrepoints. Dans ces deux pays, le recours à la sous-traitance résulte de cultures favorables à l'externalisation, de politiques néo-libérales claires, ayant donné lieu au développement de marchés de la sécurité aujourd'hui solidement établis. Pourtant, ces choix font aujourd'hui l'objet d'une remise en cause pratique alors que les administrations militaires et des affaires étrangères travaillent à encadrer et à définir plus clairement les limites dans l'emploi des prestataires privés (Magnon-Pujo 2020). Cela s'observe, à une autre échelle, au sujet des acteurs de la sécurité privée sur le sol national dont le rôle croissant a été accepté sous condition de leur contrôle, en France, par le Conseil national des activités privées de sécurité. Le recours croissant à la sous-traitance dans le domaine militaire, par choix ou par défaut, se traduit en effet par la mise en place d'« assemblages » de pouvoirs inédits entre acteurs publics et privés[20], ces derniers ne se limitant plus au rôle d'exécutant mais participant à la définition de la notion de sécurité et des acteurs à même de participer à ce nouveau « continuum ». Ces transformations profondes, dans un domaine régalien, et leurs conséquences sur la redéfinition des périmètres d'action de l'armée et de l'État (Magnon-Pujo 2011) expliquent ces arrangements multiples et sans cesse renégociés entre acteurs privés et publics, aux Etats-Unis, au Royaume-Uni comme en France.

Références bibliographiques

Abrahamsen, R., and Williams, M. (2009). 'Security Beyond the State: Global Security Assemblages in International Politics', *International Political Sociology*, 3 (1), 1–17.

20 La notion « d'assemblage » développée initialement par Sassen est ici empruntée à Abrahamsen et Williams (2009).

Avant, D. (2005). *The Market for Force: the Consequences of Privatizing Security*, Cambridge: Cambridge University Press.

Blanc, N. (2010). *Fiches de synthèse. Séminaires et colloques nationaux*, Paris : Centre de Doctrine et d'Emploi des Forces, Ministère de la Défense.

Borenstein, S., and Dodd, S. (2004). 'PSC in Iraq See Big Paychecks, Big Risks', *Tribune Business News*, 2 april.

Collège des inspecteurs généraux des armées (2010). *Sociétés privées d'intérêt militaire*, Paris : Rapports n° 1322/DEFIIGA-G!ETD et n° 100IDEF/IGA-Ar, Ministère de la Défense.

Collège des inspecteurs généraux des armées (2015). *Soutien des armées par des entreprises de services de sécurité et de défense françaises*, Paris : Rapport (« Fille-Lambie ») n° 388/DEF/IGA-A/DR, Ministère de la Défense.

Commission des finances (2011). *Mission d'évaluation et de contrôle : les externalisations dans le domaine de la défense*, Paris : Commission des finances de l'Assemblée nationale, Audition du colonel François de Lapresle (DAS, ministère de la Défense), 26 avril.

Cour des comptes (2019). *L'externalisation du soutien aux forces en opérations extérieures*, Paris : Communication à la commission des finances de l'Assemblée nationale.

Danet, D., and Wioland, D. (2010). 'Les sociétés militaires privées : comment garder la main ?', *Défense nationale*, 733, 86–92.

Ecole militaire (2009). *Nouveaux engagements et privatisation : jusqu'où aller ?*, Paris : Les Cahiers de l'école militaire n° 2, Centre des Hautes Etudes Militaires, Ministère de la Défense.

Jacquin, H. (2010). *L'emploi des sociétés militaires privées en Afghanistan et en Irak*, Paris : Cahier de la recherche doctrinale, Centre de Doctrine d'Emploi des Forces, Armée de Terre, Ministère de la Défense.

Kinsey, C. (2006). *Corporate Soldiers and International Security: the Rise of Private Military Companies*, London: Routledge.

Krahmann, E. (2010). *States, Citizens and the Privatization of Security*, Cambridge: Cambridge University Press.

Larrieu, V. (2017). 'Quand la sécurité maritime vire de bord. Sa mise en marché par l'État : désengagement ou nouvel interventionnisme ?', *Gouvernement et action publique*, 4 (4), 29–49.

Larrieu, V. (2018). 'La mise en œuvre des préceptes du New Public Management dans les soutiens des armées françaises : échec ou réussite ?', *Les Champs de Mars*, 30 (1), 67–75.

Lavallée, C., Mérand, F., Mulone, M., Tanner, S. (2018). 'Les pratiques hybrides de sécurité : le cas des multinationales du secteur de l'extraction dans les États faibles', *Études internationales*, 49 (3), 593–616.

Magnon-Pujo, C. (2020). 'Réguler le mercenariat par le marché ? Du droit international à la norme managériale sur le marché de la sécurité privée', *Actes de la recherche en sciences sociales*, 234, 66–87.

Magnon-Pujo, C. (2011). 'La souveraineté est-elle privatisable ? La régulation des compagnies de sécurité privée comme renégociation des frontières de l'État', *Politix*, 95 (3), 129–153.

Magnon-Pujo, C. (2013). 'Des mercenaires aux compagnies de sécurité privée. Construction et pratiques de légitimation de la violence privée commerciale dans le système international', *Déviance et société*, 37 (4), 487–508.

Magnon-Pujo, C. (2015). *Normer la violence privée. La construction sociale d'un contrôle des compagnies de sécurité privée*, Paris : Thèse de doctorat de science politique, Université Paris 1 Panthéon-Sorbonne.

Ménard, C., and Viollet, J.C. (2012). *Rapport d'information sur les sociétés militaires privées*, Paris : Rapport pour la commission de la Défense nationale et des forces armées n° 4350, Assemblée nationale.

Ortiz, C. (2010). 'The new public management of security: the contracting and managerial state and the private military industry', *Public Money & Management*, 30 (1), 35–41.

Risen, J. (2008). 'Iraq Contractor in Shooting Case Makes Comeback', *New York Times*, 10 may.

Stanger, A. (2009). *One Nation under Contract: the Outsourcing of American Power and the Future of Foreign Policy*, London: Yale University Press.

Thomson, J. (1994). *Mercenaries, Pirates and Sovereigns. State-building and Extraterritorial Violence in Early Modern Europe*, Princeton: Princeton University Press.

United Kingdom Ministry of Defence (1998). *Strategic Defence Review*, London: HMSO.

United Kingdom Foreign and Commonwealth Office (2009). *Impact Assessment on Promoting High Standards of Conduct by Private Military and Security Companies (PMSCs) Internationally*, London: Consultation document, Foreign and Commonwealth Office.

United States Department of Defense (1995). *Commission on the Roles and Missions of the Armed Forces*, Washington D.C.: Report to the US Congress.

United States Office of Management and Budget (1966). *Circular A-76*, Washington D.C.: Office of Management and Budget, Executive Office of the President.

République française (2003a). *Loi relative à la programmation militaire pour les années 2003 à 2008*, Paris : loi n° 2003–73.

République française (2003b). *Loi relative à la répression de l'activité mercenaire*, Paris : loi n° 2003–340.

République française (2014). *Loi relative aux activités privées de protection des navires*, Paris : loi n° 2014–742.

SAMI MAKKI

Chapitre 14 La gestion interministérielle des crises au Royaume-Uni : quel héritage ?

Les forces armées et les institutions britanniques ont, du fait de leurs expériences coloniales et de leur déploiement en Irlande du Nord, une doctrine et des pratiques en matière d'opérations de paix caractérisées par une interface sensible à l'environnement et aux acteurs civils sur le théâtre d'opérations (UK Ministry of Defence 2004). Par ces expériences riches qui continuent à alimenter la réflexion stratégique, de nombreux contacts entre ONG et militaires se sont mis en place sur le terrain et lors de rencontres organisées par les forces armées ou les agences civiles. Dans les domaines de la réflexion sur la sortie de crise, la stabilisation et la reconstruction des États, et la réforme des secteurs de la police et des forces armées, le modèle britannique exerce encore une influence sur la scène internationale (Britz 2016).

Dans cette contribution, nous analyserons les dispositifs de coordination civilo-militaire développés par le Royaume-Uni à la fin des années 1990, au moment même où se déploie le *New Public Management*.[1] Nous étudierons les réseaux d'acteurs publics/privés et civils/militaires dans

1 Le *New Public Management* impose, dès les années 1980 aux États-Unis et au Royaume-Uni, un partage des responsabilités entre institutions publiques et acteurs privés. Cette transformation se trouve portée par une certaine conception du rôle de l'État ; il n'a pas à faire mais « à faire faire » et à diriger. Pour une présentation des idées libérales dans ces deux contextes, voir (King 1987).

l'expérimentation de dispositifs au service de programmes britanniques de réforme des secteurs de la sécurité (RSS)[2], et alors décrits comme innovants. Ils favorisaient, tant horizontalement que verticalement, des coordinations avancées entre décideurs et praticiens de multiples secteurs pour rechercher cohérence et efficacité. Au-delà du cas britannique et de l'étude de la période charnière de 1997–2005, il s'agit d'analyser ce moment particulier de la formulation d'une réflexion doctrinale sur la RSS dont l'héritage se fait sentir encore vingt ans plus tard.

Depuis la fin des années 1990, nous assistons à une montée en puissance d'un dispositif intégré de prévention et de sortie de gestion des crises. Les premières réflexions lancées à ce propos proposaient une lecture ouverte, inclusive et équilibrée de la réforme des secteurs de la sécurité comme condition de réussite des politiques de développement par un retour progressif à la stabilité et à la sécurité (Brzoska et Law 2006). Mais, développée quelques mois avant les attentats du 11 septembre 2001, cette analyse au service de la paix et de la sécurité humaine fut rapidement rattrapée par les nouvelles réalités géostratégiques de la révolution néoconservatrice américaine et du début de la guerre globale contre le terrorisme (*Global War on Terror*). Les centres de recherche plus institutionnels et plus proches du gouvernement Blair – *l'International institute for strategic studies* (IISS), le *Royal united services institute* (RUSI) et *Chatham House* – contribuèrent largement à une réévaluation sécuritaire de ces programmes d'aide, soit dans un cadre national, par une forme de militarisation des programmes sur les conflits, soit à une échelle multilatérale, à travers les programmes de coordination avancée entre aide au développement et programmes de sécurité commele *security-development* nexus porté par l'Union européenne (UE) ou le développement d'une approche intégrée (Makki 2004).

Dans les années 1990, les militaires débutent une réflexion sur la complémentarité entre missions civiles (assistance humanitaire, développement, diplomatie préventive ou résolution des conflits) et opérations militaires non

2 La réforme des secteurs de la sécurité vise une transformation en profondeur des politiques, organisations administratives et doctrines de défense et de police, dans les situations de sortie de conflit, pour assurer une protection des populations (par l'application du concept de sécurité humaine) et pour prévenir un retour du conflit par, idéalement, un meilleur contrôle de ces politiques publiques.

guerrières – appelées justement aux États-Unis « opérations militaires autres que de guerre » –, dont les opérations dites de stabilisation.[3] Des forces dites d'interposition interviennent alors de plus en plus dans des configurations totalement différentes de celles de la guerre froide, ce qui pose des défis d'adaptation pour les appareils militaires (Aydinli et Rosenau 2005). Ces difficultés opérationnelles entraînent des changements dans les missions et une transformation progressive des doctrines pour faire face aux conflits infraétatiques. Dans ce type de conflits, une réponse militaire seule apparait finalement inadaptée (Merom 2003). Il s'agit de développer une réponse internationale additionnant missions militaires et de reconstruction pour mieux gérer la complémentarité et la continuité militaire et civile.

Les recherches sur la transformation des guerres dans l'après-guerre froide sont dominées par la littérature en anglais et caractérisées par une large diffusion des problématiques de politique étrangère, de défense et de sécurité à d'autres disciplines universitaires, ainsi que par un dialogue plus développé entre chercheurs en sciences sociales et praticiens pour étudier les dispositifs de maîtrise de la violence (Duffield 2001). Les mutations technologiques (le développement de l'information en temps réel et des réseaux numériques) et institutionnelles participent de cette transformation profonde et durable des conflits de plus basse intensité (Hassner 2003). Le nombre croissant d'acteurs internationaux impliqués dans la gestion des conflits entraîne fréquemment une confusion des rôles entre opérateurs civils et militaires, ces derniers menant par exemple de plus en plus de missions civiles (Bradford 1997). Cette complexité croissante des théâtres d'intervention aboutit à une évolution des réponses institutionnelles gouvernementales et intergouvernementales en sortie de crise dans la mise en œuvre de la reconstruction par l'imposition d'une paix visant l'instauration d'un projet politique généralement orienté vers l'économie de marché (Paris 2004). La littérature experte affirme que la réussite des transitions entre les étapes de la gestion des conflits conditionnerait un retour à une forme de stabilité rendant possible le développement économique (Egnell 2009). La bonne gouvernance des acteurs de la sécurité intégrés dans les processus

3 Parmi ces programmes : *The Changing Character of War Programme* de l'université d'Oxford et aux États-Unis le *Tufts University Humanitarianism and War Project*, ainsi que la *National Defense University* de Washington D.C.

de paix devient alors une contribution considérée comme nécessaire à la stabilisation post-conflit (Bryden et Hänggi 2005).

Comme toute politique publique confrontée à l'agenda du *New Public Management*, les programmes interministériels britanniques de gestion des conflits internationaux vont connaître de profondes transformations tout en laissant entrevoir la possibilité d'un rôle croissant de la société civile dans le contrôle démocratique des programmes gouvernementaux (Kucera 2018). Mais cette réflexion sur l'adaptation des dispositifs internationaux de gestion des conflits, malgré les moyens financiers et humains investis depuis le début des années 1990, a trop souvent été au service exclusif d'intérêts particuliers éloignés des objectifs affichés d'assistance aux populations locales, victimes de ces conflits (Pouligny 2004 : 16–17).

Pour saisir ces changements et ces basculements au sein de l'État et, *au-delà* de l'État, par l'implication croissante des acteurs non étatiques comme les organisations non gouvernementales (ONG), la place et la posture du chercheur doivent être adaptées (Abeles 2014). À l'origine de notre analyse, il y a une expérience personnelle (réalisée via l'ONG *International Alert*) de facilitation d'une mission d'observation menée par des officiers supérieurs burundais à Belfast en 2001.[4] La fin de l'année 2000 correspond aussi à la création officielle du bureau du réseau *European Peacebuilding Liaison Office* (EPLO) à Bruxelles, rendant possible un travail de plaidoyer des grandes ONG européennes à travers son organisation partenaire, le *European Centre for Conflict Prevention*, en faveur de la mise en place de capacités de prévention des conflits.[5] Les missions de terrain de ces ONG d'aide d'urgence et de développement offraient alors des possibilités d'observation nouvelles sur les crises internationales, prises dans des réalités locales trop souvent ignorées par les institutions nationales et européennes.

4 Cette ONG était née en 1986 de la rencontre entre activistes des droits de l'homme (anciens du secrétariat international d'Amnesty international) et des anciens du développement (Oxfam UK). En plus des programmes de terrain, ses activités de plaidoyer et de recherche appliquée portaient notamment sur les domaines de la sécurité et de la construction de la paix.

5 À travers son programme *People Building Peace*, des échanges furent organisés pour comparer les expériences nord-irlandaises et balkaniques dans les processus de construction de la paix (De Vrieze, 2001).

Par le biais d'observations de terrain menées à Londres et à Belfast, et d'une analyse des productions scientifiques et des textes institutionnels, nous allons étudier les changements organisationnels et doctrinaux mis en place par le gouvernement de Tony Blair qui, à travers l'approche gouvernementale intégrée (*Whole of Government Approach*), a développé les *Conflict Prevention Pools* en charge de la coordination interministérielle des programmes de RSS, via des partenariats entre la Défense, les Affaires étrangères et la Coopération. Ces transformations vers une approche globale et intégrée, autour des enjeux de stabilisation dans un contexte budgétaire très contraint, allaient justifier la création, en 2013, du *Conflict, Stability and Security Fund* (CSSF) aux ambitions renouvelées.

De la prévention des conflits à la gestion des crises : cadres conceptuels et doctrinaux

Dès 2000, les réseaux d'experts britanniques forment à Londres une communauté de réflexion élargie, régulièrement mobilisée par le ministère de la coopération britannique (DfiD) qui finance un ensemble d'études. Pour les représentants de DfiD, la définition des bonnes pratiques [*best practices*] en matière de RSS devait aller au-delà de la seule création d'un cadre d'analyse des crises africaines au service d'une démarche de prévention des conflits. Il s'agissait en fait de décrire les principes généraux de l'engagement des bailleurs de fonds dans des programmes de RSS, particulièrement sensibles, puisque touchant au cœur de l'État en reconstruction.

Une approche de la prévention des conflits par la réforme des secteurs de la sécurité

La définition large de ce qui constitue le secteur de sécurité est un élément important qui détermine les moyens et les objectifs de la transformation de l'espace sociopolitique, en conformité avec les « principes de bonne gouvernance du secteur de la sécurité » rappelés en 2002 par l'experte Nicole Ball dans un rapport au profit du Programme des Nations unies pour le Développement (PNUD) (Ball 2002). Le point de départ de la réflexion est l'imposition « des mêmes exigences de normes de gouvernance au secteur de la sécurité que pour tout autre service du secteur public » pour favoriser une culture de la prévention et de la résolution des conflits par la transformation sociétale touchant aussi aux acteurs de la sécurité (DfiD 2002 : 7).[6] Cette gouvernance des opérateurs de la sécurité s'inscrit dans une lecture libérale des processus de transformation des sociétés des pays en voie de développement ou en transition, passant de plus en plus par des partenariats public-privé faisant intervenir des sociétés militaires privées, comme en Irak quelques années plus tard.

L'efficacité de la contribution du Royaume-Uni à la gestion des conflits devait être renforcée par une coopération entre le ministère de la Défense – *Ministry of Defence* (MoD) – celui des Affaires étrangères – le *Foreign and Commonwealth Office* (FCO) – et l'Agence de coopération internationale – le *Department for International Development* (DfiD) –, à travers des programmes de *Security Sector Reform*. Pour le gouvernement de Tony Blair, la coopération entre acteurs civils et militaires devait passer par un partenariat fort entre l'Agence chargée de la coopération internationale (DfiD) et les grandes ONG, les réseaux et coalitions d'ONG britanniques agissant au niveau national et international. Les ONG étaient des partenaires essentiels dans la mise en œuvre de la stratégie nationale de prévention des conflits et de lutte contre la pauvreté en Afrique, thème central du travail de DfiD. À partir de 1998, c'est sous la direction du *Conflict and Humanitarian Affairs Department* (CHAD) du DfiD qu'allait se structurer cette collaboration institutionnelle avec les ONG.

6 Aussi est-il possible de distinguer quatre grandes catégories d'acteurs de la sécurité : 1. Les acteurs essentiels de la sécurité, forces armées et de police, forces paramilitaires ; 2. Les institutions chargées de la gestion et du contrôle de la sécurité ; 3. Les institutions en charge de la justice, de la sécurité intérieure et du maintien de l'ordre ; 4. Les forces de sécurité non statutaires : armées de libération, guérillas, unités de sécurité et d'escorte privées, sociétés militaires privées, milices.

Dans le document-cadre d'octobre 2001 sur « Les causes des conflits en Afrique subsaharienne », co-signé par les ministères britanniques de la Défense, des Affaires étrangères et du Développement international, plusieurs propositions furent formulées pour permettre un renouvellement progressif de l'analyse des moyens de préventions des conflits et une réorganisation de leurs dispositifs (DfiD, FCO et MoD 2001 :5). Pour Whitehall, la « mise en place d'une initiative conjointe de prévention des conflits au niveau gouvernemental fourni[ssai]t au Royaume-Uni l'occasion de maximiser l'impact du travail extensif de prévention des conflits [qui avaient déjà été] entrepris par le DfiD, le FCO et le MoD ». Cette stratégie de prévention des conflits du Royaume-Uni devait « s'appuyer sur l'expérience britannique dans la médiation, l'engagement au maintien de la paix, les programmes de formation au maintien de la paix et la réforme du secteur de la sécurité », développée notamment en Irlande du Nord. Un nouveau cadre d'analyse des conflits africains s'imposait donc comme une démarche fondamentale pour développer des mécanismes appropriés de prévention.[7] Les forces armées, combinant un ensemble très varié de missions, devenaient progressivement des partenaires des ONG dans l'application de ces programmes croisés.

Réforme de l'appareil de défense britannique et nouvelles missions de prévention : la place de la Defence Diplomacy

Différentes réformes de l'appareil militaire britannique furent mises en œuvre depuis le début des années 1990 pour répondre aux changements de l'environnement international de l'après-guerre froide. Durant la campagne du parti travailliste aux élections de 1997, un examen plus

7 Parallèlement à cette réflexion, sous l'impulsion du gouvernement Blair, un dialogue entre multinationales de l'énergie et ONG des droits de l'homme (*Amnesty International, Human Rights Watch, International Alert*) a été mis en place, aboutissant à la signature à la fin de l'année 2000, sous le patronage des gouvernements britannique et américain, des *Voluntary Principles on Human Rights and Security*, code de « bonne conduite » destiné aux multinationales.

approfondi du futur des forces armées avait été promis, aboutissant à la *Strategic Defence Review* (SDR) de juillet 1998 (UK Defence Secretary 1998).

À la suite des enseignements tirés des interventions en Sierra Leone et en Irak, les Britanniques allaient achever, en juin 2004, la réévaluation de leur doctrine en matière de gestion des opérations de paix (UK Ministry of Defence 2004). Si cette nouvelle doctrine concernait la défense britannique, des représentants du ministère de la Coopération britannique pour le développement international, des Affaires étrangères et des ONG participèrent au processus de consultation et d'élaboration au sein des forums de réflexion civilo-militaire.

Les nouvelles missions attribuées aux forces armées étaient de plus en plus tournées vers des opérations menées dans le cadre d'un « plan d'action de diplomatie préventive », dont les objectifs étaient de développer des relations de militaires à militaires ou de civils à militaires dans une approche assez similaire à la *Preventive Defense* de William Perry aux États-Unis, afin de lutter contre les « causes sous-jacentes des conflits ». La posture stratégique britannique reposait donc sur une approche préventive. Le rôle des forces armées britanniques et du MoD dans la prévention de crises avait été officialisé en juillet 1998 : le concept de *defence diplomacy* était ainsi apparu dans le Livre blanc (*White Paper*) de décembre 1999. C'est dans le cadre de la coopération interagences civilo-militaire que s'inscrivait la posture préventive de la stratégie britannique.

La *defence diplomacy* a ainsi pris une place grandissante dans les préoccupations du MoD. Tout en soulignant que les forces armées britanniques disposaient d'une expérience significative en prévention des crises, le texte de la *SDR* indiquait que la création d'une mission formelle de *defence diplomacy* ferait de celle-ci une activité centrale (*core activity*), reflétant l'importance, pour la sécurité, de construire et de maintenir la confiance entre forces armées et avec les populations, en particulier en Afrique. La *defence diplomacy* fut dès lors élevée au rang des huit missions centrales des forces armées. Le *Livre blanc* de 1999 la présente de son côté comme une « nouvelle mission » ayant pour but de « donner une meilleure cohérence et une impulsion renouvelée aux activités dans lesquelles les ressources britanniques de défense sont utilisées [...] pour renforcer la paix et la sécurité dans le monde. » Par ailleurs, la *defence diplomacy* prévoyait l'envoi de conseillers militaires issus des *Defence Advisory Teams* (DAT) et des *British Military Assistance Training Teams* (BMATT) auprès des ministères de la Défense africains. Le concept de *defence diplomacy* ne concernait que des activités ou déploiements non opérationnels (vérifications des accords de contrôle d'armements, visites militaires, conversations d'état-major, échanges de personnels, entraînement ...). Il s'agissait donc d'activités complémentaires aux activités opérationnelles menées par les forces (Goodwin 2005). Le budget de 2000 instaura la création d'une ligne budgétaire sur la prévention des conflits. Dans le *MoD Performance Report* pour l'année 1998–1999, présenté à la Chambre des Communes en décembre 1999, il était demandé de « faire le meilleur usage de toutes les ressources du *MoD* pour soutenir la *defence diplomacy* et pour promouvoir la stabilité. » La *defence diplomacy* établissait un nouvel équilibre entre défense des intérêts nationaux et nécessités opérationnelles. Pour envisager des actions de prévention et de sortie de crises, Londres définissait les actions civilo-militaires (ACM) comme une « relation d'interaction, de coopération et de coordination, le support mutuel, la planification commune et l'échange permanent d'informations à tous les niveaux entre les structures des forces militaires, les organisations et organismes civils et les relais d'opinion intra théâtre, nécessaires pour obtenir une réponse efficace dans tout l'éventail des opérations. » (Lerwill 2001 : 34–35)

Une concertation avec la société civile et un dialogue avec les ONG

Le DfiD était un élément clé de cette stratégie visant à assurer une cohérence globale et une unité des efforts engagés pour la conduite des ACM. Cette agence, aussi chargée des relations avec les ONG, plaçait la relation ONG-forces armées au centre de la coopération civilo-militaire marquée par la recherche d'une « cohérence » interministérielle. Cependant, face à l'émergence de cette coopération civilo-militaire par l'intégration, et suite à l'intervention de l'OTAN au Kosovo, la plupart des ONG britanniques avaient adopté une posture beaucoup plus critique en cherchant à promouvoir une indépendance de réflexion et d'action. D'autres ONG, conscientes de ces tensions grandissantes et des effets négatifs sur le long terme pour les rapports sur le terrain, tentaient de réagir en restaurant un dialogue.[8] L'intervention en Sierra Leone avait pourtant permis de ressouder la communauté des organisations non gouvernementales d'aide aux populations autour de thèmes fédérateurs comme la protection des populations fragiles ou le contrôle démocratique des forces armées africaines.

Pour Mike Aaronson de *Save the Children UK*, il était nécessaire, dès l'année 2000, de faire une distinction entre le « soutien logistique aux opérations humanitaires qui est positif, et la coordination militaire d'une opération humanitaire qui ne l'est pas » (Pugh 2001 : 11). Cette ONG, connue pour son refus du nouvel humanitarisme du gouvernement Blair entraîna dans son analyse l'important réseau de l'*Overseas Development Institute* qui avait publié alors une étude importante sur la militarisation de l'humanitaire avant de poursuivre par une série de rapports sur les questions de relations entre forces armées et ONG.[9] Pour certains experts, la doctrine CIMIC reflétait « une politisation changeante de l'humanitaire [...] héritée de l'intervention en Somalie marquée par le réalisme, et se caractérisant par une coordination hiérarchique et hégémonique » (Pugh 2001 : 12).

La redéfinition des relations entre le DfiD et les organismes de la société civile nationale, mais aussi internationale, avec un déliement de l'aide à 100 pourcent depuis avril 2001 dont l'ancien ministre Clare Short avait fait une priorité, est le résultat d'une réforme de l'État britannique. C'est la logique du *New Public Management* cher à Tony Blair à travers son projet « *Modernizing Government* », appliqué aussi à la Défense, avec une plus grande transparence, une plus grande responsabilité et redevabilité (*accountability*) des acteurs. Pour la coopération britannique, l'idée de partenariat était un élément fort et catalyseur de cette politique d'inclusion

8 Voir les conférences et colloques organisés par le *NGO/Military Contact Group* durant lesquels les thèmes abordés concernaient dès le début des années 1990 l'écart de moyens et les différences de stratégies « *Mind the Gap* ».

9 Voir le document à succès dans la communauté des ONG européennes écrit par Macrae Joanna et Leader Nicholas (2000).

des ONG pour une plus grande visibilité des actions du gouvernement en matière de développement :

> Les progrès britanniques sont dus à la création du DfiD, et au fait que la publication de "Livres blancs" a ajouté la "responsabilité stratégique" (ce qui signifie la responsabilité des projets exécutés) à la responsabilité fonctionnelle (responsabilité en matière de procédures et d'usage des fonds), préexistante et bien établie (Hussein 2003 : 157).

En affirmant son indépendance dans le Livre blanc de 1999 sur la lutte contre la pauvreté, le DfiD avait trouvé dans les ONG et l'opinion publique des alliés importants au sein du processus interministériel grâce à une sensibilisation aux enjeux qui touchent particulièrement l'Afrique. En 2000, le comité d'aide au développement de l'OCDE signalait :

> La collaboration de DfiD avec la société civile s'inscrit dans une optique plus large [qu'ailleurs] et a été étendue à un éventail plus vaste de parties prenantes [...] avec des liens plus stratégiques avec les grandes ONG et met davantage l'accent sur la mission de sensibilisation des petites ONG. (Mc Donnell et Solignac Lecomte 2003 : 175)

Une complémentarité au service d'une stratégie nationale de prévention et de gestion des conflits

La coopération civilo-militaire élargie (interministérielle et interagences/acteurs non étatiques) passait donc par un partenariat très fort entre DFiD et les grandes ONG britanniques dont *Oxfam*, *Save the Children UK* et *Christian Aid* et les réseaux et coalitions d'ONG britanniques agissant au niveau national ou international. ONG et acteurs commerciaux étaient déjà des partenaires essentiels dans la mise en œuvre (*implementation*) des politiques publiques.

Dans un discours de novembre 2002, Tony Blair soulignait la nécessité de chercher un meilleur rapport efficacité/coût qui permette d'exploiter de manière asymétrique et flexible les avantages technologiques que devraient fournir les grands programmes d'armement tournés vers une interopérabilité renforcée (Joyce 2005).

Mise en œuvre de la gestion intégrée et interministérielle des crises

Créée en 1997, l'Agence britannique pour le développement international était alors un acteur de grande importance qui facilitait les relations entre forces armées et ONG dans les programmes britanniques en Afrique. Selon le Secrétaire d'État britannique au développement international Hilary Benn, « l'objectif principal du DfiD [était alors] de contribuer à la réalisation des objectifs du Millénaire et à l'élimination de la pauvreté dans le monde », conformément à la stratégie générale de l'Agence formalisée pour les programmes de terrain à travers les *Poverty Reduction Strategy Papers* (PRSP).

Au centre du dispositif, le DfiD assure le lien entre forces armées et ONG dans les programmes de prévention des conflits, notamment à travers les *Conflict prevention pools* (*Global* et *Africa*), pour gérer les questions de sécurité et de développement. L'implication des forces britanniques dans des missions de prévention à travers la *Defence Diplomacy*, en coopération avec les agences civiles, a permis la mise en œuvre du « *Joined up Gvt* » ardemment souhaité par Tony Blair et initié en 1998. Le *Conflict Prevention Pool-Africa* devait officiellement améliorer l'efficacité de la contribution du Royaume-Uni à la gestion des conflits, en intégrant les stratégies interministérielles dans les programmes de *Security Sector Reform* en Afrique (Sierra Leone, Kenya, région des Grands Lacs, Burundi) par des financements croisés. Le processus de mise en cohérence interministérielle, par un processus de coordination avancée, fut donc formé autour de la prévention des conflits. Pour la ministre de la Coopération Clare Short, s'exprimant à la Chambre en novembre 2002 :

> Le *Africa Conflict Prevention Pool* était réellement devenu opérationnel durant l'année fiscale 2001–2002. L'objectif de ce pool était d'améliorer l'efficacité de la contribution du Royaume-Uni à la prévention et à la réduction des conflits en Afrique subsaharienne et à un accroissement des capacités de maintien de la paix. Cette entité couvrait l'ensemble des activités de prévention des conflits du DfiD, du FCO et du MoD, lorsqu'une approche intégrée apportait une valeur ajoutée.

DfiD, à travers les programmes de réforme des secteurs de la sécurité en Afrique, s'affirmait alors comme un acteur majeur de l'action interagences grâce à un financement croisé. Cette nouvelle capacité d'intervention avait aussi été rendue possible grâce à la création en novembre 2002, d'un réseau : le Global Facilitation Network à l'Université de Cranfield qui, travaillant avec la Défense, faisait le lien avec la communauté des experts et chercheurs civils au sein de la *Defence Academy*. Ceci faisait l'objet d'une action commune MoD-DfiD avec la présence d'un conseiller de DfiD sur les questions de gouvernance.

Motivée par une nécessaire adaptation aux nouvelles réalités conflictuelles, cette réorganisation des services de l'État britannique, et de leurs collaborations périphériques, se justifiait aussi et de manière croissante par une recherche d'efficience et par la quête d'un bon rapport coût/efficacité selon une logique économique revendiquée.

Le New Public Management comme moteur de la transformation doctrinale

Conformément aux objectifs fixés par la réforme de l'État britannique du premier mandat de Tony Blair, les programmes prévention des conflits en Afrique devaient faire l'objet d'une évaluation régulière, relativement au *Public Service Agreement* sur la thématique des conflits.

Conformément aux pratiques britanniques du *New Public Management* dans l'évaluation des programmes, chacun de ces objectifs avait des cibles et des critères permettant d'en mesurer les succès. Cette imposition des logiques managériales inspirées des pratiques néolibérales développées dans la City (comme dans le domaine de la gestion des ressources humaines) avait des répercussions grandissantes sur les acteurs de terrain : *turnover* croissant, recherche de la rentabilité et application de critères comptables très éloignés des logiques de terrain au service des populations des États récipiendaires de l'aide).

Dans ce nouvel environnement institutionnel et administratif de l'État britannique en transformation, la stratégie de réforme des secteurs de la sécurité fut approuvée en juin 2002 par les différents ministres impliqués dans sa formulation pour devenir officiellement opérationnelle au même moment, à partir du travail développé un an plus tôt. L'objectif de cette stratégie intégrée de réforme était « d'aider les gouvernements des pays en développement et en transition à remplir leurs fonctions légitimes de sécurité par le biais de réformes qui doivent rendre la fourniture de sécurité plus démocratiquement responsable (*accountable*) ainsi que plus efficace et efficiente afin de réduire les risques potentiels de conflit interne et externe ». Une évaluation, lancée treize mois après l'approbation de cette stratégie, fut menée par Nicole Ball avec l'université de Bradford et publiée en mars 2004, parallèlement à une évaluation des progrès en matière de gestion des crises et de lutte contre la pauvreté, conformément aux objectifs fixés en 2001 (DfiD 2004).

La *2004 Spending Review* intitulée *Stability, security and opportunity for all: investing for Britain's long-term future*, publiée en juillet de la même année par le Trésor britannique réaffirmait la volonté du gouvernement britannique de renforcer les financements sur l'Afrique via les programmes de réduction de la pauvreté et des conflits de DfiD, conformément à ce qui avait été annoncé dans le livre blanc du MoD de décembre 2003 *Delivering Security in a Changing World*.

Héritage : au-delà de la mise en place d'une Post-Conflict Reconstruction Unit

En 2004, à la suite d'une demande adressée par le Premier ministre Blair à son Unité de la stratégie (*Strategy Unit*) de diriger une équipe programmatique réunissant un ensemble d'experts au sein du gouvernement sur la question des pays présentant des risques d'instabilité (*Countries at Risk of Instability*), une étude stratégique fut lancée. Le rapport, intitulé *Investing in Prevention: an international strategy to manage risks of instability and improve crisis response* et remis en février 2005, portait sur une nouvelle stratégie internationale de gestion des risques d'instabilité et de réponse aux crises par un investissement dans la prévention en imposant un partenariat avec des membres des affaires étrangères, de la coopération internationale, de la Défense, des Finances, de l'Intérieur, de l'Industrie et de l'Environnement. L'objectif du rapport était donc d'améliorer les dispositifs d'évaluation des risques et les systèmes de prise de décision. Cette capacité, impulsée d'en haut, mais complétée par des initiatives ascendantes, de fédérer des réflexions transverses et de proposer des réponses multisectorielles coordonnées dans le domaine de l'anticipation et de la gestion des crises fut l'une des forces de ce modèle britannique. Mais cette recherche de l'efficacité économique et opérationnelle répondait parallèlement à d'autres injonctions, plus idéologiques et économiques portées par le néolibéralisme gestionnaire nommé *New public management*, dont les critères et les modes d'évaluation de l'assistance traduisaient en réalité les limites sur le terrain des populations fragiles.

La *Strategy Unit* offrait la capacité, au sein du gouvernement britannique et au bénéfice du Premier ministre, d'une pensée prospective sur le long terme et sur des sujets nécessitant des approches stratégiques croisées. Cette unité, de création récente (2002), réunissait trois centres préexistants (l'unité *Performance and Innovation*, la *Forward Strategy Unit* et le *Centre for Management and Policy Studies*) dont les efforts furent mutualisés. À la suite des enseignements de la campagne d'Irak et tirant profit des réussites des dispositifs intégrés de prévention des conflits, le gouvernement britannique annonçait au Parlement, dans une déclaration écrite du 16 septembre 2004, son intention de mettre en place une structure intégrée de reconstruction en post-conflit, une *Post Conflict Reconstruction Unit*, afin d'améliorer les capacités opérationnelles britanniques de gestion de l'instabilité, globalement, mais aussi en Afrique.

Cette démarche d'intégration devait, du point de vue du gouvernement travailliste, être développée dans l'ensemble des agences britanniques avec des prolongements au niveau de la communauté internationale et dans d'autres organisations régionales. Compte tenu de l'expérience du Royaume-Uni en matière de stabilisation post-conflit développée durant les interventions dans les Balkans, au Timor oriental, en Afghanistan, en Sierra Leone, au Mozambique et en Irak, une certaine maturité dans la réflexion stratégique avait émergé. Le gouvernement britannique reconnaissait ainsi que les forces armées ne pouvaient pas gérer les défis de la stabilisation sur le long terme et qu'il était indispensable de faire intervenir des capacités civiles, y compris en provenance du secteur privé. Cette réflexion s'appuyait sur les travaux de la Commission pour l'Afrique et sur le rapport de la *Strategy Unit* sur la stabilisation des pays à risques.

Le rapport recommandait « une action préventive plus soutenue et plus développée » pour 2005. Le second semestre de l'année 2005 fut particulièrement riche en initiatives britanniques, le Royaume-Uni assurant en parallèle la présidence du G8 et de l'Union européenne. Dans cette réflexion pour construire une nouvelle capacité au sein du gouvernement britannique, la mobilisation de tous les acteurs pour opérer de manière « cohérente, focalisée et multinationale » était indispensable. Cette structure fut opérationnelle en 2006.

Cette évolution rapide des dispositifs institutionnels britanniques, justifiée par une nécessaire adaptation aux défis opérationnels en Irak et en Afghanistan, allait pourtant affaiblir le dispositif interministériel originel, initié en 1997, si soucieux d'impliquer et de consulter les acteurs de la société civile. Plusieurs années plus tard, des rapports parlementaires et autres études non gouvernementales devaient souligner le manque de transparence et les risques de dilution de l'aide dans les dispositifs sécuritaires, diplomatiques et militaires (H.M. Treasury 2013).

Conclusion

Depuis la fin des années 1990, nous avons assisté à une montée en puissance du dispositif intégré de gestion des crises. Les premières réflexions lancées au sein de la recherche académique, dans les centres de recherche appliquée et parmi les ONG avaient contribué à proposer une lecture ouverte, inclusive et équilibrée de la réforme des secteurs de la sécurité comme un axe prioritaire de l'action de développement et au service de la sécurité des populations.

Au Royaume-Uni, les programmes de *Security Sector Reform* était au service de la prévention des conflits qui devait obliger les acteurs de la sécurité à adopter des référentiels professionnels (en matière de recrutement, de formation et de sanction) et des normes démocratiques visant une responsabilisation dans la réalisation de la mission de sécurité qui repose sur trois éléments importants : fournir une protection adéquate aux populations et aux États, contribuer de manière effective aux opérations régionales de stabilisation, enfin s'assurer que ces acteurs de la sécurité ne devenaient pas eux-mêmes une source d'insécurité. Ces initiatives d'intégration au sein des *Conflict prevention pools* constituent un héritage important de cette période Blair pour les Européens.

Dans le domaine de la prévention et de la résolution des conflits internationaux, les approches développées par le Royaume-Uni constituent toujours un cadre de référence et ont inspiré certaines initiatives de l'Union Européenne. Le Royaume-Uni a longtemps été en pointe dans cette réflexion en matière de prévention des conflits internationaux. Le gouvernement travailliste avait souhaité, à la fin des années 1990, marquer une rupture politique forte en initiant des changements profonds au sein de l'administration. Dans une réaffirmation des objectifs de sécurité nationale, de nouvelles approches diplomatiques avaient émergé tout en imposant une lecture systématique du rapport coût/efficacité dans les prises de décisions politiques. La réorganisation économique et administrative qui accompagnait cette rupture devait forcer à une coordination avancée entre acteurs et à une mutualisation des ressources justifiées par une contrainte budgétaire forte. Derrière un discours centré sur une politique étrangère plus éthique, l'intégration entre acteurs soulevait d'autres enjeux. Une mise en cohérence des dispositifs de RSS était rendue possible par les *Pools* de prévention des conflits garantissant une formulation consensuelle des priorités programmatiques par une mobilisation commune des ressources civiles et militaires. Cette capacité à mobiliser l'ensemble des ressources et à initier un vaste mouvement vers un objectif stratégique cohérent constitue un héritage de cette « méthode Blair » pragmatique et efficace. Au-delà de l'héritage doctrinal, en matière de prévention des conflits et de mise en œuvre des programmes de réforme des secteurs de la sécurité initiée par les responsables britanniques, c'est l'héritage culturel et politique qui est marquant. En surmontant les tensions administratives et la compétition entre institutions par l'affirmation d'une volonté politique forte, les travaillistes ont créé les conditions d'une action coordonnée entre agences gouvernementales tout en associant les acteurs périphériques à l'État.

Cependant, les difficultés dans la conduite des opérations en Afghanistan ont entrainé des dérives et une instrumentalisation du lien armées-nation construit au fil des années pour protéger les décideurs d'une opinion publique toujours plus sceptique et critique. La transformation du contexte stratégique et l'apparition de nouvelles menaces (nouvelles formes de terrorisme, criminalité transnationale organisée) expliquent ainsi une réutilisation de ces initiatives civiles à des fins plus politiques et militaires. Dès lors, allaient émerger de nouveaux enjeux relatifs à la militarisation de ces dispositifs, déjà observée aux États-Unis, réduisant progressivement la visibilité de cet héritage.

Références bibliographiques

Abeles, M. (2014). *Penser au-delà de l'État*, Paris : Belin.

Aydinli, E., and Rosenau, J. (2005). *Globalization, security, and the nation-state: paradigms in transition*. Albany (NY): State University of New York Press.

Ball, N. (2002). Enhancing Security Sector Governance: A Conceptual Framework for UNDP. New York: UNDP

Bradford, J. (1997). *The Military and Conflict Between Cultures. Soldiers at the Interface*. College Station (Tex.): Texas A&M University Press.

Britz, M. (2016). 'Continuity or Change? British Strategic Culture and International Operations'. In, Britz, Malena (ed.), *European Participation in International Operations. The Role of Strategic Culture*, pp. 151–175. Stockholm: Palgrave Macmillan.

Bryden, A., and Hänggi, H. (eds). (2005). *Security Governance in Post-Conflict Peacebuilding*. DCAF. Münster/Hambourg/Berlin/Vienne/Londres: LIT Verlag.

Brzoska, M., and Law D. M. (eds.). (2006). Security Sector Reconstruction and Reform in Peace Support Operations. *International Peacekeeping*, 13(1).

De Vrieze, F. (2001). 'Kosovo and Northern Ireland: Two European regions getting into dialogue°', *Conflict Prevention Newsletter*, 4 (1), March 2001, European Platform for Conflict Prevention and Transformation in Cooperation with International Alert, Saferworld and Accord, pp. 2–3

Department for International Development (DfiD). (2002). *Understanding and Supporting Security Sector Reform*, London.

Duffield, M. (2001). Global governance and the new wars: the merging of development and security. London: Zed Books.

Egnell, R. (2009). Complex Peace operations and Civil-Military Relations: Winning the Peace. New York: Routledge.

European Council (2000). *Improving the Coherence and Effectiveness of the European Union Action in the field of Conflict Prevention*. Report Presented to the Nice European Council by the Secretary General/High Representative and the Commission: Nice.

Goodwin, D. (2005). The Military and Negotiation: The Role of the Soldier-Diplomat. Londres/New York: F. CASS.

Hassner, P., and Marchal, R. (2003). Guerres et sociétés : États et violence après la Guerre froide. Paris : CERI/Karthala.

Joyce, M. (2005). *Transformation of Military Operations on the Cusp*. RUSI-JFCOM. Conference Report. London: RUSI.

King, D. (1987). *The New Right*. Chicago: The Dorsey Press.

Kucera, T. (2018). The Military and Liberal Society. Societal-Military Relations in Western Europe. London and New York: Routledge.

Lerwill (2001). 'Coopération civilo-militaire : une vue britannique'. *Objectif Doctrine* 25, 34–35.

Macrae, J., and Leader, N. (2000). Shifting sands: The search for 'coherence' between political and humanitarian responses to complex emergencies. HPG Report 8. London: ODI.

Makki, S. (2004). Privatisation du militaire, militarisation de l'humanitaire. Paris : CIRPES-EHESS.

Merom, G. (2003). *How Democracies Lose Small Wars*. Cambridge: Cambridge University Press.

Paris, R. (2004). *At War's End: Building Peace After Civil Conflict*. Cambridge: Cambridge University Press.

Pouligny, B. (2004). Ils nous avaient promis la paix : Opérations de l'ONU et populations locales. Paris : Presses de Sciences Po.

Pugh, M. (2001). 'Civil-Military Relations in Peace Support Operations: hegemony or emancipation?'. ODI Seminar. London: ODI.

Saferworld, International Alert (2000). Promoting a Culture of Prevention – Opportunities for the Swedish and Belgian Presidencies of the European Union in 2001. Brussels: European Platform for Conflict Prevention and Transformation.

UK Ministry of Defence (2004). *Peace Support Operations. Joint Warfare Publication 3–50*. London: Crown Copyright. 2nd edition.

UK Department for International Development (2004). *Evaluation of the Conflict Prevention Pools: The Security Sector Reform Strategy*. Evaluation Report EV 647. (principal Author Nicole Ball), Cabinet Office. London: HM Treasury.

UK DFID (2002). *Africa Action Plan: UK Progress Report*. London: Crown Copyright. 2003.

UK Department for International Development. *Understanding and Supporting Security Sector Reform*. London: Crown Copyright.

UK Dfid, MoD, Fco (2001). *Les Causes des conflits en Afrique subsaharienne*. Londres: Crown Copyright.

UK Foreign and Commonwealth Office and UK DFID (2001). *NGOs and the Military in Complex Emergencies*. Wilton Park Conference Report (WPS01/05). London: Wilton Park Conference.

UK HM Treasury (2013). *Spending Round 2013*. Cm 8,639. Presented to Parliament by the Chancellor of the Exchequer by Command of Her Majesty. London: Crown Copyright. June.

UK Defence Secretary (1998). 'A coordinated Defence Diplomacy Action Plan,' in Secretary of State for Defence Speech. *A safer Europe – the case for optimism*. The Winston Churchill Memorial Lecture.)

PARTIE 4

Terrorisme et redéfinition des périmètres d’action des armées

JULIEN FRAGNON, WILLIAM LEDAY

Chapitre 15 La guerre au terrorisme depuis 2015 : entre opportunité politique et consécration stratégique

Après les attentats du 11 septembre 2001, la France a refusé d'inscrire la lutte contre le terrorisme dans une approche militaire *stricto sensu*.[1] Les autorités considéraient que la voie judiciaire avait montré son efficacité tout en respectant l'État de droit. Depuis, la France s'est engagée au Mali dans le cadre d'une « guerre contre le terrorisme »[2] et après les attentats du 13 novembre 2015, le président de la République a décrit un état de guerre sur le sol français.[3] Fin 2017, le ministre de l'Intérieur, Gérard Collomb, réaffirmait ce constat : « oui, nous sommes toujours en état de guerre ».[4] Au cours des mêmes années, l'armée de terre lançait l'opération Sentinelle avec près de 10 000 soldats déployés en France pour protéger le territoire contre la menace terroriste.

1 À titre d'exemple, Jacques Chirac déclarait le 18 septembre 2001 « Je ne sais pas s'il faut utiliser le mot guerre. Ce qui est sûr, c'est que nous avons un conflit d'une nouvelle nature » tandis que son premier ministre Lionel Jospin précisait qu'« on a parlé de guerre, parce que les attentats ont été conduits comme des actes de guerre, parce que la riposte peut impliquer l'usage de moyens militaires. Pourtant il n'y a pas ici de nations affrontées, pas d'armée régulière en vue » (3 octobre 2001).

2 Selon les termes du ministre de la Défense d'alors, Jean-Yves Le Drian, cités dans un article du Monde, <https://www.lemonde.fr/afrique/article/2013/01/15/la-guerre-contre-le-terrorisme-version-francaise_1817070_3212.html>.

3 « La France est en guerre » face à une « armée terroriste » déclarait le président de la République devant le Parlement réuni en Congrès le 16 novembre 2015. Lors de ce discours, François Hollande a prononcé 16 fois le mot guerre.

4 Entretien à France Inter, 3 octobre 2017. L'entretien avait lieu deux jours après un attentat à Marseille et la découverte d'un engin explosif à Paris.

Quelle est la portée de ces changements ? Sont-ils le fruit d'un contexte politique marqué par une vague inédite d'attentats ou consacrent-ils une évolution profonde de la doctrine stratégique française ? Pour répondre à ces interrogations, nous analysons la manière dont le changement se produit au sein d'une politique publique, en nous appuyant sur les acquis de l'analyse des politiques publiques (Hassenteufel 2014) et en particulier de l'approche cognitive (Muller et Surel 1998). Changement et politique publique sont intimement liés. Comme le rappelle Pierre Muller, « une politique publique se définit toujours par rapport au changement, soit que l'on cherche à freiner une évolution, soit que l'on cherche, au contraire, à promouvoir la transformation du milieu concerné » (2015 : p. 156). Une politique publique est une tentative d'agir sur un domaine de la société qui passe par la définition d'objectifs (comme accroître la capacité de projection des forces armées). Pour cela, il faut d'abord construire une représentation de la réalité. C'est en référence à ce codage que les acteurs organisent leur perception du problème, élaborent un agenda, confrontent leurs solutions et définissent leurs propositions d'action : cette vision du monde est le référentiel d'une politique. Claudio Radaelli (2000) parle de « récits de politiques publiques » qui sont des histoires causales mettant en scène les contraintes et les enjeux qui doivent conduire à la décision.

Pour les armées, ce référentiel consiste à identifier et à évaluer les menaces et les risques qui pèsent sur la France. La culture militaire suppose de diagnostiquer des menaces, de les qualifier, de les hiérarchiser, puis d'élaborer des réponses stratégiques et opérationnelles pour y faire face. La sphère militaire occidentale a connu, au cours des années 1990, une grande transformation dans l'environnement stratégique, en matière de progrès technologique et d'effort de défense :

> Sur le plan stratégique, la fin de la guerre froide a conduit à une profonde restructuration des politiques de défense et de sécurité, confrontées à la mise en cause des paradigmes dominants pendant près d'un demi-siècle, concomitante à une diversification des missions des armées et des objectifs de l'action publique pour faire face à l'émergence de « nouvelles » menaces. (Irondelle 2008 : 93)

Cette évolution rejoint les représentations académiques dominantes sur la nature de la guerre (Van Creveld 1998 ; Kaldor 2012)[5], le développement du fondamentalisme et des formes de communautarisme (Huntington et Kaplan 1994 ; Enzensberger 1994) ou l'apparition de guerres de prédation (Berdal et Malone 2000).

En 2001, les attentats du 11 septembre ont été appréhendés comme le révélateur d'un processus global de privatisation et d'exacerbation du risque (écologique, sanitaire, industriel). Cette tendance renvoie à une série d'analyses qui mettent en avant la société du risque, la mondialisation ou la perte de souveraineté de l'État dans la régulation de l'économie ou dans le monopole de la violence légitime (Beck 2001 ; Baudrillard et Morin 2003). Ces représentations transcendent le seul terrorisme pour l'inscrire dans un dérèglement généralisé du monde social. Ces récits se distribuent en trois énoncés majeurs qui peuvent être déclinés selon les trois modèles schématiques suivants : le modèle du « retour de l'Histoire » qui dénote la renaissance de la violence politique, le modèle de la « mondialisation terroriste » qui fait du terrorisme un parasite de la globalisation, et le modèle « de l'état de nature » dans lequel la déstructuration des cadres anciens (frontières, équilibre géopolitique, etc.) conduit à une précarité généralisée (Fragnon 2009). La remise en cause des paradigmes dominants a bouleversé les grilles d'interprétation de la réalité des acteurs de la défense en France modifiant ainsi les principes généraux de la politique de défense et les modes opératoires proposés.

Notre étude vise à interroger les évolutions de l'environnement stratégique à travers les récits diffusés par l'armée et les autorités politiques et la façon dont ces raisonnements ont légitimé une modification des instruments de la politique de défense, notamment en termes de déploiements opérationnels (comme l'opération Sentinelle) ou de ressources budgétaires. Pour comprendre l'ampleur de ces changements, nous mobiliserons la thèse de l'adaptation qui explique la transformation des organisations militaires à partir de l'évolution de l'environnement stratégique. Grégory Daho a montré que cette thèse homéostatique est revendiquée par l'état-major pour légitimer ses propres adaptations, alors même que ces

5 Ces représentations sont néanmoins discutées (Kalyvas 2001).

dernières sont le produit d'autres facteurs (Daho 2009). Nous interrogerons le rôle joué par les attentats de 2015 comme fenêtres d'opportunité (Kingdon 1995) ou encore le rôle des acteurs politiques dans la politique de défense (Irondelle 2011), dans un domaine pourtant réputé pour sa nature consensuelle (Irondelle 2013). Par ailleurs, plusieurs travaux se sont déjà intéressés, dans des approches majoritairement critiques, aux missions antiterroristes des armées. La lutte contre le terrorisme est d'abord intégrée à la posture permanente de protection du territoire national à travers la préservation des lieux sensibles ou des infrastructures critiques, de l'espace aérien et des approches maritimes (Bigo, Guittet et Smith, 2004). À l'extérieur du territoire, l'implication de l'armée s'illustre par l'usage des moyens militaires comme en Afghanistan pour neutraliser les terroristes. Mais, c'est bien le dispositif Vigipirate qui concentre la majeure partie des critiques. Pour Guittet (2009), la pérennité d'un tel dispositif conduit à une banalisation d'outils exceptionnels. D'autres, plus critiques (Rigouste 2009) font de Vigipirate une résurgence des dispositifs militaires contre-insurrectionnels utilisés pendant la guerre d'Algérie, qui visaient à un encadrement serré de la population par les forces de sécurité. Avec le remplacement de Vigipirate par Sentinelle en 2015, d'autres chercheurs (Tenenbaum 2016) ont insisté à la fois sur son inefficacité opérationnelle et sur l'évolution doctrinale que représente ce retour durable des forces armées sur le territoire national pour des missions antiterroristes. Enfin, Servenay (2016) attribue la volonté récente de l'état-major de s'impliquer plus avant dans la lutte antiterroriste à un changement de référentiel illustré par l'adoption du concept de « sécurité nationale » depuis le Livre blanc de la Défense et de la Sécurité nationale de 2008.

En nous fondant sur ces analyses, nous faisons l'hypothèse que l'implication des armées dans la lutte antiterroriste est le produit d'une longue évolution doctrinale découlant de la rupture stratégique des années 1990, elle-même fondée sur la construction de nouvelles menaces. Cette rupture s'illustre dans le continuum sécurité-défense validé par le Livre blanc de 2008 et confirmé par celui de 2013. Mais la consécration de ce nouveau paradigme ne conduit pas à un changement d'orientation de la mission de protection du territoire. Celui-ci ne devient effectif[6] qu'à la suite des attentats de janvier 2015.

Notre analyse s'appuie sur un corpus de nature politico-stratégique. Nous avons mené une analyse documentaire des documents stratégiques (livres blancs sur la défense et la sécurité nationale[7], concept interarmées[8] et doctrine d'emploi des forces[9]), de la *Revue Défense Nationale*, de travaux parlementaires (auditions des commissions de la défense de l'Assemblée nationale et du Sénat et rapports parlementaires[10]), mais aussi de livres grand public rédigés par des militaires.[11] Ce matériau a été complété par une « participation observante »[12] menée à partir d'une expérience commune

6 Au sens où ce nouveau référentiel est mobilisé pour légitimer l'arrêt de la déflation des effectifs puis la remontée en puissance de l'actualisation de la Loi de programmation militaire de 2015 puis celle de 2019–2025.

7 Livre Blanc sur la Défense nationale, 1994, Livre Blanc. Défense et Sécurité nationale, 2008, Livre Blanc. Défense et Sécurité nationale, 2013, Revue stratégique de Défense et de Sécurité nationale, 2017.

8 Concept interarmées, CIA-01(A)_CEF (2013), N° 130/DEF/CICDE/NP, 12 septembre 2013.

9 « Emploi des armées sur le territoire national », Doctrine interarmées (2016), DIA-3.60_EATN (2016), N° 130 /DEF/CICDE/NP, 26 juin, Doctrine interarmées (2014), DIA-01(A)_DEF (2014), N° 128/DEF/CICDE/NP, 12 juin.

10 Lamy F. (2015), « Préparation et emploi des forces : forces terrestres », Avis n° 3115 sur les crédités de l'armée de terre pour 2016,, tome IV, Assemblée Nationale ; Audibert Troin O. et Léonard C. (2016), « Le rôle des armées sur le territoire national : après l'heure de la riposte, le temps des choix politiques », Rapport d'information n° 3864, Commission de la Défense, Assemblée Nationale (2016) « Conditions d'emploi des armées lorsqu'elles interviennent sur le territoire national », Rapport au Parlement.

11 Notamment (de Villiers 2017)

12 Cette expression, proposée par Milet (2010), décrit la situation particulière d'un chercheur qui participe professionnellement à son objet de recherche. Les deux auteurs ont connu ce positionnement spécifique en tant que collaborateur parlementaire au sein de la commission des affaires étrangères, de la défense et des forces armées du Sénat ou de membre d'un *think tank* pour l'un d'entre nous. Si cette position d'indigène comporte des biais (notamment sur la prise de distance à l'égard de son objet ou l'impossibilité de tenir un carnet de terrain), elle offre un accès à des espaces habituellement fermés au regard des chercheurs (les réunions de groupe politique, les moments de négociations ou de convivialité entre les acteurs politiques dans le cas d'espèce) ce qui s'avère utile pour comprendre le

de collaborateur parlementaire et de plusieurs entretiens menés avec des acteurs militaires et politiques.[13]

L'armée et la prévention du terrorisme : de Vigipirate à Sentinelle

En 1972, la première édition du *Livre blanc de la défense nationale* a entériné les principes de la dissuasion nucléaire. Vingt ans plus tard, l'édition de 1994 prend acte de l'effondrement du bloc de l'Est et consacre l'évolution stratégique de la fin de la Guerre froide. La mission de protection du territoire est toutefois maintenue dans les contrats opérationnels. C'est dans ce cadre que s'inscrit l'implication des forces armées dans la lutte contre le terrorisme. Le terrorisme est désigné comme l'une des menaces nouvelles (avec le trafic de drogue ou la prolifération) pouvant nécessiter une réponse militaire. « Certaines formes d'agression comme le terrorisme (…) prennent des dimensions telles qu'elles peuvent menacer la sécurité ou l'intégrité du pays, la vie de sa population ou contrarier le respect de ses engagements internationaux. Elles relèvent dès lors de la défense au sens de l'article 1er de l'ordonnance du 7 janvier 1959 » (Livre blanc, 1994 : 17). De fait, le terrorisme apparaît comme l'une des atteintes possibles aux intérêts vitaux de la France contre lesquelles l'armée peut être employée « en contribuant au maintien (…) du fonctionnement des institutions (…) face à toutes menaces directes ou indirectes. En mettant

fonctionnement d'une institution (Schnapper, 2010). De plus, « les informations exprimées en public ne peuvent que succinctement rendre compte des rapports de force et des croyances des acteurs, particulièrement dans le secteur de la défense » (Béraud-Sudreau, 2014 : 84).

13 Ce corpus assez variable comporte une demi-douzaine d'entretiens menés avec des parlementaires (députés et sénateurs de la commission des affaires étrangères, de la défense et des forces armées) et des militaires mais également des discussions informelles avec des sénateurs, des militaires ou des experts avec lesquels les deux auteurs ont entretenu des relations de travail continues.

en œuvre la défense du territoire national, de ses espaces aériens, et maritimes, face à des menaces diversifiées, incluant le terrorisme » (Livre blanc, 1994 : 73). Pour faire face à cette menace renouvelée, l'État avait créé un instrument spécifique : le plan Vigipirate.[14]

Dès 1981, la France a élaboré un « plan Pirate » visant à planifier différentes capacités dans la lutte contre le terrorisme. Créé en 1978 à la suite d'une instruction non publiée du Secrétariat général de la Défense nationale, ce plan tire ses fondements de l'ordonnance du 7 janvier 1959, mais ne dispose ni d'un statut juridique formellement établi, ni de règles d'activation claires et explicites. Déclenchée discrètement lors de la vague d'attentats de 1985/1986, cette mesure de protection connut une publicité plus importante lors de sa mise en œuvre en janvier 1991 pendant la guerre du Golfe. Dorénavant désigné sous le nom de *Vigipirate*, ce plan fut réactivé le 8 septembre 1995 après un attentat à Villeurbanne et maintenu de manière permanente jusqu'en janvier 2015. À chaque posture définie par le plan Vigipirate[15] correspondent des mesures juridiques et des effectifs prédéfinis. La « posture de base » prévoit le déploiement de 3 000 hommes, la « posture de vigilance renforcée » consiste en la mise en œuvre du « contrat opérationnel de protection » des armées (avec un plafond fixé, en 2015, à 7 000 hommes dans la durée) et la « posture d'alerte attentat » permet de porter cet effectif temporairement à 10 000 militaires. Ce déploiement vise également un objectif symbolique de dissuasion. L'effet dissuasif de la visibilité de militaires, armés et en treillis, est explicitement reconnu par

14 Plan gouvernemental de vigilance, de prévention et de protection face aux menaces d'actions terroristes.

15 À la suite d'une réforme en 2003, le plan Vigipirate comportait un code de quatre couleurs (jaune, orange, rouge, écarlate), symbolisant l'aggravation de la menace terroriste et des modalités différentes de mises en œuvre. En 2014, le plan Vigipirate utilisait deux niveaux de vigilance (vigilance et alerte attentat). La vigilance correspondait à la posture permanente de sécurité et l'alerte attentat s'appliquait en cas des projets d'action connus par les services de renseignement ou si une ou plusieurs actions terroristes ont été commises sur le territoire national. En novembre 2016, ce sont trois niveaux d'alerte (vigilance, sécurité renforcée – risque attentat, urgence attentat) qui ont été recrées en maintenant des mesures de sécurité permanentes (près d'une centaine de mesures) quel que soit le niveau de la menace.

les autorités politiques ou militaires.[16] Cette pérennité du plan Vigipirate connaît pourtant deux problèmes : son coût et les risques inhérents de la présence systématique de personnels militaires armés dans l'espace public.[17] Les mêmes objectifs et les mêmes questions se poseront pour le déploiement de l'opération Sentinelle (Caspar-Fille-Lambie et Meneghetti 2016 : 57–67). Lors d'un entretien, un député nous confiait que cette opération avait bien pour visée politique de montrer que l'État était fort en affirmant une présence militaire dans l'espace public. Si la contribution des armées au plan Vigipirate s'établissait en moyenne à 1 000 hommes environ jusqu'en 2015, cet effectif a été porté à 10 000 militaires au lendemain des attentats de janvier dans le cadre de l'opération Sentinelle. Le changement n'est pas seulement quantitatif. Il consacre une transformation qualitative des instruments militaires en positionnant l'armée de terre en soutien des forces de sécurité intérieure aux effectifs et à la capacité de mobilisation insuffisants pour répondre à la demande de surveillance des sites sensibles. D'une logique de posture, la mission des armées passe à une logique de ressources (Tenenbaum 2016 : 24).

Un second changement a lieu lors du Conseil de défense du 29 avril 2015 quand le président de la République décide de pérenniser ce déploiement, puis de l'inscrire dans l'actualisation de la loi de programmation militaire. « Plus encore qu'une mobilisation massive, mais ponctuelle, c'est l'inscription d'un haut niveau d'engagement dans la durée qui constitue le tournant majeur pour l'armée de Terre » (Tenenbaum 2016 : 25). Cet engagement permanent sera prolongé par la création du commandement

16 « L'arme qui est confiée (au soldat) lui confère plusieurs avantages : elle rassure les concitoyens, toujours sensibles aux questions de sécurité ; elle impose le respect et a donc un certain rôle dissuasif à l'égard de ceux qui voudraient impunément s'affranchir gravement des lois ; enfin, elle montre à l'ensemble de la population l'engagement de l'État pour garantir la sécurité sur le territoire national », Dary Gal (2007), « Nous sommes tous français », Centre de Doctrine d'emploi des Forces, ministère de la Défense, [en ligne] URL : <http://www.cdef.terre.defense.gouv.r/a_la_une/12_2007>, consulté le 18 avril 2008.

17 Un soldat n'étant pas officier de police judicaire, il ne peut légalement arrêter une personne ou faire usage de son arme sauf en cas de légitime défense. Mais les militaires doivent intervenir en cas d'agression d'une personne ; une situation dont la probabilité augmente parallèlement à leur présence sur la voie publique.

Terre pour le territoire national le 1er juin 2016. Ce changement de second ordre (Hall 1993) est d'ailleurs justifié par l'argument de l'adaptation comme l'exprime le général Franck Nicol :

> Cet état-major reflète à la fois l'adaptation au contexte sécuritaire profondément transformé par les attentats de 2015 et la nécessaire mise en cohérence d'une armée placée en 1re ligne (...) au contact de la population. (...) Le retour d'une menace terroriste frappant sur notre sol a imposé un recentrage stratégique sur des problématiques qui n'étaient pas les priorités d'une armée avant tout conçue, depuis 1996, comme une force expéditionnaire. (Nicol 2017 34)

Cette adaptation ne constitue pas pour autant une rupture pour l'armée, mais seulement pour le public ou les élus, comme l'exprime le chef d'état-major des armées lors d'une audition :

> L'irruption du terrorisme sur le territoire national a conduit à la fin de cet irénisme qui était, de manière objective, inconséquent. Du moins était-il ainsi jugé par tous ceux qui, soldats ayant choisi ce métier, étaient confrontés jour après jour à la violence du monde. Il a malheureusement fallu que ces terribles événements surviennent pour que soit engagée l'actualisation de la loi de programmation militaire de 2015. Cette prise de conscience nécessaire a permis d'amorcer le redressement de cet outil.[18]

Dans le récit diffusé par les armées, les attentats ne constituent qu'un décalage temporel dans l'évolution du diagnostic[19] : les armées ayant anticipé de longue date, à la différence du grand public, l'évolution de la menace terroriste à travers la mise en œuvre du nouveau paradigme qu'est la « sécurité nationale ».

18 Audition du général François Lecointre, chef d'état-major des armées, sur le projet de loi de programmation militaire, Commission de la défense nationale et des forces armées, Assemblée Nationale, séance du 21 février 2018.

19 « L'année 2015 et les événements tragiques que le pays a connus depuis, induit une véritable « rupture sécuritaire », tout au moins dans la perception que les autorités politiques et la population ont pu se faire d'un contexte stratégique dont la transformation profonde remonte aux années 1990. (...) Le continuum de la défense à la sécurité, pensé dans le Livre blanc de 2008, n'a jamais été aussi manifeste et illustré aussi spectaculairement par une menace venue d'ailleurs mais capable de s'enraciner au cœur même de notre population ». (Nicol. 2017 : 33).

L'émergence et la consécration de la « sécurité nationale »

La notion de sécurité nationale, définie schématiquement comme la réunion de la sécurité intérieure et de la sécurité extérieure (Mafart 2018 : 711–16), constitue une réponse de l'État à un diagnostic renouvelé des menaces qui pèsent sur sa sécurité. « Une politique de sécurité nationale serait alors l'ensemble des moyens mis en œuvre en vue de protéger l'indépendance et la stabilité de l'État » (Maïla 1987 : 855). L'interdépendance des menaces et la globalisation des activités humaines conduisent à un affaiblissement de la distinction entre sécurité interne et sécurité externe, face à laquelle les acteurs de la sécurité vont chercher à s'adapter (Ocqueteau 2006). Cette expression est apparue progressivement dans la pensée stratégique française. L'un des premiers signes de cette évolution est le changement de titre de la *Revue Défense nationale*. En janvier 2005, une nouvelle dénomination « Défense nationale et sécurité collective » est justifiée par « les évolutions du contexte international, la distinction de plus en plus ténue entre les notions de défense et celles de sécurité » (Quesnot, 2005 : 5). La relativisation de la distinction entre la sécurité intérieure et extérieure est résumée par l'expression de « continuum sécurité-défense ». Celle-ci apparaît dans plusieurs documents stratégiques au milieu des années 2000 : le Livre blanc sur la sécurité intérieure face au terrorisme de 2006, le rapport « Déceler – étudier – former : une voie nouvelle pour la pensée stratégique » (Bauer, 2008) et le Livre blanc de la Défense et de la sécurité nationale de 2008. Le premier document dresse l'état de la menace terroriste et consacre à la fois le modèle judiciaire de la lutte antiterroriste et le rôle de l'armée dans la protection du territoire :

> Devons-nous aller jusqu'à nous considérer en « état de guerre » face au terrorisme ? (…) Si nous étions en guerre, le recours permanent à une législation d'exception se justifierait de lui-même. Et comme la guerre se déroulerait en partie sur notre sol, ceux qui y résident devraient supporter que leurs libertés quotidiennes les plus essentielles soient entamées. La France a choisi de demeurer dans une logique de temps de paix. Le fait qu'elle engage des forces armées dans la lutte contre le terrorisme ne contredit pas ce choix. (La France face au terrorisme 2006 : 118)

L'objectif du rapport Bauer est de construire une pensée stratégique pour la sécurité intérieure. Le terrorisme prend une place centrale parmi les nouvelles menaces, aux côtés de la criminalité organisée ou des trafics illégaux conduisant à une conception transnationale de la sécurité intérieure.[20] Si la politique de défense durant le second mandat de Jacques Chirac s'inscrit dans une certaine tradition gaulliste, l'essentiel de l'effort ayant porté sur l'accroissement de la disponibilité opérationnelle des matériels et des unités, en 2007, le nouveau président de la République assume plusieurs ruptures stratégiques prenant appui sur la dégradation de la donne sécuritaire qui va justifier l'avènement d'un nouveau Livre blanc. Il s'agira également de tirer toutes les conséquences doctrinales de la professionnalisation des armées. Nicolas Sarkozy argue de la nécessité de procéder à un véritable toilettage de la doctrine stratégique française:

Ainsi, le Livre blanc de la défense et de la sécurité nationale de 2008 porte dans son libellé même une révolution sémantique qui acte l'évolution qui était en germe dans le modèle de défense depuis la professionnalisation et la mise en œuvre du plan Vigipirate. La loi du 29 juillet 2009 relative à la programmation militaire pour les années 2009 à 2014 vient parachever cette mue en modifiant le code de la défense sur le rôle de la politique de défense en y introduisant la notion de « sécurité nationale ».[21] Nous

20 « La sécurité intérieure est ainsi un concept fort évolutif doté d'une dimension internationale incontestable, tant les risques et les menaces internes et externes apparaissent imbriqués. Aucun État n'est aujourd'hui à même de garantir, à lui seul, sa sécurité intérieure. De fait, avec la fin la guerre froide et l'essor de la mondialisation caractérisée par l'érosion des frontières, la facilité croissante de voyager, la libre circulation des biens et des personnes de même que les flux migratoires, nos pays sont confrontés à de nouvelles menaces qui naissent et se développent dans nos territoires mais aussi, très souvent, à l'extérieur » (Bauer 2008 : 15).

21 L'article 5 de la loi a réécrit l'article L1111-1 du code de la défense sur le rôle de la politique de défense : « La stratégie de sécurité nationale a pour objet d'identifier l'ensemble des menaces et des risques susceptibles d'affecter la vie de la Nation, notamment en ce qui concerne la protection de la population, l'intégrité du territoire et la permanence des institutions de la République, et de déterminer les réponses que les pouvoirs publics doivent y apporter. L'ensemble des politiques publiques concourt à la sécurité nationale. La politique de défense a pour objet d'assurer l'intégrité du territoire et la protection de la population contre les agressions armées. Elle contribue à la lutte contre les autres menaces susceptibles de mettre en cause

avons pu observer que cette évolution était d'ores et déjà été intégrée dans la prospective engagée par l'état-major des armées, puisque la faculté des forces armées d'intervenir sur le territoire national en cas de trouble était intégrée dans le Plan de prospective à 30 ans dès 2002. En 2001 déjà, le ministre de la Défense avait réinscrit ce déplacement de la stratégie militaire dans l'historicité originelle du concept de « défense globale ».[22] La réflexion militaire diffuse donc une relecture de l'ordonnance de 1959 sur la défense globale à partir d'un changement des représentations stratégiques qui implique la mise en œuvre d'un nouveau principe d'action :

> Au dépassement des frontières internationales dans les domaines du crime et des risques, doit répondre le dépassement des frontières traditionnelles dans les domaines de l'action publique. Action extérieure et sécurité intérieure sont ainsi liées puisque la prévention d'attaques (terroristes ou autres) contre notre patrimoine peut exiger une action extérieure, alors qu'inversement une intervention extérieure de notre part est susceptible d'entraîner des attaques contre notre patrimoine. [...] Si la défense « traditionnelle » peut rester assurée par l'ensemble actuel de forces classiques et

---

la sécurité nationale ». Pour le rapporteur, Y. Fromion, la « sécurité nationale » s'inscrit bien dans une logique de continuité entre la sécurité extérieure et la sécurité intérieure : « la stratégie de sécurité nationale se caractérise par la mise en œuvre d'une réponse collective et adaptée aux répercussions sur notre territoire des évolutions d'un environnement géopolitique dont le caractère instable, imprévisible et brutal doit être souligné. Il organise l'articulation entre la sécurité nationale et les différentes politiques publiques qui y concourent, dont la politique de défense. La stratégie de sécurité nationale requiert en effet la mobilisation à des degrés divers, en fonction des circonstances, des moyens militaires, civils, économiques, diplomatiques ou sanitaires » (séance du 8 juin 2009, Assemblée nationale).

22 « Si la nécessité se fait fortement sentir d'une vision globale de la sécurité, nous n'avons pas attendu le "11 septembre" pour l'adopter. La notion de défense globale elle-même figure déjà dans l'ordonnance prise par le général de Gaulle en 1959. Elle prévoit que les forces armées apportent leurs concours aux autorités civiles dans de nombreuses circonstances. La mobilisation exemplaire des armées dans le cadre du plan Vigipirate en est un brillant exemple. Le "11 septembre" nous a conduits à renforcer nos capacités existantes de prévention et de réaction contre d'éventuelles actions terroristes utilisant des moyens nucléaires, radiologiques, biologiques ou chimiques. Le "11 septembre" a fait comprendre aux États qu'ils ne pouvaient plus hésiter à exercer leurs fonctions régaliennes. Certains l'avaient oublié » (discours de Michèle Alliot-Marie, Ministre de la Défense, 11 septembre 2002).

> nucléaires, ce continuum sécurité intérieure-sécurité extérieure exige ainsi la coordination et la complémentarité de fonctions qui deviennent des facteurs essentiels de la « défense globale ».[23]

Ainsi au nom d'une même mission de protection du territoire, le continuum de sécurité justifie le rôle des armées dans la protection du sol national contre des menaces non militaires. La redéfinition d'un modèle de défense est donc adossée non seulement à la contrainte budgétaire, mais également à une grande novation « conceptuelle ». De plus, le concept « d'arc de crise » englobant une région du monde allant du Sahel à l'Asie centrale (extrêmement stigmatisant pour bon nombre de pays) achève l'interpénétration des problèmes sécuritaires entre l'externe et l'interne. On passe d'un paradigme de « défense nationale » fondé sur le traitement des risques et menaces en provenance d'un externe périlleux, à un concept d'élargissement de la prise en compte des problématiques sécuritaires qui pèsent sur l'interne, autrement dit relevant de la partie régalienne couverte par l'Intérieur et la Justice. Le continuum de sécurité intègre la nature diffuse, permanente et globale des risques et menaces depuis la fin de l'affrontement entre les deux blocs. Il a accru la dimension sécuritaire et défensive de notre vision stratégique et produit des évolutions institutionnelles y compris des forces de sécurité intérieure.

L'adoption du « continuum de sécurité » a guidé la transformation des institutions dédiées afin de les rendre aptes à prendre en compte la nouvelle donne stratégique. L'Élysée, traditionnellement en charge des questions internationales et de défense, a vu sa prépondérance réaffirmée de façon inédite. Si le mode de gouvernance dans ces domaines découlait de la personnalité et du leadership du président de la République, cette évolution élyséenne rend irréversible la concentration des pouvoirs, au point de l'institutionnaliser. Le Conseil de défense et de la sécurité nationale est créé par le décret du 23 décembre 2009 et regroupe les anciens Conseils de défense et Conseil de la sécurité intérieure. Loin du NSC à l'américaine dont les décisions écrasent les titulaires des portefeuilles ministériels, cette réforme vise à doter l'exécutif d'une *war room* visant la gestion des crises

23 Comité d'Analyse et de Réflexion sur l'Actualité (CARA), « Défense, sécurité intérieure, sécurité extérieure », Défense Nationale, Novembre 2003, p. 77–86, p. 81.

relevant de la défense ou de la sécurité intérieure. La loi du 3 août 2009 rattache la Gendarmerie nationale au ministère de l'Intérieur et prend appui sur la mutualisation croissante des moyens, des capacités opérationnelles restreintes de la Gendarmerie et de sa crise d'identité.

Néanmoins, on ne peut que constater, dix ans après, que les deux composantes de la sécurité publique ont conservé une identité propre et des spécificités, et qu'elles n'ont aucunement empêché l'intensification des opérations menées par les forces armées sur le territoire national. Enfin, en juin 2008, le gouvernement décide de fusionner la Direction de la Sécurité du Territoire et les Renseignements généraux au sein de la DCRI (Direction Centrale du Renseignement Intérieur) devenue DGSI (Direction Générale de la Sécurité Intérieure). En outre la réforme du « secret défense » a permis d'exclure l'autorité judiciaire du périmètre de certains documents classifiés. Pour les forces armées, le Livre blanc de 2008 crée un « contrat opérationnel de protection » aux armées sur le territoire national, précisant que ce contrat « s'ajoute aux missions de soutien général qu'y assure l'ensemble des armées ». Il était précisé expressément que ce contrat devait comporter « une capacité de déploiement de forces terrestres pouvant si nécessaire monter jusqu'à 10 000 hommes en quelques jours », permettant de « contribuer, au bénéfice de l'autorité civile, en priorité à la sécurité des points d'importance vitale, à celle des flux terrestres essentiels pour la vie du pays, ainsi qu'au contrôle de l'accès au territoire » (Livre blanc 2008 : 195–196). Selon les explications de l'état-major de l'armée de terre, l'effectif de 10 000 hommes avait été choisi par référence au plan Neptune, qui organise l'action de l'État en cas de crue majeure de la Seine. Cette mission a été maintenue en 2009 et 2013 en dépit de l'alternance politique et des tensions pesant sur le format des armées et la déflation des effectifs. Plusieurs personnes interrogées nous ont d'ailleurs confirmé que le maintien d'un contrat opérationnel de protection dans les missions des armées n'avait rien d'évident en 2008–2009 et en 2012–2013. En effet, à ces deux moments, les armées remodelaient leurs missions et leurs formats avec, pour objectif, de réduire leurs moyens et leurs effectifs. La tentation aurait alors été grande de « gager » une part substantielle des déflations d'effectifs à programmer par un transfert à d'autres autorités des missions intérieures relevant du contrat opérationnel de protection.

Le Livre blanc de 2008 constitue donc une forme de rupture doctrinale, dont celui de 2013 va confirmer les orientations. Ce dernier entend faire face aux nouvelles menaces de « l'hyperterrorisme » en renforçant la composante « renseignement » des armées tout en maintenant la déflation des effectifs. La gauche au pouvoir ne modifie pas l'évolution conceptuelle qui intègre la défense à une notion de sécurité plus large[24]. Jean-Claude Mallet, conseiller spécial du ministre de la Défense Jean-Yves Le Drian, ayant supervisé la rédaction du Livre blanc de 2008, assure la continuité conceptuelle entre les deux documents. L'évolution conceptuelle sera actualisée suite aux attentats de janvier 2015. Louis Gautier, alors Secrétaire général de la défense et de la sécurité nationale, auditionné le 2 décembre 2015 par la commission de la défense de l'Assemblée nationale, ne s'y trompe pas :

> Cette doctrine, à cause de la menace terroriste, a été modifiée afin de déployer dans la durée davantage d'effectifs militaires sur le territoire national. (...) Il s'agit en somme pour l'armée de terre d'une réarticulation doctrinale, très intéressante du point de vue de son cadre d'emploi. La discussion au sein du ministère de la Défense a permis de redéfinir les postures des trois armées de telle sorte que la mission territoriale de l'ensemble du ministère renoue, s'agissant de l'armée de terre, avec une logique de la permanence et de la continuité qui avait été préservée dans les domaines aérien et maritime.[25]

Le changement de référentiel est clair dans les documents stratégiques, mais il tarde à apparaitre dans les choix opérationnels et n'enraye pas la déflation des effectifs entamée en 2008 et confirmée en 2013.

24 « Le LBDSN-2013 reconnaît la pertinence du concept de sécurité nationale, amenant à prendre en compte la continuité des menaces et des risques intérieurs et extérieurs susceptibles d'affecter la population, le territoire et les intérêts de la France : agressions par un autre État contre le territoire national, attaques terroristes, cyberattaques, atteintes au potentiel scientifique et technique, criminalité organisée dans ses formes les plus graves, crises majeures résultant de risques naturels, sanitaires, technologiques, industriels ou accidentels, attaques contre nos ressortissants à l'étranger », Concept interarmées, op. cit., 12 septembre 2013, p. 12.

25 <http://www.assemblee-nationale.fr/14/cr-cdef/15-16/c1516023.asp>

La rupture de 2015 : la France face au « terrorisme militarisé »

L'implication du rôle des armées dans la lutte contre le terrorisme va entrer dans une nouvelle phase avec l'apparition de la notion de « guerre » dans le débat politique français à partir de 2013 puis particulièrement en 2015 à la suite des attentats (Fragnon 2019). D'un côté, le recours au vocable guerrier demeure largement métaphorique, dans le sens où il participe d'une stratégie de dramatisation et d'intensification des visées traditionnelles du discours antiterroriste (unité nationale, fermeté). D'un autre côté, la rupture sémantique des discours de 2015 justifie une rupture politique qui fait des attentats une fracture avec l'ordre politique routinier. Cette stratégie de l'exceptionnalité légitime ainsi le recours à des mesures exceptionnelles. Si les discours antiterroristes comportent tous des démonstrations de fermeté de la part des pouvoirs publics, l'usage du lexique guerrier est un marqueur supplémentaire de détermination dans la lutte contre le terrorisme. Avec la guerre, il ne s'agit plus seulement d'actions policières ou judiciaires ou d'aggravation des peines encourues. L'usage de l'outil militaire renvoie à l'*ultima ratio* dont disposent les autorités étatiques : l'élimination physique, par l'État, de ses ennemis. Sur le plan discursif comme opérationnel, l'année 2015 marque donc un tournant.

Ce tournant est d'abord marqué par la consécration du changement de représentation des menaces pesant sur la France. La justification du recours à l'armée est fondée sur un recadrage de la réalité :

> L'intensité de la menace s'est accrue pour atteindre un niveau d'intensité sans précédent sur le territoire national métropolitain. Que l'on y voie ou non une « rupture stratégique », force est de constater que le terrorisme militarisé constitue une nouveauté (…) Les attentats de 2015 présentent pour nouveauté l'utilisation de techniques et de matériels inspirés des actes de guerre. C'est en ce sens que l'on parle d'une « militarisation » de la menace, qui appelle logiquement une militarisation des moyens engagés pour y répondre (Audibert Troin et Léonard 2016 : 101–103).

Ainsi attribue-t-on à la menace djihadiste des caractéristiques de nature militaire dans la typologie des armes utilisées (armes de guerre)[26] ou dans

26 « L'emploi de ce type de modes d'action au cœur de Paris marque une rupture non

les qualités tactiques.[27] Cette évolution du cadrage aboutit à celle des outils et des moyens affectés. En décidant de prolonger l'opération Sentinelle dans la durée, le gouvernement a changé d'instruments : il s'agit de maintenir pour une durée indéterminée un dispositif de sécurisation du territoire.

Après plusieurs décennies de promotion d'un modèle expéditionnaire, c'est une refondation majeure. En septembre 2018, le plan territorial national 2018–2023 de l'armée de terre a confirmé cette évolution avec l'objectif de déployer une force terrestre interarmées. Puis, avec l'actualisation de la loi de programmation militaire au printemps 2015, la déflation des effectifs, votée en 2013, a été stoppée. En audition au Sénat, le ministre de la Défense, Jean-Yves Le Drian illustre ce changement de politique :

---

seulement d'échelle mais aussi de nature. Ce sont des actes de guerre. C'est ainsi qu'il faut qualifier l'utilisation d'armes réservées jusqu'ici aux théâtres de guerre comme les kalachnikovs, les explosifs télécommandés par des artificiers depuis des téléphones ou des ordinateurs. Il y a quelques mois, sur les Champs-Élysées, une étape a été franchie avec la mise en œuvre d'un véhicule bourré d'explosifs qui, par chance, n'ont pas fonctionné », De Villiers P. (2016 : 38).

27 Le général Didier Brousse estimait que les attentats du 13 novembre ont « montré un ennemi déterminé, organisé et militarisé, à la puissance de feu comparable à celle que nous connaissons sur les théâtres d'OPEX ». Les modes d'action des terroristes sont « de plus en plus militarisés et professionnalisés, de type « coup de main » ou « opération commando », Audibert Troin O. et Léonard C. (2016 : 103). « Le sol français est exposé au terrorisme depuis de nombreuses décennies. Les attentats survenus en 2015 sur le territoire national ont démontré la gravité inédite de la menace représentée par un terrorisme djihadiste militarisé, frappant directement les sociétés occidentales. Ceux du 13 novembre, exécutés par des commandos équipés et entrainés, marquent une rupture dans la nature même de cette menace et justifient la continuité entre les notions de sécurité et de défense. Ces attentats, planifiés et organisés depuis l'étranger, se sont doublés d'une menace persistante d'attentats inspirés, plus rudimentaires et imprévisibles. Ces événements ont requis une réponse rapide de l'État, concrétisée par la mise en place du dispositif Sentinelle, déploiement sans précédent par sa durée et son volume. Celui-ci s'inscrit dans le rôle d'ultime ratio des armées, par une adaptation permanente à l'évolution de la menace et une complémentarité renforcée avec les autres acteurs de la sécurité publique », Revue stratégique (2017 : 21).

> Depuis janvier 2015, la France est directement exposée à la menace terroriste, qui a pris une ampleur et des formes sans précédent. (…) Cette menace nouvelle se joue des frontières, et il existe une imbrication croissante entre la sécurité de la population sur le territoire national et la défense de notre pays à l'extérieur. Il n'y a donc pas de rupture entre la menace extérieure et la menace intérieure. C'est là une donnée tout à fait nouvelle. (…) Par rapport aux engagements de la LPM de décembre 2013, et en raison de la soudaineté et de la simultanéité des crises, nous avons mobilisé nos forces au-delà des contrats opérationnels retenus en 2013. (…) Le président de la République a décidé en conséquence un allégement des déflations d'effectifs, dans le but de renforcer nos capacités opérationnelles.[28]

Et la « remontée en puissance » est confirmée dans la loi de programmation militaire 2019–2025 qui se fonde aussi sur la nécessité d'une adaptation aux menaces.[29] Le rapport annexé à la loi décrit clairement cette articulation entre diagnostic et instrument. « La posture de protection terrestre est pérennisée dans sa nouvelle forme (…), organisant ainsi les conditions d'une contribution durable des armées à la défense et à la sécurité de notre territoire, face à la menace terroriste d'inspiration djihadiste ».[30]

Le cadre juridique de l'intervention des militaires sur le territoire national est également assoupli. La loi du 3 juin 2016 renforçant la lutte contre le crime organisé, le terrorisme et leur financement a modifié les règles d'usage des armes pour les militaires.[31] Tandis que la loi sur la sécurité

28 Audition de Jean-Yves Le Drian, commission des affaires étrangères, de la défense et des forces armées, Sénat, 10 juin 2015.

29 « L'actualisation de la LPM prend en compte ces éléments et a mis en cohérence les moyens alloués aux armées avec les missions qui leur sont confiées. (…) Cette actualisation (…) permet de conserver un modèle complet d'armée, celui dont la France a besoin pour sa défense ; elle donne aux armées les moyens de remplir toutes leurs missions, telles qu'elles sont inscrites dans le livre blanc et dans la LPM », De Villiers P., « Le défi reste global » (2015 : 17).

30 Loi de programmation militaire 2019–2025, rapport annexé (2018 : 66).

31 Les armes pourront être utilisées par les policiers, les gendarmes, les douaniers et les militaires déployés sur le territoire national en renfort des FSI, en dehors des cas de légitime défense, dans le cas d'un périple meurtrier durant lequel la légitime défense, y compris pour autrui, ne pourrait être invoquée, mais qui relève en réalité de l'état de nécessité. Par ailleurs, la loi modifie le Code de la sécurité intérieure (dans son article L. 434–2) qui prévoit que les militaires bénéficient de l'irresponsabilité pénale en raison de l'état de nécessité.

publique de février 2017 introduit cinq nouveaux cas d'emploi des armes pour les militaires réquisitionnés sur le territoire national.[32] Toutefois, cette implication de l'armée dans la lutte contre le terrorisme, y compris dans le cadre de la protection du territoire, n'est pas sans soulever de questions, tant sur un risque de banalisation de la présence de soldats armés sur l'espace public que sur le maintien de la spécificité de l'outil militaire.[33] Les attentats de janvier 2015 ont donc constitué une fenêtre d'opportunité qui a contribué à rendre effective l'évolution doctrinale. En effet, sans changer de paradigme (le « continuum de sécurité » était présent dans les précédents livres blancs), les instruments de la politique de défense ont été modifiés avec notamment l'arrêt de la déflation des effectifs.

32 Atteintes à la vie ou à l'intégrité physique contre eux (soldats) ou autrui, ou lorsque des personnes armées menacent leur vie ou celle d'autrui ; défense des lieux qu'ils occupent ou des personnes qui leur sont confiées, après deux sommations, et s'ils ne peuvent les défendre autrement ; contraindre à l'arrêt des personnes, susceptibles de perpétrer, dans leur fuite, des atteintes à leur vie ou à leur intégrité physique ou à celles d'autrui ; pour immobiliser des véhicules dont les conducteurs n'obtempèrent pas ; pour empêcher la réalisation d'un périple meurtrie.

33 Nous en voulons pour preuve la polémique née en mars 2019 de la volonté du gouvernement d'utiliser les forces armées pour suppléer les forces de sécurité intérieure dans certaines de leurs missions de maintien de l'ordre, « Les militaires de Sentinelle seront mobilisés pour l'acte XIX des Gilets jaunes », Le Monde, 20 mars 2019. Par ailleurs, lors d'un entretien avec les auteurs, un colonel de l'armée de terre rappelait la différence forte entre la lutte antiterroriste menée en opérations extérieures et celle menée sur le territoire national : « Il y a impérativement un distinguo à faire entre la lutte antiterroriste sur le territoire national et celle qui est en opérations. Ce ne sont pas les mêmes fondements juridiques et on n'y a absolument pas la même place. La lutte antiterroriste sur le territoire national à la base ce n'est pas nous qui la faisons, ce sont les FSI : par exemple, le renseignement. L'armée de terre ne fait pas de renseignement sur le territoire national (…) Nous on contribue à cette lutte sur le territoire national selon la règle des 4i », entretien, 19 mars 2019.

Conclusion

En mettant en perspective le rôle des armées dans la lutte contre le terrorisme avec les évolutions doctrinales depuis la fin des années 1990, nous indiquons qu'un changement de représentations des menaces, notamment avec l'aggravation progressive de la menace terroriste, a préparé une modification en profondeur du référentiel de la politique de défense. Néanmoins, ce n'est qu'à l'issue des attentats de 2015 que ce changement doctrinal conduit à une évolution des instruments (opération Sentinelle ou arrêt des déflations d'emplois). Il s'agit donc d'un processus ancien qui trouve sa consécration dans le cadre d'une fenêtre d'opportunité en 2015. Cette évolution stratégique correspond à une accélération du changement, consécutive à une acculturation sur la longue durée. Ce constat doit être approfondi par d'autres approches, notamment celle de Muller sur le rôle des médiateurs dans l'évolution des référentiels (2015) ou celle mettant en avant les coalitions de cause (Jenkins-Smith et Sabatier 1993) pour interroger le rôle de la circulation des acteurs militaires et politiques dans ce processus, notamment entre les différentes institutions civiles et militaires.[34]

Références bibliographiques

Audibert Troin O. et Léonard C. (2016), 'Le rôle des armées sur le territoire national : après l'heure de la riposte, le temps des choix politiques', Rapport d'information n° 3864, Commission de la Défense, Assemblée Nationale.

Baudrillard, J. et Morin, E. (2003). *La violence du monde*, Paris : Éditions du Félin/ Institut du Monde Arabe.

34 Comme peuvent en témoigner les parcours de généraux (chef d'état-major particulier du président de la République) ou de haut-fonctionnaires comme Jean-Claude Mallet.

Bauer, A. (2008), 'Déceler – étudier – former : une voie nouvelle pour la pensée stratégique. Rapprocher et mobiliser les institutions publiques chargées de penser la sécurité globale', Rapport remis au Président de la République et au Premier ministre, *Cahiers de la Sécurité*, avril-juin, supplément au numéro 4, pp. 13–38.

Beck U. (2001, 1986). La société du risque. Sur la voie d'une autre modernité, Paris : La Découverte.

Béraud-Sudreau, L., (2014). 'Un changement politisé dans la politique de défense. Le cas des ventes d'armes', *Gouvernement et action publique*, 3 (3), pp. 79–103.

Berdal M., et Malone D. (2000). *Greed and Grievance. Economic Agendas in Civil Wars*, Boulder: Lynne Riener.

Bigo, D., Guittet, E.-P., et Smith, A. (2004). « La participation des militaires à la sécurité intérieure : Royaume-Uni, Irlande du Nord », *Cultures & Conflits*, 56, pp. 11–34.

Caspar-Fille-Lambie, T. et Meneghetti, P. (2016). 'Principes et problèmes juridiques de l'engagement des forces armées dans la sécurité du territoire national', *Revue Défense Nationale*, mars N° 788, pp. 57–67

Daho G. (2009). 'Nouvelles menaces', 'Nouvelles guerres : la construction des désordres sur la scène internationale', *Les champs de Mars*, 1 (20), pp. 109–130.

– (2016). *La transformation des armées. Enquête sur les relations civilo-militaires* en France, Paris : Éditions de la Maison des Sciences de l'Homme.

Enzensberger H. M. (1994). *Civil Wars. From LA to Bosnia*, New York: New York Press.

Fragnon J. (2009). 'Le discours antiterroriste. La gestion politique du 11 septembre en France', Thèse de doctorat, Université Lyon 2, Lyon.

– (2019). "We are at war": Continuity and rupture in French anti-terrorist discourse', *Media, War & Conflict*, 12 (2).

La France face au terrorisme. Livre blanc du gouvernement sur la sécurité intérieure face au terrorisme, 2006.

Guittet, E.-P. (2009). 'L'implication de l'armée dans la lutte antiterroriste : le cas français', In Bigo, D., Bonelli L. et Deltombe T., *Au nom du 11 septembre ... Les démocraties à l'épreuve de l'antiterrorisme*, pp. 188–194. Paris : La Découverte.

Hall, P. (1993). 'Policy paradigm, social learning and the State', *Comparative Politics*, 25 (3), p. 275–296.

Hassenteufel, P. (2014). *Sociologie politique : l'action publique*, Paris : Armand Colin.

Kaplan R.D. (1994), 'The Coming Anarchy', *The Atlantic Monthly*, February.

Irondelle, B. (2008). « Les politiques de défense ». In O. Borraz, et *al.*, *Politiques publiques 1*, pp. 93–112. Paris : Presses de Sciences Po.

– (2011). *La réforme des armées en France : sociologie de la décision*. Paris : Presses de Sciences Po.

– (2007), 'La politique de défense est-elle a-politique ?' [<http://www.sciencespo.fr/ceri/sites/sciencespo.fr.ceri/files/art_bi.pdf>] (consulté le 10 juin 2020).

Jenkins-Smith, H. et Sabatier, P. (1993). 'The Dynamics of Policy-Oriented Learning', In Sabatier, P. et Jenkins-Smith, H., *Policy Change and Learning: An Advocacy Coalition Framework*, pp. 41–56. Boulder: Westview Press.

Kaldor M. (2012). *New and Old Wars*, Cambridge: Polity Press.

Kalyvas S. (2001). "New' and 'Old' Civil Wars: A Valid Distinction?', *World Politics*, 54, p. 99–118.

Kingdon, J. W., (1995). *Agendas, Alternatives and Public Policies*, New York: Longman.

Mafart, J. (2018), 'Sécurité nationale' In Moutouh, H. et Poirot, J., *Dictionnaire du renseignement*, p. 711–16. Paris : Perrin.

Maïla, J. (1987).'Enjeux et dilemmes de la sécurité nationale', *Études internationales*, *18* (4), 851–855.

Milet, M. (2010), 'Pour une sociologie législative du pouvoir des parlementaires en France', *Revue française d'administration publique*, 135 (3), p. 601–618.

Muller, P. et Surel Y. (1998). *L'analyse des politiques publiques*. Paris : Montchrestien.

Muller, P. (2015). *La société de l'efficacité globale*. Paris : PUF.

Nicol, F. (2017). 'Commandement Terre pour le territoire national'', *Revue Défense Nationale*, 796, janvier, pp. 33–38.

Ocqueteau, F. (2006). 'Sécurité nationale et sécurité globale : l'adaptation des services de renseignement français', *Revue canadienne de criminologie et de justice pénale*, Vol. 48, N° 3, p. 435–52.

Quesnot, C. (2005). *Défense nationale et sécurité collective*, 671, janvier, p. 5.

Radaelli, C. (2000).'Logiques de pouvoir et récits dans les politiques publiques de l'Union européenne', *Revue Française de Science Politique*, 50 (2), p. 255–76.

Rigouste, M. (2009). *L'ennemi intérieur. La généalogie coloniale et militaire de l'ordre sécuritaire dans la France contemporaine*. Paris : La Découverte.

Schnapper, D. (2010), *Une sociologue au Conseil constitutionnel*. Paris : Gallimard.

Servenay D. (2016), 'A quoi pense l'armée ? Comment la France prépare sa 'guerre contre le terrorisme'', *La revue du Crieur*, pp. 18–33.

Tenenbaum E. (2016). 'La Sentinelle égarée', *Focus stratégique*, Institut Français des Relations Internationales.

Van Creveld M. (1998). *La transformation de la guerre*. Paris : Editions du Rocher.

de Villiers P. (2017). *Servir*. Paris : Fayard.

GRÉGORY DAHO

Chapitre 16 Cadrage antiterroriste et évolution des relations politico-militaires en France

Face à la multiplication des menaces, qu'elles soient qualifiées de conventionnelles[1] ou d'asymétriques[2], l'impression diffuse, mais tenace d'une militarisation des démocraties libérales explique, sans doute, le renouveau des études civilo-militaires. Ce retour en grâce, dans un contexte fortement marqué par la « lutte contre le terrorisme », offre l'opportunité d'une réactualisation du débat sur le contrôle démocratique des forces armées.

L'axe problématique central des études des relations civilo-militaires a longtemps été de déterminer si, pour se prémunir de l'intrusion des militaires dans le jeu politique, il fallait intégrer l'armée au reste de la société ou, au contraire, l'en séparer. Si les prescripteurs d'un « contrôle civil objectif » soulignent les vertus de la professionnalisation, cantonnant les officiers au rôle de managers de la violence (Huntington 1957 ; Desch 1999), les tenants de la « convergence » expliquent que l'enracinement social des armées, notamment via la conscription, serait une garantie de stabilité démocratique, par assimilation de valeurs communes (Janowitz 1960 ; Finer 1962 ; Schiff 1995).

Les positions idéologiques, normatives et prescriptives sous-jacentes à cette typologie binaire posent au moins deux séries de problèmes. D'abord, elles occultent que la structuration des relations civilo-militaires ait une historicité plus accidentée qu'il n'y parait à première vue, et que l'état de ces

1 À l'image du rétablissement de la conscription en Suède en 2017, en réaction aux opérations militaires russes en Europe de l'Est.

2 À l'exemple de l'opération Sentinelle en France mise en œuvre suite aux attaques terroristes de janvier 2015 et mobilisant 10 000 soldats sur le territoire national pour la première fois depuis 1961.

relations ne dépend pas seulement de l'alternative entre la mise en œuvre du modèle de la professionnalisation ou de celui de la conscription. Elles postulent, sans jamais le démontrer, un lien de causalité direct et quasi mécanique entre le niveau d'intégration des militaires à la société et le degré de contrôle démocratique des forces armées. Ensuite, elles minorent la diversité et l'hétérogénéité des groupes sociaux et professionnels qui se confrontent dans le cadre des relations civilo-militaires : il n'existe pas de bloc militaire monolithique d'un côté ni d'unicité entre les élites civiles de l'autre.

Ainsi, plutôt que de nourrir la dichotomie et le modèle dual entre séparation d'une part et intégration de l'autre, nous pensons que les études civilo-militaires gagneraient à suivre l'hypothèse d'une *intrication* des élites politiques, administratives et militaires. Au plan empirique, cette hypothèse permet de mieux appréhender la diversité des acteurs, leurs multi-positionnements et surtout l'enchevêtrement des espaces à travers lesquels leurs relations se tissent et leurs socialisations s'opèrent. Au plan théorique, elle donne la possibilité de comprendre la dynamique des rapports de forces existants entre les acteurs, et de rendre compte de l'évolution de la place des organisations militaires au sein de la division du travail gouvernemental en matière de sécurité nationale.

Dans un premier temps, nous montrerons la portée heuristique de l'hypothèse de l'intrication des relations civilo-militaires à partir d'une analyse configurationnelle. Les deux parties suivantes déclineront et appliqueront cette approche aux évolutions des relations civilo-militaires en France depuis la fin de la Guerre froide. Nous montrerons d'abord comment la réforme de professionnalisation des armées – intervenue dans le courant de la décennie 1990 – a eu aussi pour effet inattendu de déplacer le rapport de force qui caractérise les relations civilo-militaires au profit des officiers. Nous documenterons ensuite comment le cadrage antiterroriste, appliqué à partir de 2015 en matière de politique de sécurité et de défense, produit de nouveaux déplacements et de nouveaux équilibres dans les rapports de forces entre acteurs, et comment ce cadrage constitue une ressource ambivalente pour les officiers engagés dans des relations politico-militaires.

Pour un renouvellement des études civilo-militaires

La première orientation de recherche liée à la piste de l'intrication vise à restituer les relations civilo-militaires dans leur historicité accidentée, tout en demeurant attentif aux effets non intentionnels des réformes institutionnelles. Cette démarche permet d'identifier les ruptures et les continuités dans la structuration des relations civilo-militaires, sans présager de leur devenir. La seconde orientation propose un protocole de recherche ethnographique axé sur la cartographie et l'investigation des arènes politico-militaires au sein desquelles les officiers sont au contact des autorités politiques et des hauts fonctionnaires.

De la professionnalisation au cadrage antiterroriste

Depuis la fin de la guerre d'Algérie, trois phases caractérisent l'évolution des relations entre autorités politiques et militaires en France : l'héritage des « tabous algériens » (1962–1996), la professionnalisation des armées (1996–2015) et le cadrage antiterroriste (depuis 2015). Au sein des typologies relatives aux modalités de contrôle civil des militaires, le cas français est présenté comme un modèle de « contrôle civil objectif » (Katzenstein 1976 ; Risse-Kappen 1991 ; Feaver 2011), à travers la métaphore de la « défaite des généraux » (Cohen 1994).

La tentative de coup d'État à Alger en 1958 – puis en 1961 – forme l'acte de naissance de la Ve République et le retour au pouvoir du général de Gaulle. La « reprise en main » qui s'en suit se manifeste, au plan doctrinal, par l'orthodoxie nucléaire, au plan institutionnel, par la marginalisation de la Légion étrangère[3] et au plan idéologico-politique, par l'occultation (Anderson 2018) ou la déliaison (Gaïti 1999) entre le coup de 1958 et les origines de la Ve République. Par ailleurs, dans le régime présidentiel

3 Les effectifs sont réduits de 40 000 à 8 000, tandis que plusieurs régiments sont dissous pour leur compromission dans la tentative de Putsch à l'issue de la guerre d'Algérie. Il faudra attendre Loyada (1976) et surtout Kolwezi (1978) pour revoir les légionnaires en opération.

qui s'impose, cette « défaite des généraux » est aussi la conséquence de pratiques institutionnelles propres à une « monarchie nucléaire » qui concentre l'ultime décision entre les mains du président de la République (Cohen 1986). Dans ce contexte, l'héritage des « tabous algériens » dans les relations civilo-militaires (Daho 2014) renvoie moins aux conséquences des pratiques contre-insurrectionnelles mises en œuvre par l'armée qu'à la perpétuation de relations teintées d'une profonde défiance entre les autorités politiques et les officiers généraux, et qui sont elles-mêmes le produit d'une histoire plus longue (Vial 2012 ; Rousselier 2015).[4]

Après la chute du mur de Berlin, et en dépit du pronostic issu des typologies, la professionnalisation des armées françaises décidée en 1996 a érodé le « contrôle civil objectif ». Cette réforme des armées visait à rééquilibrer l'appareil de défense entre dissuasion nucléaire et interventions extérieures et se basait sur trois piliers : la projection, l'interarmisation et la professionnalisation. Loin de simplement les cantonner dans la sphère technique des managers de la violence, elle a eu pour effet de favoriser une réintégration fonctionnelle des officiers au cœur des circuits décisionnels. Nous parlons d'effets non intentionnels dans la mesure où le rééquilibrage des relations civilo-militaires au profit des officiers est sans doute moins le résultat du terrain volontairement conquis par ces derniers, que du terrain inconsciemment concédé par les autorités politiques. Consolidé durant la première décennie des années 2000 au cours des déploiements en Irak et en Afghanistan, ce rééquilibrage fonctionnel s'est vu renforcé par une visibilité accrue et un rééquilibrage social, suite au déclenchement de l'opération Serval au Mali en janvier 2013 et *a fortiori*, à celui de l'opération Sentinelle en réponse aux attentats de 2015 à Paris. Du fait notamment de la visibilité acquise sur le sol national, l'institution militaire renoue avec le rôle de creuset de la République, dissipant les craintes d'une armée professionnelle distante de sa nation.

L'avènement doctrinal de la « sécurité nationale » trahit les effets du brouillage des catégories qui servent habituellement de repères pour borner les missions des armées (guerre/paix, menaces/risques, intérieur/extérieur,

4 La bataille de Valmy (1792), la Commune de Paris (1871), les mutineries de la Grande Guerre (1917) et la Débâcle (1940) en forment les épisodes les plus commentés.

public/privé). Mais ce cadrage antiterroriste appliqué aux politiques de sécurité et de défense constitue aussi une ressource politique pour les acteurs gouvernementaux. Par-delà l'incertitude et les luttes pour la définition de la situation, ce cadrage permet de construire du sens pour les acteurs des politiques publiques, au moyen de catégories d'action particulièrement floues. En ce sens, le cadrage antiterroriste a de puissants effets sur la structuration des relations civilo-militaires.

Un protocole de recherche ethnographique

La plupart des travaux traitant du rôle des armées dans les démocraties libérales se divisent en deux niveaux d'observation : le niveau macro, axé sur l'environnement social des armées, et le niveau micro, se concentrant sur les relations entre officiers et autorités civiles. Au niveau macro, les relations civilo-militaires sont synonymes du lien « armées-nation ». Les recherches sur l'environnement social des armées sont empiriquement aussi volatiles que le lien « armée-nation » est évanescent. Au niveau micro, le défi consiste à résister à l'illusion héroïque véhiculée par l'essentiel des sources journalistiques. Pour éviter ces deux ornières, la méthode qui produit les résultats les plus robustes consiste à mettre en œuvre un protocole ethnographique, seul capable d'observer les relations politico-militaires en situation.

Les relations politico-militaires se tissent dans des espaces intersectoriels impliquant différentes catégories de professionnels agrégés par petits groupes de quelques dizaines d'individus, ce qui invite à la mise en place d'un protocole d'observation capable de cerner les usages coutumiers au sein de ces cercles.[5] Pour cela, il faut d'abord produire une cartographie des arènes décisionnelles[6] et des espaces

5 Certains auteurs insistent fort justement sur l'importance d'un niveau interministériel sans toutefois s'appuyer sur un protocole empirique consistant (De Durand 2008).

6 Conseil de défense et de sécurité, état-major particulier du président de la République, cabinets du président, du Premier ministre et du ministre des Armées, état-major des armées.

interministériels[7] où se joue une partie de ces relations. Au-delà de la multiplicité et de l'enchevêtrement des sites d'observation, il convient aussi de bien tenir compte de l'hétérogénéité de la composition sociale du corps des officiers (Feaver 1998) et des rôles joués par des acteurs interstitiels tels que certains hauts fonctionnaires et les médias spécialisés. Le niveau institutionnel, ou méso, qu'une telle approche permet de reconstituer, est le poste d'observation idéal pour saisir la transformation des usages de la force armée et l'évolution du rôle des organisations militaires. À l'ère de la mode des « continuums » (défense-sécurité, interne-externe), des « nexus » (sécurité-développement) et des approches « globales » ou « intégrées » (3D défense, diplomatie, développement), cette posture empirique nous semble particulièrement féconde pour analyser les enjeux liés à la consolidation et au redécoupage des périmètres bureaucratiques et des frontières sectorielles (Daho 2015). En complément de cette cartographie, la méthode prosopographique permet ensuite de retracer de façon longitudinale la carrière et les ressources des principaux acteurs des relations politico-militaires.

De l'héritage de l'armée d'Afrique à la professionnalisation des armées : le retour de l'action et dans la décision

Jusqu'alors contenues par l'héritage des « tabous algériens », puis libérées par la réforme de professionnalisation, trois évolutions marquent la structuration des relations politico-militaires de l'après-Guerre froide en France. Elles sont surtout palpables chez les légionnaires et troupes de marine, héritiers de l'armée d'Afrique[8] : la technicisation des opérations

7 Administrations de « siège » : secrétariat général de la Défense et la Sécurité nationale (SGDSN), direction générale des relations internationales et stratégiques (DGRIS) ; et de « terrain » : représentations permanentes, ambassades, cellules de crise localisées.

8 L'armée d'Afrique désigne originellement le corps expéditionnaire envoyé à Alger en 1830 suite au célèbre incident diplomatique du « coup d'éventail » infligé par le Dey d'Alger au consul de France. Progressivement, cette désignation renvoie à

extérieures, la densification des relations interprofessionnelles et la réintégration des circuits décisionnels.

La technicisation des opérations extérieures

La technicisation désigne d'abord les conséquences des contraintes issues des cadres politico-normatifs des interventions contemporaines (multinationalisation, juridicisation, humanitarisation) sur l'organisation des unités militaires et les usages de la force. Elle renvoie ensuite à la maîtrise de certains savoir-faire spécialisés directement au contact des populations et dans des contextes opérationnels très variés : maintien de la paix, contre-insurrection, antiterrorisme. En l'absence de présence officielle au sol, les premiers contacts sont le fait d'unités d'élite en lien avec des expatriés, des membres du gouvernement, de l'armée ou des opposants locaux pour mener des actions clandestines ou des activités de renseignement de la Direction générale de la Sécurité extérieure (DGSE). Certaines actions réalisées sous le Commandement des Opérations spéciales (COS) visent plus spécifiquement à préparer et soutenir l'intervention des forces conventionnelles. Une fois l'opération lancée, l'ensemble des activités coordonnant les relations entre les organisations militaires et les acteurs civils sur une zone d'intervention, qu'ils soient locaux (autorités, populations, entreprises, associations, administrations) ou allogènes (OI, ONG, Nations unies, bailleurs de fonds, entreprises, services ministériels), est réuni sous la bannière de la Coopération Civilo-Militaire (CIMIC), domaine historiquement investi et développé par les officiers du COS, ainsi que par ceux de la légion ou des troupes de marine (Daho 2016). Le foisonnement d'acteurs sur une zone d'intervention et la logique d'interposition entre belligérants renforcent l'autonomie des échelons intermédiaires, à l'image de la figure du « caporal stratégique » (Krulak 1999). L'enchevêtrement des règles d'engagement accroit l'importance des « niveaux techniques d'instruction » (Gautier 1999). Cette technicisation a

toutes les unités engagées dans la pacification coloniale : la légion étrangère, les troupes de marine et les troupes indigènes.

son corollaire au niveau des administrations centrales avec la bureaucratisation des procédures d'évaluation des carrières, la mise en place de mesures de la performance ou du contrôle de gestion.

La technicisation et la bureaucratisation des activités militaires dans le sillage de la professionnalisation des armées ne traduisent pas simplement une subordination des acteurs militaires. Elles transforment, à leur avantage, la configuration des relations politico-militaires en en faisant des experts. La socialisation aux normes et aux techniques civiles, en général et politiques, en particulier, permet non seulement de décomplexer l'officier dans ses rapports avec les autorités, mais surtout de parler le même langage et finalement faire valoir son point de vue (Dufournet 2014). Peu traitée sur les acteurs militaires, la question de la technicisation comme forme apparente de dépolitisation de l'action publique nous amène à interroger le rôle politique des armées dans le cadre des missions au contact des populations. Le renforcement de ce rôle est tout autant lié à l'usage mandaté de la force sur un théâtre extérieur (réhabilitation des fonctions socio-économiques, contrôle d'une zone de responsabilité, accompagnement des processus électoraux) qu'à la variété des domaines dans lesquels les militaires sont impliqués en termes d'administration territoriale (économique, social, culturel, humanitaire). La politisation du rôle des armées n'est pas qu'un phénomène contraint par l'environnement des opérations : il montre la capacité de certains officiers à contourner le flou des objectifs politico-stratégiques de ce type d'interventions extérieures en se réappropriant les contours de leur mission à leur niveau et dans leur spécialité.

La densification des relations interprofessionnelles entre élites politiques, administratives et militaires

Si les officiers ont toujours côtoyé les diplomates et les industriels, l'expansion des enceintes bi ou multilatérales et l'avènement d'une génération de hauts fonctionnaires disposant de l'expérience commune des crises et non plus des guerres favorisent une très nette densification des relations interprofessionnelles entre élites militaires et élites administrative et politiques. Les délégations et représentations permanentes auprès des OI[9], les missions d'attachés de défense en ambassades[10] ou les cellules de gestion des crises[11] constituent les lieux privilégiés de socialisation de ces professionnels. Les ressources les plus efficaces de ces « officiers diplomates » sont extramilitaires, tant ils sont plongés au cœur d'enjeux non spécifiques et amenés à traduire leurs activités entre l'institution militaire et son environnement. La contrainte professionnelle repose sur le principe de loyautés multiples entre l'autorité diplomatique au quotidien et le ministère d'origine dont dépend l'avancement de carrière. Les dossiers que partagent militaires et diplomates s'élargissent à mesure que la diplomatie multilatérale s'étend : harmonisation de « la » position nationale et préservation des intérêts nationaux, préparation et suivi des interventions extérieures, consolidation des alliances, protection des ressortissants, accords de coopération bilatérale, etc. Dans ces espaces où se construit, en pratique, l'influence nationale, les options se divisent, certes, entre périmètres ministériels, mais également entre représentants d'un même ministère, selon des lignes de fractures liées aux intérêts, positions et croyances. Cette expérience peut constituer en outre un tremplin vers une fin de carrière politisée, c'est-à-dire en cabinet ministériel.

9 D'après le site officiel diplomatie.gouv.fr, la France compte 27 délégations et représentations permanentes. La Représentation française à l'ONU est composée de 80 agents en 2017 dont une trentaine de diplomates et 5 officiers de la mission militaire (un général et un colonel de l'armée de terre, un colonel de la Gendarmerie relevant du ministère de l'Intérieur, un commissaire des armées et un Premier-Maitre de la Marine).

10 Composées au minimum de deux officiers, les missions de défense visent principalement à tenir informés les ministères du fonctionnement des armées locales, promouvoir la coopération militaire bilatérale et entretenir les relations en matière d'armement.

11 Mission Interministérielle pour l'Europe du Sud-Est (Kosovo, 1999–2001), cellule AFPAK (Afghanistan, 2008–2010).

La réintégration des circuits décisionnels

Le « retour dans la décision » est l'une des conséquences du « retour de l'action ». Le renforcement de la participation militaire aux décisions relevant de la politique étrangère et de défense est une évolution notable au sein des arènes tant multinationales (ONU, UE, OTAN, alliances régionales africaines) que nationales (Élysée, Affaires étrangères, réunions interministérielles). Le conseil de défense et de sécurité nationale constitue une instance maîtresse en la matière. Les décisions, relevant formellement du président de la République, y sont sans doute davantage énoncées que débattues. Le CEMP et le CEMA y ont leur siège ès qualités. L'officier général commandant des opérations spéciales, le général accompagnant le SGDSN et, au besoin, quelques directeurs d'administration centrale et officiers spécialisés de la DGSE y sont conviés. D'un côté de la table se trouvent le Président et son entourage (CEMP, directeur de cabinet, secrétaire général, conseiller diplomatique) ; en face, le Premier ministre, les ministres des Affaires étrangères et de la Défense, le CEMA et le DGSE. En bout de table, le SGDSN assure le secrétariat et le suivi des décisions.[12]

Les effets du cadrage antiterroriste sur les relations civilo-militaires

Si la réduction des effectifs[13] et les ajustements budgétaires[14] constituent un marronnier des relations civilo-militaires, la série d'attentats

12 Voir le chapitre de Barbara Jankowski dans ce même ouvrage.

13 Le volume de l'armée de terre est passé de près de 280 000 hommes en 1990 à 230 000 en 1996 et à environ 136 000 en 2002 (Irondelle 2011). En 2017, les effectifs de l'armée de terre sont légèrement supérieur à 114 000, *Les chiffres clés de la Défense*, <https://www.defense.gouv.fr/actualites/articles/chiffres-cles-de-la-defense-2018>, consulté le 2 aout 2019.

14 Entre gel des dépenses d'équipement, étalement du financement des programmes d'armement et provisionnement du surcout des opérations extérieures en interministériel.

survenue entre 2015 et 2016 sur le territoire français déplace le centre de gravité des enjeux qui animent les relations entre militaires et politiques. Le cadrage antiterroriste qui s'impose dans le débat politique et l'opinion publique touche simultanément à différents aspects de la division du travail sécuritaire sur le sol national. L'institution se retrouve sommée de remplir son mandat opérationnel à l'international, de s'acquitter des missions de supplétif des forces de police, et de réinvestir un rôle intégrateur par le biais d'un service civique militarisé, le SNU.[15]

L'opération Serval : succès partagé, défiance prolongée

Dans les premiers mois, l'intervention militaire française au Mali est unanimement considérée comme un indéniable succès. Les officiers français insistent sur le défi opérationnel et logistique (Goya 2013 ; Barrera 2015 ; Gout 2015) tandis que les observateurs des *think tanks* américains saluent la réactivité d'une puissance moyenne dans la guerre globale contre le terrorisme (Shurkin 2014 ; Chivvis 2016). L'interprétation de ce succès repose avant tout sur des critères de cohésion politico-stratégique : une chaîne extrêmement courte permettant d'engager la force armée (Président, CEMA, COS), l'existence d'un lieu spécifique au sein duquel les consignes présidentielles sont régulièrement traduites en ordres militaires (conseil de défense et de sécurité nationale) et un Parlement au rôle minoré[16]. Cette réactivité, véritable exception française, est appuyée par un fort degré d'intégration entre hauts fonctionnaires qui soutiennent de façon relativement coordonnée le scénario d'une intervention multilatérale durant l'automne 2012 *via* les représentations françaises à l'ONU,

15 Pour plus de développement sur ce dernier point, se reporter au chapitre de Bénédicte Chéron dans ce même ouvrage.

16 Depuis la réforme constitutionnelle du 23 juillet 2008, le Gouvernement doit l'informer de sa décision de faire intervenir les forces armées au plus tard trois jours après le début de l'intervention et demander une autorisation de prolongation lorsque la durée excède quatre mois.

mais également auprès de l'Union africaine et de la Communauté économique des États de l'Afrique de l'Ouest (CEDEAO). Si, comme à l'accoutumée, les options sont nombreuses, voire contradictoires, au sein de l'appareil d'État, que ce soit entre bureaucraties ministérielles et à l'intérieur de ces bureaucraties[17], la préférence présidentielle pour une intervention multilatérale semble relativement stable[18]. Jusqu'à ce que la situation militaire au Mali se dégrade[19]. La « colonne » descendant vers Bamako au début du mois de janvier 2013 constitue une divine surprise pour une intervention militaire unilatérale le 11 janvier. Le Président justifie l'intervention le soir même à la télévision par « une agression d'éléments terroristes, venant du Nord », le contexte sécuritaire (État ami fragilisé, prises d'otages, protection des ressortissants) et la légitimité nationale et internationale (lettre du Président malien, renfort aux forces africaines sous mandat de l'ONU, information du Parlement). Si l'autonomie stratégique française doit être relativisée, du fait de la dépendance en matière de renseignement de source technologique et de transport aérien vis-à-vis des Américains, l'intervention a bénéficié des accords de défense hérités de la décolonisation et du prépositionnement des forces[20].

L'un des autres traits caractéristiques de l'opération réside dans la confiance politique affichée qui se traduit, pour les officiers, par deux éléments : un effet final recherché (EFR[21]) d'une clarté inédite et des règles

17 Jugeant les capacités de la CEDEAO limitées, certains diplomates et officiers acquièrent assez tôt la conviction que des troupes françaises finiront par être engagées.

18 Le 20 décembre, la résolution 2085 du Conseil de Sécurité autorise le déploiement d'une force internationale au Mali sans fixer de calendrier précis.

19 En mars 2012, le président du Mali est renversé par un putsch. Cette instabilité est aggravée par le rapprochement opportun du Mouvement National de Libération de l'Azawad (MNLA) avec Ansar Dine. Au début de la semaine du 7 janvier 2013, des véhicules du groupe Ansar Dine se dirigeant vers le sud du Mali sont observés. Certains organes de presse évoquent des « colonnes ». Au 8 janvier les premières dépêches des agences de presse indiquent que vers la ville de Konna l'armée malienne riposte à l'arme lourde.

20 Forces Françaises du Sénégal, Forces Spéciales « Sabre » au Burkina Faso.

21 Effet final recherché est le terme militaire utilisé pour qualifier l'objectif politique d'une intervention militaire.

d'engagement plus souples par rapport aux interventions précédentes. Dans le premier cas, la formule « détruisez-les », prononcée par le Président le 2 février 2013 à Tombouctou lors du briefing du général Bernard Barrera, commandant de Serval, est confirmée par les protagonistes[22]. Dans le second cas, le Président avait dès, le 11 janvier 2013, permis aux militaires le tir libre donnant la possibilité d'ouvrir le feu sur tout véhicule suspect dans certaines zones (Notin 2014). Dans la foulée, la conquête du nord entre février et juin 2013 constitue un élément de satisfaction professionnelle pour les soldats et les officiers. D'abord parce qu'elle consiste en une vaste manœuvre offensive qui n'est pas si courante dans les interventions contemporaines. Ensuite, et bien que la prise de Tombouctou, après celle de Konna et Gao, soit une priorité fixée par le Président qui force les généraux à dévier de leur itinéraire stratégique en imprimant un tempo à marche forcée[23], le caractère aéroporté de l'assaut suscite l'enthousiasme des légionnaires parachutistes se remémorant leur saut sur Kolwezi, aux premiers rangs desquels le CEMP Benoît Puga, ancien commandant du 2e Régiment étranger parachutiste (REP). Si, en dehors du tempo et de ce crochet, l'autonomie opérationnelle des officiers semble incontestable, et bien que l'étau des règles d'engagement héritées du maintien de la paix et de la contre-insurrection se desserre nettement permettant aux troupes françaises d'engager le combat de façon plus souple, les bénéfices politiques

22 François Hollande précise « Oui, j'ai donné cet ordre [...] Ce n'étaient pas des groupes isolés [...] mais une véritable armée terroriste qui était en mouvement. Il ne s'agissait pas simplement de les repousser », « La France en guerre », Blanchard Martin, Notin Jean-Christophe, Kuiv/Michel Rotman, 20 octobre 2015, France 2. Barrera, Bernard. *Opération Serval, op.cit.*

23 « Tous les matins des jours qui suivent, le général Benoît Puga vient dans mon bureau rendre compte de l'avancée de nos soldats. [...] Autour de la carte que le Conseil de défense examine, nous discutons de la marche à suivre. À chaque fois, je demande qu'on avance au plus vite vers le nord pour marquer symboliquement la victoire mais surtout pour éviter les massacres de civils à Tombouctou et Gao, les deux principales villes du Nord. [...] Les militaires freinent mon impatience. Les difficultés logistiques sont considérables. Il faut rouvrir les aéroports, désamorcer les mines, sécuriser les zones conquises. Comme toujours et à juste raison, ils sont d'abord soucieux de limiter les risques » (Hollande 2018).

de l'intervention rejaillissent sur un Président jusqu'alors volontiers raillé pour son indécision (Revault d'Allonnes 2015 ; Boisbouvier 2015).

Nous aurions portant tort de conclure à une parfaite lune de miel politico-militaire, car c'est au sein du cabinet du ministre de la Défense que les tensions s'exacerbent entre 2012 et 2017. La proximité de certains officiers généraux avec le Président semble devenir la première cible d'une manœuvre de civilianisation de la politique de défense au profit du ministre. Le CEMA se voit ainsi dépossédé de sa responsabilité de l'emploi des forces, énoncée dans le décret de 2009, en devenant un assistant du ministre[24]. Lors de la présidence suivante qui confirme la tendance, l'arrêté du 18 septembre 2017 rétrograde le CEMP de la deuxième à la troisième place dans la hiérarchie élyséenne derrière le Secrétaire général et le directeur de cabinet. Enfin, la pratique qui voyait le CEMP devenir CEMA n'est plus usitée. Au niveau du cabinet du ministre de la Défense, la constitution d'une *war room*, dont la régularité s'intensifie pendant l'opération Serval, constitue un précédent. Parfois en présence du ministre, mais surtout de certains conseillers civils, les chefs des principales administrations militaires sont réunis : le sous-chef opérations de l'EMA, le chef des opérations spéciales (COS), le directeur général de la sécurité extérieure (DGSE), le Directeur du Renseignement militaire (DRM) et le chef de la Direction de la protection et de la Sécurité de la Défense (DPSD). Quelques épisodes ont été relayés dans la presse comme autant de coups de force du directeur de cabinet civil et militaire[25]. En plus de la popularité du ministre Jean-Yves Le Drian[26], la partie civile du

24 Le décret du 12 septembre 2013 précise que le ministre « est responsable de la préparation et, sous réserve des dispositions particulières relatives à la dissuasion, de l'emploi des forces », tandis que le CEMA « assiste le ministre dans ses attributions relatives à l'emploi des forces. Il est responsable de l'emploi opérationnel des forces. »

25 Il aurait fait passer des entretiens d'embauche pour la nomination des officiers en cabinet et aurait évincé le chef du bureau « affaires réservées » au bout de quatre mois alors qu'il est nommé pour deux ans par l'EMA (Raulin, Fansten 2015).

26 Aussi bien auprès des militaires (car jugé compétent au regard de son action locale auprès de la base navale de Lorient que de son implication dans la commission défense de l'Assemblé Nationale), de la presse (nommé « ministre de l'année 2013 » par un jury de cent vingt journalistes de la presse écrite et audiovisuelle) et des industriels de l'armement (d'après Serge Dassault, sur Public Sénat le 22 janvier 2016, il est « le meilleur ministre de la Défense qu'on ait jamais eu »).

cabinet jouit alors de deux atouts considérables : sa longévité et sa stabilité. Le « noyau dur » de ce cabinet est composé de six membres ayant fait la totalité du mandat de François Hollande aux côtés de Jean-Yves Le Drian : le directeur du cabinet civil et militaire, le conseiller spécial, le chef du cabinet civil, la conseillère des relations avec le Parlement, le conseiller chargé des affaires industrielles et le conseiller pour les questions économiques, financières et budgétaires[27]. En raison de sa trajectoire d'outsider, le directeur du cabinet ne correspond pas au portrait type du haut fonctionnaire : non-énarque, ses réseaux personnels gravitent autour du Parti socialiste et d'EDF[28]. Hors de portée du rééquilibrage orchestré par les membres du cabinet du ministre de la Défense, le CEMP Benoît Puga, auquel on prête une influence décisive auprès du Président Hollande à l'image de l'opération aéroportée sur Tombouctou, semble être l'un des rares contrepoids. Nommé à son poste par Nicolas Sarkozy en 2010, il sera reconduit deux fois par François Hollande battant ainsi le record de longévité[29]. Cumulant les ressources réputationnelles d'officier de terrain connaissant bien l'Afrique (ayant participé à de multiples opérations sur Kolwezi, au Gabon, à Djibouti, en Centrafrique, au Tchad et au Congo) et d'officier de salon (conseiller militaire de l'envoyé spécial de l'UE en Bosnie-Herzégovine), son ascension professionnelle est

27 Les deux derniers conseillers intègrent le cabinet plus tard, le 9 décembre 2013 et le 30 avril 2014.

28 Il a été l'un des principaux artisans de la constitution du groupe Sémaphore en 2007 composés de hauts fonctionnaires et d'industriels chargés de préparer Ségolène Royale aux questions stratégiques dans le cadre de la présidentielle. Ce réseau se reforme autour de la candidature de François Hollande en 2011. Parmi les membres de Sémaphore figurerait François Roussely, ancien Secrétaire Général pour l'Administration au ministère de la Défense (1991–1997) et président d'EDF (1998–2004). La moitié des membres du « noyau dur » du cabinet civil provient d'EDF (directeur du cabinet civil et militaire, directeur du cabinet civil, conseillère des relations avec le Parlement). Si près de six collaborateurs suivent Jean-Yves Le Drian du ministère de la Défense à celui des Affaires Etrangères en 2017, l'ancien directeur du cabinet civil et militaire retournera chez EDF en qualité de Directeur Exécutif en charge de la Direction Innovation, Stratégie et Programmation puis directeur du Parc Nucléaire et Thermique.

29 Avec Christian Quesnot, il s'agit des deux seuls CEMP à être maintenus sous un Président de droite et de gauche.

rectiligne : commandant du 2e REP, chef du CPCO, chef du COS, sous-chef opérations de l'EMA, DRM.

Sentinelle : la militarisation de l'antiterrorisme

Avec l'opération Sentinelle, l'armée de terre est « au contact » – pour emprunter la formule du nouveau modèle – de façon plus décentralisée avec la population nationale, mais aussi avec de nouvelles catégories d'acteurs : les préfets, les policiers, les services de renseignements, les magistrats et les autorités politiques locales. Il s'agit non seulement du plus grand déploiement intérieur depuis la guerre d'Algérie, mais surtout, de la principale expérience militaire des nouveaux engagés après 2015.

Il y a pourtant des précédents historiques dans l'usage des forces armées sur le sol national, qui recouvrent trois configurations (Tenenbaum 2016). D'abord, le maintien de l'ordre aux origines de la République permet de contenir les épisodes révolutionnaires et les émeutes. Par le biais de la déclaration de l'état de siège, les préfets peuvent réquisitionner les moyens militaires jusqu'à la mise en œuvre d'unités spécialisées dans le maintien de l'ordre (Gendarmerie mobile en 1921, Compagnie républicaine de sécurité en 1944). Ensuite, la figure de l'ennemi intérieur, incarné par le Front de libération nationale, favorise la création et la mise en œuvre de l'état d'urgence en 1955, remettant les pouvoirs spéciaux à l'armée en Algérie. Enfin, dès 1978, la première instruction interministérielle relative aux mesures de vigilance en cas d'attaque terroriste, devance les plans Pirate (1981) et Vigipirate (1991). Avec les attentats de 1995 à Paris, 2 000 hommes de l'armée de terre sont chargés de sécuriser les sites sensibles et d'assurer le contrôle aux frontières. Au début des années 2000, la réflexion sur la transformation du rôle des armées en matière de sécurité intérieure se développe alors même qu'elles ont été réformées pour réinvestir la scène internationale et faire face aux crises extérieures.

L'opération Sentinelle est lancée en janvier 2015 suite aux attentats de Charlie Hebdo. Le « risque attentat » est proclamé le 7 janvier et le plan additionnel de Vigipirate, impliquant l'utilisation des armées pour la protection de sites sensibles, notamment des écoles juives, est mis en œuvre.

Sentinelle mobilise jusqu'à 10 000 hommes de l'armée de terre, soit environ 10 pour cent des effectifs. Au printemps, les effectifs chutent à 7 000, mais le principe de maintien sur la durée est affirmé. Suite aux attentats du Bataclan et à la proclamation de l'état d'urgence le 13 novembre 2015, les effectifs remontent à 10 000. En mars 2016, le ministre de la Défense présente au Parlement un rapport qui entérine le passage d'un système d'appui aux forces de l'ordre à l'établissement d'un rôle durable en sécurité intérieure[30]. À terme, l'opération Sentinelle nécessite d'importants ajustements concernant le cadrage juridique, la division du travail avec les forces de l'ordre, les règles d'engagement sur le territoire national, la répartition des effectifs, les entrainements, l'apprentissage de certains savoir-faire, les conditions d'hébergement, etc. Le dispositif est révisé en septembre 2017, à la fois pour le rendre plus conforme aux tactiques militaires et contenir l'usure des engagés[31] : les patrouilles seront désormais mobiles, l'itinéraire sera en partie laissé à leur appréciation et les effectifs ne seront pas précisés.

Le 20 mars 2019, un glissement significatif s'opère lorsque le porte-parole du gouvernement annonce le recours à l'armée de terre pour protéger les bâtiments officiels lors de la prochaine manifestation des Gilets jaunes. Le gouvernement est amené à préciser que cette mobilisation a pour vocation de permettre aux forces de l'ordre de se « concentrer sur les mouvements ». Si le recours à l'armée de terre pour une opération de maintien de l'ordre semble constituer un franchissement de palier nous ramenant aux origines de la République, les raisons de ce choix sont, d'une certaine façon, en continuité avec les usages politiques de Sentinelle : une posture d'autorité gouvernementale visant à rassurer la population et une logique de ressources disponibles. Mobilisables dans l'urgence, les militaires ne

30 *Conditions d'emploi des armées lorsqu'elles interviennent sur le territoire national pour protéger la population*, mars 2016.

31 Selon les rapports annuels du Haut Comité d'Évaluation de la Condition Militaire, si la hausse de demande d'engagements suite aux attentats est très sensible, les difficultés de fidélisation sont accentuées par le caractère répétitif et usant de l'opération Sentinelle peu conforme aux aspirations plus aventurières des jeunes recrues. Selon le rapport 2017 le nombre de volontaires souhaitant s'engager dans les armées a décliné de 38 pour cent entre 2009 et 2014 alors qu'il a successivement augmenté de 26 pour cent entre 2014 et 2015 et 34 pour cent entre 2015 et 2016.

sont pas rémunérés en heures supplémentaires contrairement aux autres forces de sécurité.

Sceptiques, les officiers qui s'expriment publiquement utilisent un répertoire argumentaire qui se durcit crescendo et qui témoigne de leur fort degré de politisation. Les contre-arguments se veulent d'abord techniques restant dans la case professionnelle du management de la violence : l'armée de terre n'est pas formée au maintien de l'ordre, c'est-à-dire aux techniques non létales. Ils peuvent devenir juridico-politiques : même si la réquisition des moyens militaires par les préfets est légale, il s'agit d'un dévoiement de l'opération Sentinelle consacrée à l'antiterrorisme. Enfin, ils invoquent l'argument politique suivant : l'armée constituant l'*ultima ratio* selon l'expression consacrée, cette carte ne doit pas être abattue trop tôt. Les discussions privées sont encore plus tranchantes, car cette mesure fait peser de multiples risques pour les armées et le pays. Le premier est celui de l'exposition : à la bavure en cas de coup de feu qui ferait voler en éclat le lien « armées-nation » ou à l'inverse, à une démonstration d'impuissance en cas de refus de tirer, qui confinerait à l'humiliation institutionnelle si un ministère devait être pris d'assaut par des manifestants. Pire, il existe une possibilité de rapprochement entre certaines unités militaires et les Gilets jaunes, dont la fraternisation médiatique fragiliserait encore davantage le gouvernement.

C'est précisément là que réside l'ambivalence de la ressource que constitue l'engagement dans la lutte antiterroriste pour les officiers. Les plus dubitatifs se rallient peu à peu au principe du rôle nouveau en sécurité intérieure « pour ne pas que l'institution militaire sorte de l'histoire », tout comme leurs ainées l'avaient fait pour la professionnalisation. Ils embrassent alors la posture du « professionnel pragmatique », chère à Janowitz : confrontés à une nouvelle vague de civilianisation de la politique de défense depuis 2012 et réduits au rôle de supplétifs des forces de police, ils acceptent de concilier les traditions militaires avec les exigences politiques. Mais Sentinelle présente le risque majeur d'une accoutumance politique au recours dévoyé des forces militaires, pour des raisons déjà évoquées de posture sécuritaire et de ressources disponibles. Cette accoutumance entre en résonnance avec la réactivation du mythe du rôle intégrateur des armées et la mise en place du service national universel (SNU)[32]. Là encore, même si les officiers sont très largement récalcitrants, il convient de se replacer dans un processus continu depuis la professionnalisation : l'institution militaire n'a pas attendu l'opportunisme politique post Bataclan pour endosser la responsabilité de ce rôle intégrateur[33]. Sentinelle constitue cependant une opportunité inédite de rapprochement avec la population nationale, levier de rééquilibrage des relations politico-militaires[34].

Conclusion : les effets contrastés de l'antiterrorisme

Le cadrage antiterroriste appliqué aux politiques de sécurité et de défense constitue une ressource ambivalente dans le jeu politico-militaire dont nous avons décliné certains aspects. Du côté des autorités gouvernementales, ce cadrage permet d'activer simultanément différents niveaux et secteurs de politiques publiques, de neutraliser les oppositions partisanes par un consensus national et international et de mobiliser la population sous les auspices de la résilience, à l'image de l'opération éponyme lancée lors de la crise sanitaire en mars 2020. Les risques sont cependant multiples : inadaptation de la réponse à la nature de la menace, utilisation trop

32 Le SNU réactive les thématiques de recherche de la fin des années 1990 en matière de ressources humaines et de marché du travail (Hatto, Muxel et Tomescu-Hatto, 2011, Besse, Settoul 2015, Coton 2019).

33 La mise en œuvre du programme « Défense deuxième chance » à partir de 2005, proposant formation et insertion professionnelle aux jeunes « en décrochage » au moment où, se professionnalisant, l'armée devient le premier employeur de jeunes Français non diplômés, traduisait déjà l'inquiétude des hauts gradés face au risque d'une distorsion du lien armée/nation.

34 Le principe de « betteravisation », énoncé dès 2012 par le chef d'état-major de l'armée de terre, le général Bertrand Ract-Madoux, devenu depuis candidat aux élections législatives de 2017, désigne le mouvement de retour sur le territoire après deux décennies expéditionnaires. Si l'anticipation de ce retour est alors liée au retrait d'Afghanistan, elle traduit la volonté de contenir la déflation des effectifs et des crédits.

précoce de la carte de l'*ultima ratio*, exposition médiatique à l'échec, perte de contrôle de l'outil militaire, mise en danger des libertés publiques, etc.

Pour les officiers, la militarisation de l'antiterrorisme à l'extérieur des frontières suscite l'enthousiasme opérationnel, mais ne résout rien des impasses politico-stratégiques propres aux interventions contemporaines, à l'image des alibis humanitaristes des années 1990. À l'intérieur des frontières, le ralliement est progressif, du fait non seulement du caractère durable de l'opération, du ralentissement de la déflation des crédits et des effectifs, mais surtout des perspectives de consolidation du lien « armées-nation ». Les préoccupations sont celles d'un mésusage politique conduisant à l'accoutumance et au contre-emploi, d'une dénaturation de la vocation militaire et d'une banalisation de l'institution. En ce sens, si l'antiterrorisme permet de partager quelques bénéfices, il prolonge la défiance au cœur des relations politico-militaires.

La période qui va des réformes de 1992 jusqu'au retrait d'Afghanistan en 2012 est marquée par une influence accrue des officiers généraux du fait de la technicisation des opérations, de la bureaucratisation des procédures et, il faut le souligner, du désintérêt politique pour les enjeux stratégiques ou en tout cas d'une perception éloignée des menaces. Ce rééquilibrage subit cependant un fort mouvement de balancier entre 2012 et 2015 : la civilianisation de la politique de défense, telle qu'elle s'est manifestée, par exemple, au sein du cabinet du ministre de la Défense, est brutale même si elle est présentée comme un retour à l'équilibre normal de la Ve République.

Références bibliographiques

Anderson, G. (2018). La guerre civile en France, 1958–1962. Du coup d'État gaulliste à la fin de l'OAS, Paris : La fabrique.

Barrera, B. (2015). Opération Serval. Notes de guerre, Mali 2013. Paris : Le Seuil.

Besse, L., Coton, C. (2019). 'Introduction. L'armée au miroir de la jeunesse'. Agora débats/jeunesses, (82) 2, 41–54.

Boisbouvier, C. (2015). Hollande l'Africain, Paris : La Découverte.

Chivvis, C. (2016). The French War on Al Qa'ida in Africa, RAND Corporation, Cambridge University Press.

Cohen, S. (1986). La monarchie nucléaire. Les coulisses de la politique étrangère sous la Ve République, Paris : Hachette.

Cohen, S. (1994). La défaite des généraux. Le pouvoir politique et l'armée sous la Ve République, Paris : Fayard.

Daho, G. (2014). 'L'érosion des tabous algériens. Une autre explication de la transformation des organisations militaires en France'. Revue Française de Science Politique, 64 (1). 57–78.

Daho, G. (2015). 'La socialisation entre groupes professionnels de la politique étrangère. Le cas de l'institutionnalisation des activités civilo-militaires françaises en ex-Yougoslavie'. Cultures § Conflits, 97, 101–131.

Daho, G. (2016). La transformation des armées. Enquête sur les relations civilo-militaires en France, Paris : Éditions de la MSH

De Durand, E. (2008). 'Les relations civilo-militaires américaines à l'épreuve de l'Irak. Dualisme fonctionnel et désintégration stratégique'. Revue internationale de politique comparée, (15) 1, 93–115.

Desch, M. (1999). Civilian Control of the Military: The Changing Security Environment. Baltimore: John Hopkins University Press.

Dufournet, H. (2014). 'Quand techniciser c'est faire de la politique 'sans le dire'. Récit d'une 'technicisation réussie' au ministère de la Défense'. Gouvernement et action publique, (1) 1, 29–49.

Feaver, P. (1998). 'Crisis as Shirking: An Agency Theory Explanation of the Souring of American Civil-Military Relations'. Armed Forces and society, 24 (3). 407–434.

Feaver, P. (2011). 'The Right to Be Right: Civil-Military Relations and the Iraq Surge Decision'. Quarterly Journal: International Security, 35–4, 87–125.

Finer S. (1962). The Man on Horseback: The Role of the Military in Politics. Boulder (CO): Westview Press.

Gaïti, B. (1999). 'Les incertitudes des origines. Mai 58 et la Ve République'. Politix, 47, 27–62.

Gautier, L. (1999). Mitterrand et son armée, 1990–1995, Paris : Grasset.

Gout, F. (2015). Libérez Tombouctou ! Journal de guerre au Mali. Paris : Tallandier.

Goya, M. (2013). 'La guerre de trois mois : l'intervention française au Mali en perspectives'. Politique étrangère, 2, 157–168.

Hatto, R., Muxel A., Tomescu-Hatto O. (2011). Enquête sur les jeunes et l'armée : images, intérêt et attentes. Etudes de l'IRSEM, 10.

Hollande, F. (2018). Les leçons du pouvoir. Paris : Stock.

Huntington, S. (1957). The Soldier and the State: The Theory and Politics of Civil-Military Relations. Cambridge: Harvard University Press.

Irondelle, B. (2011). La réforme des armées en France. Sociologie de la décision. Paris : Presses de Sciences Po.

Janowitz, M. (1960). The Professional Soldier: a Social and Political Portrait, New York: Free Press.

Katzenstein, P. (1976). "International relations and domestic structures: Foreign economic policies of advanced industrial states". International Organizations, 30 (1). 1–45.

Krulak, C. (1999). « The Strategic Caporal: Leadership in three blocks war theory », Marine Corps Gazette, 83–1, 18–22.

Notin, J-C. (2014). La Guerre de la France au Mali, Paris : Tallandier.

Raulin, N., Fansten, E. (2015). 'Cédric Lewandowski, L'adjuvant chef', Libération, 24 juillet.

Revault d'Allonnes, D. (2015). Les guerres du Président. Paris : Seuil.

Risse-Kappen, T. (1991). 'Public Opinion, Domestic Structure, and Foreign Policy in Liberal Democracies'. World Politics, 43 (4). 479–512.

Rousselier, N. (2015). La Force de gouverner. *Le pouvoir exécutif en France, XIX*[e]*–XXI*[e] *siècles.* Paris : Gallimard.

Schiff, R. (1995). 'Civil-Military Relations Reconsidered: A Theory of Concordance'. Armed Forces and society, 22 (1). 7–24.

Settoul, E. (2015). 'Analyser l'immigration postcoloniale en milieu militaire : retour sur les enseignements d'une enquête ethnographique', Les Champs de Mars, 27 (2). 31–41.

Shurkin, M. (2014). France's War in Mali: Lessons for an Expeditionary Army. Santa Monica: RAND Corporation.

Tenenbaum, E. (2016). « La Sentinelle égarée ? L'armée de Terre face au terrorisme', IFRI, *Focus stratégique*, 68.

Vial, P. (2012). « La fin d'un rôle politique », Inflexions, 20 (2), 29–41.

DELPHINE RESTEIGNE

Chapitre 17 Les armées et les *Constabulary Missions* sur leur territoire national : étude du cas belge

L'avènement des États-nations occidentaux au début du dix-neuvième siècle s'est accompagné d'une distinction fonctionnelle assez stricte entre les organismes responsables de leur sécurité extérieure et intérieure, c'est-à-dire l'armée et la police (Tilly 1992). Alors que la mission des forces armées de masse du dix-neuvième siècle et du milieu du vingtième siècle était de préparer et de mener des guerres au service des États-nations (pour défendre leurs frontières ou envahir d'autres États), les forces de police étaient chargées de maintenir l'ordre à l'intérieur des frontières de ces États-nations. Cependant, à la fin du vingtième siècle, cette division claire du travail a commencé à s'estomper. Les forces armées se sont vues progressivement confier des missions dites de *constabulary* en raison notamment de la restructuration des forces armées occidentales sous l'impact de quatre variables macro-structurelles : l'environnement économique (mondialisation), la technologie (grande révolution des données), le contexte socioculturel (diversité culturelle accrue) et le contexte géopolitique (fin de la guerre froide). Les anciennes armées de masse ont été remplacées par des organisations militaires qualifiées de postmodernes (Moskos et Burk 1994 ; Moskos et al. 2000 ; Boëne 2018 ; Manigart 2018). Ces forces armées postmodernes occidentales, en raison de leurs missions plus diversifiées à l'intérieur comme à l'extérieur des frontières, ne sont plus seulement des organisations spécialisées dans la gestion de la violence collective et organisée (guerre). Elles assurent de plus en plus fréquemment des missions dites de *constabulary*, allant de la gestion de crise humanitaire et l'interposition entre belligérants à la surveillance et la sécurisation de l'espace public. Missions qu'elles peuvent être amenées à conduire sur leur propre territoire national dans le cadre de la lutte contre la menace terroriste.

Le but de ce chapitre est de se pencher sur la redéfinition des frontières des organisations militaires à l'aune du cas belge. Le déploiement de son personnel militaire dans les rues sera utilisé comme étude de cas pour illustrer cette transformation. Depuis janvier 2015, en réponse à la menace terroriste imminente en Belgique, des unités militaires ont été déployées en soutien à la police pour surveiller les zones sensibles, certains bâtiments et patrouiller dans les rues. Les deux premières parties de ce chapitre se penchent sur le processus de restructuration observé au sein des organisations militaires des sociétés postindustrielles occidentales depuis la fin des années 1990 et analysent la façon dont ce processus a conduit, entre autres, à brouiller les frontières entre les organisations militaires et la police. La troisième partie examine le cadrage juridique de ces missions.[1] Enfin, la dernière partie montre comment la population belge a réagi à ces nouveaux rôles de « proximité » et à l'impact potentiel de ces déploiements sur l'opérationnalité des militaires. Comme nous le verrons, malgré la plus grande visibilité et le soutien de l'opinion publique, le personnel militaire n'est pas vraiment favorable à l'exécution de ces missions qui ne sont pas considérées comme leur travail « normal ». Les analyses empiriques sont basées sur plusieurs enquêtes quantitatives et qualitatives réalisées auprès de la population belge et du personnel de la Défense belge.

1 Cette partie est le fruit d'une collaboration avec la Major Cindy Birmann, Chef de la section LEGAD-OPS à la Direction générale juridique du ministère de la Défense.

L'avènement des *constabulary missions* dans les organisations militaires occidentales

Entre le dix-neuvième et le milieu du vingtième siècle[2], les frontières entre l'armée et la police étaient plutôt bien délimitées dans les États-nations d'Europe occidentale. Il existait une division du travail claire entre ces deux types d'organisation : alors que les forces armées se voyaient confier la sécurité de l'intégrité des frontières de la nation, la police maintenait l'ordre intérieur (Easton et Moelker 2010 : 11). En réalité, dans de nombreux pays comme la Belgique, cette séparation ne fut jamais aussi nette, du fait de l'existence de la gendarmerie, une force au statut particulier qui assurait des missions de police en interne du territoire national et qui, formellement, faisait partie des forces armées[3]. Les organisations militaires de l'époque étaient cependant des organisations « uniques » (Boëne 1990). Premièrement, elles étaient presque exclusivement composées de personnels en uniforme ; deuxièmement, la différenciation hiérarchique et fonctionnelle (spécialisation des tâches) y était simple : il y avait peu de niveaux hiérarchiques et, dans chaque strate hiérarchique, la spécialisation était minimale (Harries-Jenkins 1973 ; Janowitz 1971 ; Van Doorn 1975). La plupart des soldats s'acquittaient de tâches similaires et spécifiquement militaires, c'est-à-dire très directement liées à l'activité de combat. Définir ce qui relevait du domaine militaire apparaissait dès lors facile : un militaire était un combattant et un spécialiste de la violence externe organisée

2 Il convient de noter ici qu'il n'existait pas de division du travail aussi claire dans les territoires coloniaux de ces États. Par exemple, au Congo belge, la Force Publique était une organisation mixte, relevant en partie des armées et en partie de la police. Elle a combattu l'armée allemande en Afrique pendant la première Guerre mondiale, et a servi au contrôle des territoires coloniaux. Pour autant, cet article se concentre exclusivement sur les forces armées nationales dites « régulières » et non sur leurs déclinaisons coloniales.

3 Sur les circulations entre police, gendarmerie et armées, voir les travaux de Duclos (2014) sur la gendarmerie française en Yougoslavie. Sur les circulations des techniques de maintien de l'ordre entre police, gendarmerie et armées, voir aussi Bruneteau (1995).

et légitimée (Biderman 1967). Après la Seconde Guerre mondiale, sous l'impact d'évolutions technologique et sociale, les organisations militaires sont devenues plus hétérogènes sur le plan structurel et fonctionnel. À l'heure actuelle, la fonction de militaire n'est plus uniquement synonyme de combattant. D'abord, parce qu'une minorité seulement du personnel militaire est encore engagée dans des fonctions de combat (moins de 20 pour cent contre plus de 90 pour cent au dix-neuvième siècle).[4] On a ainsi assisté à la substitution des fonctions de combat par celles de soutien, qu'elles soient techniques ou administratives, très proches de ce qu'elles peuvent être dans le secteur civil. Durant la même période, on a assisté à une augmentation du nombre de personnels civils dans les organisations militaires, ces derniers contribuant à y importer de nouveaux rôles, de nouvelles logiques d'actions, et par conséquent, des intérêts pouvant être divergents à ceux traditionnellement portés par l'institution.

Sur la scène internationale, l'apparition d'un nouvel environnement géostratégique à la fin de la guerre froide a contribué aux transformations des missions des armées. D'un environnement de guerre dominé par une logique binaire « ami/ennemi », les armées ont alors été confrontées à un environnement opérationnel caractérisé par une situation de flou entre « ami/ennemi/non ennemi » (Battistelli et al, 1999 : 1). Les guerres traditionnelles entre États ont, dans une large mesure, été remplacées par des guerres intra-étatiques qui transcendent les frontières des États (Van Creveld 1991). Les conflits fondés sur l'identité ethnique/religieuse/sectaire et les menaces terroristes sont devenus des exemples typiques des « nouvelles guerres » au sens de Kaldor (1999). Les missions d'interposition, de rétablissement et de maintien de l'ordre (dites de « maintien de la paix ») sont entrées dans le

4 Pour ne citer qu'un exemple, pendant la guerre de Sécession, les fonctions de combat représentaient 93,2 pour cent des spécialisations professionnelles dans l'armée américaine alors qu'en 1954, seulement 28,8 pour cent du personnel étaient encore engagés dans des occupations purement militaires (Janowitz et Little, 1974 : 47). En 1982, dans les forces armées belges, le pourcentage des fonctions de combat était de 24,2 pour cent (24,8 pour cent dans l'armée de terre, 22,6 pour cent dans l'armée de l'air et 19,2 pour cent dans la marine) (Manigart, 1985 : 79).

répertoire d'action des armées. Comme prédit par Janowitz (1971 : 418), les organisations militaires occidentales sont devenues des *constabulary forces*, c'est-à-dire des forces prêtes à agir pour exécuter différents types de missions en recourant à la force de façon graduée et de préférence en en minimisant l'usage, afin de rétablir des relations internationales stables plutôt que de gagner une guerre. Ces *constabulary missions* ne sont toutefois pas uniquement caractéristiques des armées dites post-modernes, car elles relevaient déjà du domaine de compétences de certaines armées en contexte colonial afin d'assurer la pacification des territoires, le contrôle de la population, ou encore de faire usage de la force contre ces populations. Ce qui est par contre nouveau, c'est l'usage de telles missions sur leurs territoires métropolitains. Concrètement, à l'heure actuelle, ces missions couvrent le combat conventionnel, la contre-insurrection, le maintien ou l'imposition de la paix dans des régions instables du monde, mais également la lutte contre le terrorisme international à l'étranger – et plus récemment – au sein des frontières nationales. Les forces armées sont ainsi devenues des organisations spécialisées dans la gestion des crises au sens large, intervenant au milieu de populations civiles et en interaction avec une multitude d'acteurs internationaux ou locaux telles que les ONG. Comme le soulignent Easton et Moelker (2010 : 21), l'une des implications du développement d'une telle posture est que l'armée doit dès lors être capable de moduler l'intensité de son recours à la force dans un laps de temps parfois très réduit, ce qui exige des compétences professionnelles plus polyvalentes et une stricte discipline des soldats amenés à endosser différents rôles sur le théâtre d'opérations. D'autres acteurs spécialisés travaillent aussi avec ou aux côtés des militaires ce qui implique, par rapport au passé, un degré plus élevé de collaboration interorganisationnelle. En d'autres termes, on observe la même évolution que dans le secteur privé, c'est-à-dire le développement d'alliances stratégiques ou pour reprendre la terminologie de Schuler et Jackson (1996), d'organisations virtuelles. De telles organisations exigent, pour être efficaces, le développement d'une interopérabilité culturelle, c'est-à-dire d'une culture organisationnelle commune encourageant la coopération efficace entre différents acteurs (Resteigne 2012).

Une mission de *constabulary force* sur le territoire national belge

Si la coopération entre les organisations militaires occidentales n'est pas nouvelle[5], la coopération entre acteurs de la sécurité extérieure et intérieure est beaucoup plus récente, notamment en Belgique.[6] C'est l'une des conséquences de la montée du terrorisme international après le 11 septembre 2001. Aujourd'hui, la distinction entre sécurité intérieure et sécurité extérieure est devenue floue, car de nombreuses organisations sont impliquées dans la lutte contre ces menaces diffuses et multiformes. Pour reprendre l'exemple de la lutte contre l'État islamique, où se situe vraiment la frontière entre la sécurité extérieure et intérieure ? Alors que des F-16 belges s'envolaient d'un aérodrome jordanien pour frapper des cibles terroristes en Irak et en Syrie, des forces spéciales belges formaient et encadraient des unités irakiennes et des soldats belges patrouillaient aux côtés de la police dans différentes villes belges afin de protéger la population contre une éventuelle attaque terroriste. Les rôles et les tâches respectives de la Défense et de la police sont devenus moins clairs que par le passé, car de nombreuses organisations sont désormais impliquées dans la lutte contre ces menaces nouvelles, articulant des territoires disjoints et se manifestant de façon multiforme et diffuse dans la population. Comme le souligne Bigo à propos de la mondialisation de l'(in)sécurité (2005), le champ de la sécurité se structure depuis longtemps à travers des échanges d'informations transnationaux. Dès leur création, les polices de différentes nationalités ont formé des réseaux générant de fortes solidarités professionnelles entre elles. Il poursuit toutefois en évoquant combien le fait de décrire une activité comme celle des policiers à l'étranger ou bien l'activité des militaires à l'intérieur de leur territoire, ou la surveillance de l'Internet par les services de renseignement, ou encore les développements de la justice pénale à l'échelle internationale, perturbe les catégories d'entendement traditionnel reposant sur cette coupure entre la sécurité intérieure et

5 La coopération permanente a commencé après la Seconde Guerre mondiale avec la création de l'OTAN et s'est intensifiée après le 11 septembre avec la multiplication des opérations de réponse aux crises à l'étranger.

6 L'utilisation des forces armées belges sur le sol national n'est bien sûr pas nouvelle : traditionnellement, et comme dans de nombreux autres pays, l'une des fonctions de l'armée est aussi de contribuer au secours de la population en cas de catastrophes naturelles ou industrielles.

extérieure. Cette notion de champ transversal permet ainsi d'appréhender un espace social et politique qui transcende la coupure interne/externe (national/international) posée par la pensée de l'État territorialisé.

Dans ce contexte plus mouvant, les soldats belges se sont ainsi vus confier des missions de sécurisation et de surveillance du territoire national, et se sont concrètement retrouvés à patrouiller aux côtés de la police dans différentes villes belges afin de protéger la population contre une éventuelle attaque terroriste. Ces missions ne sont pas originales pour eux, puisqu'ils étaient déjà formés à la gestion de foule, aux patrouilles en milieu urbain et au contrôle des populations civiles dans le cadre des *constabulary missions* qu'ils peuvent remplir à l'étranger comme cela a été le cas au Kosovo dans les années 1990 ou dans le cadre de la mission ISAF, en Afghanistan. Ce qui est nouveau, c'est le fait de déployer ces missions sur le territoire national belge, aux côtés de la police. D'autre part, dans le cadre de leurs missions antiterroristes, les unités spéciales de la police ont progressivement développé des savoir-faire opérationnels empruntés aux militaires et sont aujourd'hui plus fortement armées. Certaines forces de police sont également employées à l'étranger, comme en Afghanistan ou au Kosovo, dans la lutte contre le terrorisme ou le trafic de drogue. Ces transferts induisent un métissage entre certaines parties des organisations militaires et policières, qui relève pour partie de ce que Campbell et Campbell ont appelé un processus de mimétisme organisationnel (2014). Néanmoins, la mise en œuvre de ces missions rend saillantes de nombreuses problématiques organisationnelles et professionnelles. Bien que la police et l'armée soient toutes deux janusiennes[7] (Soeters, et al 2003), ces « organisations en uniforme » (Soeters 2000) ont des procédures et des cultures organisationnelles qui leur sont propres et qui ne sont pas toujours compatibles. Ce qui peut être source de difficultés dans la coordination de leurs membres lorsqu'ils opèrent ensemble. C'est le cas lorsqu'ils patrouillent dans les rues. Alors que l'armée est une organisation très hiérarchisée et centralisée (en particulier les unités d'infanterie), la police a une hiérarchie plus plate et est

7 Une organisation janusienne (renvoyant aux deux faces du Dieu romain Janus) est une organisation à deux côtés : le côté chaud (le soldat sur le champ de bataille ou le policier en intervention) et le côté froid (celui du soldat en garnison ou du policier au poste de police) (Soeters et al 2003 : 238). Le concept a été développé à l'origine par McCormick (1998).

habituée à travailler de manière plus décentralisée sur le terrain, donnant plus d'autonomie et de marges d'initiative aux agents dans l'exercicede leurs missions. En ce qui concerne la Belgique, suite à l'affaire Dutroux, une réforme majeure fut entreprise en 1998 pour mettre en place une « police intégrée » en fusionnant la police communale et la gendarmerie. Cette police intégrée est composée de la police fédérale (agissant à l'échelon national) et de la police locale divisée en zones de police. Malgré cette réforme, deux cultures différentes semblent subsister, surtout aux niveaux supérieurs de la hiérarchie, entre la culture de la police « régulière », et la culture plus militarisée de l'ancienne « gendarmerie » (puisque les officiers de la gendarmerie étaient formés à l'École royale militaire). Les doctrines d'emplois de ces deux types de forces sont très distinctes. Si le périmètre de leurs missions peut se chevaucher (particulièrement en ce qui concerne les patrouilles et la sécurisation de l'espace public), la constatation des infractions, le travail d'enquête et le pouvoir d'interpellation, de fouille et de détention des individus demeurent strictement dans le giron des forces de police et constituent autant de tâches que les militaires ne sont pas autorisés à accomplir. Enfin, leurs règles d'engagement et d'ouverture du feu demeurent elles aussi différentes. Comme nous l'avons déjà dit, en Belgique, l'utilisation de l'armée dans la lutte contre le terrorisme est plus récente que dans d'autres pays occidentaux confrontés au terrorisme depuis de nombreuses années.[8]

Début janvier 2015, le gouvernement a décidé de déployer du personnel militaire dans les rues de Bruxelles et d'Anvers. Cette décision marque le début de l'opération *Vigilant Guardian* (OVG). Après les attentats terroristes du 13 novembre 2015 à Paris, ce dispositif est monté en puissance : le nombre de villes protégées a été augmenté ainsi que le nombre de soldats déployés. Il a été complété en mars 2016 par le lancement de l'opération *Spring Guardian* (OSG) visant à assurer la sécurisation des installations nucléaires. Ces deux opérations ont été inscrites parmi les six missions

8 Notons cependant que l'armée belge a déjà été utilisée ponctuellement pour soutenir la police, notamment dans le courant des années 1980 dans le cadre de la lutte contre le groupe terroriste local CCC (Cellules communistes combattantes) et les Tueurs du Brabant.

stratégiques de la Défense belge.[9] Leur objectif est de contribuer à l'intérieur des frontières nationales à la sécurité de la société, sur la base de l'exclusivité de l'expertise ou des capacités militaires, ou lorsque les ressources civiles sont insuffisantes.[10]

Cadre doctrinal et juridique des opérations menées sur le sol belge

Le 17 janvier 2015, suite aux attaques perpétrées en France, le conseil des ministres belge prend la décision de déployer des militaires dans les rues en appui des services de police pour des missions de surveillance. Deux missions incombent alors aux forces armées : l'effectuation des patrouilles de rue et l'occupation de postes fixes. Les patrouilles de rue visent la protection de tous les usagers de l'espace public. Quant aux stations fixes, elles ont pour objectif de sécuriser des lieux sensibles et de protéger les personnes qui y travaillent. La liste des sites à protéger et la répartition des effectifs sont immédiatement actées par le gouvernement. À son lancement, l'opération engage 150 personnels. Nombre qui atteindra 1800 en octobre 2016.

L'engagement des forces armées sur le territoire national était déjà prévu par la doctrine commune de la Défense belge, au titre du dernier des dix scénarios envisagés encadrant et orientant l'emploi de l'appareil militaire.[11] Ce dixième scénario vise à fournir une aide d'urgence quelle

9 Source : CHOD-APG-MISSION-001 (Déclaration de mission de la Défense et cadre stratégique pour la mise en condition). Bruxelles : Défense belge, documents internes.

10 Ce type d'opérations n'était alors pas classé comme une mission permanente, mais comme une « tâche », c'est-à-dire une fonction à accomplir en cas de circonstances exceptionnelles et pour laquelle aucun budget et aucune formation spécifiques n'étaient prévus. Cette distinction n'existe plus désormais.

11 Source : ACOT-ODP-ICOMDOC-DDX-OO1 Ed-003 / Rev 000 – 11 Février 2013, Doctrine intercomposante, p. 30. Bruxelles : Défense belge, documents internes.

que soit la cause de cette dernière (catastrophe naturelle, accident industriel, intention hostile) et à participer à la lutte contre toutes les formes de criminalité (y compris le terrorisme) pouvant causer des dommages à la société au sens large ou mettre en danger l'État de droit.[12] Dans le cas des opérations antiterroristes, les forces armées ne peuvent ainsi être utilisées qu'en appui de la police, sans s'y substituer, et seulement dans le contexte d'une menace terroriste probable (menace de niveau 3 ou 4). Le cadre doctrinal existait donc déjà, et avait été confirmé dès 2014 par un accord de gouvernement précisant que :

> En cas de niveau général élevé de la menace (à partir du niveau 3), le gouvernement pourra décider, sur avis du Conseil national de sécurité, le cas échéant à la demande d'un bourgmestre, de déployer temporairement l'armée pour assister les services de police et de sécurité pour des missions de surveillance déterminées.[13]

L'appui des forces armées aux forces de police était par ailleurs déjà prévu et inscrit dans la constitution, puisque son article 167 confère au Roi (et par extension au gouvernement) la capacité de recourir aux forces armées afin de maintenir l'ordre public sur le territoire national en appui de la police. La manière dont les militaires peuvent être engagés sur le territoire national est enfin encadrée par plusieurs dispositions légales, à savoir la loi du 7 décembre 1998 organisant un service de police intégré, la loi du 5 août 1992 sur la fonction de police (articles 7/5, 37 et 38), la loi du 20 mai 1994 relative aux périodes et aux positions des militaires du cadre de réserve, ainsi qu'à la mise en œuvre et à la mise en condition des forces armées (article 3) et la loi programme du 2 août 2002 (article 151). En outre, les ministères de la Défense et de l'Intérieur ont conclu un protocole d'accord « relatif à l'appui de la Défense au service de police intégré, en vue d'assurer des missions de surveillance » approuvé par le Conseil des ministres le 17 janvier 2015. Il fixe les modalités pratiques ainsi que les dispositions administratives et financières de l'appui donné aux services de police, et constitue le cadre d'OVG.[14]

12 Ibid, p. 77.

13 Accord de gouvernement du 10 octobre 2014, p. 138.

14 Protocole mis à jour le 13 mars 2015 et complété par un second protocole du même type mais spécifique à l'OSG, en date des 17 et 18 mars 2016.

Dans ce cadre légal, toute décision de recourir à la Défense est conditionnée au fait que les services de police ne soient plus en mesure de s'acquitter de leurs missions, faute de personnel, de moyens spécialisés, de matériel, etc. Par ailleurs, le principe de subsidiarité qui sous-tend l'engagement de la Défense en appui de la police repose sur le postulat que la Défense ne peut se substituer aux tâches incombant à la police.[15] Les forces armées n'effectuent donc pas de missions de police sur le territoire belge. De ce principe de subsidiarité, il découle aussi que l'intervention des forces armées au profit de la police ne doit pas mettre en péril les missions de la Défense. C'est pourquoi il appartient au gouvernement de prendre en considération – et donc de contrôler –, au moment de chaque décision impliquant un recours aux forces armées, les missions qui lui sont confiées.

Si la mission générale dévolue aux forces armées semble claire et axée sur une mission de surveillance dans le cadre de la lutte antiterroriste, il n'en reste pas moins que la loi reste muette sur les missions spécifiques et les tâches concrètes pouvant être confiées aux forces armées dans ce contexte. La loi du 7 décembre 1998 permettant la réquisition de l'armée par les autorités compétentes de la police fédérale ainsi que les deux protocoles d'accord n'est pas plus loquace à cet égard. Une note de la Commissaire générale de la Police fédérale de l'époque[16], Mme Bolle, tente de clarifier cette situation en spécifiant ce qui est attendu des militaires lors de l'exécution de leurs missions de surveillance et sécurisation. Lors de l'appui fourni à la police dans le cadre d'OVG et OSG, le commandant du détachement militaire doit ainsi se conformer aux instructions reçues de la police. Néanmoins, il conserve le commandement opérationnel de son détachement.[17] Enfin,

15 Il y a lieu de souligner que seuls les services de police exercent une mission générale de sécurisation de l'espace public (maintien de l'ordre public), les forces armées n'étant mobilisables que de façon supplétive, sans pouvoir de police. Il est explicitement mentionné dans le Protocole d'accord « qu'il est exclu que la Défense se substitue au Service de Police Intégré » et que « La Défense aide les services de police sans s'y substituer ».

16 Note datant du 15 janvier 2016 et adressée à la Défense.

17 En effet, la loi du 05 août 1992 sur la fonction de police stipule en son article 7/5 que : « Le commandant de tout détachement des forces armées appelé à intervenir avec un service de police est tenu de se conformer aux instructions qui lui sont adressées par le fonctionnaire de police qui a la direction des opérations. Bien que

le cadre légal actuel permet aux militaires en appui des forces de police de faire usage de la force (y compris armée) dans des conditions bien spécifiques. Néanmoins, force est de constater qu'ils ne disposent légalement que de moyens de contrainte limités par rapport à leurs collègues policiers bénéficiant d'une palette de mesures plus importantes leur permettant d'apporter une réponse à la fois adaptée et proportionnée aux situations qu'ils rencontrent dans leurs missions.

Dans le cadre de l'opération *Vigilant Guardian* et de l'opération *Spring Guardian*, le personnel militaire effectuait deux types de missions : des patrouilles ou des postes fixes. Les patrouilles de rue visaient la protection de tous les usagers de l'espace public. Quant aux stations fixes, elles avaient pour objectif de sécuriser des lieux sensibles et de protéger ainsi les personnes qui travaillent dans ces lieux. On notera également l'appui assuré par des réservistes depuis début 2018 (conformément au nouveau concept de réserve opérationnelle) illustrant la porosité entre les rôles militaires et civils, mais également entre les rôles des militaires et des policiers sur le sol belge.

Adhésion et soutien de la population et des forces armées aux *constabulary missions*

Dans le cadre des opérations antiterroristes nationales, le personnel militaire doit désormais travailler avec – et parfois sous la supervision – des policiers, et ce malgré des cultures et des règles d'engagement différentes. Une question importante se pose : que pense la population belge de ce nouveau rôle de la Défense belge ?[18] Dans une démocratie, ce sont les citoyens qui décident *in fine* si les rôles spécifiques, les missions

le fonctionnaire de police ait la direction des opérations, le commandant du détachement des forces armées conserve le commandement de son détachement ».

18 Les données relatives à l'opinion publique proviennent de diverses enquêtes réalisées en 2015 (La Libre/RTBF/Dedicated), 2016 (Grand Baromètre RTL/IPSOS/Le Soir), 2016–18 (Eurobaromètres 86, 87 et 89) et 2017 (Listen) sur des échantillons représentatifs de la population belge. L'enquête menée en décembre 2013

et les opérations confiées aux forces armées sont légitimes ou non. Le soutien de l'opinion publique est en effet une variable importante. Pour Dalton, « l'opinion publique définit généralement les limites acceptables de la politique, dans lesquelles les élites politiques peuvent résoudre les controverses restantes » (1988 : 21). Bien que la marge de manœuvre des gouvernants et des élites militaires soit probablement plus grande dans le domaine de la Défense que dans d'autres domaines politiques (Rokkan 1960 ; Manigart 1986), la politique de Défense de ces dernières années semble faire l'objet d'une attention croissante de la part des médias et de l'opinion publique (Shaw 1991 : 184–90).

Selon les résultats des enquêtes Eurobaromètre de la vague de l'automne 2016[19], menée après les attentats terroristes de Paris en 2015 et de Bruxelles, un tiers des Belges interrogés pense alors que le terrorisme constitue la principale menace envers la sécurité nationale, avant l'immigration (27 pour cent). La dernière fois que de tels résultats avaient été obtenus, c'était à l'automne 2001, après les attentats du 11 septembre de la même année à New York et à Washington.[20] En 2017, l'item terrorisme occupe la seconde place dans les préoccupations sécuritaires des Belges, enregistrant une baisse de 10 points (23 pour cent). Il perd encore 10 points (13 pour cent) dans l'édition suivante (printemps 2018). Dans l'Eurobaromètre du printemps 2017, les individus étaient également invités à se positionner à propos des mesures qui pourraient être prises au niveau européen. Les Belges apparaissaient encore principalement préoccupés par le terrorisme. Dans cette enquête, ils estimaient que des mesures spécifiques devraient être prises au niveau européen pour lutter contre le terrorisme (82 pour cent), pour résoudre la question de l'immigration (76 pour cent), dans le domaine de la sécurité et de la défense (75 pour cent) et pour protéger les frontières extérieures (74 pour cent). Dans ce contexte, il est tout à fait compréhensible que les Belges aient eu tendance à soutenir l'opération *Vigilant Guardian*.

---

a été réalisée en ligne par iVox auprès d'un panel d'internautes représentatif de la population belge de 18 ans et plus. Pour plus de détails, se reporter à Lecoq (2014).

19 Standard *Eurobarometer* 86, automne 2016.

20 Standard *Eurobarometer* 56, automne 2001.

D'après une enquête réalisée par *Dedicated* (décembre 2015), 72 pour cent des personnes interrogées étaient favorables au déploiement de militaires dans la rue (21 pour cent étaient sans opinion et à peine 7 pour cent étaient contre un tel déploiement). Près d'un an plus tard, en septembre 2016, une enquête similaire[21] a montré que le soutien de l'opinion publique s'était légèrement infléchi tout en restant toujours très élevé : 65 pour cent des répondants estimaient que la présence de soldats dans les rues devait être maintenue. Ce soutien était largement perceptible dans les trois régions (69 pour cent en Wallonie, 64 pour cent à Bruxelles et 65 pour cent en Flandre). D'après l'enquête menée par *Listen* (mai 2017), la principale crainte (tableau 17.1) partagée par la population belge était alors le terrorisme international (61 pour cent), loin devant le crime organisé (38 pour cent) et les conflits ethniques en Europe (36 pour cent).

Tableau 17.1: Principales craintes (2017)

	plutôt d'accord	**sans avis**	**plutôt pas d' accord**
Terrorisme international	61 %	23 %	16 %
Crime organisé	38 %	31 %	31 %
Conflits ethniques en Europe	36 %	31 %	33 %
Accident dans centrale nucléaire	34 %	29 %	36 %
Guerre mondiale	34 %	27 %	39 %
Dispersion d'armées chimiques, nucléaires et biologiques	33 %	30 %	38 %
Lancement (accidentel) d'un missile nucléaire	27 %	22 %	51 %
Épidémies	25 %	30 %	45 %
Conflit nucléaire en Europe	24 %	22 %	54 %
Guerre conventionnelle en Europe	22 %	25 %	53 %

Source : Listen pour la Défense, « Une enquête auprès de la population belge âgée de 17 à 65 ans », mai 2017.

21 *Le Soir*, 1–2 octobre, 2016, p. 4.

Si l'on considère maintenant le soutien apporté par la population aux missions exécutées par la Défense belge (tableau 17.2), on constate que celles en soutien à la police dans les rues arrivent en tête (78 pour cent, dont 54 affirment un soutien total). Il est suivi par les missions de surveillance de l'espace aérien menées par les F-16 à l'étranger (66 pour cent, dont 42 les soutiennent « totalement »). On peut conclure de ces résultats qu'en mai 2017, l'opération *Vigilant Guardian* (OVG) était considérée par la population comme la mission la plus importante pour la Défense belge.

Tableau 17.2: Soutien aux missions exécutées par la Défense belge (2017)

	soutient plutôt ou complètement	**NSP**
Soutien militaire à la police dans les rues	78 %	9 %
Missions des F-16 à l'étranger	66 %	17 %
Formation et suivi des militaires étrangers	67 %	19 %
Soutien militaire à la police pour sécuriser les lieux sensibles	64 %	20 %
Renfort dans les prisons en cas de grèves des gardiens	62 %	15 %
Anti-piraterie	60 %	23 %
Soutien militaire aux gouvernements étrangers afin de réformer leur pays (y compris l'armée)	58 %	22 %

Source : Listen pour la Défense, mai 2017

Comment les personnels de la Défense perçoivent-ils ces *constabulary missions* qui leur sont confiées ?[22] Cette question fut l'objet d'une enquête administrée peu de temps après les attentats terroristes de janvier 2015 à Paris contre Charlie Hebdo et un supermarché Hyper Cacher à la Porte de

22 Pour le personnel de la Défense, les données ont été recueillies en 2015 au début de l'opération *Vigilant Gardian*. Deux enquêtes internes ont été menées par la Chaire de sociologie de l'École royale militaire. La première (mars 2015) a été réalisée à la demande du

Vincennes, mais également après le raid antiterroriste mené à Verviers. Il a d'abord été demandé aux répondants si les domaines d'action mentionnés faisaient partie, selon eux, des missions de la Défense belge. Huit des dix-neuf domaines proposés concernaient des missions nationales (tableau 17.3).

Tableau 17.3: Rôles de la Défense belge (2015)

	oui
Défendre le territoire national	98 %
Contribuer à la stabilité, à la paix et à la sécurité	98 %
Participer à des opérations militaires en Europe	97 %
Apporter de l'aide en cas de catastrophes dans le pays	96 %
Défendre le territoire des états membres de l'OTAN ou de l'UE	95 %
Contribuer à la lutte contre le terrorisme international	95 %
Contribuer au processus de paix, si nécessaire en ayant recours à la force	89 %
Mener des actions militaires hors Europe avec accord ONU	88 %
Apporter des services gratuits à la population belge	88 %
Garantir/symboliser l'unité nationale	86 %
Offrir de l'aide en cas de catastrophes à l'étranger	80 %
Contrôler l'espace public en Belgique	77 %
Contribuer à la lutte contre le radicalisme en Belgique	66 %
Aider à lutter contre les attaques cyber	65 %
Contribuer à lutter contre l'immigration illégale	56 %
Servir la politique étrangère de la Belgique	53 %
Aider les jeunes à s'intégrer dans la société	54 %
Contribuer à lutter contre le trafic de drogues	52 %
Mener des actions militaires hors Europe sans accord ONU	39 %

Source : École royale militaire (Lecoq, 2015)

ministre de la Défense et a interrogé un échantillon représentatif de 1397 militaires et civils de la Défense belge. La seconde enquête (novembre–décembre 2015) a été réalisée dans le cadre du master du sous-lieutenant Born à l'École royale militaire auprès d'un échantillon non-représentatif de 313 répondants francophones issus de trois unités d'infanterie (1–3 Lanciers, 12–13 de Ligne, Commando Training Center) ayant participé en 2015 à l'opération *Vigilant Guardian*.

Les trois missions les plus citées sont traditionnellement affectées aux militaires : défendre le territoire national (98 pour cent des personnes interrogées pensent que c'est le rôle de la Défense belge), contribuer à la stabilité, la paix et la sécurité (98 pour cent) et participer à des opérations militaires en Europe (97 pour cent). Vient ensuite la mission de la Défense belge sur le territoire national pour aider la population en cas de catastrophes. La lutte contre le terrorisme international n'arrive qu'en sixième position (95 pour cent). Parmi les autres rôles militaires non traditionnels soutenus par une large majorité du personnel de la Défense belge en 2015, on peut relever le fait de fournir des services gratuits à la population belge (88 pour cent). Plus intéressant par rapport à notre question de recherche est le fait que 77 pour cent et 66 pour cent des personnes interrogées étaient en accord avec le fait que la surveillance des lieux publics et la contribution à la lutte contre le radicalisme faisaient partie des missions de la Défense belge. À contrario, les rôles les moins mentionnés étaient la contribution à la lutte contre l'immigration illégale (56 pour cent), l'aide à l'insertion des jeunes (54 pour cent) et la lutte contre le trafic de drogues (52 pour cent).

Trois autres questions portent sur les opérations nationales et cherchent à mesurer le soutien des personnels aux différentes missions en cours. Parmi elles figure la mission OVG d'appui à la police fédérale. Elle est très largement approuvée par le personnel de la Défense (83 pour cent). Plus de neuf répondants sur dix (91 pour cent) indiquent aussi que, selon eux, la Défense belge devrait mener des missions à l'étranger et dans le pays. Et lorsque les forces armées mènent des opérations dans le pays, plus de huit répondants sur dix estiment que cela devrait se faire en partenariat avec une ou plusieurs autres organisations civiles. Pour 38 pour cent des répondants, les forces armées devraient soutenir la police, et pour 42 pour cent, un tel soutien devrait plutôt être destiné à d'autres organisations (telles que la protection civile, les pompiers ou les douanes). Pendant la première année de l'opération *Vigilant Guardian* (Born 2015), le personnel militaire répondait presque unanimement être « plutôt ou très motivés » pour effectuer des missions sur le sol belge (98 pour cent). La moitié d'entre eux (52 pour cent) estimait même se sentir plus utile dans ce type de mission que lorsqu'ils sont déployés à l'étranger.

Au fur et à mesure des rotations, cet enthousiasme initial s'est estompé. Même le chef de la Défense de l'époque, le Général Marc

Compernol, se montra très critique à l'égard de la mission en déclarant en février 2017 :

> « [Les] soldats rassurent le public (…). Personnellement, je trouve que ce n'est pas le rôle de la Défense. La sécurité intérieure d'un pays est un problème pour la police. La Défense peut bien sûr venir en renfort dans les moments de menace extrême. Mais nous ne devons pas faire cela ad vitam aeternam. Nous devons cependant obéir au gouvernement. Si la menace ne baisse pas, nous resterons dans la rue ».[23]

Malgré un niveau de menace retombé au niveau 2 depuis janvier 2018, le gouvernement a décidé de maintenir des militaires dans les rues. Cette décision n'est pas encourageante pour le moral de certains soldats ainsi que pour leur opérationnalité, car ces missions demeurent difficiles à accepter pour les familles des soldats qui ne comprennent pas pourquoi ils doivent rester plusieurs semaines dans une base située à quelques kilomètres à peine de leur domicile. En raison de la nature du travail et de cet impact négatif sur leur famille, près de la moitié d'entre eux déclarent envisager de quitter l'armée, beaucoup d'entre eux pour la police.[24] Cette attrition est d'autant plus alarmante dans une organisation qui doit faire face à un manque chronique de personnel et à une compétition plus importante avec d'autres acteurs de la sécurité. Face à ces *constabulary missions*, l'identité professionnelle des militaires est remise en question tant ces missions ne correspondent pas à ce pourquoi ils se sont engagés.

Conclusion

Depuis janvier 2015, en réponse à la menace terroriste imminente en Belgique, des unités militaires ont été déployées sur leur territoire national en soutien à la police pour surveiller les zones sensibles et patrouiller dans les rues.

23 Source : Interview Général Marc Compernol, « Il faut sauver le soldat belge », Télémoustique, Brussels, 22 février 2017.

24 Source : De Carbonel Alissa et Robert-Jan Bartunek Soldiers on Europe's streets dent NATO's defense edge, 14 septembre 2017, Reuters.

Les premiers temps, la majorité du personnel militaire était enthousiaste à l'idée d'effectuer ces missions supposant de travailler avec la police. Les militaires pensaient même, lors des premières rotations, que cette mission en Belgique était plus utile que celles qui étaient menées à l'étranger. Pour autant, cet enthousiasme ne se manifesta qu'un temps. Initialement présentée comme une mesure temporaire, celle-ci est toutefois devenue permanente, en partie grâce au (ou à cause du) soutien de l'opinion publique. En quelques mois, la motivation et l'enthousiasme initiaux des soldats ont commencé à s'altérer. Beaucoup de recrues s'étaient inscrites pour participer à des opérations à l'étranger et pour l'aventure, beaucoup moins pour jouer aux gardes de sécurité dans les rues de Bruxelles. Par conséquent, beaucoup de nouvelles recrues ont quitté l'organisation à cause de cette opération. Consommateur de ressources, ce déploiement intensif a aussi eu des effets sur l'état de préparation opérationnelle de la Défense belge et sa capacité à mener à bien ses missions principales. En d'autres termes, le déploiement continu d'une partie importante des unités opérationnelles dans ce type d'opérations nationales a nui à l'entraînement de ces unités.

À la lumière de ces constats, le processus de convergence entre l'armée et la police, identifié par certains auteurs (Easton et Moelker 2010) mérite d'être discuté. D'un côté, il apparait bien être en cours et s'observe par le biais des métissages entre ces différentes organisations, tant au niveau individuel qu'au niveau institutionnel. La création fin décembre 2015 de la Direction de sécurisation de la police fédérale, dont certains postes sont réservés pour des militaires, illustre les transferts possibles entre les deux organisations. Le faible nombre de militaires ayant fait le choix d'être transférés vers ce nouveau corps de sécurité révèle les obstacles incitant à relativiser la portée de ce processus. Des freins idéologiques semblent aussi s'opposer à ce que cette *constabularisation* se poursuive vers une réelle *policisation* des forces armées : freins politiques, mais aussi idéologiques et professionnels. Si une certaine porosité peut s'observer, le processus d'hybridation entre forces de police et force armées n'en est à qu'à ses débuts et demande à être étudié plus systématiquement.

Références bibliographiques

Battistelli, F., T. Amendola et M.G. Galantino (1999). 'The fuzzy environment and postmodern soldiers: The motivations of the Italian contingent in Bosnia'. Papier présenté à la Biennial International Conference of the Inter-University Seminar on Armed Forces and Society, Baltimore, 22–4.

Biderman, A.D. (1967). 'What is military?'. In S. Tax (Ed.), *The Draft: A Handbook of Facts and Alternatives*, pp. 122–137. Chicago: The University of Chicago Press.

Bigo, D. (2005). 'La mondialisation de l'(in) sécurité ?', *Cultures & Conflits*, 58, 53–101.

Boëne, B. (1990). 'How "unique" should the military be?: A review of representative literature & outline of a synthetic formulation', European *Journal of Sociology/ Archives Européennes de Sociologie*, 31, 3– 59.

Boëne, B. (2018). 'The military as a tribe among tribes. Post-modern militaries and civil-military relations. An update'. In G. Caforio and M. Nuciari (E.), *Handbook of the Sociology of the Military* (2nd edition), pp. 179–202. New York: Springer International Publishing.

Born, T. (2016). *Perceptions de l'utilisation des militaires dans les rues : Leçons de l'année 2015*. Bruxelles : École Royale Militaire, Chaire de Sociologie, thèse de master.

Bruneteau, P. (1995). 'Manœuvres scientifiques en terrain militaire', *Genèse*, 19, 108–21.

Campbell, D. et Campbell, K. (2010), 'Soldiers as police officers/Police officers as soldiers: role evolution and revolution in the United States', *Armed Forces and Society*, 36, 327–50.

Dalton, R. J. (1988). *Citizen Politics in Western Democracies: Public Opinion and Political Parties in the United States, Great Britain, West Germany and France*. Chatham: Chatham House Publishers.

Duclos, N. (2014). 'L'OSCE au Kosovo, une identité faible et une action entravée. Le cas du service de police du Kosovo', *Revue d'études comparatives Est-Ouest*, 45, 49–74.

Dumoulin, A. (2017). *Défense citoyenne et citoyens de la Défense : l'armée belge et la nation*. Sécurité et Stratégie N° 130. Bruxelles : Institut Royal Supérieur de Défense.

Durkheim, E. (2004 [1893]). *De la division du travail social*. Paris : PUF.

Easton, M. et R. Moelker (2010). 'Police and Military: two worlds apart? Current Challenges in the Process of Constabularisation of the Armed Forces and Militarisation of the Civilian Police'. In M. Easton, M. Den Boer, J. Janssens,

R. Moelker and T. Vander Beken (Eds.), *Blurring Military and Police Roles*, pp. 14–41. Den Haag: Eleven International Publishing.

Harries-Jenkins, G. (1973). 'From conscription to volunteer armies', *Adelphi Paper* n° 103.

Janowitz, M. (1971). *The Professional Soldier: A Social and Political Portrait*. Glencoe: Free Press.

Janowitz, M. and R. D. Little (1974). *Sociology and the Military Establishment* (3rd edition). Beverly Hills: Sage.

Kaldor, M. (1999). *New and Old Wars: Organized Violence in a Global Era*. Stanford: Stanford University Press.

Lecoq, V. (2014). Image de la Défense belge. Bruxelles : École Royale Militaire, Chaire de Sociologie, rapport technique.

Listen pour la Défense belge, *Een onderzoek bij de Belgische bevolking tussen 17 en 65 jaar*, mei 2017.

Manigart, P. (1985). *Les forces armées belges en transition : une analyse sociologique*. Bruxelles : Éditions de l'Institut de Sociologie.

Manigart, P. (1986). 'The Belgian Defense policy domain in the 1980s', *Armed Forces and Society*, 13, 39–56.

Manigart, P. (2018). 'Restructuring the armed forces'. In G. Caforio and M. Nuciari (E.), *Handbook of the Sociology of the Military* (2nd edition), pp. 407–25. New York: Springer International Publishing.

Manigart, P. et Resteigne, D. (2013). *Sortir du rang : la gestion de la diversité à la Défense belge*. Bruxelles : L'Académie en poche.

McCormick, D. (1998). *The Downsized Warrior: America's Army in Transition*. New York: New York University Press.

Moskos, C.C. et J. Burk (1994). The postmodern military. In J. Burk (Ed.), *The Military in New Times: Adapting Armed Forces to a Turbulent World*, pp. 141–62. Boulder: Westview Press.

Moskos, C.C., J. A. Williams et D. R Segal (2000). *The Postmodern Military: Armed Forces after the Cold War*. Oxford: Oxford University Press.

Resteigne, D. (2012). *Le militaire en opérations multinationales. Regards croisés en Afghanistan, en Bosnie, au Liban*. Bruxelles : Bruylant.

Rokkan, S. (1960). 'Citizen participation in political life'. In *International Social Science Journal*, 12, 7–99.

Schuler, R. S. and S. E. Jackson (1996). Human Resource Management: Positioning for the 21st Century. Minneapolis: West Publishing Company.

Shaw, M. (1991). *Post Military Society*. London: Polity Press.

Soeters, J. (2000). 'Culture in uniformed organizations'. In N. M. Ashkanasy, C.P.M. Wilderom, and M. F. Peterson (Eds.), *Handbook of organizational culture and climate*, pp. 465–81. Londres : Sage Publications.

Soeters, J., D. Winslow and A. Weibull (2003). Military Culture. In G. Caforio (Ed.), *Handbook of the Sociology of the Military*, pp. 237–54. New York: Kluwer Academic.

Tilly, C. (1992). *Coercion, Capital and European States, AD 990–1990*. Cambridge: Blackwell.

Van Creveld, M. (1991). *The Transformation of War*. New York: Free Press, 1991.

Van Doorn, J. (1975). 'The decline of the mass army in the West: general reflections', *Armed Forces and Society*, 1, 147–15

SÉBASTIEN JAKUBOWSKI

Chapitre 18 Les acteurs de la sécurité-défense en France aux portes de l'hybridation

Les institutions de sécurité-défense[1] sont aujourd'hui confrontées à une dynamique de transformation qui se caractérise, en particulier, par leurs relations renforcées avec les autres acteurs intervenant dans ce domaine, contribuant ainsi à désectoriser (Daho 2019), à hybrider, voire à mixer, leur action. La notion d'hybridation renvoie à l'idée que les composantes de la société seraient moins cloisonnées, plus entremêlées et que la richesse de leur action proviendrait justement de la capacité à pouvoir articuler des objets, des pratiques, des concepts pour produire une action originale et plus efficace. L'hybridation est ainsi au cœur d'une certaine actualité scientifique (Halpern 2020) même si le concept est aujourd'hui loin d'être stabilisé et modélisé, en particulier quant à son application en sciences sociales.

Ce chapitre aura principalement une portée théorique et constitue une invitation à réfléchir au continuum de sécurité-défense[2] dans la perspective

1 Dans ce chapitre, les institutions de sécurité-défense sont entendues dans un sens très large et renvoient à : les armées, la gendarmerie nationale, la police nationale, les douanes, les sapeurs-pompiers, la justice, les services d'aide médicale d'urgence, etc.

2 Les Livres blancs de 2008 et de 2013 sont des Livres blancs sur la défense et la sécurité nationale. Pourtant, aucun de ces deux Livres blancs ne comporte le terme de « continuum » qui apparaît dans la Revue stratégique de 2017 en mentionnant le rôle des armées dans la protection de la Nation, en particulier sur le territoire national. La *Revue stratégique* fait des attentats de 2015 le révélateur de la nécessité de ce continuum en pointant toutefois la nécessité de préciser le rôle des armées entre protection et intervention. Le numéro spécial (n° 45, 2019) des *Cahiers de la sécurité et de la justice de l'INHESJ* est consacré au continuum sécurité-défense. Il pointe le terrorisme mais aussi les cyberattaques, le crime organisé, les pandémies et les catastrophes naturelles, etc. comme menaces nécessitant une meilleure coordination entre armée, police et justice (voir plus bas).

de la sociologie de l'action publique, de la sociologie des organisations et de la sociologie des professions. Ce prisme d'analyse et de lecture des institutions est à la fois classique (d'autres auteurs de cet ouvrage l'ont adopté) et relativement peu développé lorsqu'il s'agit d'analyser sous un angle sociologique (celui des relations professionnelles ou des relations de travail) les liens que les acteurs de la sécurité-défense nouent et établissent entre eux.

Il convient d'emblée de poser deux postulats : les armées ne sont plus le seul acteur de la sécurité extérieure et elles sont mobilisées de plus en plus pour produire une action de sécurité intérieure en lien avec d'autres acteurs publics et/ou privés. Nous discuterons dans ce chapitre essentiellement du second postulat qui renvoie à l'impossibilité de dissocier de la réflexion sur les armées le lien qu'elles établissent et nouent avec d'autres institutions publiques de sécurité, mais aussi avec d'autres institutions comme, par exemple, l'Éducation nationale et l'Enseignement supérieur. Les institutions de sécurité-défense sont confrontées à des processus d'hybridation de leur action, mais notre thèse est que cette transformation n'est encore que très modestement enclenchée.

La première partie sera consacrée au concept d'hybridation : de la biologie à sa transposition aux sciences sociales. La seconde partie mettra en avant les prémices de la mise en œuvre opérationnelle de l'hybridation dans le secteur de la sécurité-défense. Enfin, la troisième partie en tirera des conséquences sur le plan de la construction du continuum de sécurité-défense.

Le concept d'hybridation : de la biologie aux sciences sociales

De la biologie ou de l'énergie ...

La biologie est le premier champ dans lequel ce concept est utilisé. L'hybridation y pose la question du croisement entre des individus dissemblables, mais d'une espèce identique ou proche. Hybrider ne revient donc pas à faire disparaitre les spécificités des individus, mais à en tenir compte et à les articuler. Dans un autre champ, comme celui de l'énergie par exemple, il s'agit de faire appel à deux types d'énergie rendus complémentaires. Il s'agit typiquement du cas de la voiture hybride fonctionnant soit au moteur thermique, soit au moteur électrique tout en rechargeant les batteries dans le premier cas. L'hybridation en biologie ou dans le secteur de l'énergie combine des éléments dissemblables au bénéfice d'une production que l'on cherche à améliorer. Dans le premier cas, il y a production d'une nouvelle variété de population par croisement (biologie) ; dans le second cas, il y a production d'une nouvelle variété d'action par combinaison (énergie). Cela ne signifie pas pour autant que cela soit simple d'un point de vue opérationnel et dans l'action.

... Au champ des sciences sociales

Appliqué aux sciences sociales et lorsque l'on transpose cette idée aux organisations, il s'agit d'analyser d'une part les combinaisons entre les institutions ou les organisations et d'autre part les liens qui se construisent ainsi entre les professionnels (individus) de ces organisations. En ce sens, nous nous inscrivons dans l'idée que l'action collective produite au niveau méso-sociologique procède de l'agrégation des actions individuelles (Boudon 1990). Mais plus qu'une clinique du travail ou de l'activité (Clot 2015), ce qui nous intéresse ici, ce sont les liens entre les organisations, produits par les collaborations effectives des acteurs au travail. Il s'agit de reprendre l'idée précédente selon laquelle l'hybridation ne fusionne pas les spécificités. Leur croisement, en filant le sens biologique de l'hybridation, peut aller jusqu'à la création d'une nouvelle variété d'action (par combinaison des acteurs), voire d'une nouvelle variété d'organisation, en poussant plus encore le raisonnement sur un plan théorique.

La transposition du concept en sciences sociales s'opère soit par les sciences de gestion selon une approche qui aborde l'organisation et les ressources humaines dans une optique d'innovation (Munos et Meyronin 2014), soit par la géographie et l'urbanisme selon une approche politique et territoriale (Gwiazdzinski 2016). En sociologie, Bernardot et Thomas (2016) notent que la notion d'hybridation institutionnelle est utilisée pour décrire les méthodes de transformation des fonctions publiques. Ils précisent que les acteurs policiers et militaires, du privé et du public, peuvent intervenir de manière enchevêtrée dans un continuum facilitant les échanges ; ce dont il est justement question dans ce chapitre. Ce processus par le haut caractérise bien les attendus de l'hybridation : croiser pour obtenir une nouvelle espèce plus adaptée à son environnement[3]. À ce titre, l'hybridation bouscule les repères identitaires professionnels et invite à croiser les segments institutionnels et professionnels (des groupes professionnels) dont les frontières ne sont pas nécessairement toujours claires. Hénaut et Poulard (2018) montrent ainsi que des professionnels distincts qui partagent des préoccupations communes (par l'action par exemple) sont amenés à se réunir pour faire valoir leurs intérêts, mais pas nécessairement en phase avec les membres de leur groupe. Dès lors, les groupes professionnels sont soumis à des processus (compétition, clivage par exemple) qui interrogent leur identité professionnelle et leurs relations aux autres groupes.

La thèse que nous défendons est que les transformations de l'action publique conduisent les groupes professionnels – du moins certains segments professionnels au sein de ces groupes, dont les missions sont proches – à travailler de façon de plus en plus étroite. Pour répondre aux enjeux d'une action globale mieux coordonnée, ce travail en commun les conduit aux portes de l'hybridation institutionnelle des métiers. En effet, la coopération atteint ses limites et ne permet plus d'atteindre tous les objectifs fixés face aux enjeux toujours plus complexes dans ce secteur. Cette perspective nous amène à poser l'hypothèse de formes nouvelles de relations entre des groupes professionnels et des acteurs au prix de l'apparition d'un nouveau groupe professionnel (en poussant cette hypothèse jusqu'au bout) dont le bénéfice escompté serait la production d'une action collective plus efficace. Cette hypothèse de la production d'une action publique de moins en moins segmentée et de plus en plus hybridée pose la question des périmètres d'action, du travail en commun, de la coordination, ainsi que du leadership sur

3 Une fois encore, nous poussons loin le raisonnement théorique. Le continuum de sécurité-défense prendrait la forme de la création d'une nouvelle organisation à laquelle seraient confiés des pouvoirs de police, des pouvoirs militaires voire des pouvoirs judiciaires. Évidemment, cela ne serait pas sans poser d'autres questions sur le plan de la division et du contrôle des pouvoirs au sein de notre démocratie.

les dossiers partagés. Cela pose aussi la question des raisons pour lesquelles cette hybridation survient.

Une approche soumise à des critiques

La transposition du concept d'hybridation dans le champ des sciences sociales n'est pas exempte de critiques. Les limites de l'analogie pointent et celles-ci sont aussi une invitation à réfléchir aux modalités d'importation théorique de ce concept, en particulier dans le champ organisationnel et des politiques publiques. Les auteurs critiques sont principalement issus de la sociologie institutionnaliste. Ils se positionnent en défenseurs des institutions. L'hybridation viendrait, selon eux, attenter au projet institutionnel selon une logique de réforme managériale.

Le premier axe de la critique développe un argumentaire qui, en creux, conteste les réformes d'inspiration néo-libérale (Bezès 2009). De par ces réformes, les institutions se ressembleraient davantage, selon un processus appelé symétrisation (Payet et Purenne 2016). La spécificité des rapports sociaux au sein des institutions disparaitrait. Il en serait de même des logiques professionnelles propres à ces institutions et à leurs métiers. Dans ces conditions, cette perte de spécificités rendrait plus propice un rapprochement des groupes professionnels. Celui-ci n'est pas appréhendé positivement mais est perçu comme une possibilité de conduire à la disparition des institutions. Ces auteurs n'envisagent pas dans leur raisonnement comme souhaitable la possibilité de construction d'espaces communs entre des segments professionnels proches. L'angle d'analyse porte davantage sur la sauvegarde des spécificités institutionnelles contre les réformes (Dubet 2002) que sur l'efficacité de l'action alors que nous considérons que l'efficacité de l'action peut aussi, dans un premier temps, se mesurer au travers de la capacité à pouvoir produire de l'efficacité aux frontières des segments. Cela se justifie d'autant plus que les institutions sont confrontées à de nouvelles questions sociales que le rapprochement institutionnel peut conduire à dépasser.

Un second axe de la critique est que la « société de sécurité » (expression qui reprend ici en partie la terminologie marxiste utilisée par ces auteurs) ou la « société sécuritaire », alimentée par une meilleure coordination des institutions de sécurité-défense, rendrait la société moins symétrique, moins égale, plus autoritaire et moins démocratique. Pour ces auteurs, cela attenterait au projet démocratique. Le rapport entre les institutions serait moins équilibré dans le système institutionnel et bénéficierait aux institutions plus verticales dans leur fonctionnement organisationnel.

Dans la même lignée, le troisième axe active les critiques de la rationalisation par le *New Public Management*. Empruntant aux explications théoriques (l'isomorphisme) de la théorie néo-institutionnaliste[4], cette rationalisation produirait une plus grande ressemblance entre les institutions (comme évoqué précédemment). Autrement dit, la transformation des institutions de sécurité-défense se répercuterait aux autres institutions qui perdraient ainsi leur spécificité et devraient ensuite se transformer suivant les mêmes processus. Cette injonction produirait des déplacements de territoires (Demailly 2016) tant au niveau de la légitimité de l'action publique sur le plan des compétences institutionnelles que des territoires géographiques de référence. Se mettrait ainsi en place une nouvelle gouvernance institutionnelle et politique, moins démocratique, qui concernerait les institutions de sécurité, voire, qui partirait d'elles.

Ces critiques font peser un procès bien lourd à l'égard de l'hypothèse de l'hybridation institutionnelle dont l'augmentation d'efficacité recherchée ne suppose pas un recul du contrôle démocratique.

Vers des mixtes de métiers

Avant d'en arriver à un processus intégré d'hybridation (au sens biologique), nous assistons d'abord à la création de mixtes de métiers. Ce n'est qu'ensuite que pourrait être envisagée une perte de spécificité des institutions. Bien sûr, la recomposition professionnelle qui s'opère – c'est-à-dire celle concourant à pousser davantage la logique de la coopération – n'est pas dénuée de paradoxes. Comment conduire à la fois de la rationalisation

4 DiMaggio et Powel (1983) expliquent ainsi les processus de convergence au sein d'un champ organisationnel. Les institutions se ressembleraient de plus en plus en empruntant les unes aux autres et les unes les autres les mêmes modalités de fonctionnement ayant fait leur preuve qu'elles finissent par toutes adopter.

institutionnelle et dans le même temps demander aux institutions et aux professionnels de se montrer ouverts à d'autres logiques d'action, à d'autres intérêts ? Ce sont là de vrais objets théoriques et de vrais enjeux sociologiques que la sociologie militaire est à même de traiter.

Les alignements de professionnels d'institutions différentes, mais aux missions proches, par les politiques publiques se heurtent à la réalité des cultures et des pratiques professionnelles et organisationnelles. La question des échelles de gouvernance et de pilotage multiniveaux entre le national et le local/territorial (Mocquay 2009) ainsi que des tensions suscitées par la normalisation des pratiques professionnelles (Paradeise 1988) sont également en jeu. Néanmoins les mixtes de métiers hybridés sont une voie à explorer pour mieux articuler et opérer les choix de l'action publique dans le domaine de la sécurité-défense.

Les prémices de la mise en œuvre opérationnelle de l'hybridation

Une coordination des forces de plus en plus nécessaire

L'un des points de départ de cette analyse est une scène qui voit se réunir en un même espace d'intervention des militaires de la force Sentinelle[5], des policiers nationaux et des pompiers départementaux intervenant à la suite d'un acte terroriste. Une seconde scène pourrait voir réunis en intervention des gendarmes mobiles, des militaires de la force Sentinelle et des douaniers.

Dans la perspective métropolitaine du continuum de sécurité-défense, ces scènes illustrent bien les interventions de plus en plus conjointes, voire

5 L'opération Sentinelle a été lancée en janvier 2015 après les attentats terroristes. Elle mobilise sur le territoire national 10 000 militaires dont 3 000 réservistes. Cette opération intérieure vise à assurer la sécurisation et la protection statique et/ou dynamique de lieux considérés comme sensibles sur le territoire national.

interdépendantes, de l'ensemble de ces acteurs. Outre les formes classiques et historiques de coopération sur le terrain de ceux-ci, la complexité des nouveaux enjeux leur impose de fait à pousser plus loin leur interopérabilité[6] (combinaison plus intégrée des acteurs), voire vers l'hybridation complète (croisement de ces mêmes acteurs).

En effet, autre exemple, des policiers spécialisés dans le grand banditisme peuvent se rapprocher des cadres d'action des militaires pour certaines opérations spéciales et les militaires des policiers lorsqu'ils sont amenés à enquêter dans le cadre de missions d'investigation ou de renseignement lors des opérations extérieures. Des emprunts conjoints opèrent ainsi déjà entre les forces de sécurité-défense et leurs cadres d'intervention même si une bonne coordination en intervention n'implique pas nécessairement une interopérabilité complète.

Les événements de novembre 2015 ont sans doute constitué un déclencheur de la prise de conscience de la nécessité d'opérer une hybridation des acteurs de la sécurité-défense pour optimiser leurs interventions. Il est désormais connu et admis que lors de l'attaque terroriste menée au Bataclan, une chaîne de commandement non unique entre les forces de sécurité et des procédures d'engagement différentes entre celles-ci n'ont pas permis aux militaires présents sur zone d'appuyer opérationnellement les forces de police.

Ces événements ont mis au jour le fait que la coordination entre les forces de sécurité n'est plus suffisante pour affronter les enjeux du terrain. Le dépassement de la coordination invite à creuser la possibilité d'une interopérabilité plus forte entre ces acteurs qui conduit à des métiers plus hybridés par la combinaison croisée entre acteurs (au sens de l'hybridation en énergie). Ce stade serait le prélude d'une hybridation par croisement (au sens biologique) qui pourrait aboutir à terme à l'émergence d'une nouvelle organisation intégrée de sécurité-défense.

6 Issue du domaine de l'informatique, la notion d'interopérabilité renvoie aux possibilités de communication entre des systèmes. Appliquée au champ militaire, cette notion renvoie aux capacités techniques, tactiques des forces à pouvoir travailler ensemble en rendant convergentes ou connectées leurs procédures.

L'amorce d'une politique unique de sécurité-défense

L'élargissement des scènes d'intervention bouscule la conception traditionnelle de l'action publique supposant une relative étanchéité entre les institutions. Il faut analyser les institutions au travers des liens qu'elles établissent avec d'autres. Il faut les appréhender dans le cadre du fonctionnement global du système d'État qui est à l'œuvre pour la construction de politiques publiques. Dans un autre registre, cela se matérialise, par exemple, dans le cadre de la réintroduction d'un service national universel et obligatoire (SNU) en France depuis 2019[7]. Notre hypothèse est en effet que nous assistons à la naissance d'une nouvelle politique publique combinant éducation, jeunesse, citoyenneté, défense et sécurité nationale. En soi, il s'agit déjà d'une certaine nouveauté originale dans le paysage national. Le SNU n'invite pas seulement des acteurs institutionnels à coopérer. Ils doivent ensemble inventer une nouvelle politique publique interministérielle, aux côtés d'acteurs associatifs, par combinaison de leurs expertises et approches sous l'égide du ministère de l'Éducation nationale et de la jeunesse.

Une telle politique publique unique n'existe pas dans le domaine de la sécurité (nationale et extérieure). Celle-ci est segmentée et partagée entre plusieurs acteurs institutionnels intervenant dans des registres divers, parfois complémentaires, parfois concurrents. Le concept d'hybridation n'en devient que plus utile pour comprendre ces dynamiques. Ce sont le plus souvent les situations opérationnelles qui produisent l'hybridation selon une logique *bottom-up*. Celle-ci est assez rarement suscitée par les intentions politiques, selon une logique *top-down*. Une tentative en ce sens a été lancée en 2002 par Nicolas Sarkozy, alors ministre de l'Intérieur, lorsqu'il a créé les groupes d'interventions régionaux (GIR) dans l'objectif de lutter contre l'économie souterraine. Ces GIR associent toutes les forces régaliennes : police, gendarmerie, administration fiscale, douanes, inspection du travail, etc. Pourtant, cette tentative qui promeut *in fine* cette amorce d'hybridation n'a pas complètement survécu à son créateur[8].

7 Sur la question spécifique du SNU, se reporter au chapitre de Bénédicte Chéron dans ce même ouvrage.

8 À propos de l'hybridation des pratiques des services impliquées dans les GUR, Guenot (2018) montre une injonction à la « transversalisation » permettant la

Un autre exemple d'application concrète de cette hybridation est la gestion par les autorités publiques lors du mouvement des gilets jaunes de 2018–2019. Le gouvernement prit une mesure emblématique en décidant de mobiliser en mars 2019 les militaires de l'opération Sentinelle en renfort de la protection de certains bâtiments publics et bâtiments officiels. Cette mesure a fait beaucoup réagir, car elle pouvait être interprétée comme le signe d'une volonté de durcissement de la réponse publique par le recours au renfort des armées, mais aussi comme la reconnaissance d'un certain débordement des policiers et gendarmes dont le redéploiement était devenu nécessaire. De manière dépassionnée, cet exemple illustre concrètement le passage à un stade complémentaire de coopération entre forces de sécurité-défense.

Dans cette logique, les parties en présence ne sont pas seulement juxtaposées, puisque l'on voit poindre un début d'enchevêtrement[9] afin que la coopération résultant de celui-ci produise des résultats en matière d'efficacité du maintien de l'ordre public. Pour autant, le stade de l'hybridation n'est pas franchi, car cela aurait supposé que chacune des parties mobilisées le soit en dehors du cadre ou du champ classique de leur domaine d'intervention tactique et juridique. Le début d'entremêlement recherché se met au service de la finalité quitte à bousculer les logiques classiques d'action des groupes professionnels. C'est d'ailleurs ce qui s'est produit, dans une certaine mesure seulement.

Des limites opérationnelles

À cet égard, le mouvement des gilets jaunes a donné lieu à une réponse à la fois d'ordre public, de sécurité publique et d'opération que certains ont

création d'un nouveau champ pénal. S'il y a bien eu redéfinition des métiers et création de nouvelles compétences, c'est la réappropriation dans la pratique par les acteurs qui a permis de donner corps aux GIR.

9 Il ne s'agit en effet que d'un début car si le dispositif est pensé de façon unique (à l'échelle de la Préfecture de police dans cet exemple), les forces en présence demeurent sous leur commandement institutionnel et dans leur cadre juridique d'action.

pu juger de quasi-militaire[10]. Il s'agit donc de logiques d'emprunts croisés à des fins de production d'une situation originale ou devant répondre à des circonstances d'événements inattendus. Les limites de ces prémices d'hybridation ont vite été atteintes. En témoigne la précision apportée par le gouvernement quant au fait que les militaires ne pourraient contribuer à l'ordre public en dehors de la mission qui leur a été confiée à savoir la protection statique des sites sensibles. Le 21 mars 2019, la ministre des Armées clarifie ce point de vue : « les militaires ne seront pas face aux manifestants » tout en précisant que les attributions des militaires ne sauraient relever légitimement du maintien de l'ordre public sur le territoire métropolitain. On le voit au travers de cet exemple, les limites ainsi atteintes révèlent bien l'enjeu de l'hybridation qui, bien au-delà de la seule juxtaposition, suppose d'interpénétrer les équipes concrètement, et surtout de les mettre derrière une seule ligne de commandement, que celle-ci émane de l'une ou de l'autre des équipes mobilisées[11]. Ce n'est qu'à ce prix que pourrait être assurée permet la continuité de l'action[12]. Avec l'hybridation, on va ainsi au-delà de l'interministériel où chacun reste « dans son couloir ». Il s'agirait de mieux combiner encore les forces, voire de créer une nouvelle force intégrée de sécurité-défense.

Les grands plans territoriaux ou thématiques ont justement cette vocation. C'est par exemple le cas du plan de prévention et de lutte « Pandémie grippale » disponible sur le site du Secrétariat général de la défense et de la sécurité nationale. Il date de 2011, mais il fait inévitablement penser au plan de lutte contre le coronavirus Covid-19 au début de l'année 2020. Dans cette configuration, toutes les forces de l'État sont mobilisées sous le pilotage de la direction générale de la santé. Sur le plan sanitaire, l'interopérabilité est

10 Le dernier rapport de l'ACAT (Action des chrétiens pour l'abolition de la torture), Maintien de l'ordre : à quel prix ? Enquête sur les évolutions des pratiques de maintien de l'ordre en France et leurs incidences sur les libertés, paru en mars 2020, consacre une section au recours des forces armées pour des opérations de maintien de l'ordre (p. 67).

11 Il s'agirait bien ici d'une ligne de commandement unique et intégrée donnant une complète autorité sur les forces engagées et sur l'ensemble de l'étendue de leur capacité opérationnelle d'action. Bien sûr, nous nous situons ici dans l'hypothèse de création de nouveaux métiers.

12 Selon une logique proche des recommandations de Fayol (1917).

renforcée : tous les corps de santé allient leurs forces et travaillent conjointement pour lutter contre la pandémie : réserve sanitaire, médecins libéraux, service de santé des armées, sapeurs-pompiers départementaux en plus, bien entendu, des personnels hospitaliers. Toutefois, l'amalgame n'est pas complètement opéré, car chaque force mobilisée demeure sous l'autorité de sa chaîne hiérarchique et si les équipes travaillent ensemble, pour autant, elles ne sont pas mixées. Dans ces conditions d'action, les forces de sécurité-défense sont aux portes de la combinaison intégrée des métiers, mais le palier de l'hybridation, avec tout ce qu'il implique, est encore loin d'être franchi.

La notion théorique d'hybridation permet d'éclairer les enjeux que pose la construction du continuum de sécurité-défense.

Le continuum sécurité-défense et l'hybridation des institutions du secteur

Un continuum à construire sur des intérêts réciproques

Parler de continuum de sécurité – défense, même dans une perspective contemporaine, est assez récent[13]. Alors que les Livres blancs, jusqu'à celui de 1994 inclus, étaient des Livres blancs sur la défense nationale, celui de 2008 d'abord, de 2013 ensuite, portent sur la défense et la sécurité nationale. La juxtaposition défense-sécurité ou sécurité - défense se lit dès lors comme une forme acquise de contribution réciproque. Pour autant, cette combinaison « sur le papier » ne signifie pas nécessairement une hybridation dans le registre opérationnel et organisationnel des institutions en question, comme nous l'avons vu précédemment.

La revue stratégique de 2017 s'inscrit dans cette logique en portant le nom de *Revue stratégique de défense et de sécurité nationale*. Le concept de sécurité y est abordé de façon extrêmement large en croisant le concept

13 Dans un article de 2017, Louis Gautier revient sur la mise à jour contemporaine de l'existence du continuum de sécurité-défense.

d'intérêts à celui de sécurité (§ 165 : 55). Mais cette appréhension du continuum ne conduit pas véritablement à penser les liens fonctionnels et juridiques entre l'ensemble des acteurs et des opérateurs permettant la mise en œuvre de cette sécurité globale avec / via les institutions de défense.

La notion d'intérêt est décisive au sens où les acteurs ne s'engagent dans l'action que s'ils en éprouvent un intérêt (Boudon 2003). Il en est de même à ce titre des organisations. Cela suppose un alignement des intérêts entre les organisations / institutions pour qu'il y ait véritablement continuum et donc la nécessité de s'entendre sur les intérêts majeurs partagés. L'approche par les intérêts réciproques vient ainsi concurrencer une approche souvent annoncée comme centrale dans les études en relations internationales, celle de l'approche globale (Lavallée et Pouponneau 2016).

L'entrée par l'approche globale laisse à penser que les contributeurs s'alignent mécaniquement en raison du partage d'un commun qui dépasse tout : par exemple, l'intérêt général ou encore le service public. Mais cette vision politique par l'approche globale, qui fait pourtant stratégiquement sens, fait fi des acteurs eux-mêmes et des logiques professionnelles relevant de l'identité. Nous en revenons donc ici à la nécessité de bien définir les intérêts spécifiques et conjoints des institutions à entrer dans le continuum et par extension à produire des actions véritablement conjointes et potentiellement combinées.

Trois formes possibles d'hybridation ...

Le processus d'hybridation institutionnelle appliquée aux institutions de la sécurité-défense prend, pour le moment, comme nous l'avons vu précédemment, la forme d'une quête d'une meilleure interopérabilité dans le cadre d'une transformation plus large et globale de l'action publique. Ce champ d'analyse est encore en chantier, mais il est de toute première importance pour la sociologie militaire. En effet, depuis deux décennies, les institutions régaliennes, en particulier les institutions de sécurité-défense connaissent un processus de transformation profonde des métiers en raison de réformes de rationalisation (Jakubowski 2007), mais aussi d'un contexte sécuritaire (au sens large) de plus en plus incertain. Les métiers se sont professionnalisés et complexifiés (Wittorski 2007). Le lien de ces institutions au politique s'est renforcé, mais l'efficacité de l'action institutionnelle demeure difficile à mesurer, sauf en cas d'actions de prévention efficaces et/ou d'actions de contre-feux. C'est sur le plan de l'efficacité que l'hybridation peut démontrer son utilité effective pour les pouvoirs publics. Trois formes d'hybridation peuvent être identifiées selon leurs implications et leurs conséquences.

La première est l'articulation avec le marché et les acteurs privés de la sécurité qui tiennent une place de plus en plus importante dans le secteur. Ceux-ci questionnent de fait la division du travail, aux frontières, avec les institutions publiques de sécurité-défense[14]. Jusqu'ici, par exemple dans l'enseignement supérieur, la connaissance, soit l'ensemble des savoirs, était un bien commun public. Toutefois, la privatisation autorise aujourd'hui une autre vision de la production des biens publics, tantôt externalisée, tantôt maintenue au sein de l'État, mais qui l'assimile alors à un appareil de production de « biens privés ». Cela rend possible un certain brouillage de la production, voire une hybridation, comme dans les prisons par exemple, entre production d'un service public et production de biens privés sous l'autorité et le contrôle de fonctionnaires publics. Les règles du marché pénètrent alors l'univers public et y supplantent parfois les règles légales. Cela contribue incontestablement à institutionnaliser le marché « considéré comme le lieu idéal du jugement d'efficience alors que l'épaisseur politique des instances étatiques est représentée comme un frein et comme étant à la source d'une irréductible inefficience » (Pesqueux 2007 : 45–46). Dans le monde des institutions de la sécurité-défense, cela renvoie à l'interopérabilité et à ses conditions possibles entre une ou des institutions publiques et leurs partenaires privés en France, comme à l'étranger. Les acteurs privés de la sécurité montent en puissance et, au regard de la réduction des effectifs des institutions publiques, sont devenus des supplétifs importants de l'action de sécurité[15].

14 Sur cette question, voir en particulier les travaux de Magnon-Pujo (2011), ainsi que son chapitre dans ce même ouvrage.

15 Nous pouvons par exemple citer les travaux de Larrieu (2017) sur l'externalisation de certaines fonctions y compris de sécurité dans le secteur des institutions de sécurité-défense.

La seconde forme de l'hybridation renvoie au pouvoir normalisateur des pratiques professionnelles par le politique. Les acteurs publics sont en partie dépossédés de leur capacité à produire des normes. Aujourd'hui, des groupes sociaux et professionnels ainsi que des organisations disputent à l'État la définition « d'un référentiel commun, public et reconnu » (*ibid.* : 47). Pesqueux prend l'exemple des labels qui s'apparentent selon lui à des sous-produits de la norme. La norme est très justement cet instrument d'ingérence dans l'action publique qui permet à des acteurs privés de participer au contrôle ou à la « surveillance technologique, organisationnelle et économique » (*ibid.*). Dans le champ de la sécurité-défense, comment produire des normes opérationnelles pour tous les acteurs qui contribuent et interviennent ? Comment partager ces normes, comment y former les acteurs ? Les questions sont nombreuses et appellent à des formes de clarification pouvant favoriser les conditions d'efficacité attendue de l'action publique de sécurité. C'est notamment l'une des missions du Conseil national des activités privées de sécurité (CNAPS) que d'y contribuer en régulant le marché, en professionnalisant les acteurs et accompagnant la croissance du secteur partagé entre public et privé, souvent d'ailleurs à la demande des acteurs privés.

La troisième forme d'hybridation concerne la recherche d'indicateurs de mesure de l'efficacité de cette action publique partagée (Vannereau, Colmellere, Jakubowski 2015). La normalisation produit, parfois de manière très paradoxale, un raidissement de l'interopérabilité entre les acteurs institutionnels. Raideur qui se manifeste par des difficultés à construire un système de mesure de l'efficacité de ces nouvelles actions conjointes qui sont appréhendées comme un accroissement des coûts. Cela implique de pouvoir dépasser le temps originel de l'investissement afin de construire de nouvelles routines organisationnelles ayant vocation à s'institutionnaliser. L'efficacité des institutions s'appuie d'abord sur leurs règles maîtrisées et partagées de façon conjointe. C'est seulement parce que les routines sont connues et établies que les institutions peuvent ensuite s'adapter et mettre en œuvre des dispositifs plus agiles de fonctionnement face à des situations atypiques. Dans le secteur de la sécurité-défense, cette interopérabilité n'est pas encore stabilisée, justement parce que les règles ne sont pas encore suffisamment éprouvées.

Trois types de conséquences

On compte aujourd'hui davantage de recherche d'hybridation institutionnelle que de véritable hybridation des acteurs. Il n'y a pas nécessairement davantage d'interopérabilité, mais plus de mise en synergie entre les organisations (niveau méso-sociologique). En ce sens, il s'agit d'une vraie question de sociologie des organisations et des professions appliquées aux organisations de sécurité-défense.

La première conséquence du processus d'hybridation est une forme d'injonction des organisations de sécurité-défense à mutualiser leurs actions pour opérer plus d'économies d'échelle. Cela produit une augmentation des coûts de coordination entre les institutions et les acteurs, ce qui engendre des coûts cachés en termes de ressources humaines. La seconde conséquence est que l'objectif d'une plus grande optimisation de l'action publique au travers d'une coordination unique de l'action se voit opposer de fortes résistances en raison des différences statutaires et culturelles liées aux cadres professionnels des métiers, mais aussi à cause de politiques de ressources humaines qui ne s'ajustent pas toujours entreelles. La troisième conséquence est une rationalisation par la révision des structures organisationnelles sans redéfinition des missions et de la finalité institutionnelle. Ce qui engendre cette fois une perte de sens chez les agents et est en définitive préjudiciable à la conduite de l'action publique en elle-même.

Conclusion

Le secteur professionnel de la sécurité-défense se globalise. Certaines opérations (catastrophes naturelles, accidents d'avion, sécurité publique, plans sanitaires, etc.) appellent les différents acteurs de la sécurité (policiers, gendarmes, militaires, pompiers, magistrats, médecins urgentistes et autres agents) à renforcer leur action commune et l'on assiste bien à l'amorce d'une hybridation institutionnelle et à la constitution progressive de mixtes de métiers, au moins par une plus grande combinaison des acteurs à défaut de la production d'une nouvelle organisation intégrée de sécurité-défense.

Plus fondamentalement, la notion d'hybridation ouvre de nouvelles perspectives de réflexion au sein de nos sociétés démocratiques sur le plan de la construction des politiques de défense et de sécurité et invite à envisager autrement l'action publique en la matière au cours des années futures. Serait-ce la fin des politiques publiques pensées en silos ? Les attentes d'agilité de plus de plus fortes en matière de réponse aux problèmes complexes suggère des combinaisons et invite à l'innovation.

À ce titre, l'hybridation semble clairement apporter des éléments de réponses. Pour autant, sans atteindre la fusion, l'hybridation s'approche de la mixtion. Or, tout l'équilibre actuel du système de sécurité-défense au sein de notre démocratie repose sur la possibilité de s'appuyer sur des forces séparées, pouvant aller jusqu'à se substituer en cas de défection de l'une ou de l'autre. Aller au bout du processus d'hybridation, au nom de l'efficacité, consisterait à bousculer les cadres établis de fonctionnement de notre société et à oser une nouvelle vision de la division du travail dans le champ de la sécurité-défense au profit d'une conception complètement intégrée de la sécurité-défense au moins sur le territoire métropolitain. Il est trop tôt aujourd'hui pour franchir complètement la porte de l'hybridation même si cette voie paraît à terme inéluctable. Ni les acteurs concernés ni le politique ne semblent prêts à s'y résoudre pour le moment. Mais les circonstances des défis à relever demain pour notre protection globale nous y contraindront très certainement.

Références bibliographiques

Bernardot, M., and Thomas, H. (2016). 'Notes sur l'hybridité', *Asylon(s)*, 13, <http://www.reseau-terra.eu/article1327.html>, accessed 10 June 2020.

Bezes, P. (2009). *Réinventer l'État. Les réformes de l'administration française (1962–2008)*. Paris : PUF.

Boudon, R. (1990). *La logique du social*. Paris : Hachette Littératures.

Boudon, R. (2003). *Raison, bonnes raisons*. Paris : PUF.

Clot, Y. (2015). *Le travail à cœur. Pour en finir avec les risques psychosociaux*. Paris : La Découverte.

Comité de rédaction de la revue stratégique (2017). *Revue stratégique de défense et de sécurité nationale*. Paris : DICoD.

Commission du Livre Blanc (2013). *Livre Blanc : Défense et sécurité nationale*. Paris : La Documentation française.

Daho, G. (2019). 'La désectorisation des politiques de sécurité', *Revue française d'administration publique*, 171(3), 651–667.

Demailly, L. (2016). 'Effets et sens des exigences d'horizontalité dans le champ de la santé mentale'. In J-P. Payet, and A. Purenne (dir.), *Tous égaux ? Les institutions à l'heure de la symétrie*, pp. 235–260, Paris : L'Harmattan.

DiMaggio, P., and Powell, W. (1983). 'The Iron Cage Revisited: Institutional Isomorphism and Collective Rationality in Organizational Fields', *American Sociological Review*, 48 (2), 147–160.

Dubet, F. (2002). *Le déclin de l'institution*. Paris : Seuil.

Fayol, H. (1917). *Administration industrielle et générale*. Paris : H. Dunod and E. Pinat.

Gautier, L. (2017). 'Le SGDSN au cœur du continuum de défense et de sécurité de la France', *Revue Défense Nationale*, 800, 24–30.

Guenot, M. (2018). 'De 'l'économie souterraine' au 'patrimoine criminel'. La construction d'un nouveau champ d'activité pénale et fiscale à travers les Groupes d'intervention régionaux', *Déviance et Société*, 42(1), 141–171.

Gwiazdzinski, L. (dir.) (2016). *L'hybridation des mondes*. Paris : Elya Editions.

Halpern, G. (2020). *Tous centaures ! Eloge de l'hybridation*. Paris : Editions Le Pommier / Humensis.

Hénaut, L., and Poulard, F. (2018). 'Faire groupe au sein d'un groupe : la structuration des segments professionnels', *SociologieS*, <http://journals.openedition.org/sociologies/8798>, accessed 21 May 2019.

Jakubowski, S. (2007). *La Professionnalisation de l'armée française : conséquences sur l'autorité*. Paris : L'Harmattan.

Knoepfel, P., Savard, J-F., Varone, F., and Larrue, C. (2015). *Analyse et pilotage des politiques publiques*. Québec : Presses de l'Université du Québec.

Larrieu, V. (2017). 'Quand la sécurité maritime vire de bord. Sa mise en marché par l'État : désengagement ou nouvel interventionnisme ?', *Gouvernement et action publique*, 6 (4), 29–49.

Lavallée, C., and Pouponneau, F. (2016). 'L'approche globale à la croisée des champs de la sécurité européenne', *Politique européenne*, 51 (1), 8–29.

Magnon-Pujo, C. (2011). 'La souveraineté est-elle privatisable ? La régulation des compagnies de sécurité privée comme renégociation des frontières de l'État', *Politix*, 95(3), 129–153.

Munos, A., and Meyronin, B. (2014). 'Quand l'hybridation fertilise l'innovation', *L'Express - Roularta | 'L'Expansion Management Review'*, 154(3), 37–42.

Moquay, P. (2009). 'Les défis de la territorialisation de l'intervention publique pour les services de l'État'. In F. Aubert, V. Piveteau, and B. Schmitt (dir.), *Politiques agricoles et territoires*, pp 199–218, Paris : Quae Éditions.

Paradeise, C. (1988). 'Les professions comme marchés du travail fermés', *Sociologie et sociétés*, 20 (2), 9–21.

Payet, J-P., and Purenne, A. (dir.). (2016). *Tous égaux ! Les institutions à l'ère de la symétrie*. Paris : L'Harmattan.

Pesqueux, Y. (2007). 'La gestion, exception sectorielle ou prototype de la 'privatisation' de l'enseignement supérieur ?', *Revue française de gestion*, 178–179, 43–54.

Poulard, F., and Hénaut, L. (2018). 'Réformes publiques et autonomie des groupes professionnels : le jeu des segments', *Revue française de sociologie*, 59 (2), 259–284.

Vannereau, J., Colmellere, C., and Jakubowski, S. (dir.). (2015). *Les processus de normalisation. Enjeux et pratiques professionnelles dans les organisations*. Rennes : PUR.

Wittorski, R. (2007). *Professionnalisation et développement professionnel*. Paris : L'Harmattan.

PARTIE 5

Les apports de la sociologie aux forces armées : pistes de réflexion

JOSEPH SOETERS

Chapitre 19 Military Sociology, Military Practice.

It is not always easy to explain the value of sociology. Economic and psychological analyses of people's behaviour – and historical analyses of events in the past – are easier to understand. Thinking in terms of personality characteristics or pondering about money-related issues are close to everyday life as this type of thinking is concrete, practical and self-evident. Reflections about society or dynamics at the collective level are not so obvious and inevitably ask for some sort of abstraction that goes beyond what we can directly see, hear or feel. Sociologists therefore never stop to explain what they do.

The same applies to the sociology of the military. Relating the outcomes of battles and wars to the genius and personality of Napoleon Bonaparte, Winston Churchill or General Petraeus is what most people think of as a first step. Defining features of excellent leadership is a logical next step. Linking technological, manpower and budget advantages to military success is the second most evident way of analysing events in the security domain.

But what about military success itself? What is this really? And for whom is success a success? And for how long? Was the ending of the hostilities really the beginning of peace? Did the consequences of operational action align with what was intended? Were there any unintended consequences? What about the casualties and the damage in the area of operations? These are all sociological questions, questions that philosophers would raise as well. Yet (military, political, organizational) sociologists go further by trying to answer such questions with thorough empirical research as to the effectiveness of operations, on the short and the long term (Soeters 2018; 2020).

This contribution aims to demonstrate the value of military sociology, including political and organizational sociology, for military practice in the field. Questions raised by sociologists increasingly gain societal and academic interest because the military no longer is the uncontested institution it was in earlier times. Sociology contribution to military practice is important as today's military is engaged in operations all over the world, including in one's own nation when military actions are initiated in response to terrorist threats or disasters at home. Today, the military is more active than in the times of the Cold War, when warriors were predominantly apt in bureau politics.

It must be admitted. For too long, military sociology has refrained from studying the dynamics of large-sized violent conflicts. Violence at the micro-level, violence on the streets between individual, unarmed people – amateurs so to speak – has been studied by Randall Collins (2008). But the sociology of military operations or 'battlefield sociology' has hardly existed for decades. In the times of the decolonization wars, there have been observations from the field by young sociologists who were drafted into the army and deployed to colonial areas. Those were young men who later happened to become famous sociological scholars. One only has to think of Latour and Bourdieu in France who were respectively deployed to Ivory Coast and Algeria (Bourdieu 1960); and of van Doorn from the Netherlands who was a conscript soldier in the so-called policing actions, conducted by Netherlands's troops in current Indonesia in the late 1940s. His experiences resulted in a book that raised nationwide attention because for the first time it was demonstrated that there had been cases of exceptional, derailed violence during these actions (van Doorn and Hendrix 1970).

However, since the draft system has been abolished, fresh sociological experiences from the area of operations are scarce. Remarkably, young female scholars such as Olonisakin (2000) and Christia (2012) have most contributed to new observations and insights on the dynamics during crises and operations today. Such observations and understandings help to demonstrate the relevance of the sociological approach to military practice nowadays. Throughout this chapter we will turn to a number of them.

Military sociology is about military practice

As said, in this contribution the aim is to demonstrate how the sociology of the military, making use of organizational and political sociology, can provide insights that are useful to improve the smooth running and effectiveness of military operations. The focus will be on four examples, which does not mean there are no other operational dynamics that sociological input can help to understand.

International Military Cooperation

National armed forces increasingly need to work together with forces who sometimes, not so long ago, saw each other as enemies. Think of France and Germany, for instance. Despite the fact that armed forces find their origin and core legitimacy in the foundation of a national state, cooperation with other nations' militaries has become inevitable.

This tendency is particularly strong in Europe, where national defence budgets and available resources are too small to effectively cope with the current and future challenges. For that reason, and also to increase the legitimacy of military actions, multinational military cooperation has become the way ahead as demonstrated for example by the Eurocorps, the military corps whose nucleus is the Franco-German Brigade. But how does that come about, given militaries' different traditions, languages, customs, and views of the world? After all, military organizations still reflect their country of origin as even internationalizing business companies initially did and often still do (d'Iribarne 1989).

Organizational sociology, applied to the military, provides relevant insights here. Put simply, there are three ways of getting different gender, cultural, racial, national groups to work together, namely through *assimilation, separation* and *integration*. All these three patterns occur in military operations too (Resteigne and Soeters 2010; Soeters 2018: 27–28).

Assimilation occurs when one (or more) group(s), most often the smaller or less reputed one(s), adapt to and become similar to a majority or senior partner on whom they are dependent or whom they deem superior. Examples are smaller NATO air forces (from the Netherlands, Denmark or Norway), who use the same training, exercises, maintenance protocols and language as the senior partner, the U.S.A. Air Force, who operates the same fighter jets (F-16 or currently F-35). Another example of assimilation refers to Danish and Estonian companies who were attached to British troops in Helmand in Afghanistan, during the ISAF-mission in the first decade of this century. The smaller countries' troops were convinced by the British commanders they had to imitate the British war-like style of operating in the area. The British commanders pointed at their much larger operational experience, in many colonial wars and in the previous mission in Iraq. Assimilation – simply following the lead nation's doing – fosters standardization yet it limits variety.

Separation does the opposite. Separation is not good for standardization as it increases variety. Separation occurs by dividing the area of operations in smaller geographical areas – or boxes at sea – that are assigned to different national contingents (for instance, the Afghan provinces of Kandahar, Uruzgan and Helmand to respectively Canada, the Netherlands and the U.K. – during the ISAF mission from 2006 till 2010). Another option is separating the operations in different periods of time, for instance assigning air patrolling in the Baltic States in one period to one national air force, and in the next period to another. A third option is task-related separation. This happened when all sorts of operations in Afghanistan, including those in the Operation-Freedom mission (OEF), were conducted by American, British and also French forces, whereas Germany and other continental European contingents only performed ISAF-tasks. Separation enables national contingents to feel at home during deployment because they work and live all by themselves, eating their own food and speaking their own languages, at the base and during actions. Therefore, this approach is widely used in operations. At the macro-operational level, it creates a sort of experimentation via the variety that comes naturally with the operational styles of the different national troops. It, however, prevents the overall mission from showing one face and it increases the possibility of confusion and spill over effects across the borders of the different areas of operation.

Integration relies on the assumption that all partners are equal counterparts and have a comparable contribution. This assumption is difficult to uphold in practice given the dissimilarities in manpower, technological and financial resources between national forces. However, in multinational military HQs one comes closest, as the participation of nations is more based on individual personnel assignments than on the deployment of whole large-sized units. At the operational level, a system of criss-crossing through which cooperating troops are assigned alternating minority and majority positions in units that belong together, seems promising in this regard. The current cooperation between French and German forces has elements of such criss-crossing (Abel, 2008). This integration approach avoids the problems that come along with separation. It also enables the possibility of profiting from the different capabilities and skills that different national troops may have. Still, in the area of operations, it is challenging to turn this possible advantage into real profits.

In military operations, one can see all three types of multicultural interaction occurring in action. Military sociology helps to understand and study the pros and cons of the different options. One thing is sure: there is no such thing as one best way of conducting military operations, even if some people think there is. However, nation-related variation in operations through separation and integration is to be valued over the direct control by one, single lead nation. If that single lead nation is wrong, there will be no countervailing powers and all followers will follow the same wrong approach; in such case, the whole operation may go awry.

Organizational Hybridity

Thus, in current military operations stakeholders from varied kinds play a role. This is not without consequences. Ruffa (2018) described how French troops deployed to the UNIFIL mission in Lebanon and the ISAF mission in Afghanistan acted quite differently from, for instance, the Italian troops. The French contingent displayed more higher force protection precautions, did more patrols, implemented few and small CIMIC projects and had a more structured command and control system. The

Italian troops were less concerned about force protection, launched many large-sized CIMIC projects and were more flexible in implementing command and control orders (Ruffa 2018:118–119). Whereas the French were more focused on *combat effectiveness*, the Italians were more inclined to *humanitarian effectiveness*. Also in other studies (Friesendorf 2018) such differences among various national troops – not only at the strategic level, but particularly also at the tactical level – were revealed. It shows that different national troops have different 'action logics', i.e. different taken-for-granted ideas about what needs to be done, and how this should be done, and what can be ignored. The essence of taken-for-granted ideas is that these are not scrutinized or discussed, whereas at the same time those ideas differ from one group – 'thought community' – to another (Zerubavel 1997).

Also, in other ways, there are multiple 'action logics' in military operations. In particular, the difference between for-profit and public organizations is striking. Increasingly, private military companies enter the military area of operations, which does not come without concerns. Private military companies are difficult to instruct, control and monitor by the ordinary military chain of command. Their personnel cannot easily be held responsible for criminal and aberrant behaviour outside of their home country (Soeters 2018: 47). And there are more rebuttals with respect to private military companies that are out of the scope of this contribution (Soeters 2020). More generally, the *profit or commercial logic* is different from the *public logic*, which may come to a clash in certain situations (Jacobs 1992). A reserve – officer of the Dutch army was deployed to Afghanistan and tasked to inspect the IT infrastructure of the troops. He authored a report on what needed to be done in order to improve the facilities, and he dispatched his findings and analysis to the MoD. After his return, he resumed his job as an IT consultant of a commercial firm, as he was a reserve and not a regular officer. At first, everyone was satisfied with his work, but after a television documentary had pointed at the possible conflict of interests, the reserve officer was discharged from his military duties. There was serious upheaval about this clash between the *public* and the *commercial logic*, up to the level of the national parliament.

Another example of different 'action logics' relates to different types of personnel: for instance, flexible, adhocracy-oriented special operations forces vis-à-vis more conventional infantry and artillery troops that operate with much less pace in a clearly more standardized manner. Or civilians and reservists cooperating with regular military troops in the same mission.

Hence, there are different, seemingly incompatible 'action logics' – and even different identities and organizational forms – at play, in one and the same military mission. How can these different logics be brought together? Here, modern organizational sociology provides relevant insights based on studies on *organizational hybridity*. Organizational hybridity occurs when organizations comprise multiple organizational logics, identities or forms, which may occur for instance after strategic turnarounds, technological developments or mergers with other organizations (Battilana, Besharov and Mitzinneck 2017).

In line with the previous distinction, there are different ways to cope with such situations: via a) dismissing, b) differentiation, c) integration or a combination of those approaches. Dismissing is part of the assimilation strategy with the lead nation dominating the decision-making about what needs to be done, totally overpowering the views and preferences of junior or minority partners. Differentiation implies separating and compartmentalizing activities in different subunits. For sure, these dynamics can be recognized in military operations as we saw before. Integration occurs as well, and this can be seen in attempts to accumulate different approaches, to combine them in a creative manner, and to couple them by selectively adhering to elements of all approaches (Battilana et al. 2017).

The latter comes close to using elements of differentiation and integration at the same time. This would be possible by striving for ambidexterity in operations (Shields and Travis, 2017). Ambidexterity means being good at different things at the same time, such as a piano or percussion player who is equally good at playing with his left and right hand. In the military, this would for instance imply combining a combat-oriented approach with a more humanitarian approach. This can be achieved by having the workforce develop a hybrid profile, a profile that enables them to act in more than one way. This idea has been advocated in the concept of the 'three-block war': feeding and helping people in need, for instance refugees, at one moment, separating opposing factions at another and fighting if necessary, at a third moment. In this concept, modern military personnel should be able to do it all, in one day if needed, in one area of operations. One can seriously question if this is realistic. The other way is to assign those different tasks, based on different organizational logics and identities to different units and subunits with profiles and mindsets that align with the tasks they are set to do. This is the most likely way to proceed.

Another but connected form of this would-be organizational vacillation or modulation (Boumgarden, Nickerson and Zenger 2012). This refers to 'temporarily and sequentially alternating between organizational structures (...)' In military missions this could refer to having missions conducted by taskforces that are specially designed and composed to be successful for the specific tasks at hand. A general premise would be that military personnel is educated and trained to have an open mind-set and skills that enable them to do different things, not necessarily at the same time (in one day), but during different missions or during different stages of the mission – for instance, kinetic operations in the first period and policing in the period after the conflict has come to an end. Empirical studies on operations in Bosnia, Kosovo and Iraq show that such periodic adaptation to changing circumstances is quite a challenge for military units that are trained according the classical military paradigm (Neuteboom and Soeters, 2017).

Alliances with Strangers

So far, we have discussed cooperation and alliances with befriended militaries. In operations, however, there are many other factions, belonging to the host-national population, who play a considerable role in the dynamics of the conflict. Such host nationals may be fanatic adversaries, hard-core enemies. But they may also be *accidental bystanders* or, on the contrary, *accidental enemies*.

Christia (2012) studied the dynamics of violent conflict in the Afghan areas of operations, relying on extensive field work, in-depth interviews and all sorts of documents. She did this on her own, without the protection of the Western allied forces after she had learned to speak Farsi, one of the two main Afghan languages. She is one of the female researchers who contributed most to our current knowledge of civil-war-type conflicts. Others are Olonisakin (2000) who conducted field research in the peacekeeping missions in Liberia and Sierra Leone, and Verweijen (2013) who worked in the conflict areas of the Democratic Republic of Congo. Ruffa (2018) whose work was discussed earlier in this contribution also offers valuable insights.

Before going to Afghanistan, Christia had conducted similar studies on the civil war in the Former Yugoslavia. There she had discovered the importance of the role played by local elites and micro incentives in explaining the tensions between groups of Muslim citizens in Bosnia, which occurred at the same time the war with Serbian troops was going on (Christia 2008). Christia pointed at the goal-oriented, rational behaviour of people in times of conflict, 'who will support the warring side that is most likely to provide for their survival and well-being' (Christia 2008:475).

She corroborated this conclusion in her studies in Afghanistan (Christia 2012). She came to the conclusion that each group in a conflict seeks to form wartime intergroup alliances that constitute minimum winning coalitions that ensure a victory, the gains of which need to be shared with the least number of allied partners. Such alliances are highly dependent on perceptions of relative power distributions, and – most importantly perhaps – they tend to be unstable as warring groups switch all the time and may often be susceptible to fractionalization (also: Soeters 2018:55–56).

If the enemy is not one monolithically composed group but consists of groups of people who take and change sides and split up according to what they deem rational, it is logical for the military to pay attention to these dynamics. Here other cornerstones of sociological thinking may turn relevant. Granovetter (1973) has made clear how communication patters are likely to be skewed towards 'favourite' ties, leaving other ties aside, thus creating structural holes in one's networks. This may have unwanted consequences, for instance because this way one may not be able to seize all opportunities that are available around.

In military operations abroad, Western forces tend to communicate and 'do business' with local fractions, a) who are in close proximity, b) who are like them and c) whom they correspondingly like. Those are the people who are least strange, implying that they are most trusted, accepted and understood at face value (Gladwell, 2020). For instance, host nationals who speak the same language. In Mali, French troops would seek to communicate with Francophones and not so easily with groups who only speak

Arab or African-indigenous languages such as Bambara. In Afghanistan, the same pattern occurred with locals who mastered the English language. These are also the people who were invited by the military to deliver goods and services, for good money.

In Kandahar, this led to the situation that the American military in that province favoured one regional leader (Chayes 2006). This tribe leader was given preference all the time at the expense of other potential partners (from other tribes, political fractions, municipalities). This led Chayes (2006:182), who lived in the city of Kandahar, to observe 'that it seemed to most Kandaharis that the primary mission of U.S. troops in Kandahar was to service Gul Agha Shirzai (the regional leader with whom the Americans did business/JS) and his Barakzai tribe'. As a result, a feeling of resentment developed among those who were not given the opportunity to profit from American expenditures. These fractions increasingly felt deprived and grew hostile, and some of them started to behave like that. The overall legitimacy and effectiveness of the mission in that region declined correspondingly. These enemies were not ideologically but economically driven; not seeing this was a result of a lack of sociological thinking among the military commanders and procurement officers.

In general, it is of highest important to understand that the 'other' is not just *one* other, but *many* others. Second, it is essential to realize that others who perceive that they are not 'seen' – those who feel neglected – may turn into accidental enemies. This is likely to render the operational situation even more hazardous than it would be if one had to reckon with the hard-core enemies, the fanatic adversaries only.

Connecting with 'strangers' helps to broaden one's perspective, and perhaps turn it around, as Kamel Daoud (2014) did, when he completed Albert Camus's viewpoint with the perspective of the 'other', the one who had been killed in Camus' famous novel. Knowing and understanding the other perspective – and respecting it – is at least as important to solve violent conflicts as firepower is.

Pragmatism in Operations

The final example of sociological applications to military operations follows up on the previous point and aims to further improve the effectiveness of military operations. We have seen that the host-national population – and the various factions therein – play a decisive role in the development and outcome of an operation. Having this in mind, it is good to realize that it is not so wise to conduct a military mission in a top-down manner with a sort of blueprint plan, designed outside the area of operations. Such an inflexible way of planning and conducting operations, however, has been the usual practice for a long period of time. This particularly pertains to peacekeeping missions that were initiated and designed from UN HQs in New York. But this rebuttal certainly also applies to other, more kinetic missions conducted by for instance NATO, too. Also, the fact that deployed personnel, military and civilian, have and keep a relatively large distance to the host-national population does not help to increase the missions' effectiveness, legitimacy and credibility (Autessere 2014).

Today's insights stress that missions are to be initiated with mandates that provide enough room for commanders – and decision makers at HQs! – to learn from events and adapt their approach accordingly. Most of all, peacekeeping and peacebuilding should be *adaptive* (de Coning 2018). This implies that it should be acknowledged upfront that conflicts are intrinsically complex and uncertain. This starting point makes it easier not to impose a solution to a nation or region, but to assist the host population in finding their own answers, by strengthening those people's resilience and social cohesion. In terms of strategic planning, a mission's design should be a sequence of steps, which enables the mission's initiators and stakeholders to adapt their steps according to the results that have been yielded before. A mandate for a peace mission should be formulated broadly in the very beginning, after which adaptions or specifications may follow in later stages.

Pragmatism – a stream of ideas that have a long history – may be the key word in this connection; it provides a sort of summary of all of the previous points. Shields and Soeters (2013) argued that military missions – particularly in peacekeeping and peacebuilding – should pay attention to four phenomena indicated with P's. They are the four P's of Pragmatism:

Pluralism refers to the need to acknowledge that missions are conducted by troops from different nations, who all have their own identities and ideas about what needs to be done and how; also, civilians have a role in the accomplishment of military missions. Mission hybridity needs to be acknowledged and dealt with properly, not stressing the superior view of one nation or one side, dismissing all others. It also needs to be acknowledged that the 'others' in the host-national population are plural in themselves, switching sides easily.

Being *practical* stresses the importance of making contributions to the host population in the most down-to-earth way, for instance by building infrastructure the population can immediately profit from (filling potholes in the roads, building sanitary stations and schools, etc.) and by assisting in the improvement of the social fabric of the region (Beath, Christia and Enokopolov 2015). Only focusing on security matters or – just the opposite – emphasizing something abstract as human or women's rights is not practical enough. It is of too little direct value for the local population.

Participation most likely is the most important aspect of pragmatism. As has been indicated previously, military missions are often done *for* the people in the region, but in fact *without* them. If host-nationals play a role in a mission, this is usually not at the level of strategic and tactical decision-making. In fact, locals are generally hired for mundane jobs, such as cleaning and doing the laundry, that do not impact the direction of the mission at all. This way of doing definitely should change.

Acting in a *provisional* manner refers to what we have seen earlier a number of times: the need to have an experimental, learning attitude acknowledging that the things one does should ceaselessly be evaluated, leading to improvements all of the time (Howard, 2008). Organizational learning is essential for military missions to be successful, yet this aspect of organizational performance has not always been an ingrained part of military culture (Soeters, 2020).

Instead of Conclusions: Ulysses Rather Than Achilles

One should not simplify matters when it comes to sociology's contribution to military operations. However, it may make sense to make use of a distinction between two archetypes of military conduct: Achilles versus Ulysses. Both heroes from the Trojan War can be seen as exemplary for two different styles of military operating (Soeters 2013; Holeindre 2017).

Achilles stands for the fast and emotional hero who wants to fight, revenge and strive for victory at all costs. He tends to be guided by rage, the striving for glory, the feeling of superiority and the longing for battle. He is the agitated and uptight warrior in close combat, who believes in zero-sum-games: win or lose, black or white. He is someone who believes that the winner is entitled *to take it all.* As a result, the losers are left with a strong feeling of frustration, resentment and hostility, motivating them to strike back at whatever time and in whatever form. A victory in the beginning may turn out to be a tedious and tense situation on the long run.

Polumechanos, polutropos and *polumetis* Ulysses – the shrewd and handy one – is less interested in battle and victory; in fact, he wants to solve tensions and conflicts in such a way that all actors feel they are respected and are part of the game. Then, at the end, they will turn out less dissatisfied and revengeful, less or not eager at all to spoil the peace process at hand. This requires a gamut of tactics and negotiations that may come with the use of charm and if needed, ploys and ruses. Ulysses does not shy away from the use of violence if really needed. For sure, Ulysses is not a pacifist. He, however, has a tendency towards restraint and self-binding. He bound himself to the mast and put wax in the ears of the rowers, to prevent them and himself from getting frenzied at the insults of their enemies. Benefitting from having fewer instead of more options to choose from is an important point as usually people tend to bind others, not themselves (Elster 2000).

It is not difficult to apply this distinction to current military operations. Whereas the warrior-oriented nations' troops often tend to engage in combat and strikes, other nations are inclined to display a more restraint approach and prefer peacebuilding activities. Both sides *believe* in the superiority of their own approach and operational style. This, however, needs to get out of the atmosphere of *beliefs* and *taken-for-granted ideas*. Modern sociology and other social sciences have developed multiple methods to study such dynamics empirically, and, hence, scrutinize *taken-for-granted ideas*.

Sociology may provide the tools to seriously start evaluating military operations, from the situation at the start of the operation to the end state, including all events and processes in between (Druckman and Diehl 2013). For instance, examining the impact of varying degrees of dispersing troops in the area of operations on the situation on the ground will provide the commanders with more explicit knowledge about the possible success of their decisions. Also, studying the way how developmental support may contribute to easing the tensions in an area of conflict may be helpful to making appropriate decisions in operations (fe.Beath, Christia and Enikopolov 2015). Additionally, the connection between the composition and the skills of the troops vis-à-vis the characteristics of the host population may be studied empirically (Bosman et al. 2010; Haddad 2014; Bove, Ruffa and Ruggeri 2020). In general, the relation between what Ruffa (2018:90) called combat versus humanitarian effectiveness and the hostility one faces on the ground can be uncovered by carefully collecting and analysing precise data on the situation in the area of operations. These are only examples of what can and should be studied further in military operations.

The remarkable thing is that this type of study is usually not part and parcel of military operations. Even an encompassing survey of the situation on the ground at the beginning of a mission (including the perspectives of the locals) is usually not conducted, at least not in the same way as possible (infrastructural) targets are studied. Instead, knowledge about what will work in an operation is regularly highly intuitive and dependent on the personality of the commander. Relying on the commander's intuition, his or her swift oral communication practises and *Fingerspitzengefuhl* (fingertip feeling) usually is the way to go. In this, military commanders act and reflect like managers in general do, as we know from management studies.

It is about time that commanders' decisions will be more evidence-based, more reliant on collective knowledge instead of the expertise, intuition and habits of individuals (Soeters 2020). Commanders will need to follow the route towards evidence-based, instead of eminence-based decision-making. This is the same route medical doctors have been forced to follow over the past decades. Today's dealing with the Coronavirus is based on scientific, collective knowledge applied to practise, not on the intuition of some politicians or individual physicians (even though the latter still exists in some places on the globe).

Such collective knowledge can only be gained by the experimental and adaptive approach developed and advocated in the social sciences, in particular sociology and political science. This simply offers the best opportunity to come to grips with the question as to what works best in a situation the military has been called for. Most likely, such scrutinizing will reveal that there is good reason to advocate the Ulysses way of training military personnel and conducting operations. Such training will make them more familiar with the complex dynamics of large-sized violent conflicts.

References

Abel, H. (2008). 'Criss-crossing – Ein alternatives Modell der Gruppenzusammensetzung'. In: N. Leonhard and S. Gareis (eds) *Vereint Marschieren – Marcher Uni. Die Deutsch-Französische Streitkräftekooperation als Paradigma europäische Streitkräfte*, pp. 183–222. Wiesbaden: VS Verlag für Sozialwissenschaften.

Autessere, S. (2014). Peaceland. Conflict Resolution and the Everyday Politics of International Intervention. New York: Cambridge University Press.

Battilana, J., Besharov, M. and Mitzinneck, B. (2017). 'On Hybrids and Hybrid Organizing: a Review and Roadmap For Future Research'. In R. Greenwood et al. (eds), *The SAGE Handbook of Organizational Institutionalism*, pp. 128–162. Thousand Oaks: Sage.

Beath, A., Christia, F. and Enikopolov, R. (2015). 'The National Solidarity Programme: Assessing the Effects of Community-Driven Developments in Afghanistan'. *International Peacekeeping* 22 (4), 302–320.

Bosman, F., Ait Bari, F. and Soeters J. (2010). 'Dutch Muslim Soldiers During Peace Operations in Muslim Societies', *International Peacekeeping* 15 (5), 695–705.

Boumgarden, P., Nickerson J. and Zenger T. R. (2012). 'Sailing into the Wind: Exploring the Relationships Among Ambidexterity, Vacillation, and Organizational Performance'. *Strategic Management Journal*, 33 (6), 587–610.

Bourdieu, P. (1960). 'Guerre et mutation sociale en Algérie'. *Études Méditerranéennes*, 7 (printemps), 25–37.

Bove, V., Ruffa, Ch. and Ruggeri, A. (2020). *Composing Peace. Mission Composition in UN Peacekeeping*. Oxford/New York: Oxford University Press.

Chayes, S. (2006). The Punishment of Virtue: Inside Afghanistan after the Taliban. London: Penguin Books.

Christia, F. (2008). 'Following the Money: Muslim Versus Muslim in Bosnia's Civil War'. *Comparative Politics*, 40(4), 461–480.

Christia, F. (2012). *Alliance Formation in Civil Wars*. Cambridge: Cambridge University Press.

Collins, R. (2008). Violence: A Macro-Sociological Approach. Princeton and Oxford: Princeton University Press.

Coning, de C. (2018). 'Adaptive Peacekeeping'. *International Affairs*, 94 (2), 301–317.

Daoud, K. (2014). *Meursault. Contre-enquête*. Paris : Actes Sud.

D'Iribarne, P. (1989). La Logique de l'honneur – Gestion des entreprises et traditions nationales. Paris : Éditions du Seuil.

Druckman, D. and Diehl, P. (2013). 'Evaluating Peace Operations: Challenges and Dimensions'. In J. Soeters, P. Shields and S. Rietjens (eds) *Routledge Handbook of Research Methods in Military Studies*, pp. 261–272. London and New York: Routledge.

Elster, J. (2000). Ulysses Unbound. Studies in Rationality, Pre-commitment, and Constraints. Cambridge: Cambridge University Press.

Friesendorf, C. (2018). How Western Soldiers Fight. Organizational Routines in Multinational Missions. Cambridge: Cambridge University Press.

Galdwell, M. (2020) Talking to Strangers. What We Should Know about the People We Don't Know. London: Penguin Books.

Granovetter, M. (1973). 'The Strength of Weak Ties'. *American Journal of Sociology*, 78 (6), 1360–1380.

Haddad, S. (2014). 'Teaching Diversity and Multicultural Competence to French Peacekeepers'. *International Peacekeeping*, 17 (4), 566–577.

Holeindre, J.-V. (2017). La ruse et la force. Une autre histoire de la stratégie. Paris : Perrin.

Howard, L. M. (2008). *UN Peacekeeping in Civil Wars*. Cambridge: Cambridge University Press.

Jacobs, J. (1992). Systems of Survival. A Dialogue on the Moral Foundations of Commerce and Politics. New York: Vintage Books.

Neuteboom, P. and Soeters, J. (2017). 'The Military Role in Filling the Security Gap after Armed Conflict: Three Cases'. *Armed Forces & Society*, 43(4), 711–733.

Olonisakin, F. (2000). Reinventing Peacekeeping in Africa: Conceptual and Legal Issues in ECOMOG Operations. The Hague etc.: Kluwer Law International.

Resteigne, D., Soeters J. (2010). 'Différenciation culturelle et stratégies de coopération en milieux militaires multinationaux'. *Cultures & Conflits*. 77, 59–75.

Ruffa, Ch. (2018). Military Cultures in Peace and Stability Operations. Afghanistan and Lebanon. Philadelphia: University of Pennsylvania Press.

Shields, P. and Soeters J. (2013). 'Pragmatism, Peacekeeping, and the Constabulary Force'. In. S. J. Ralston (ed.) *Philosophical Pragmatism and International Relations*, pp. 87–110. Lanham, MD: Lexington Books.

Shields, P. and Travis, D. (2017). 'Achieving Organizational Flexibility Through Ambidexterity'. *Parameters* 47 (2), 63–76.

Soeters, J. (2013). 'Odysseus Prevails Over Achilles: a Warrior Model Suited To Post-9/11 Conflicts'. In J. Burk (ed.), *How 9/11 Changed Our Ways of War*, pp. 89–115. Stanford: Stanford University Press.

Soeters, J. (2018). Sociology and Military Studies. Classical and Current Foundations. London and New York: Routledge.

Soeters, J. (2020). Management and Military Studies. Classical and Current Foundations. London and New York: Routledge.

Van Doorn, J. and Hendrix, W. (1970). *Ontsporing van Geweld. Het Nederlands-Indonesisch Conflict*. Rotterdam: Universitaire Pers.

Verweijen, J. (2013). 'Military Business and the Business of the Military in the Kivus'. *Review of African Political Economy*. 40 (135), 67–82.

Zerubavel, E. (1997) *Social Mindscapes. An Invitation to Cognitive Sociology*. Cambridge, Ma/London: Harvard University Press.

PASCAL VENNESSON

Chapitre 20 Sociologie et stratégie

Les savoirs sociologiques sont en mesure d'identifier, d'analyser et, potentiellement, de façonner certaines des dimensions centrales de la stratégie entendue comme l'ensemble des opérations mentales et physiques requises pour calculer, préparer et conduire toute action collective finalisée, conçue et développée en milieu conflictuel, impliquant la force, en acte ou en suspens.[1] Simple en apparence, cette proposition se heurte à deux objections. D'un côté, l'institution militaire (les ministères de la Défense et les armées), si elle reconnait généralement, non sans certaines résistances, une pertinence à la sociologie de la chose militaire au sens large, elle estime souvent que, pour *la stratégie*, ces savoirs sociologiques ne servent à rien ou, à tout le moins, qu'ils ne font pas partie des savoirs qu'elle juge prioritaires. De l'autre, certains sociologues qui s'inscrivent dans une problématique dite « critique » estiment, pour leur part, que les connaissances sociologiques sont tout à fait utiles, mais que, loin de contribuer à la pensée et à l'action stratégique, elles remettent directement en cause une de ses composantes centrales, l'idée selon laquelle la force est un moyen rationnellement utilisable pour parvenir à des fins politiques (Wasinski 2010, 2015).

L'objectif du présent chapitre est de discuter et de récuser ces deux objections. Aux militaires, indifférents ou sceptiques, on fera valoir que la

1 Cette définition est quasiment identique à celle de Lucien Poirier mais, pour les besoins de ce chapitre, elle est centrée sur les situations dans lesquelles la force est bien présente (Poirier 1997 : 48). On a retenu une acception large du terme « sociologie » comme programme général de recherche commun à l'ensemble des sciences sociales. Il ne s'agira donc pas d'examiner une discipline particulière mais de s'interroger sur la contribution à la stratégie des savoirs issus notamment de la sociologie, de la science politique, de la psychologie et de l'anthropologie (Caplow, Vennesson 2000).

pensée et l'action stratégique sont toujours adossées à des conceptions sociologiques et à des pratiques sociales. Du côté des sociologues critiques, on soulignera les limites de leur conception de la stratégie et on montrera que les travaux sociologiques permettent d'éclairer à quelles conditions la force peut (ou non) être utilisée pour parvenir à des objectifs politiques. Pourquoi se soucier de ces débats et entrer dans de telles discussions ? Nombre de chercheurs engagés dans les difficultés quotidiennes du travail d'investigation pourraient être tentés d'y répondre par l'indifférence. On estimera ici, au contraire, qu'il est indispensable de donner suite aux débats ouverts par certains praticiens comme par certains sociologues critiques. Il convient d'examiner sans prévention leurs observations et leurs propositions sur les rapports entre stratégie et sciences sociales.

Le présent texte repose sur la conviction qu'il est fructueux pour les sociologues du fait militaire comme pour les praticiens de la stratégie de reconnaître leurs antagonismes et de les discuter, plutôt que de laisser s'installer une indifférence molle sur fond de « chacun pour soi ».

On rappellera, pour commencer, que les savoirs sociologiques et, plus largement, les conceptions de l'homme et de la société n'ont jamais été absents des conceptions stratégiques. Plutôt que de revenir à des cas bien connus (comme les idées sociopolitiques de Jacques de Guibert, de Carl von Clausewitz ou de T. E. Lawrence, pour ne prendre que quelques exemples emblématiques), on appuiera nos propos sur les travaux du capitaine d'artillerie Paul Simon (1863–1915), un stratège-sociologue aujourd'hui largement oublié, mais qui montre combien, au moment de l'institutionnalisation de la sociologie en France, stratégie et sociologie étaient proches. On présentera, ensuite, les deux objections principales à l'idée selon laquelle les sciences sociales permettent d'identifier, d'analyser et, potentiellement, d'agir sur certaines des dimensions centrales de la stratégie avant d'en montrer, dans la troisième partie, les limites.

Stratégie et sociologie : quelques repères

S'il n'est pas possible dans les limites du présent texte de proposer un panorama complet de la place des savoirs et des phénomènes sociologiques dans la pensée et l'action stratégique, il convient d'indiquer à tout le moins quelques repères. Les savoirs sociologiques, et plus génériquement les conceptions de l'homme et de la société n'ont jamais été extérieurs aux théorisations de la stratégie. En retour, les développements théoriques des penseurs de la stratégie ont inspiré les théories sociologiques.

Les approches de l'homme et de la société dans la pensée stratégique

Certains des sociologues généralistes comme Aron et Janowitz ont simultanément contribué à la sociologie (politique) et aux études stratégiques. Un survol de la pensée stratégique suffit à montrer de riches rencontres avec la pensée du social entendue au sens large. Nombre d'acteurs et de penseurs stratégiques ont relevé l'importance des idées relatives aux réalités sociales et politiques. Au début des années 1960, le général André Beaufre considère que la guerre est un « phénomène social » et note que la science moderne « qui découvre actuellement la sociologie (...) se doit de rechercher les moyens de conduire le destin de l'humanité, jusqu'ici abandonné aux empirismes les plus sommaires » (Beaufre 1985 : 43). Dans *War and Politics*, Brodie (1973 : 332), l'un des plus importants stratégistes de la Guerre froide aux États-Unis, entend lier stratégie et politique, c'est-à-dire connecter la stratégie « (...) à l'ensemble de l'environnement social et politique ». À ses yeux, une « bonne stratégie présuppose une bonne anthropologie et une bonne sociologie » (Brodie 1973 : 332). Ce lien lui paraît d'autant plus indispensable que dans les relations internationales le risque de mauvaise perception, d'incompréhension, de sous-estimation de l'autre est particulièrement élevé et que, de surcroit, les conceptions sociologiques spontanées des stratèges peuvent présenter de sérieuses limites.

L'historien britannique Michael Howard a souligné qu'au cours de la Guerre froide, alors que les armes nucléaires prédominaient dans les calculs des grandes puissances, ce qu'il appelle la dimension sociale était devenue, bien à tort selon lui, l'une des « dimensions oubliées » de la stratégie qu'il convenait de remettre au premier plan (Howard 1983 : 101–115). De manière plus systématique, Charnay, pour mettre au jour les divers aspects du phénomène stratégique, prend pour point de départ l'extension du jeu stratégique « dans la plupart des activités humaines et des rapports sociaux » (Charnay 1973 : 63, Atkinson 1981, Drake 2002). Pour lui, cela implique que les « méthodes ethnologiques, anthropologiques, économiques, sociologiques (...) » contribuent et servent d'instruments pour mener la lutte « dans la totalité du milieu ambiant », l'amenant à formuler une praxéologie sociale (Charnay 1973 : 63). Enfin, la dynamique de la guerre totale, avec ses mobilisations psychologique, économique, technologique et culturelle, et la tradition de la guerre révolutionnaire, visant à recomposer de fond en comble l'ordonnancement social, laissent une place toujours plus grande aux dimensions sociologiques de la stratégie (Faivre 1988). Dans le contexte de la contre-insurrection en Irak et en Afghanistan, le rôle des connaissances socio-anthropologiques est revenu au premier plan et a fait l'objet de controverses houleuses. D'un côté, les militaires américains entendaient utiliser dans l'urgence des connaissances susceptibles de les aider à accomplir leur mission, de l'autre les anthropologues plaidaient pour le respect de la déontologie, exprimant leur défiance vis-à-vis d'utilisations qu'ils estimaient incontrôlées et dangereuses (Kelly et al 2010, Owens 2015, Sims 2015). En somme, il n'est pas nécessaire de pousser la reconnaissance plus avant pour qu'apparaissent de prometteuses intersections entre stratégie et sociologie. Mais qu'en est-il des praticiens de la stratégie ? Est-il avéré qu'ils sont, depuis toujours, indifférents aux savoirs sociologiques ?

Retour aux sources : Paul Simon, stratège-sociologue

Au moment de la première institutionnalisation des sciences sociales en France à la fin du dix-neuvième siècle et au début du vingtième siècle, on observe une grande proximité entre stratégie et sociologie. L'important ouvrage stratégique du général Jean Colin, *Les transformations de la guerre* (1911), par exemple, paraît dans la collection « Bibliothèque de philosophie scientifique » dirigée par Gustave Le Bon chez Flammarion (Colin 1911). Cette collection comprend deux grands thèmes, les sciences physiques/naturelles et psychologie/histoire, et elle accueille les publications des agrégés de philosophie, de membres de l'Institut, de docteurs en médecine, des directeurs de laboratoire, d'historiens, de professeurs d'université (Sorbonne, Collège de France) et des académiciens.

En 1905, le capitaine d'artillerie Paul Simon (1863–1915) publie chez l'éditeur militaire Charles-Lavauzelle un ouvrage de 513 pages, *L'instruction des officiers. L'éducation des troupes et la puissance nationale. Étude sociologique*, destinée notamment à montrer que « le savoir le plus utile aux officiers est la science de l'homme » (Simon 1905 : 49). Lorsqu'il aborde les relations entre science militaire et sociologie, la question à laquelle il entend répondre est la suivante : « L'étude préalable des sciences de l'homme peut-elle nous être de quelque utilité pour élaborer la science militaire ? » (Simon 1905 : 151). S'appuyant sur certains précurseurs de la sociologie à son époque, tels que Le Bon, Le Play, Tarde, Durkheim, Spencer et Comte, il estime que l'une des tâches primordiales des officiers est d'établir les facteurs de la puissance des nations et des armées, composante clé de l'action stratégique. L'approche conventionnelle qui alors est utilisée pour prendre la mesure des « États militaires des puissances étrangères » lui paraît insuffisante. On se contente, explique-t-il, de décomptes de structures (corps d'armée, divisions de cavalerie, batteries), de dénombrement des effectifs et des armements. Au total, « Nous savons comment sont habillés les soldats et ce qu'ils portent dans leur sac. Mais on a presque totalement oublié de rechercher ce que ces soldats et leurs officiers ont dans la tête et dans le cœur ». Et d'ajouter : « (...) comment faire toutes ces évaluations, si l'on n'est expert en sociologie ? » (Simon 1905 : 84, 87). À ses yeux, les savoirs sociologiques doivent être mobilisés pour évaluer la population, les ressources économiques et de civilisation, elle-même composée de l'énergie physique intellectuelle et morale des individus, l'organisation du travail, la science, la moralité ou discipline. « Tout cela, explique-t-il, exige des connaissances assez approfondies en sociologie, et un certain entraînement aux recherches et aux raisonnements sociologiques. » (Simon 1905 : 84). Pour parvenir à ce résultat, il conclut que la formation des officiers doit être réformée :

> On peut (...) sortir premier [de toutes les écoles militaires, depuis Saint-Maixent jusqu'à l'École supérieure de guerre] sans avoir la moindre notion précise de ce que c'est qu'une idée, une image, un réflexe, un sentiment, un acte de volonté délibéré, et sans savoir ce que c'est qu'une société, un organe social, une troupe, la division du travail, la discipline et la morale. (Simon 1905 : 51)

Simon propose donc de : « créer un cours approfondi de psychologie militaire et de sociologie à l'École supérieure de guerre : y rattacher les cours concernant l'évaluation de la puissance militaire des nations étrangères. » (Simon 1905 : 498). Ce cours approfondi de sociologie et psychologie n'est pas exclusivement consacré à ce que l'on appellerait aujourd'hui la « gestion des ressources humaines », mais à l'emploi de la force également.

L'exemple de Paul Simon montre qu'au moment de la première institutionnalisation des sciences sociales en France, un officier, au moins, considérait publiquement comme allant de soi que la sociologie naissante était utile à la stratégie. Pour Simon : « La science militaire n'est qu'un prolongement, une branche de la sociologie. Elle a nécessairement pour base la sociologie et comprend naturellement les mêmes subdivisions logiques » (Simon 1905 : 80, 19–20). Pourquoi cette relation qui lui paraissait évidente est-elle remise en cause ?

Stratégie sans sociologie et sociologie contre stratégie ?

Quels sont les fondements sociologiques de l'action stratégique ? Cette question est au cœur de deux débats parallèles, l'un qui trouve sa source du côté des militaires et de leur rapport aux savoirs sociologiques et l'autre qui a conduit certains sociologues « critiques » à remettre en cause ce qu'ils appellent le « sens commun », « l'idéologie » ou le « discours » stratégique.

Stratégie sans sociologie ?

Les savoirs sociologiques sont, depuis les années 1970, régulièrement utilisés dans de nombreux pays par les armées et par les ministères de la Défense, mais le plus souvent de manière indirecte ou, au contraire, très spécifique. Les armées reconnaissent généralement que les savoirs sociologiques peuvent présenter un intérêt contextuel et permettre une analyse globale du milieu ambiant « dans lequel baigne la stratégie », par exemple, l'évolution du sentiment patriotique, les attentes des jeunes vis-à-vis des armées ou les perceptions qu'une société se fait des menaces (Charnay 1973 : 159). En outre, certains savoirs sociologiques sont employés pour la « gestion des ressources humaines », non sans que leur progressive institutionnalisation ait fait parfois l'objet de résistances et de controverses. Cette perspective relève de ce que Boudon a appelé « l'ingénierie sociale » ou la sociologie « caméraliste », donnant la priorité à la mise au point de techniques (comme des enquêtes, par exemple) permettant de parvenir à des objectifs sociaux et politiques (Boudon 2003 : 77). Toutefois, au sein du « milieu militaire » les sociologues continuent de se heurter, à des degrés divers et sous des formes variables, à l'indifférence, au scepticisme, voire à une active résistance (Jankowski, Vennesson 2005).

Ces réticences vis-à-vis des savoirs sociologiques sont peut-être plus manifestes encore en ce qui concerne la stratégie. Les ministères de la Défense et les armées admettent la pertinence d'une sociologie des armées ou d'une sociologie de la guerre, mais *pour la stratégie*, les savoirs sociologiques paraissent moins mobilisés. Dans le cas de la France par exemple, on observe, une plus grande hétérogénéité des savoirs sollicités, ainsi qu'une ambiguïté relative à leur connexion aux sciences sociales (Frison-Roche 2005). On parlera de « savoirs experts » ou d'études, d'analyses, de synthèses et de recherches « prospectives ». Il existe probablement ici des liens entre ces savoirs et les sciences sociales, mais nous sommes plus proches d'une approche qui relève de l'ingénierie sociale et politique. Ce genre a pour trait distinctif l'aide directe à la décision et l'application des méthodes et des acquis des sciences sociales n'est pas toujours explicite ou approfondie.

Sociologie contre stratégie ?

Le second débat provient de certains sociologues « critiques » qui ont pris pour cible l'une des composantes centrales de la stratégie, l'idée selon laquelle la force est un moyen rationnellement utilisable pour parvenir à des fins politiques. Nous précisons bien qu'il s'agit de *certains* sociologues critiques, car la sociologie critique dans son ensemble n'est aucunement hostile par principe à la stratégie ni à l'idée selon laquelle la force produit des effets politiques. Parmi ces sociologues critiques, nous proposons d'examiner l'argument général de Wasinski qui, ces dernières années, a abordé les rapports entre sciences sociales et stratégie avec le plus de systématicité. En effet, il s'est efforcé, dans une importante série de travaux, de remettre en cause une composante centrale de la stratégie, l'idée selon laquelle la force est un moyen rationnellement utilisable pour parvenir à des fins politiques (Wasinski 2010a, 2010b, 2012, 2015).

Son travail s'inscrit dans la problématique des « études critiques de sécurité » et trouve une part importante de son inspiration dans les idées de Foucault, notamment sur la notion de généalogie et sur les rapports entre savoir, institutions et pouvoir, ainsi que dans la nouvelle sociologie des sciences de Latour (Wasinski 2010 : 13, note 8).[2] Il reconnaît que, de longue date, les spécialistes de sciences humaines et sociales n'ont cessé de développer des analyses critiques de la pensée comme de l'action stratégique. Leurs travaux ne se privent pas de souligner le manque de cohérence entre les fins politiques poursuivies et les moyens mis en œuvre dans telle ou telle décision d'entrer en guerre, de pointer les effets contre-productifs de l'utilisation de certaines armes ou du dogmatisme doctrinal, de mettre au jour les biais cognitifs qui entachent certaines décisions stratégiques, ou bien encore d'épingler les résistances au changement des organisations militaires ou l'inflation de la menace, pour ne prendre que quelques exemples. Mais ces investigations lui paraissent partielles et, au total, incomplètes. Elles laissent intacte « la question de savoir comment la stratégie est devenue, aux yeux d'une majorité de personnes, une idée technique générale a priori crédible

2 Sur ce débat dans les études de sécurité et les Relations Internationales : (Vennesson 2013, 2017, 2019).

et acceptable » (Wasinski 2010a : 12). Il faut donc faire la généalogie de ce qu'il appelle un régime de vérité transnational guerrier, un « ensemble de convictions partagées entre des acteurs militaires, diplomatiques et politiques quant à la possibilité d'utiliser, sur un mode technique rationnel, la violence dans le but de régler un différend » (Wasinski 2010a : 22).

L'enjeu est de taille, car, à ses yeux, la stratégie est une « grammaire narrative » qui « contribue à produire de l'acceptabilité » (Wasinski 2010a : 12). Et d'ajouter : « le but des discours stratégiques est bel et bien de convaincre de la faisabilité de la guerre » (Wasinski 2010 : 25, note 25). Ce sens commun stratégique ne provoque pas la guerre à lui seul, mais « il rend le phénomène pensable et possible » (Wasinski 2010 a : 11). En bref, l'emploi de la violence militaire sur un mode stratégique est une « construction sociale » et en déconstruisant le discours stratégique, on peut dévoiler la guerre comme « la conséquence de choix humains (...) » et non comme « une fatalité naturelle, biologique, politique, économique, statistique ou divine » (Wasinski 2010a : 16, 22).

Ce courant de sociologie critique entend remettre en question non pas la stratégie, mais plus spécifiquement l'idée selon laquelle l'emploi de la force au cours d'une bataille permet de parvenir à un objectif politique. Pour stratèges et stratégistes, les limites de certaines voies et moyens, comme la bataille, ne sont pas nouvelles. La pensée stratégique ne cesse de s'interroger sur les conditions qui font que la force armée, et plus particulièrement la guerre, est un moyen rationnellement utilisable au service de fins politiques dans certains cas, mais pas (ou plus) dans d'autres. De plus, depuis les années 1950 et la rupture occasionnée par le fait nucléaire, la rationalité de la guerre et de la bataille ont fait l'objet d'une réévaluation complète dans la pensée stratégique. Au-delà de ce point d'inflexion spécifique, la stratégie ne s'est jamais résumée à l'emploi de la force (Holeindre 2017).

En définitive, les deux sources de scepticisme présentées ci-dessus se rejoignent dans leur conclusion générale : la sociologie, les savoirs issus des sciences de l'homme et de la société, ne s'articuleraient qu'avec grande difficulté à la stratégie. D'un côté, les praticiens de la stratégie mobilisent assurément un certain nombre de savoirs, mais ils semblent penser que les connaissances les plus utiles relèvent ou bien d'une « expertise » étroitement conçue, ou bien d'études prospectives ne relevant pas à titre principal des sciences sociales. De l'autre, certains sociologues critiques sont, pour leur part, bien convaincus de l'apport des sciences sociales, mais ils estiment que cet apport est justement de remettre en cause une composante centrale de la stratégie, à savoir l'utilité politique de la force armée. Il convient à présent de reprendre les termes du débat et d'apporter une réponse commune au scepticisme des uns et des autres.

Savoirs sociologiques et action stratégique

La problématique à partir de laquelle les représentants de cette sociologie critique abordent la stratégie est notamment inspirée des travaux de Foucault et de Latour. On ne s'étonnera donc pas d'y retrouver tout à la fois la fécondité de leurs idées, mais également les limites de leurs perspectives, aujourd'hui bien identifiées.

Quelle conception de la stratégie ?

Deux caractéristiques principales de la conception que cette sociologie critique se fait de la stratégie peuvent être dégagées. Tout d'abord, il s'agit d'une conception sémiologique. Le raisonnement stratégique n'apporte quasiment rien à la compréhension du réel, car il s'agit d'abord et avant tout d'une formation discursive autoréférente. On parle alors de « grammaire narrative », ou d'une « entité discursive » (Wasinski 2010a : 27 ; Wasinski 2015 : 191). Ce discours repose sur un réseau complexe de références et de « connexions intertextuelles » contribuant à « donner de la crédibilité aux assertions militaires techniques contenues dans les ouvrages (...) » (Wasinski 2010b : 49). Ce « sens commun » stratégique se décline ainsi « (...) sur un mode intertextuel, dans une pensée stratégique écrite qui est accaparée par les États » (Wasinski 2010a : 27). Ensuite, ce discours stratégique est tout entier sous la dépendance des intérêts individuels et corporatifs de ses promoteurs, qu'il s'agisse des militaires, des industriels de l'armement, des diplomates ou des dirigeants politiques. Ce sont exclusivement des rapports de force entre individus et groupes, leur capacité (ou non) à mobiliser des ressources, ou encore leur volonté de gagner en visibilité ou d'être reconnu, qui déterminent le discours stratégique ainsi que le succès ou l'échec de telle ou telle entité discursive qui le compose. Ce discours apparaît ici comme un discours social comme un autre, sans la moindre trace de singularité, déterminé par les mêmes intérêts individuels et collectifs. Il n'y a pas à proprement parler de domaine ou de sphère stratégique en tant que telle.

Certaines des caractéristiques retenues par Wasinski ont à l'évidence leur part dans la pensée et dans l'action stratégiques. Les idées stratégiques sont pour partie des constructions sociales. Encore faudrait-il s'entendre sur ce que cela signifie (Lahire 2005). Les stratèges et les stratégistes sont pour partie affectés par leurs intérêts de carrière et par leurs appétits de pouvoir. Mais la fragilité d'une telle conception de la stratégie tient à son caractère réductionniste, ne la considérant qu'en tant qu'une manipulation illusionniste de la part d'États-nations visant a minima leur propre survie.

On peut opposer à cette critique une conception fort différente de la stratégie et des rapports entre sociologie et stratégie. Premièrement, la stratégie n'est pas constituée seulement de discours, mais, comme l'indique Lucien Poirier de « (...) deux classes corrélées d'œuvres : les discours des stratégistes et les actes des stratèges » (Poirier 1997 : 24). Les premiers donnent accès à des réalités stratégiques, passées et présentes, qui sont imprégnées de l'expérience, de la mémoire et du savoir des stratèges et des stratégistes (Poirier 1997 : 96–97, 101). Même si son rapport au réel est complexe, le raisonnement stratégique a un référent objectif dans la réalité, et l'observation contrôlée permet de vérifier ou d'invalider celui-ci[3]. Les seconds, parce qu'ils impliquent l'usage probable de la force, se différencient d'autres formes d'actions et de relations sociales et appellent une analyse adaptée à leurs caractéristiques empiriques spécifiques (Poirier 1997 ; Bardiès 2011). En tant qu'activité sociale dont les menaces et les effets de mort et de destruction sont l'horizon nécessaire, la stratégie obéit à des grammaires et à

3 Il y a là matière à un vaste débat épistémologique dans lequel nous ne pouvons entrer ici. Sur la position « réaliste » (au sens du réalisme scientifique opposé au « conventionnalisme ») que j'adopte ici, se reporter à (Favre 2005 : 103–110).

des logiques propres s'imposant dans le cadre d'une pensée de l'agir. L'analyse de la pensée et de l'action stratégique ne peut donc se résorber dans les intérêts personnels ou corporatifs des acteurs impliqués. S'ajoute à cela le fait que certains aspects des connaissances stratégiques ne sont valides que provisoirement, en fonction de critères de pertinence historiquement situés. Or, ces critères évoluent – à différents rythmes – et certaines connaissances stratégiques passées peuvent ne plus répondre à ces nouveaux critères, issus par exemple de transformations sociétales, idéologiques ou technologiques. Les savoirs stratégiques sont donc sans cesse corrigés, précisés, recombinés et réinterprétés dans des conceptions plus englobantes et mieux établies. Ainsi, au cours des années 1950–1960, les armes nucléaires ont-elles conduit progressivement à une rupture avec certains aspects de l'héritage intellectuel de la pensée stratégique de l'époque prénucléaire.

Enfin, la rationalité stratégique étant limitée au sens de Simon (1985), montrer que la force ne peut pas permettre de parvenir aux effets politiques espérés dans telle ou telle instance ou dans un contexte particulier ne revient aucunement à remettre en question la « crédibilité » du raisonnement stratégique en général (Lutwak 1987). Nul n'a jamais prétendu que les logiques stratégiques étaient infaillibles ou constantes. Par exemple, au cœur du raisonnement stratégique, on trouve la dynamique interactionniste de la force qui est toujours susceptible d'entrainer des effets non prévus et non voulus ou de déclencher une logique d'ascension aux extrêmes que les acteurs voulaient initialement éviter. Que les acteurs veuillent maîtriser la force pour la faire aboutir au résultat recherché ne signifie bien sûr pas qu'ils y parviennent toujours. Le raisonnement stratégique a, depuis longtemps, reconnu les effets propres des émotions, du moral des troupes ou de la société tout entière, ou encore du manque d'informations pertinentes, qui s'interposent entre les calculs des stratèges et les résultats de leurs actions.

Processus sociologiques et action stratégique

Il existe selon nous au moins trois articulations possibles entre les processus sociologiques et l'action stratégique. Tout d'abord, la sociologie, plus spécifiquement la branche de la psychosociologie, fournit l'indispensable micro-fondation pour saisir les effets attendus de l'emploi de la force. Ensuite, une part importante de l'efficacité opérationnelle des armées – une composante centrale de la stratégie – repose sur des mécanismes sociologiques. Enfin, au niveau politico-stratégique, l'intelligence de certains phénomènes sociopolitiques est indispensable à la réalisation des effets recherchés par la force. Ces trois processus ne prétendent aucunement à l'exhaustivité. Et il y a assurément d'autres manières de montrer la pertinence des regards sociologiques pour la stratégie (Biddle 2004).

Le stratège Lucien Poirier a identifié l'un des problèmes centraux de la stratégie : « comment les effets physiques des armes se convertissent-ils en effets psychosociologiques déterminant le comportement personnel, et, par effet de voisinages, les conduites de groupe ? » (Poirier 1997 : 55). Cette question concerne tous les niveaux de la stratégie, depuis le combattant individuel au niveau tactique jusqu'aux dirigeants politiques et à leurs conseillers militaires. Que les armes produisent des effets physiques de mort et de destruction, chacun en conviendra. Mais la question de la stratégie est celle de la recherche de la modification du champ mental de l'adversaire dans le sens souhaité. Or une telle modification du champ mental, qu'il s'agisse de celui des soldats sur le terrain, de celui de dirigeants politiques, de chefs militaires ou des citoyens d'une société toute entière, ne peut se produire que par la perception et l'interprétation des effets physiques de mort et de destruction. Au niveau tactique, c'est l'argument central de l'ouvrage classique d'Ardant du Picq, *Études sur le combat* (1880) qui pose cette question des dynamiques psychologique de l'individu et du groupe primaire. Mais ces réactions humaines individuelles et collectives sont décisives à tous les niveaux de la stratégie. Pour Lucien Poirier, ces réactions individuelles et collectives aux effets physiques de mort et de destruction surdéterminent les stratégies opérationnelles et des moyens et, en amont, les relations entre politique et stratégie militaire générale. En définitive, il a raison de déplorer que l'on a « trop tendance à oublier ce fondement psychologique de l'action stratégique (...) » (Poirier 1997 : 55).

Le philosophe Jean Guitton a exprimé la même idée en soulignant l'important avantage qu'il y a à mettre sans cesse sous les yeux de l'homme de guerre :

> une vérité qu'il est sans cesse porté par sa spécialité à oublier ou à négliger : la prévalence du résultat psychique et l'importance fondamentale du facteur humain. L'usage des armes dans la guerre vise un résultat d'un autre ordre que l'arme. Il ne s'agit pas de réduire une arme opposée, mais d'agir sur le psychisme de celui qui porte cette arme et qui est un homme » (Guitton 2017 : 184).

Au total, il n'y a pas d'action stratégique qui ne soit articulée à des phénomènes et à des effets psychosociaux. La question centrale de la stratégie, celle de la conversion des effets physiques en influence comportementale, est une question sociologique.

Une deuxième articulation entre sociologie et stratégie peut être pointée. Ancien chef du Contrôle général des armées, Cailleteau a mis au jour certaines des sources sociologiques de l'efficacité militaire (Cailleteau 1989a, 1989b, 1995, 2008). Il souligne que son objectif est « clairement utilitariste » et il met à profit la comptabilité sociale de l'armée de terre, ses annuaires, et son ordre de bataille à l'appui d'une hypothèse : « il n'y a pas de victoire sans qu'ait été dégagée préalablement une élite d'officiers pour commander les grandes unités et former leurs états-majors et cette élite est celle du travail intellectuel » (Cailleteau 1989a : 3). Il souligne en particulier que c'est le système de recrutement, de formation et de carrière des officiers en France qui a constitué une importante contribution à la victoire durant la Première Guerre mondiale. Cette élite militaire a été collectivement efficace dans l'exercice du commandement (ce qui n'exclut pas les défaillances individuelles et un certain nombre de sérieuses limites, notamment au début des hostilités). Elle a réussi au cours du conflit à développer des innovations technologiques majeures et à permettre leur utilisation dans les opérations, en particulier l'aviation, le char et la radio. Cailleteau identifie ici une variable sociale, la sélection et la formation d'une élite, et souligne que lorsque ce processus n'est pas au rendez-vous (quelles qu'en soient les raisons), la force ne produit pas les effets escomptés. Ses conclusions confirment que la « raison » ou le « sens commun » stratégique n'est pas toujours valide, et qu'il importe d'identifier dans quelles conditions historiques et sociales il est susceptible de l'être.

Enfin, la troisième contribution sociologique aux pratiques stratégiques est relative à l'insertion des niveaux tactiques et opératifs de la guerre dans un ensemble plus vaste de caractéristiques sociopolitiques affectant en retour profondément les effets de la force. L'ouvrage de l'orientaliste français Paul Mus (1902–1969) *Viet Nam : Sociologie d'une guerre* (1952) est un exemple de cette articulation particulièrement éclairant. Il est vrai que nous sommes en présence d'un universitaire (et non d'un stratège ou d'un stratégiste), titulaire de la chaire de civilisations d'Extrême-Orient au Collège de France puis professeur à *Yale University*. Toutefois, sa vie, comme sa réflexion, ont été façonnées par la guerre : il s'agit d'un savant engagé dans l'action militaire et stratégique, notamment au cours des premières années de la guerre d'Indochine (Chandler 2006 ; Dartigues 2019). Il effectue son service militaire comme sous-lieutenant au 1er bataillon du 24e régiment d'infanterie puis comme officier réserviste dans l'armée coloniale en Indochine (1926–27). Appelé sous les drapeaux en septembre 1939, il commande une section de tirailleurs sur le front et il est décoré de la Croix de guerre. Volontaire dans les Forces françaises libres en 1942, il est mobilisé en tant que lieutenant de réserve et envoyé à la Mission militaire des Indes à Calcutta pour suivre un entrainement commando. Sur ordre du général de Gaulle, Mus est parachuté en Indochine afin d'entrer en contact avec la résistance et rallier les Vietnamiens à la cause de la France libre. Il échappe aux troupes japonaises qui renversent en mars 1945 le gouvernement colonial français et, après une marche de 400 kilomètres en territoire ennemi, rejoint les forces françaises repliées vers le sud de la Chine. Membre de l'état-major du général Leclerc, il participe à la réoccupation de l'Indochine et reçoit une deuxième Croix de guerre. Jusqu'en 1947, il continue à jouer un rôle de conseiller politique du général Leclerc, chargé de missions auprès de l'amiral d'Argenlieu et du Haut-Commissaire Bollaërt (Larcher-Goscha 2009).

De la riche et subtile analyse de Mus, exemplaire des liens complexes entre connaissance, analyse stratégique, « expertise » et action, nous ne retiendrons ici que quelques aperçus qui ouvrent les premières pages de son ouvrage *Viet Nam. Sociologie d'une guerre*. En 1947, les armées françaises sont en mesure de se rendre partout où le souhaite le commandement. Leur réussite opérationnelle, qui ne va pas sans expertise, sans effort et sans une ingénuité bien réelle, n'entraine pas la solution politique espérée. Pourquoi ? « Qu'y avait-il donc, demande Mus, dans le Viet Nam des rizières, même amputé de toute centralisation administrative et industrielle, qui ne se soit point laissé réduire ? » (Mus 1952 : 14). En se référant aux travaux des géographes Gourou, Robequain et Van Huyen (dont il regrette que les décideurs politiques les aient méconnus), il souligne que c'est le village comme unité d'habitat, élément premier du paysage humain qui façonne et constitue le Viet Nam (Mus 1952 : 13, 14–15). Le Viet Nam des rizières lui apparaît comme un fait humain total, agricole, social, religieux et culturel. Il met au jour une structure sociale particulière pour expliquer les succès de l'expansion vietnamienne et de sa résistance aux forces extérieures. Pour Mus, le village vietnamien apparaît comme une « configuration nationale » qui « ne se concentrait en aucun lieu où l'adversaire pût s'en saisir comme on s'empare d'une capitale, comme on abat une dynastie, ou comme on s'asservit une cour » (Mus 1952 : 13, 14–15). Et d'ajouter : « Étêté et réduit à son réseau villageois, le Viet Nam "tient", – plus aisément, par sa structure historique de base, que ne l'auraient fait d'autres nations » (Mus 1952 : 22). La résistance se sent donc chez elle sous la « paillote ». « C'est là, pour Mus, qu'il faut aller la prendre et la comprendre, que l'on veuille la ramener, la désarmer ou tenter de la vaincre » (Mus 1952 : 22). Il n'est pas nécessaire pour le besoin de mon propos de prolonger ici l'examen des idées et de l'expérience de Mus, il suffit de souligner combien, pour lui, la conduite de la guerre ne peut faire l'impasse sur les structures sociales et mentales qui en constituent l'horizon. Ce sont ces conditions sociopolitiques qui permettent de dégager les conditions de possibilité de l'action militaire.

Conclusion

On en sait aujourd'hui davantage sur la manière dont les spécialistes de sciences sociales ont ignoré ou abordé la guerre et les armées (Joas, Knöbl 2008 ; Malesevic 2010 ; Calhoun 2010 ; Boëne 2014 ; Bardiès 2017). De nombreux spécialistes de sciences sociales se sont approprié de multiples manières le concept de stratégie ainsi que les catégories et les raisonnements qui lui sont associés (tactique comprise) pour l'étude d'un vaste ensemble de phénomènes sociaux et politiques domestiques autant qu'internationaux[4]. Mais l'on en sait moins sur la manière dont stratèges et stratégistes connaissent et mobilisent (ou pas) les savoirs et les processus issus des sciences de l'homme et de la société. Or, les savoirs sociologiques et, plus largement, les conceptions de l'homme et de la société n'ont jamais été absents des conceptions stratégiques.

En définitive, pour répondre à l'indifférence ou au scepticisme des praticiens, ce n'est pas des sociologues qu'il faut partir mais des stratèges et des stratégistes, de leurs problèmes, de ce à quoi ils aspirent, des contraintes et des logiques de leur action. Ce faisant, on constate non seulement que le rapport entre sociologie et stratégie a été étroit au moment de la création des sciences sociales, mais qu'il existe également des articulations prometteuses entre savoirs sociologiques et action stratégique, qu'il s'agisse des micro-fondations de la stratégie, de l'impact de la sélection et de la formation des élites militaires sur l'efficacité opérationnelle ou de l'influence des structures sociales et politiques sur l'action stratégique. Les savoirs sociologiques permettent d'identifier, non pas la déficience structurelle du raisonnement stratégique, mais les conditions dans lesquelles la force produit (ou non) les effets politiques recherchés.

On ne peut prétendre dans les limites de ce chapitre considérer tous les aspects des rapports entre pensée stratégique et sciences sociales ni résoudre toutes les difficultés, tant s'en faut. Du moins avons-nous commencé à démêler l'écheveau des idées reçues qui font obstacle à la connaissance de la stratégie et à son appropriation dans les sciences sociales, en particulier en sociologie et en science politique. Les principes ou les lois formulés par différents stratèges, par exemple la concentration des efforts, l'action du fort au fort et la décision par la bataille sur le théâtre principal sous une forme défensive-offensive, comme l'a conçu Clausewitz, ou la dispersion de l'adversaire par l'approche indirecte selon Liddell Hart, peuvent enrichir la manière dont les spécialistes de sciences sociales envisagent les interactions conflictuelles entre acteurs. Ils gagnent aussi à emprunter aux stratèges et à exploiter en les enrichissant les concepts qu'ils ont forgés comme la polarité

4 Que l'on songe, par exemple, dans le contexte français à Aron, Crozier ou encore Foucault. On peut aussi se reporter à Hirschman (1958, 1963) ; Goffman (1969) ; Bailey (1969) ; Crozier et Friedberg (1977) ; Elster (1979) ; de Certeau (1980) ; Dobry (1986) ; Friedberg (1993) ; Jasper (2006) ; Ganz (2010) ; Jasper (2005).

et l'ascension à l'extrême de la violence de Clausewitz, la note de liberté d'action formalisée par Maillard, Foch puis Beaufre, l'approche indirecte (Liddell Hart) ou l'espérance politico-stratégique telle que thématisée par Poirier. Au total, contre les illusions de l'extension à outrance des « nouvelles études de sécurité », la stratégie rappelle aux spécialistes de sciences sociales le caractère extraordinaire des forces de violence et de contrainte physique et la nécessité continue de les prendre pour objet et d'interroger leurs conséquences politiques. Plus généralement les singularités du raisonnement stratégique peuvent aider à rendre compte d'une grande variété de phénomènes sociaux et politiques.

Références bibliographiques

Ardant du Picq, C. (1880). *Études sur le combat.* Paris : Hachette-Dumaine.

Atkinson, A. (1981). *Social Order and the General Theory of Strategy.* London: Routledge.

Bailey, F. G. (1969/1971). *Les règles du jeu politique* (1re éd 1969). Paris : Presses Universitaires de France.

Bardiès, L. (2011). 'Du concept de spécificité militaire', *L'Année sociologique*, 61 (2), 273–95.

– (2017). 'La sociologie française et la chose militaire : une tradition antipolitique', *Revue française de science politique*, 67 (5), 879–898.

Beaufre, A. (1963/1985). *Introduction à la stratégie.* Paris : Economica.

Biddle, S. (2004). *Military Power. Explaining Victory and Defeat in Modern Battle.* Princeton, N.J.: Princeton University Press.

Boëne, B. (2014). Les sciences sociales, la guerre et l'armée. Objets, approches, perspectives. Paris : Presses de l'université Paris-Sorbonne.

Boncourt, T., Branche, R., Coton, C., Debos, M., Delori, M., Laurens, S., Makaremi, C., Wasinski, C. (2018). 'Pour des recherches sur la guerre indépendantes', *Zilsel*, 23 juin <https://zilsel.hypotheses.org/3052#more-3052> [consulté le 6 août 2019].

Boudon, R. (2003). *Y a-t-il encore une sociologie ?* Paris : Odile Jacob.

Brodie, B. (1973). *War and Politics.* New York : Macmillan.

Cailleteau, F. (1989a). 'Le commandement des armées françaises pendant la Grande Guerre : histoire d'une élite, première partie', *Guerres mondiales et conflits contemporains*, 155 (Juin), pp. 3–24.

– (1989 b). 'Le commandement des armées françaises pendant la Grande Guerre : histoire d'une élite, deuxième partie', *Guerres mondiales et conflits contemporains*, 155 (Octobre), pp. 3–21.

– (1995). 'Innovation technologique et utilisation opérationnelle pendant la Première Guerre Mondiale', in: Jean-Claude Allain, dir., *Des étoiles et des croix. Mélanges offerts à Guy Pedroncini*. Paris : Economica, pp. 237–247.

– 2008. *Gagner la Grande Guerre*. Paris : Economica.

Calhoun, C. (2010). 'Social Science Research and Military Agendas: Safe Distance or Bridging a Troubling Divide?' *Perspectives in Politics*, 8 (4), 1099–1104.

Caplow, T., Vennesson, P. (2000). *Sociologie militaire. Armées, guerre et paix*. Paris : Armand Colin.

Chandler, D. (2006). 'Paul Mus (1902–1969) : une esquisse biographique' ; Christopher E. Goscha, "Qu'as-tu appris à la guerre ?' Paul Mus en quête de l'humain …' in: D. Chandler, C. E. Goscha, (eds), *Paul Mus (1902–1969) : L'espace d'un regard*. Paris : Les Indes Savantes, pp. 15–42, 269–90.

Charnay, J-P. (1973). *Essai général de stratégie*. Paris : Editions Champ Libre.

Colin, J. (1911/1989). *Les transformations de la guerre* (postface de Lucien Poirier). Paris : Economica-Bibliothèque stratégique.

Collectif. (2018). 'Pour des recherches sur la guerre indépendantes ?' Droit de réponse : la parole à la défense', *Zilsel*, 7 juillet <https://zilsel.hypotheses.org/3071> [consulté le 6 août 2019].

Crozier, M., et Friedberg, E. (1977/1981). *L'acteur et le système. Les contraintes de l'action collective*. Paris : Point-Seuil.

Dartigues, L. (2019). 'Paul Mus et l'expérience de la guerre. La pensée d'un orientaliste sur la violence en situation coloniale', *Ethnologues en situations coloniales. Les Carnets de Bérose*, 11, 182–205.

De Certeau, M. (1980/1990). *L'invention du quotidien. I. Arts de faire*. Paris : Gallimard-Folio.

Dobry, M. (1986). *Sociologie des crises politiques*. Paris : Presses de Sciences-Po.

Drake, M. S. (2002). *Problematics of Military Power. Government, Discipline and the Subject of Violence*. London: Frank Cass.

Elster, J. (1979). Ulysses and the Sirens: Studies in Rationality and Irrationality Cambridge: Cambridge University Press.

Favre, P. (2005). Comprendre le monde pour le changer. Épistémologie du politique. Paris : Les Presses de Sciences-Po.

Faivre, M. (1988). Les nations armées. De la guerre des peuples à la guerre des étoiles. Paris : Economica-FEDN.

Friedberg, E. (1993/1995). Le pouvoir et la règle. Dynamiques de l'action organisée. Paris : Point-Seuil.

Frison-Roche, F. (2005). 'Des savoirs experts au service de la Défense'. In P. Bezes, et al (dir.), *L'Etat à l'épreuve des sciences sociales. La fonction recherche dans les administrations sous la Vème République*, pp. 267 – 294. Paris : La découverte-Recherches.

Ganz, M. (2010). Why David Sometimes Win: Leadership, Organization, and Strategy in the California Farm Worker Movement. Oxford: Oxford University Press.

Goffman, E. (1969). *Strategic Interaction*. Philadelphia: University of Philadelphia Press.

Gonzalez, M. et Barekat, H. (dir.). (2013). Arms and the People. Popular Movements and the Military from the Paris Commune to the Arab Spring. London: Pluto Press.

Guitton, J. (2017). *La Pensée et la Guerre*. Paris : Desclée de Brouwer.

Hirschman, A. O. (1958). *The Strategy of Economic Development*. New Haven, CT: Yale University Press.

– (1963). Journeys Toward Progress. Studies of Economic Policy-Making in Latin America. New York: The Twentieth Century Fund.

Holeindre, J-V. (2017). La ruse et la force. Une autre histoire de la stratégie. Paris : Perrin.

Howard, M. (1979/1983). 'The Forgotten Dimensions of Strategy' in: Michael Howard, *The Causes of War and Other Essays*. London: Temple Smith, pp. 101–115.

Jankowski, B. et Vennesson, P. (2005). 'Les sciences sociales au ministère de la Défense : inventer, négocier et promouvoir un rôle'. In. P. Bezes, P., et al (eds), *L'Etat à l'épreuve des sciences sociales. La fonction recherche dans les administrations sous la Vème République* pp. 267––294. Paris La découverte-Recherches.

Jasper, J.M. (2005). 'Before Sociology and Strategy Parted Ways', *Sociological Forum*, 20 (1).

– (2006). *Getting Your Way. Strategic Dilemmas in the Real World*. Chicago: The University of Chicago Press.

Joas, H., et Knöbl, W. (2008/2013). *War in Social Thought. Hobbes to the Present*. Princeton, N.J.: Princeton University Press.

Kelly, J. D., Beatrice Jauregui, Sean T. Mitchell, Jeremy Walton (2010). *Anthropology and Global Counterinsurgency*. Chicago: The University of Chicago Press.

Lahire, B. (2005). 'Splendeurs et misères d'une métaphore. 'La construction sociale de la réalité'. In: Lahire B., *L'Esprit sociologique*, 94–111. Paris : La Découverte.

Larcher-Goscha, A. (2009). 'Ambushed by History: Paul Mus and Colonial France's 'Forced Reentry' into Vietnam (1945–1954)' *Journal of Vietnamese Studies* 4 (1), 206–239.

Luttwak, E. N. (1987/2001). *Strategy. The Logic of War and Peace*. Cambridge, Mass.: The Belknap Press of Harvard University Press.

Malesevic, S. (2010). 'How Pacifist Were the Founding Fathers?: War and Violence in Classical Sociology,' *European Journal of Social Theory* 13 (2), 193–212.

Mus, P. (1952). *Viêt-Nam. Sociologie d'une guerre*. Paris : Seuil.

Owens, P. (2015). Economy of Force. Counterinsurgency and the Historical Rise of the Social. Cambridge: Cambridge University Press.

Poirier, L. (1991/1996). 'Penser stratégiquement' In: Poirier L., *Stratégie théorique III*. pp. 97–132. Paris : Economica-Institut de stratégie comparée.

Poirier, L. (avec Gérard Chaliand). (1997). *Le chantier stratégique*. Paris : Hachette-Pluriel.

Simon, H. A. (1985). «Human Nature in Politics: The Dialogue of Psychology with Political Science», *American Political Science Review*, 79 (2), 293–304.

Simon, P. (1905). L'instruction des officiers. L'éducation des troupes et la puissance nationale. Etude Sociologique. Paris : Henri Charles-Lavauzelle.

Sims, C. (2015). The Human Terrain System: Operationally Relevant Social Science Research in Iraq and Afghanistan. Carlisle, PA: Strategic Studies Institute, US Army War College Press.

Vennesson, P. (2013). 'Stratégie,' In: T. Balzacq, F. Ramel, dir., *Traité de relations internationales*, pp. 717–745. Paris : Presses de Sciences-Po.

– (2017). 'Bellicisme', In: Ramel F., Jeangène Vilmer J-B., Durieux, B. dir., *Dictionnaire de la guerre et de la paix*. Paris : Presses Universitaires de France.

Vennesson, P. (2017).'Is Strategic Studies Narrow? Critical security and the misunderstandood scope of strategy,' *Journal of Strategic Studies* 40 (3), 358–391.

– (2019). 'Is Strategic Studies Rationalist, Materialist and A-Critical? Reconnecting Security and Strategy,' *Journal of Global Security Studies*. Online first 18 Juillet.

Wasinski, C. (2010a). Rendre la guerre possible. La construction du sens commun stratégique. Bruxelles : P.I.E Peter Lang.

– (2010b). 'Valider la guerre : la construction d'un régime d'expertise stratégique', *Cultures et conflits*, 77, 39–58.

– (2015). 'Les sciences humaines et la critique de la raison stratégique', *Revue Études internationales*, XLVI (2–3), 189–209.

Wasinski, C., Angelini, L. (2012). 'Raisonnement stratégique et construction des énonciateurs légitimes', *Res Militaris* 3 (1), 1–13.

BARBARA JANKOWSKI, ANNE MUXEL, MATHIAS THURA

Conclusion

Le rapport entre les sciences sociales et le monde militaire, tantôt objet de recherche tantôt commanditaire ou prescripteur, n'a jamais été simple. Le dialogue entre les chercheurs et l'institution, quels qu'en soient les représentants, est noué de longue date, même s'il fut et restera tortueux et plein d'embuches. Il s'établit dans les multiples enceintes évoquées tout au long des chapitres, écoles de formation, colloques, groupes de travail en états-majors, commandes d'études, soutien aux publications. Il a ses risques, comme l'instrumentalisation dont on a montré comment la circonvenir. Cependant, le véritable danger, selon nous, est l'absence de dialogue et l'ignorance mutuelle. Aucune institution régalienne et au-delà, aucune démocratie ne peut maintenir sa légitimité sans le regard critique de la science. Les sciences sociales ont pour objectif de nous aider à comprendre l'évolution de la société. Que les acteurs, civils ou militaires, appartenant à l'institution, soient ou non réceptifs à l'éclairage apporté par ces connaissances, ils n'échappent pas à la nécessité d'appréhender avec une vision plus problématisée et plus nuancée les défis auxquels ils sont confrontés. Il appartient sans doute aux chercheurs de les aider à utiliser les acquis des recherches. Mais il est tout aussi crucial que les acteurs de l'institution laissent éclore les questions que se pose le monde de la recherche à son sujet.

Les travaux portant sur l'institution militaire forment un ensemble suffisamment cohérent pour circonscrire un champ de recherche clairement identifiable, que l'on peut qualifier de sociologie militaire. Cet ouvrage s'y inscrit pleinement. Les thématiques et les problématiques abordées dans les différentes contributions montrent l'existence de questionnements propres à l'étude du monde militaire. Nous sommes d'ailleurs convaincus que l'étude des particularités de l'institution gagne à se constituer dans le cadre d'un domaine sociologique regroupant des spécialistes. Néanmoins, il ne s'agit pas de défendre une conception cloisonnée de la sociologie militaire, au prétexte que l'institution militaire serait « spécifique », appelant une sociologie singulière, à la focale très resserrée sur l'institution elle-même (ouverte vers la comparaison internationale, mais peu vers les institutions connexes aux armées), qui développe ses propres concepts pour l'étudier.

La plupart des approches et des sujets de recherche développés dans cet ouvrage s'inscrivent dans la perspective d'une sociologie générale. L'emploi des outils et des concepts des sciences sociales y éclaire des pans entiers de l'institution militaire. Cet ancrage dans la sociologie générale est la condition essentielle pour que la sociologie militaire puisse prétendre à sa pleine reconnaissance dans le milieu académique comme dans les cercles militaires.

Cette ambition est sans aucun doute le fil conducteur avec lequel nous avons conçu cet ouvrage, dans l'optique d'affirmer les correspondances et les continuités qui existent entre les problématiques soulevées par le fait militaire et les grands paradigmes occupant et renouvelant les sciences sociales dans le monde contemporain. Les différents chapitres qui le composent livrent des connaissances et des éléments de réflexion pertinents pour penser un certain nombre d'évolutions sociétales débordant le seul champ des armées. Ainsi la thématique de leur féminisation suppose-t-elle de dépasser l'étude du processus d'entrée des femmes dans l'institution et de poser la question à l'aune de l'étude des rapports sociaux de sexe au sein de l'institution et dans la société. Dans le même ordre d'idée, l'attention portée aux conséquences de la professionnalisation des armées invite à prendre en considération les apports de la sociologie des professions et de celle du travail, et de les appliquer pleinement aux militaires, ceci afin d'articuler plus étroitement les transformations qui affectent l'espace professionnel militaire aux mutations du travail et de l'emploi dans les sociétés actuelles. La compréhension des dynamiques d'engagement des nouvelles recrues et le potentiel d'attractivité des armées suppose de comprendre et d'actualiser en permanence le répertoire des valeurs et des représentations qui opère et se transforme dans le renouvellement des générations.

L'expérience combattante a aussi vu ses modalités pratiques comme ses significations changer non seulement pour s'ajuster aux nouveaux terrains des opérations extérieures, mais aussi en réponse à de nouvelles normes éthiques. C'est donc tout un champ d'observation des processus de socialisation qu'ouvrent nombre de chapitres de cet ouvrage, perspectives au croisement des questionnements des armées et d'un agenda plus strictement scientifique.

Par ailleurs, au-delà des questionnements normatifs caractéristiques des approches du monde militaire, plusieurs auteurs privilégient ici une conception interactionniste, montrant l'intérêt d'étudier l'institution militaire dans ses relations avec les autres administrations ou d'autres types d'organisations, et pas uniquement dans des contextes conflictuels. Dans la période récente, les armées ont été requises à plusieurs reprises dans des crises environnementales ou humanitaires, et ces derniers mois, au travers de l'opération *Résilience*, elles ont pu sursoir aux déficiences des moyens publics face à la gestion sanitaire de la pandémie de Covid 19. Sur tous les fronts, guerriers, sécuritaires, sanitaires, environnementaux et humanitaires, les militaires sont pleinement engagés au service des populations, cessant d'être uniquement le « bras le plus armé » de l'État. Cet élargissement du périmètre de leurs actions n'est pas sans entraîner des résistances et des tensions dans les relations entre élites militaires et élites politico-administratives. Le général François Lecointre, chef d'état-major des armées, a récemment rappelé : « Il était important que les armées soient engagées dans la lutte contre le Covid. Mais notre première obsession a été de poursuivre nos missions de combat ». Et il poursuit par ces mots : « Une armée n'est pas faite que pour la gestion de crise ».[1] Les liens entre pouvoir politique et pouvoir militaire font l'objet de constants réajustements qui constituent d'ailleurs un objet d'étude classique de la sociologie militaire, mais la redéfinition du périmètre d'action des armées ouvre là, des perspectives nouvelles.

Mais surtout, c'est la place des armées dans l'appareil d'État qui est interrogée, et avec elle la conception du rôle de l'État dans nos sociétés démocratiques avancées. C'est un ensemble de réflexions sur le cœur d'exercice du pouvoir régalien que plusieurs chapitres de l'ouvrage ont ouvert, débordant le périmètre d'analyse du seul pouvoir militaire. Ainsi nombre de paradigmes génériques des sciences sociales sont-ils mobilisés dans l'ouvrage afin d'éclairer les mutations des valeurs au sein des armées, les relations

1 Entretien paru dans *Le Monde*, 13 juillet 2020.

entre élites civiles et militaires, l'incidence des politiques publiques sur les politiques de défense, les implications de la prise en compte du genre dans la société, les nouvelles conditions d'expérience des métiers combattants, ou encore l'évolution des missions de défense et de protection des armées confrontées au terrorisme. Toutes ces thématiques donnent à voir en miroir les rapports sociaux et politiques au sein de nos sociétés démocratiques, leurs transformations comme leurs points de blocage et leurs dysfonctionnements. L'institution militaire n'est pas coupée de la société dans laquelle elle s'inscrit. Et cette affirmation somme toute banale valide la démarche sociologique qui la prend pour objet d'étude.

L'apport de ce livre, on l'aura compris, tient à la diversité des objets étudiés et à la constance du traitement par la sociologie, et par la science politique, des problématiques soulevées. Beaucoup de thèmes ont été couverts, néanmoins certains angles morts et manques doivent être signalés. Ainsi les aspects techniques et technologiques, pourtant décisifs dans le monde militaire, sont-ils absents de l'ouvrage. Il en est de même des questions concernant la santé des personnels et notamment les conséquences bien identifiées du syndrome post-traumatique auxquelles sont confrontés les combattants. Les questions éthiques liées au rapport à la mort ou au sacrifice des soldats ne sont abordées qu'à la marge. Il existe dans ce domaine toute une série d'enjeux déterminants de l'avenir de l'institution militaire concernant non seulement son attractivité, mais aussi les conditions d'opérationnalisation des conflits armés. Certains chapitres ont pris en compte les mutations de ces conflits, supposant du même coup d'autres méthodes d'intervention, d'autres doctrines et d'autres stratégies, mais il y a là un domaine à explorer plus avant, quant aux incidences de nature sociologique et pas uniquement politico-militaire que ces évolutions entraînent. Autre objet d'étude manquant dans l'ouvrage, la place des civils dans les armées est aussi un sujet important. Ils représentent plus de soixante mille salariés (61 287 en 2018), soit près du quart des effectifs du ministère des Armées, et les relations qu'ils entretiennent avec l'institution comme avec le personnel militaire délimitent une série de problématiques relevant de l'organisation du travail, de la conduite des carrières, mais aussi des rapports au sein de la hiérarchie, qui interpellent les savoirs sociologiques. S'y ajoute, l'absence d'un renouvellement de la question de la diversité sociale et culturelle sous l'uniforme, qui s'impose pourtant depuis plusieurs années dans les recrutements et les promotions internes. L'intégration sociale menée par l'institution militaire passe par la socialisation et l'incorporation de jeunes issus de l'immigration dont les caractéristiques sociologiques, culturelles ou encore religieuses doivent être prises en compte. Les travaux à ce propos demeurent étonnamment rares en France.

Les relations entre les mondes militaire et industriel sont elles aussi absentes de l'ouvrage. En dépendent pourtant des orientations cruciales dont l'incidence sur les politiques de défense, tant au plan budgétaire que stratégique, est forte. Cela n'est pas sans conséquence sur les aspects sociologiques de la gestion de la condition militaire et des engagements opérationnels des personnels.

Enfin, et il est vrai que ce domaine d'étude reste encore trop peu investi au sein de l'institution militaire, rien n'est dit, dans l'ouvrage, de la politisation ou des engagements associatifs des personnels, du répertoire de leurs valeurs et de leurs représentations sociales, ni des mécanismes de représentation de leurs intérêts professionnels ou de leurs processus de mobilisation.

L'inventaire des apports comme des limites de ce travail collectif témoigne par son foisonnement de la vitalité renaissante d'un champ de recherche qui doit trouver toute sa place en France aujourd'hui, tant dans l'univers académique que dans le monde militaire. Parmi les nombreuses thématiques évoquées, nous voulons attirer l'attention sur trois d'entre elles, pour tracer des perspectives de recherches et stimuler des projets à venir relevant de la sociologie militaire telle que nous la défendons dans ce livre. La première piste de recherche à ouvrir concerne la politisation des militaires qui sont des citoyens au même titre que les autres, détenteurs d'opinions politiques, acteurs d'engagements, électeurs et parfois même, élus. C'est depuis toujours un véritable angle mort des recherches en sociologie politique, et ce même si quelques données d'enquêtes existent çà et là. Cette voie d'étude permettrait de mieux connaître le personnel militaire dans ses relations avec la vie sociale et la citoyenneté. Le second domaine d'étude qu'il nous paraît important de privilégier concerne les relations entre les armées et les autres administrations régaliennes que sont la police, la justice ou la protection civile, un sujet qui a acquis une résonnance singulière en lien avec la redéfinition du périmètre de missions des armées dans la période récente. Enfin, comme suggéré plus haut, le troisième champ d'investigation qui pourrait être encore développé consiste à réinterroger les effets de la professionnalisation à partir des apports de connaissances et des méthodes de la sociologie du travail. L'étude des relations entre les civils et les militaires au sein des armées constituerait, à ce titre, un champ de recherche à encourager.

La recherche en sociologie militaire est prometteuse. Riche de ses héritages et des connaissances acquises par le passé, porteuse de ressources nouvelles et des apports les plus récents des sciences sociales, elle permet de comprendre nombre d'enjeux cruciaux et de dynamiques sociales à l'œuvre dans nos sociétés contemporaines, à l'articulation de la sphère privée et de la sphère publique, du monde civil et du monde militaire, du pouvoir régalien et de la citoyenneté démocratique.

Notices biographiques des contributeurs

Par ordre alphabétique

Biehl Heiko

Heiko Biehl dirige le département de sociologie militaire du *Zentrum für Militärgeschichte und Sozialwissenschaften der Bundeswehr* (Centre d'histoire militaire et de sciences sociales de la Bundeswehr) à Postdam en Allemagne. Ses principaux thèmes de recherche sont la sociologie militaire, la sociologie politique et les politiques de sécurité.

Boutron Camille

Camille Boutron est sociologue, chercheuse à l'Institut de recherche stratégique de l'École militaire (IRSEM). Spécialiste des questions de genre, ses travaux portent sur la participation des femmes aux conflits armés, les politiques internationales du genre dans la construction de la paix et les enjeux de la mise en œuvre de l'agenda Femmes, paix et sécurité par les armées contemporaines. Avant de rejoindre l'IRSEM elle a participé à différents programmes de recherche au Centre d'études et de recherches internationales de l'Université de Montréal, à l'Institut de recherche pour le développement et à l'Université des Andes à Bogota.

Chéron Bénédicte

Bénédicte Chéron est docteur en histoire contemporaine. Chercheuse associée au laboratoire Sorbonne, identité, relations internationales et civilisation en Europe (SIRICE) et à l'Institut d'études de stratégie et de défense (IESD) de l'Université Jean-Moulin Lyon 3, elle est par ailleurs enseignante à l'Institut catholique de Paris. Ses travaux de recherche portent sur les représentations collectives du fait militaire contemporain et leur place dans les relations armées-sociétés.

Daho Grégory

Grégory Daho est maître de conférences en science politique à l'Université Paris 1 Panthéon-Sorbonne et chercheur au Centre européen de sociologie et de science politique (CESSP). Il travaille sur les relations civilo-militaires, l'analyse décisionnelle des politiques étrangères et de défense ainsi que sur les organisations militaires.

Fragnon Julien

Julien Fragnon est collaborateur parlementaire, enseignant à Sciences Po Lyon et chercheur-associé au Laboratoire Triangle de l'Université de Lyon et à l'Institut de recherche stratégique de l'École militaire (IRSEM).

Goldenberg Irina

Irina Goldenberg est directrice adjointe du *Director Research Operational and Organizational Dynamics* (DROOD) au sein du *Director General Military Personnel Research and Analysis* (DGMPRA) au *Canadian Department of National Defence*. Ses principaux domaines d'expertise sont le recrutement et la fidélisation des personnels, l'intégration des personnels au sein des forces régulières, ainsi que les sujets liés à la collaboration de ces dernières avec les réservistes, la défense civile et les *contractors*.

Jakubowski Sébastien

Sébastien Jakubowski est professeur des universités en sociologie des organisations et des institutions à l'Université de Lille, directeur de l'Institut national supérieur du professorat et de l'éducation de l'académie de Lille – Hauts-de-France (INSPE). Chercheur au Centre Lillois d'Études et de Recherches Sociologiques et Économiques (CLERSE), ses travaux portent notamment sur les processus de transformation et de professionnalisation des institutions publiques, dont l'institution militaire, sur laquelle il travaille depuis plus de quinze ans. Il dirige actuellement le réseau de sociologie militaire au sein de l'Association Française de Sociologie (AFS) et est co-responsable avec (Claude Weber) de la section Institution militaire au sein de l'Association pour les études sur la guerre et la stratégie (AEGES).

Jankowski Barbara

Barbara Jankowski est chercheure en sociologie des forces armées, associée à l'Institut de recherche stratégique de l'École militaire (IRSEM). Elle travaille sur l'influence des militaires dans les processus décisionnels en France, sur l'opinion publique et la guerre ainsi que sur les relations armées-société en France et en Pologne.

Joana Jean

Jean Joana est professeur de science politique à l'Université de Montpellier, rattaché au Centre d'études politiques de l'Europe latine (CEPEL). Il travaille sur les politiques de défense et la conduite des opérations militaires dans une perspective comparée.

Jolly Édouard

Edouard Jolly est chercheur en philosophie de la guerre et en théorie des conflits armées, membre de l'Institut de recherche stratégique de l'École militaire (IRSEM). Ses travaux actuels portent sur la conduite de la guerre, tant à un niveau stratégique, qu'opérationnel et tactique. Ses champs de recherche sont la théorie politique, les *war studies* et la philosophie allemande contemporaine.

Lafaye Christophe

Christophe Lafaye est docteur en histoire et officier de réserve, chercheur à l'Institut de recherche stratégique de l'École militaire (IRSEM) et chercheur associé au Groupe de recherche en histoire de l'Université de Rouen (GRHIS). Il travaille sur la collecte, l'archivage et la valorisation de l'expérience combattante des XXe et XXIe siècles, dans une perspective pluridisciplinaire (histoire, sociologie, archivistique).

Laplante Joelle

Joelle Laplante est chercheuse au *Director Research Personnel Generation* (DRPG) au sein du *Director General Military Personnel Research and Analysis* (DGMPRA) au *Canadian Department of National Defence*. Ses principaux domaines d'expertise sont la fidélisation des personnels et les mécanismes d'attritions des effectifs.

Leday William

William Leday, ancien fonctionnaire du ministère de la défense, responsable du pôle international et défense de Terra Nova de 2008 à 2015, conseiller parlementaire de 2012 à 2018, spécialiste en affaires stratégiques et enseignant à Sciences Po Paris.

Magnon-Pujo Cyril

Cyril Magnon-Pujo est maître de conférences en science politique à l'Université Lumière Lyon 2, et chercheur au laboratoire Triangle. Ses recherches, dans le champ de la sociologie politique de l'international, portent sur la construction sociale des normes et les mécanismes de « gouvernance globale » dans le domaine de la sécurité. À partir des cas des armes autonomes et de la sécurité privée, il s'intéresse particulièrement aux interactions entre acteurs publics et privés. Dans ce cadre, il conduit actuellement le projet « Gouverner la violence ».

Makki Sami

Sami Makki, chercheur au Centre d'études et de recherches administratives politiques et sociales (CERAPS). Maître de conférences en science politique à Sciences Po Lille, il responsable de la majeure Stratégie intelligence et gestion des risques, et aussi coordinateur de la préparation officielle au concours de l'École de Guerre.

Muxel Anne

Anne Muxel est Directrice de recherches en sociologie et en science politique au CNRS, rattachée au Centre d'étude de la vie politique de Sciences Po (CEVIPOF), et dirige le domaine Défense et Société de l'Institut de recherche stratégique de l'École militaire (IRSEM). Ses travaux dans le champ de la sociologie politique s'attachent à la compréhension des formes du lien des individus à la politique et plus largement du système démocratique, au travers de l'analyse de leurs attitudes et de leurs comportements (nouvelles formes d'expression politique, rapport au vote, modes de socialisation et de construction de l'identité politique). Elle a mené de nombreux travaux sur la transmission des valeurs dans la dynamique générationnelle et sur la jeunesse.

Otis Nancy

Nancy Otis est chercheuse au *Director Research Personnel Generation* (DRPG) au sein du *Director General Military Personnel Research and Analysis* (DGMPRA) au *Canadian Department of National Defence.* Ses principaux domaines d'expertise concernent le recrutement et la diversité au sein des forces armées canadiennes.

Pajon Christophe

Enseignant-chercheur en Science Politique (HDR), il enseigne à l'Ecole de l'air et assure les fonctions de directeur-adjoint du Centre de recherche de l'Ecole de l'air (CREA). Ses domaines de recherches sont l'identité militaire, le genre, et la politique de défense européenne.

Resteigne Delphine

Delphine Resteigne est professeur titulaire de la chaire de sociologie de l'École Royale Militaire à Bruxelles et enseignante à l'Université de Mons, en Belgique. Après avoir travaillé sur le quotidien des militaires en opération, ses travaux se sont concentrés sur différents aspects des opérations multinationales : les conditions de vie et de travail, les enjeux managériaux et la coopération dans des contextes multiculturels complexes. Plus récemment, est a entrepris de nouvelles recherches sur le genre et la diversité dans les armées, ainsi que sur l'usage des forces spéciales dans les conflits contemporains.

Soeters Joseph

Joseph Soeters est professeur en études des organisations au sein de l'Académie de Défense des Pays-Bas et professeur de sociologie des organisations à l'Université de Tilburg, actuellement retraité. Il a publié deux ouvrages dans lesquels il rétablit les liens entre la sociologie, le management et les *military studies*.

Steinbrecher Markus

Markus Steinbrecher est chercheur au sein du département de sociologie militaire du *Zentrum für Militärgeschichte und Sozialwissenschaften der Bundeswehr* (Centre d'histoire militaire et de sciences sociales de la Bundeswehr) à Postdam, en Allemagne. Ses principaux thèmes de recherche sont la sociologie militaire, les comportements politiques, les politiques étrangères et de sécurité et la psychologie politique.

Thura Mathias

Mathias Thura est maître de conférences en sociologie à l'Université de Strasbourg, rattaché au laboratoire Sociétés, acteurs, gouvernements en Europe (SAGE) et chercheur associé à l'Institut de recherche stratégique de l'École militaire (IRSEM). Ses travaux s'inscrivent à la croisée de la sociologie des professions, du travail, du corps et de la violence. Ses principaux thèmes de recherche concernent l'administration de la force physique par les armées (son organisation, sa production et sa mise en œuvre). Il s'intéresse par ailleurs aux conditions de production des savoirs sociologiques sur et dans les armées.

Trotoux Camille

Enseignant-chercheur au Centre de Recherche de l'École de l'air (CREA), le lieutenant Camille Trotoux est doctorante en Science politique au Centre Thucydide de l'Université Paris II Panthéon - Assas. Ses travaux de thèse explorent l'hypothèse d'un facteur identitaire idiosyncratique influençant le processus de prise de décision en politique militaire. Plus largement, ses recherches s'intéressent aux problématiques de la sociologie militaire en France.

Vennesson Pascal

Pascal Vennesson est *Senior Fellow* et *Head of Research* à la S. Rajaratnam School of International Studies, Nanyang Technological University Singapour, et Professeur de science politique à l'Université Panthéon-Assas, Paris II.

Weber Claude

Ethnologue de formation, Claude Weber est maître de conférences en sociologie à l'Université de Rennes 2, détaché aux Écoles Militaires de Saint-Cyr Coëtquidan où il dirige le département de sociologie. Il effectue ses recherches au sein du pôle d'excellence « Mutation de la conflictualité » du Centre de Recherche des Écoles de Coëtquidan et est également chercheur permanent au sein du Laboratoire interdisciplinaire de recherche en innovations sociétales de l'Université de Rennes 2 (LIRIS).

Index général

Explosive Politics

Edited by Emmanuel Pierre Guittet, research associate at Centre d'Etudes sur les Conflits, Liberté et Sécurité (CECLS, Paris) and Julien Pomarède, research associate at the Université Libre de Bruxelles

What causes the breakdown of order and violent conflict? Who are the actors involved? What are the consequences? Violence—its threat, its use, its many often unpredictable consequences—remains an ever-present part of the political landscape throughout the world. *Explosive Politics* is a new series for trenchant and provocative publications, exploring the confines of political violence and conflict, examining how words, acts and actors interact in tumultuous situations and grey areas. Explicitly cross-discipline in its organisation and orientation, the series rigorously explores the contemporary nature of the social, political and cultural dynamics of violence and conflicts in local, national, and global perspectives.

Vol 1: Caroline Guibet Lafaye: Conflit au Pays basque : regards de militants illégaux
ISBN: 978-1-78997-800-1. 334pp. 2020.

Vol 2: Anastassia Tsoukala: Lutte armée grecque contemporaine : des stratégies discursives de (dé)légitimation
ISBN: 978-1-78997-741-7. 138pp. 2021.

Vol 3: Barbara Jankowski, Anne Muxel and Mathias Thura (eds.) : La Sociologie Militaire: Héritages et nouvelles perspectives
ISBN: 978-1-78997-872-8. 476pp. 2021.